Großer Lernwortschatz Englisch

15 000 Wörter zu 150 Themen

Hans G. Hoffmann
Marion Hoffmann

W0277066

Max Hueber Verlag

Das Werk und seine Teile sind urheberrechtlich geschützt. Jede Verwertung in anderen als den gesetzlich zugelassenen Fällen bedarf deshalb der vorherigen schriftlichen Einwilligung des Verlages.

R 3. 2. 1. | Die letzten Ziffern
2001 2000 1999 98 97 | bezeichnen Zahl und Jahr des Druckes.
Alle Drucke dieser Auflage können, da unverändert, nebeneinander benutzt werden.
1. Auflage
© 1997 Max Hueber Verlag, D-85737 Ismaning
Verlagsredaktion: Lektorat Projekte, Gaby Bauer-Negenborn M.A., Starnberg
Umschlaggestaltung: Braun & Voigt, Heidelberg
Zeichnungen: Katja Lechthaler, München
Layout: Markus Dockhorn, München
Satz: Typo Spezial I. Geithner, Isen
Druck und Bindung: Ludwig Auer GmbH, Donauwörth
Printed in Germany
ISBN 3-19-006365-6

Vorwort

Mit dem *Großen Lernwortschatz Englisch* steht Ihnen ein neuartiges Lern- und Nachschlagewerk zur Verfügung, das in mehrjähriger Arbeit entwickelt wurde.

Ob Englisch für Sie Hobby oder berufliche Notwendigkeit ist, ob Sie die Sprache im Grund- oder Leistungskurs der Oberstufe, an der Sprachenschule oder auf der Universität studieren – immer wird sich dieses Standardwerk bewähren als umfassendes, informatives, aktuelles und dabei unterhaltsames Hilfsmittel.

- Sie behandeln in der Schule das politische System Großbritanniens oder der USA? Kapitel 6 liefert Ihnen die sprachlichen Mittel dazu.
- Sie diskutieren über soziale Probleme wie Arbeitslosigkeit, Armut oder Kriminalität? In Kapitel 7 finden Sie den Wortschatz dafür.
- Sie wollen einen Aufsatz oder Vortrag über Umweltprobleme schreiben? Kapitel 14.8 hilft Ihnen mit dem einschlägigen Vokabular und dem einen oder anderen guten Gedanken.
- Sie möchten sich über Literatur oder Kunst, Film oder Musik unterhalten? Kapitel 11 bietet Ihnen die Fachbegriffe.
- Sie besuchen eine Tagung über Bildungspolitik bzw. ein philosophisches, wirtschaftliches oder naturwissenschaftliches Thema? Die betreffenden Sachkapitel des *Großen Lernwortschatzes Englisch* setzen Sie schnell und gründlich ins sprachliche Bild.
- Auch als Dolmetscher(in) oder Übersetzer(in) können Sie sich rasch in ein Gebiet einarbeiten – von Medizin und Gesundheitswesen bis zu Sozialwissenschaften oder Touristik.
- Nicht zuletzt Computeranwender(innen) werden ihre Freude haben: Sie finden hier die Fachausdrücke, die in den PC-Programmen und im Internet am häufigsten vorkommen – und, was nicht unwichtig ist, Sie erfahren auch ihre Aussprache.

Die Benutzungsmöglichkeiten dieses faszinierenden sprachlichen Werkzeugs sind vielfältig. Sie können das gewünschte Sachkapitel über das Inhaltsverzeichnis aufsuchen: zum Beispiel Oberbegriff „Freizeit und Erholung" (Kapitel 12) und Unterkapitel „Sport".

Sie können sich aber auch über das ungemein ausführliche Register an ein gesuchtes Wortfeld „heranpirschen", zum Beispiel indem Sie ein Wort wie *appearance* oder *high* aufsuchen. Sie werden überrascht sein, was Sie bei einer solchen Reise durch einzelne Stichwörter alles an Interessantem erfahren. Unter *appearance* eine Fülle von Möglichkeiten, Menschen zu beschreiben; unter *high* eine große Zahl von Anwendungen des Wortes in verschiedensten Bedeutungen, Kontexten, Kollokationen und Wortverbindungen.

Die enorme phraseologische und idiomatische Bandbreite des Buches wird Ihnen deutlich, wenn Sie solche Grundverben wie *do, get, give, go, have* oder *take* im Register nachschlagen.

Wie ist dieser Wortschatz entstanden? Überwiegend durch Auswertung eines riesigen, das heißt viele Millionen Wörter umfassenden englischen Textkorpus. Das ist die modernste, effizienteste Art, ein Lexikon zu erstellen.

Da unter anderem neueste Pressetexte berücksichtigt wurden, finden Sie auch viele Wörter aus der aktuellen Diskussion, die Sie in anderen Nachschlagewerken vergeblich suchen, so etwa englische Ausdrücke wie *be surplused, common-law wife, cyberspace, drag and drop, drive-by shooting, ecofriendly, entitlement mentality, genetic engineering, he language, information highway, mad cow disease, me-too product, palimony, road rage, sustainable development* oder *the Web* und deutsche Begriffe wie Anspruchsdenken, Arbeitsbeschaffungsmaßnahmen, ausflippen, Haushaltsstopp, Personalabbau, Pflegeversicherung, Selbstverwirklichung, Sozialabbau, Sparprogramm oder Währungsunion.

Der *Große Lernwortschatz Englisch* bietet Ihnen aber noch viel mehr als eine unübertroffene Zahl von Begriffen mit Ausspracheangabe und Übersetzung. So werden Ihnen die meisten Wörter in Anwendungsbeispielen oder kleinen Phrasen geboten, die Ihnen zeigen, mit welchen Präpositionen oder anderen Wörtern sie „kollokieren", das heißt typischerweise zusammen gebraucht werden.

Sie finden aber auch über 400 „Extras" – das sind eingerahmte Hinweise zum Sprachgebrauch, zur Begriffsdifferenzierung, zur Landeskunde, zu Idiomatik und Slang, zu speziellen Wortfamilien, Begriffsfeldern, Ausspracheproblemen etc.

Schließlich wird jedes Unterkapitel mit einem treffenden, witzigen, herausfordernden, zum Nachdenken anregenden Zitat oder Sprichwort eröffnet. An diesen Aussprüchen und Volksweisheiten werden Sie oft Ihre Freude haben. Für den Schulgebrauch ist darin so manches schöne Aufsatz- oder Diskussionsthema enthalten.

Abweichungen zwischen britischem (BE) und amerikanischem (AE) Englisch sind im *Großen Lernwortschatz Englisch* mit Sorgfalt und Konsequenz behandelt. Sie werden erstaunt sein, wie häufig – besonders in den Kapiteln, die mit Dingen des täglichen Lebens zu tun haben – die *labels* BE und AE auftreten. Aus Platzgründen sind allerdings regelmäßige Abweichungen zwischen britischer und amerikanischer Schreibung (*labour – labor, centre – center, travelled – traveled* etc.) nicht aufgeführt, sondern es erscheint durchgängig die britische Variante. Auf Seite 367 sind alle diese Fälle in Listen zusammengefasst.

Hans G. Hoffmann, Mitautor dieses Buches und Verfasser von etwa 50 Büchern zur englischen Sprache, hat gesagt, dies sei das einzige seiner Bücher, das er stets bei sich führen werde. Wir hoffen, dass auch Ihnen der *Große Lernwortschatz Englisch* zu einem unentbehrlichen und sympathischen Begleiter wird.

Verfasser und Verlag

Inhaltsverzeichnis

Human beings
Der Mensch

1 Personal data
Angaben zur Person

2 Parts of the body
Körperteile

3 Outward appearance
Äußere Erscheinung

4 Childhood and youth
Kindheit und Jugend

5 Middle age and old age
Mittlere Jahre und Alter

6 Personality and behaviour
Persönlichkeit und Verhalten

7 Senses and sensations
Sinne und Sinneseindrücke

8 Feelings and attitudes
Gefühle und Einstellungen

9 Morality and immorality
Moral und Unmoral

10 Human relations
Menschliche Beziehungen

11 Sexuality
Sexualität

12 Personal hygiene
Körperpflege

13 Death
Tod

Personal data
Angaben zur Person

There are three things I always forget. Names, faces, and – the third I can't remember. (*Italo Svevo, Italian novelist, 1861–1928*)

name [neɪm]	Name
What's your name?	Wie heißt du / ist Ihr Name?
Her maiden name is Smith.	Ihr Mädchenname ist Smith.
Sarah Smith, née [neɪ] Welsh	Sarah Smith, geb. Welsh
first name / **forename** / **given name** / **Christian** ['krɪstʃən] **name**	Vorname

In der heutigen multikulturellen Gesellschaft (= *multicultural society*) wird *Christian name* auf Formularen etc. weitgehend vermieden, da Nichtchristen (= *non-Christians*) und Atheisten (= *atheists* ['eɪθiɪsts]) ihre Vornamen nicht als *Christian names* auffassen. Die Bezeichnung *given name* ist besonders sinnvoll bei Angehörigen von Kulturgemeinschaften, in denen der „Vorname" auf den Familiennamen folgt, wie etwa bei Chinesen, Japanern, Koreanern etc.

surname / **last name** / **family name**	Familienname; Nachname; Zuname
middle name [mɪdl 'neɪm]	mittlerer Name; zweiter Vorname
Margaret Thatcher's middle name is Hilda.	Margaret Thatchers zweiter Vorname ist Hilda.

Idiom: *Courtesy* ['kɜːtəsi] *is his middle name.* (= Er ist die Höflichkeit in Person.)

nickname ['nɪkneɪm]	Spitzname
date of birth [bɜːθ]	Geburtsdatum
She was born on the sixth of May / on May the sixth, nineteen sixty-two (on 6 May, 1962 / May 6, 1962).	Sie ist am sechsten Mai neunzehnhundertzweiundsechzig / am 6. Mai 1962 geboren.
When is / When's your birthday?	Wann hast du / haben Sie Geburtstag?
It's his birthday today.	Er hat heute Geburtstag.
She has a birthday next Monday.	Sie hat nächsten Montag Geburtstag.

Vermeiden Sie die abgekürzte Form:
6/5/62 heißt BE 6. Mai, AE dagegen 5. Juni!

age [eɪdʒ]	Alter
What age are you? / What's your age?	Wie alt bist du / sind Sie?
place of birth [bɜːθ]	Geburtsort
place of residence ['rezɪdəns]	Wohnort
nationality [næʃə'nælәti]	Nationalität; Staatsangehörigkeit

What nationality are you? — Welche Staatsangehörigkeit haben Sie?

marital status ['mærɪtl steɪtəs] — Familienstand
Married, single, or divorced? — Verheiratet, ledig oder geschieden?
sex: male [meɪl] – **female** ['fi:meɪl] — Geschlecht: männlich – weiblich
height [haɪt] – **weight** [weɪt] — Größe – Gewicht
What height are you? — Wie groß sind Sie / bist du?
What weight are you? — Was wiegen Sie / wiegst du?
religion [rɪ'lɪdʒən] – **religious affiliation** [əfɪli'eɪʃn] — Religion – Religionszugehörigkeit
What's his religious affiliation? — Was ist seine Religion(szugehörigkeit)?

address [ə'dres] — Adresse; Anschrift
He can be reached at this address. — Er ist unter dieser Adresse zu erreichen.

Courtesy is his middle name.

Parts of the body
Körperteile

The body is a machine of the nature of an army, not of that of a watch, or of a hydraulic apparatus. Of this army each cell is a soldier, each organ a brigade. (*Thomas Henry Huxley, English biologist, 1825–1895*)

head [hed]	Kopf
from head to toe [təʊ]	von Kopf bis („Zeh") Fuß
skull [skʌl]	Schädel
brain [breɪn]	Gehirn
He died of a brain tumour ['tju:mə].	Er starb an einem Gehirntumor.
hair [heə]	Haar; Haare
I had my hair cut.	Ich ließ mir die Haare schneiden.
face [feɪs]	Gesicht
eye [aɪ]	Auge
She's blind [blaɪnd] in one eye.	Sie ist auf einem Auge blind.
nose [nəʊz]	Nase
He's got a runny nose.	Ihm läuft die Nase.
mouth [mauθ]	Mund; Maul
tooth [tu:θ] – **teeth** [ti:θ]	Zahn – Zähne
tongue [tʌŋ]	Zunge
lip [lɪp]	Lippe
He kissed [kɪst] her lips.	Er küsste sie auf die Lippen.
ear [ɪə] – **eardrum** ['ɪədrʌm]	Ohr – Trommelfell
an infection of the middle ear	eine Mittelohrentzündung
neck [nek]	Hals (*von außen gesehen*)
He broke his neck.	Er brach sich das Genick.
throat [θrəʊt]	Kehle; Hals (*von innen gesehen*)
I've got a sore [sɔ:] throat.	Ich habe Halsschmerzen.
shoulder ['ʃəʊldə]	Schulter
He just shrugged [ʃrʌgd] his shoulders.	Er zuckte nur mit den Achseln.
arm [ɑ:m]	Arm
She has broken her arm.	Sie hat sich den Arm gebrochen.
elbow ['elbəʊ]	Ell(en)bogen
hand [hænd]	Hand
He injured ['ɪndʒəd] his hand.	Er verletzte sich an der Hand.
finger ['fɪŋgə]	Finger
(finger)nail [('fɪŋgə)neɪl]	(Finger-)Nagel
leg [leg]	Bein
I need to stretch my legs a bit.	Ich muss mir ein bisschen die Beine vertreten.
knee [ni:]	Knie
My left knee hurts [hɜ:ts].	Mir tut das linke Knie weh.
foot [fʊt] – **feet** [fi:t]	Fuß – Füße

Sentences with body idioms
*I'd keep him at **arm's** length* [leŋθ]. (= Ich würde ihn mir vom Leibe halten.)

*Get off my **back**!* (= Lass mich endlich in Ruhe!)
*I've got a **bone** to pick with you.* (= Ich habe mit dir ein Hühnchen zu rupfen.)
*I must get this off my **chest**.* (= Ich muss mir das von der Seele reden.)
*I'm up to the **eyes** in work.* (= Ich stecke bis über beide Ohren in Arbeit.)
*He wouldn't raise a **finger*** ['fɪŋgə] *to help us.* (= Er würde keinen Finger krumm machen um uns zu helfen.)
*I really put my **foot** in it.* (= Ich bin ganz schön ins Fettnäpfchen getreten.)
*She's been living from **hand** to **mouth** these last six months.* (= Sie lebt seit einem halben Jahr von der Hand in den Mund.)
*I can't make **head** or tail of it.* (= Ich werde daraus nicht schlau.)
*I couldn't find it in my **heart*** [hɑ:t] *to tell her the truth* [tru:θ]. (= Ich konnte es nicht übers Herz bringen, ihr die Wahrheit zu sagen.)
*The company is on its last **legs**.* (= Die Firma pfeift auf dem letzten Loch.)
*She's a real pain in the **neck**.* (= Sie geht mir schwer auf den Wecker.)
*He had the **nerve** to call me a miser* ['maɪzə]. (= Er besaß die Frechheit, mich einen Geizhals zu nennen.)
*We paid through the **nose**.* (= Wir haben einen Wahnsinnspreis bezahlt.)
*That remark really went under my **skin**.* (= Diese Bemerkung ist mir wirklich unter die Haut gegangen.)
*It's on the tip of my **tongue*** [tʌŋ]. (= Es liegt mir auf der Zunge.)
*She's got a sweet **tooth**.* (= Sie isst gern Süßigkeiten / ist ein Süßschnabel.)

chest [tʃest]	Brust(korb)
breast [brest] – **breasts**	Brust – Brüste
Breast milk is best for babies.	Muttermilch ist für Babys am besten.
rib [rɪb]	Rippe
heart [hɑ:t]	Herz
He's had a heart condition for years.	Er ist seit Jahren herzkrank.
lung [lʌŋ] – **lungs**	Lungenflügel – Lunge
liver ['lɪvə]	Leber
kidney ['kɪdni]	Niere
perform [pə'fɔ:m] a kidney transplant	eine Nierentransplantation durchführen
stomach ['stʌmək]	Magen; Bauch
on an empty stomach.	auf nüchternen Magen
abdomen ['æbdəmən]	Unterleib
the bowels ['baʊəlz] / **the intestines** [ɪn'testɪnz]	der Darm
When did you last have a bowel movement ['mu:vmənt]?	Wann hatten Sie das letzte Mal Stuhlgang?
faeces ['fi:si:z] – **stools** – **motions**	Stuhl; Kot
He's got blood [blʌd] in his faeces / motions.	Er hat Blut im Stuhl.
buttocks (*Mit Pluralverb!*) ['bʌtəks]	Gesäß; Hintern; Hinterteil
a smack on the buttocks	ein Schlag / Klaps auf den Po
anus ['eɪnəs]	After; Anus
bladder ['blædə]	Blase
urine ['jʊərɪn] – **urinate** ['jʊərɪneɪt]	Urin / Harn – urinieren

genitals ['dʒenɪtəlz]	Genitalien; Geschlechtsteile
the male / female genitals	die männlichen / weiblichen Genitalien
vagina [və'dʒaɪnə]	Vagina; Scheide
ovary ['əʊvəri]	Eierstock
womb [wu:m] / **uterus** ['ju:tərəs]	Gebärmutter / Uterus
penis ['pi:nɪs]	Penis
prostate (gland) ['prɒsteɪt (glænd)]	Prostata; Vorsteherdrüse

Euphemismen

Ein Euphemismus ist eine beschönigende, „verhüllende" Umschreibung für etwas, das man sich scheut direkt auszusprechen, etwa wenn man dahinscheiden (= *pass away*) statt sterben (= *die* [daɪ]) sagt.
Für bestimmte Körperteile, Ausscheidungen etc. werden – z.B. beim Arzt (= *at the doctor's*) – häufig solche „indirekten" Ausdrücke gebraucht.
Beispiele:
anus ['eɪnəs]*: back passage* • ***breast*** [brest]*: bust / chest* • ***buttocks:*** *behind / bottom / seat* • ***defecate*** ['defəkeɪt] (= Kot ausscheiden)*: have the bowels opened* • ***faeces*** ['fi:si:z] / ***stools:*** *motions* • ***genitals*** ['dʒenɪtəlz]*: private parts* • ***penis*** ['pi:nɪs]*: private parts / privates* • ***urinate*** ['jʊərɪneɪt]*: pass water* • ***vagina*** [və'dʒaɪnə]*: down below, front passage, private (part)* • ***vomit*** ['vɒmɪt] (= erbrechen)*: be sick*
Mit *Little Bill has had an accident* ['æksɪdənt] kann euphemistisch ausgedrückt werden, dass ihm ein Malheur passiert ist, er sich also in die Hose gemacht hat.
Beachten Sie in diesem Zusammenhang den Unterschied zwischen *my back* (= mein Rücken) und *my backside* (= mein Hintern)!

circulation [sɜ:kju'leɪʃn]	(der) Kreislauf
blood [blʌd]	Blut
blood donor ['blʌd dəʊnə]	Blutspender(in)
vein [veɪn] – **artery** ['ɑ:təri]	Vene – Arterie
Varicose ['værɪkəʊs] veins are caused by poor circulation.	Krampfadern werden durch schlechte Durchblutung verursacht.
skeleton ['skelətən]	Skelett
bone [bəʊn]	Knochen
joint [dʒɔɪnt]	Gelenk
painful / swollen ['swəʊlən] joints	schmerzende / geschwollene Gelenke
skin [skɪn]	Haut
muscle ['mʌsl]	Muskel
gland [glænd]	Drüse
nerve [nɜ:v]	Nerv
She has good / bad nerves.	Sie hat gute / schlechte Nerven.
nervous ['nɜ:vəs]	Nerven-
He had a nervous breakdown.	Er erlitt einen Nervenzusammenbruch.

Outward appearance
Äußere Erscheinung

The Lord does not see as a mortal sees; mortals see only appearances but the Lord sees into the heart. (*Bible, 1 Samuel 16:7*)

tall [tɔ:l] – **short** [ʃɔ:t]	groß – klein (gewachsen)
slender ['slendə] / **slim** [slɪm]	schlank
thin [θɪn]	dünn
a thin man with the upright bearing ['beərɪŋ] of the professional soldier ['səʊldʒə]	ein dünner Mann mit der aufrechten / geraden Haltung des Berufssoldaten
wiry ['waɪəri]	drahtig
the wiry figure of a runner	die drahtige Figur eines Läufers
skinny ['skɪni]	mager; dünn
lean [li:n] – **gaunt** [gɔ:nt]	mager – ausgemergelt
a lean boy of seventeen	ein schmaler Siebzehnjähriger
haggard ['hægəd]	ausgezehrt; abgehärmt; abgespannt
underweight [-weɪt] – **overweight**	untergewichtig – übergewichtig
well-built [wel'bɪlt]	kräftig
a well-built, muscular ['mʌskjʊlə] man	ein kräftiger, muskulöser Mann
plump [plʌmp]	rundlich; mollig; pummelig
stout [staʊt]	korpulent; beleibt; füllig
a matronly [eɪ] woman, slightly stout	eine matronenhafte Frau, etwas füllig
portly ['pɔ:tli]	beleibt; korpulent
the landlord's portly figure ['fɪgə]	die beleibte Gestalt des Wirts
buxom ['bʌksəm]	drall
a buxom, rosy-cheeked woman	eine dralle, rotbackige Frau
broad(-shouldered) [brɔ:d'ʃəʊldəd]	breit(schultrig)
husky ['hʌski] / **burly** ['bɜ:li]	kräftig (gebaut)
a husky longshoreman	ein bärenstarker Hafenarbeiter
stocky ['stɒki] / **thickset** [θɪk'set]	stämmig; gedrungen
a thickset policeman [pə'li:smən]	ein stämmiger Polizist
dashing ['dæʃɪŋ]	flott; schneidig
a dashing young officer ['ɒfɪsə]	ein flotter junger Offizier
strapping ['stræpɪŋ]	stramm
a strapping young fellow	ein strammer junger Bursche
stooped [stu:pt] (with old age)	(vom Alter) gebeugt

Attractiveness [ə'træktɪvnəs] **(= Attraktivität)**
cute [kju:t]: *a cute little baby* (= ein niedliches kleines Baby)
lovely ['lʌvli]: *a lovely little girl* (= ein reizendes kleines Mädchen)
attractive [ə'træktɪv]: *an attractive man* (= ein attraktiver Mann)
handsome ['hænsəm]: *young and handsome* (= jung und gut aussehend)
good-looking: *a good-looking man* (= ein gut aussehender Mann)
shapely ['ʃeɪpli]: *She has shapely legs.* (= Sie hat wohlgeformte Beine.)
smart: *a smart, lightly built man* (= ein schicker Mann von schlankem Wuchs)
pretty ['prɪti]: *a pretty young girl* (= ein hübsches junges Mädchen)
beautiful ['bju:təfl]: *beautiful blue eyes* (= wunderschöne blaue Augen)

Unattractiveness [ʌnə'træktɪvnəs] **(= mangelnde Attraktivität)**
homely AE***:*** *a plump, homely woman* (= eine rundliche, wenig attraktive Frau)
plain*: She was plain, almost ugly.* (= Sie war unansehnlich, beinahe hässlich.)
unattractive*: a hard, unattractive woman* (= eine harte, unattraktive Frau)
unpleasant*: an unpleasant-looking man* (= ein unangenehm wirkender Mann)
ugly ['ʌgli]***:*** *a fat, ugly woman* (= eine dicke, hässliche Frau)

face [feɪs]	Gesicht
an oval ['əʊvl] face – a round face	ein ovales Gesicht – ein rundes Gesicht
a bloated ['bləʊtɪd] face	ein aufgedunsenes Gesicht
eye [aɪ]	Auge
dark eyes – bright eyes	dunkle Augen – strahlende Augen
He was pale and hollow-eyed.	Er war bleich und hohläugig.
complexion [kəm'plekʃn]	Gesichtsfarbe
a ruddy / pallid ['pælɪd] complexion	eine rosige / bleiche Gesichtsfarbe
radiant ['reɪdiənt]	strahlend; leuchtend
She was radiant with joy.	Sie strahlte vor Freude.
wrinkles ['rɪŋklz] – **wrinkled** ['rɪŋkld]	Falten – runzlig / faltig

Zur Beschreibung des Haares
a trendy hairstyle ['heəstaɪl] / *hairdo* ['heədu:] (= eine aktuelle Frisur)
his shining blond [blɒnd] *locks* (= seine leuchtenden blonden Locken)
her beautiful blonde [blɒnd] *hair* (= ihr schönes blondes Haar)
brunettes, blondes, and redheads (= Brünette, Blondinen und Rothaarige)
a dark-haired / white-haired woman (= eine dunkelhaarige / weißhaarige Frau)
She wears her hair in a ponytail ['pəʊni-]. (= Sie trägt einen Pferdeschwanz.)
a teenager with cute [kju:t] *pigtails* (= ein Teenager mit niedlichen Zöpfen)
straight, curly, and frizzy ['frɪzi] *hair* (= glattes, lockiges und krauses Haar)
a crew cut ['kru: kʌt] (= ein Bürstenschnitt)
His hair is thinning ['θɪnɪŋ]. (= Sein Haar lichtet sich langsam.)
He wears [weəz] *a wig.* (= Er trägt eine Perücke.)
He's in his fifties turning grey. (= Er ist in den Fünfzigern und wird grau.)
He's balding ['bɔ:ldɪŋ]. (= Er bekommt langsam eine Glatze.)
He's bald [bɔ:ld]. (= Er hat eine Glatze.)

dress [dres] – **dressed** [drest]	Kleidung – gekleidet
stylishly / trendily dressed	elegant / modisch gekleidet
She was dressed in a blouse and skirt.	Sie trug eine Bluse und einen Rock.
He's a smart dresser.	Er geht immer schick / flott gekleidet.
well groomed [u:] – **badly groomed**	gepflegt – ungepflegt
dishevelled [dɪ'ʃevld]	ramponiert; ungepflegt
his dishevelled / unkempt appearance	seine ungepflegte Erscheinung
dirty ['dɜ:ti] – **grubby** ['grʌbi]	schmutzig – schmuddelig
shabby ['ʃæbi] – **scruffy** ['skrʌfi]	schäbig – vergammelt
rumpled ['rʌmpld]	zerknittert; verwuschelt; zerzaust
He was wearing [eə] a rumpled suit.	Er trug einen zerknitterten Anzug.

Childhood and youth
Kindheit und Jugend

→ 2.3 Parents and children

A torn jacket is soon mended; but hard words bruise the heart of a child. (*Henry Wadsworth Longfellow, US poet, 1807–1882*)

child [tʃaɪld] – **children** ['tʃɪldrən]	Kind – Kinder
child labour [eɪ] – child abuse [ə'bju:s]	Kinderarbeit – Kindesmisshandlung
children's wear [weə]	Kinderbekleidung
childminder / nanny / baby-minder [aɪ]	Tagesmutter
She's an only child.	Sie ist ein Einzelkind.
baby ['beɪbi] – **babies**	Baby – Babys
a newborn ['nju:bɔ:n] (baby / child)	ein Neugeborenes
baby-sitter / sitter	Babysitter

Mit *the baby boom* bezeichnet man den enormen Anstieg der Geburtenrate in den USA nach dem 2. Weltkrieg. Die Angehörigen dieser geburtenstarken Jahrgänge heißen noch heute *baby boomers* oder einfach *boomers* und entsprechen soziologisch etwa den Achtundsechzigern in Deutschland.

toddler – **infant** ['ɪnfənt] – **small child**	Kleinkind
infancy ['ɪnfənsi]	frühe Kindheit; Kindesalter
cradle ['kreɪdl]	Wiege
from the cradle to the grave [greɪv]	von der Wiege bis zur Bahre
cot [kɒt] *BE* / *AE* **crib** [krɪb]	Kinderbett
pram [præm] *BE* / *AE* **baby carriage** ['kærɪdʒ]	Kinderwagen
pushchair [ʊ] *BE* / *AE* **stroller** [əʊ]	Buggy
dummy [ʌ] *BE* / *AE* **pacifier** [æ]	Schnuller
crèche [kreʃ] *BE*	Kinderkrippe
(day) nursery ['nɜ:səri] *BE* / *AE* **day-care center**	Kindergarten / -tagesstätte (für 2- bis 5-Jährige)
playgroup ['pleɪgru:p]	Spielgruppe (für 2- bis 5-Jährige)
a **toy** [tɔɪ]	ein Spielzeug
Every child needs toys.	Jedes Kind braucht Spielzeug.
toy car – toy train set	Spielzeugauto – Spielzeugeisenbahn

Dinge, mit denen sich Kinder beschäftig(t)en
play (with a) ball (= Ball spielen) • *play cards* (= Karten spielen) • *play at cops and robbers* (= Räuber und Gendarm spielen) • *play at mothers and fathers* (= Mutter und Vater spielen)
doll [dɒl] (= Puppe) • *doll's pram* BE / AE *doll carriage* ['kærɪdʒ] (= Puppenwagen) • *doll's house BE / AE dollhouse* (= Puppenstube) • *stuffed animal* (= Stofftier) • *teddy bear* [eə] (= Teddybär) • *hand puppet* (= Handpuppe) • *rocking horse* (= Schaukelpferd)

building blocks ['bɪldɪŋ blɒks] (= Bauklötze) • *marbles* (= Murmeln)
model ['mɒdl] *railway* BE / AE *model railroad* (= Modelleisenbahn) • *model aircraft* (= Modellflugzeug)
comics [ɒ] / *comic books* (= Comic-Hefte) • *comic strips* • *picture book* (= Bilderbuch) • *fairy tale* (= Märchen)
colouring ['kʌlərɪŋ] *book* (= Malbuch) • *colouring set* (= Mal- / Tuschkasten) • *crayons* ['kreɪənz] (= Buntstifte) • *wax crayons* (= Wachsmalstifte) • *paints* (= Farben)
board [ɔ:] *game* (= Brettspiel) • *puzzle* ['pʌzl] (= Rätsel, Denksportaufgabe) • *jigsaw* ['dʒɪgsɔ:] *(puzzle)* (= Puzzle / Puzzlespiel)
fly a kite (= einen Drachen steigen lassen) • *sandpit* BE / AE *sandbox* (= Sandkasten) • *pail and shovel* ['ʃʌvl] (= Eimerchen und Schaufel) • *seesaw* (= Wippe) • *swing* (= Schaukel) • *roller* [əʊ] *skates* (= Rollschuhe) • *ice skates* (= Schlittschuhe) • *skateboard* (= Skateboard / Rollbrett) • *bicycle* ['baɪsɪkl] / *bike* (= Fahrrad) • *tricycle* (= Dreirad) • *sledge* BE / AE *sled* (= Schlitten)

young [jʌŋ]	jung
young people ['pi:pl]	junge Leute; Jugendliche
young children ['tʃɪldrən]	kleine Kinder
for the young	für die Jugend; für die jungen Leute
youngster ['jʌŋstə]	Jugendliche(r)

Männliche Jugendliche sind *boys, guys* [gaiz], *lads, youngsters, youths* [ju:ðz].
Weibliche Jugendliche sind *girls* oder (besonders nordenglisch oder schottisch) *lasses* ['læsɪz], auch *young ladies*. Von manchen Männern gebrauchte Slangwörter wie *chick* oder *bird* werden von Frauen oft als beleidigend (= *offensive* [ə'fensɪv]) empfunden.

youth [ju:θ]	(die) Jugend(zeit)
youth club – youth hostel [ɒ]	Jugendklub – Jugendherberge

Entsprechungen für „Jugend"
Jugend = Jugendzeit:
I spent my youth in Hull. (= Ich habe meine Jugend in Hull verbracht.)
Jugend = junge Menschen:
Young people are optimistic [ɒptɪ'mɪstɪk]. (= Die Jugend ist optimistisch.)
Today's youth has its own problems ['prɒbləmz]. (= Die heutige Jugend hat ihre eigenen Probleme.)
The party never had the trust of the young. (= Die Partei besaß nie das Vertrauen der Jugend.)

brat [bræt]	Balg; Gör(e); Flegel
She's a spoilt [spɔɪlt] brat.	Sie ist ein verwöhntes Blag.
schoolboy – schoolgirl	Schüler – Schülerin
adolescent [ædə'lesnt]	Heranwachsende(r)
adolescence [ædə'lesns]	das Erwachsenwerden
puberty ['pju:bəti]	(die) Pubertät

a teenager / **a teen**	ein Teenager
A lot of teen(ager)s are on drugs.	Viele Teenager nehmen Drogen.
a teen(age) mother ['mʌðə]	eine Mutter im Teenalter
minor ['maɪnə]	Minderjährige(r)
come / **be of age** [eɪdʒ]	großjährig werden / sein

Ein paar ungute Dinge, die Kinder und Jugendliche tun

They bully ['bʊli] *other children.* (= Sie schikanieren / tyrannisieren andere Kinder.)
They play truant ['tru:ənt]. (= Sie schwänzen die Schule.)
They drop out of school [sku:l]. (= Sie brechen die Schule ab.)
They run away from home. (– ran – run) (= Sie laufen von zu Hause weg.)
They go on joyrides. (= Sie machen Spritztouren mit gestohlenen Autos.)
They take / do drugs. (= Sie nehmen Drogen.)
They get into trouble ['trʌbl] *with the police* [pə'li:s]. (= Sie kriegen Ärger mit der Polizei.)

juvenile ['dʒu:vənaɪl]	Jugend-
juvenile court	Jugendgericht
juvenile delinquent [dɪ'lɪŋkwənt] (JD)	jugendliche(r) Straftäter(in)
juvenile detention [dɪ'tenʃn] center *AE*	Jugendstrafanstalt

Violence ['vaɪələns] **(= Gewaltanwendung)**

Why did you kick me? (= Warum hast du mich getreten?)
Dad! Peter keeps hitting me! (= Papi! Der Peter haut mich immer!)
He thumped her in the stomach ['stʌmək]. (= Er schlug sie in den Magen.)
Corporal punishment of children is illegal [ɪ'li:gl] *in some countries.* (= Die körperliche Züchtigung von Kindern ist in manchen Ländern rechtswidrig.)
Kids got beaten ['bi:tn] *a lot in the old days.* (= Die Kinder bekamen früher oft Schläge.)
I don't like to smack my child. (= Ich haue mein Kind nicht gern.)
If you don't stop it, you'll get a spanking / a thrashing ['θræʃɪŋ] */ a good hiding.* (= Wenn du nicht aufhörst, kriegst du 'ne Tracht Prügel.)

adult ['ædʌlt]	erwachsen; Erwachsene(r)
grown-up [grəʊn'ʌp / 'grəʊnʌp]	erwachsen
They have two grown-up sons.	Sie haben zwei erwachsene Söhne.
grownup ['grəʊnʌp]	Erwachsene(r) (*aus der Sicht von Kindern*)

Middle age and old age
Mittlere Jahre und Alter

The only time you really live fully is from thirty to sixty. ... The young are slaves to dreams; the old servants of regrets. (*Hervey Allen, US novelist, 1889–1949*)

middle age [mɪdl 'eɪdʒ]	das mittlere Lebensalter (ca. 40–65)
mid-life crisis [mɪdlaɪf 'kraɪsɪs]	Krise in der Lebensmitte (um die 40)
mature [mə'tʃʊə] – **maturity**	(*körperlich, geistig*) reif – Reife
a mature student *BE*	Student(in) über 25
prime [praɪm]	Höhepunkt; Krönung
She's in her prime.	Sie ist in den besten Jahren.
She's past her prime.	Sie ist über die besten Jahre hinaus.
spring chicken [sprɪŋ 'tʃɪkən]	junges Huhn
She's no spring chicken.	Sie ist nicht mehr die Jüngste.
life expectancy [ɪk'spektənsi]	(die) Lebenserwartung
ageing ['eɪdʒɪŋ] *BE* / *AE* **aging**	das Altern
menopause / **the change of life**	die Wechseljahre
the onset of menopause ['menəpɔ:z]	das Einsetzen der Wechseljahre
grow old / **get old**	alt werden
get on (in years) (– got – got)	(langsam) älter werden
We're getting on (in years).	Wir werden langsam älter.
elderly ['eldəli]	ältere(r, s)
poverty ['pɒvəti] among the elderly	Armut unter älteren Menschen

Die Adjektive *elderly* und *older* haben nicht die gleiche Bedeutung! *Elderly* bezeichnet Menschen, die (absolut) alt sind: *elderly people* ['pi:pl] (= ältere / alte Leute / Menschen).
Older people dagegen sind relativ älter als andere, aber nicht notwendigerweise alt: *older people are more experienced* [ɪk'spɪəriənst] (= ältere Menschen haben mehr Erfahrung). – In *the older generation* [dʒenə'reɪʃn] (= die ältere Generation) z.B. kann *older* nicht durch *elderly* ersetzt werden.

the old folk [fəʊk]	die alten Leute
old folk's home / old people's home	Altenheim; Altersheim
veteran ['vetərən]	(*auch* Kriegs-)Veteran(in)
a veteran diplomat / teacher	ein altgedienter Diplomat / Lehrer
of pensionable ['penʃənəbl] **age**	im Renten- / Pensionsalter
(old-age) pensioner *BE* / *AE* **retiree**	Rentner(in)
retire [rɪ'taɪə]	in den Ruhestand treten
a retired civil servant [sɪvl 'sɜ:vənt]	ein(e) pensionierte(r) Beamte(r)
occupation [ɒkjə'peɪʃn]: retired	Beruf: Rentner(in)
retirement [rɪ'taɪəmənt]	Ausscheiden aus dem Arbeitsleben
when she reaches retirement age	wenn sie das Rentenalter erreicht
at an advanced [əd'vɑ:nst] **age**	in vorgerücktem Alter
old age [əʊld 'eɪdʒ]	das Alter
the approach [ə'prəʊtʃ] of old age	das Herannahen des Alters
She lived to a ripe old age.	Sie erreichte ein hohes Alter.

Wenn von *old age* oder *elderly people* die Rede ist, werden oft Euphemismen (= beschönigende / verhüllende Ausdrücke) verwendet: *women of a certain age* sind in mittleren Jahren, *a distinguished* [dɪ'stɪŋgwɪʃt] *professor* ist einer, der schon älter ist, das Alter selbst wird oft als *the golden years, her sunset years* oder *his twilight years* umschrieben. Ein *old people's home* BE / AE *old-age home* erhält solche weniger „direkt" klingenden Namen wie *nursing home, rest home, convalescent* [kɒnvə'lesnt] *home* (eigentlich = Genesungsheim) oder schlicht *home*, wenn es nicht angedeutet wird mit so etwas wie *somewhere (s)he can be looked after* (= wo man sich um ihn / sie kümmern kann). Die deutschen Senioren sind auf Englisch *senior citizens*; vorher ist man *middle-aged* und sagt zuweilen scherzhaft, man sei *on the wrong side of forty*.

longevity [lɒn'dʒevəti]	Langlebigkeit
decline [dɪ'klaɪn]	Verfall; abnehmen
declining physical energy ['enədʒi]	nachlassende körperliche Energie
in his declining years	in seinen letzten Lebensjahren
decrepit [dɪ'krepɪt]	altersschwach
a decrepit old man	ein hinfälliger alter Mann

Weitere Adjektive, die Schwäche (= *weakness / feebleness*) bzw. Gebrechlichkeit (= *infirmity* [ɪn'fɜ:məti]) ausdrücken: *weak* (= schwach) • *feeble* (= matt / schwach) • *frail* (= schwach / gebrechlich / zart) • *infirm* [ɪn'fɜ:m] (= gebrechlich / hinfällig)

senile ['si:naɪl] – **senility** [sɪ'nɪləti]	senil – Senilität
Alzheimer's ['æltshaɪməz] **disease**	die Alzheimerkrankheit
suffer from Alzheimer's disease	an der Alzheimerkrankheit leiden

Unfreundliche, diskriminierende Ausdrücke, die auf ältere Menschen angewandt werden: *gaga* ['gɑ:gɑ:] (= verkalkt / senil) • *fuddy-duddy* ['fʌdidʌdi] (= verknöchert / verkalkt) • *doddering / doddery* (= tatterig / vertrottelt) • *(s)he's past it* (= er / sie bringt's nicht mehr)

in poor health [helθ]	bei schlechter Gesundheit
meals on wheels [mi:lz ɒn 'wi:lz]	Essen auf Rädern
nursing home ['nɜ:sɪŋ həʊm]	Pflegeheim
admit someone to a nursing home	jemand in ein Pflegeheim aufnehmen

Gegen die Diskriminierung (= *discrimination*) älterer Menschen kämpft in den USA die 1971 gegründete Selbsthilfeorganisation *the Gray Panthers* ['pænθəz], nach deren Vorbild in Deutschland 1975 die Grauen Panther organisiert wurden. In Großbritannien gibt es seit 1940 *Age Concern* (*concern* [kən'sɜ:n] = Anliegen), eine karitative Organisation (= *charity* ['tʃærəti] *organization*), die mit Tausenden von Freiwilligen (= *volunteers* [vɒlən'tɪəz]) Dienstleistungen (= *services*) für ältere Menschen erbringt, z.B. in *day centres* und *lunch clubs* sowie durch *visits to the elderly in their homes*.

Personality and behaviour
Persönlichkeit und Verhalten

Although aloof, egotistical and imperious, MacArthur could also be warm-hearted, human, and witty. Most people agreed that he was courageous and highly intelligent ... (*Charakterisierung des US-Generals Douglas MacArthur, 1880–1964, in The Academic American Encyclopedia*)

behave [bɪ'heɪv]	sich benehmen / verhalten
He behaved like a bull [bʊl] in a china ['tʃaɪnə] shop.	Er benahm sich / führte sich auf wie ein Elefant im Porzellanladen.
personality [pɜːsə'nælәti]	Persönlichkeit
She has an appealing personality.	Sie besitzt ein sympathisches Wesen.
temper ['tempə]	Wesen; Naturell
She has a quick / violent temper.	Sie hat ein heftiges Naturell.
She lost her temper.	Sie verlor die Beherrschung.

Adjektive, die menschliche Eigenschaften ausdrücken, mit ihrem Gegenteil

Die Antonyme (= Gegensatzwörter) werden hier durch Vorsetzen von *dis-*, *im-*, *in-*, *ir-* oder *un-* gebildet.

contented [kən'tentɪd] (= zufrieden) – *discontented* (= unzufrieden)
honest ['ɒnəst] (= ehrlich) – *dishonest* [dɪs'ɒnəst] (= unehrlich)
mature [mə'tʃʊə] (= reif) – *immature* [ɪmə'tʃʊə] (= unreif)
patient ['peɪʃnt] (= geduldig) – *impatient* [ɪm'peɪʃnt] (= ungeduldig)
polite [pə'laɪt] (= höflich) – *impolite* [ɪmpə'laɪt] (= unhöflich)
considerate [kən'sɪdərət] (= rücksichtsvoll) – *inconsiderate* (= rücksichtslos)
decent ['diːsnt] (= anständig) – *indecent* [ɪn'diːsnt] (= unanständig)
efficient [ɪ'fɪʃnt] (= fähig) – *inefficient* [ɪnɪ'fɪʃnt] (= unfähig)
experienced [ɪk'spɪəriənst] (= erfahren) – *inexperienced* (= unerfahren)
flexible ['fleksəbl] (= flexibel) – *inflexible* [ɪn'fleksəbl] (= unflexibel)
sincere [sɪn'sɪə] (= aufrichtig) – *insincere* [ɪnsɪn'sɪə] (= unaufrichtig)
tolerant ['tɒlərənt] (= duldsam) – *intolerant* [ɪn'tɒlərənt] (= unduldsam)
responsible (= verantwortungsbewusst) – *irresponsible* (= verantwortungslos)
civilized ['sɪvəlaɪzd] (= kultiviert) – *uncivilized* [ʌn'sɪvəlaɪzd] (= unkultiviert)
cooperative [kəʊ'ɒprətɪv] (= entgegenkommend) – *uncooperative* (= wenig entgegenkommend)
fair [feə] (= fair / gerecht) – *unfair* [ʌn'feə] (= unfair / ungerecht)
inhibited [ɪn'hɪbɪtɪd] (= gehemmt) – *uninhibited* (= ungehemmt)
pleasant ['pleznt] (= sympathisch) – *unpleasant* [ʌn'pleznt] (= unsympathisch)
reliable [rɪ'laɪəbl] (= zuverlässig / verlässlich) – *unreliable* (= unzuverlässig)
selfish ['selfɪʃ] (= selbstsüchtig) – *unselfish* [ʌn'selfɪʃ] (= selbstlos)
sophisticated [sə'fɪstɪ-] (= anspruchsvoll) – *unsophisticated* (= anspruchslos)
sympathetic [sɪmpə'θetɪk] (= mitfühlend) – *unsympathetic* (= wenig mitfühlend)

Beachten Sie, dass – anders als im Deutschen – die negativen Vorsilben *dis-*, *im-*, *in-*, *ir-*, *un-* etc. im Englischen nicht betont werden.
Deutsch: Sie ist ja so 'unfair / 'unduldsam / 'unzufrieden.

Englisch: *She is so un'fair / in'tolerant / discon'tented.*
Die Adjektivendung *-ful* wird im Antonym häufig durch *-less* ersetzt:
careful ['keəfl] (= vorsichtig) – *careless* ['keələs] (= unvorsichtig)
tactful ['tæktfl] (= taktvoll) – *tactless* ['tæktləs] (= taktlos)

good [gʊd] – **bad** [bæd]	gut – schlecht
benevolent [-'nev-] – **malevolent**	gütig – boshaft
a benevolent master / god / ruler	ein gütiger Herr / Gott / Herrscher
a malevolent [-'lev-] look / neighbour	ein boshafter Blick / Nachbar
compassionate [kəm'pæʃnət] – **pitiless** ['pɪtɪləs]	mitfühlend – mitleidlos
He's pitiless in exploiting others.	Er nützt andere erbarmungslos aus.
honest ['ɒnəst] – **corrupt** [kə'rʌpt]	ehrlich – korrupt
a plain, honest man	ein schlichter, ehrlicher Mensch
a corrupt politician [pɒlə'tɪʃn]	ein(e) korrupte(r) Politiker(in)

Viele der hier aufgeführten Adjektive werden durch Anhängen von *-ly* zu häufig gebrauchten Adverbien:
He acted foolishly / unselfishly / irresponsibly / immaturely. (= Er handelte töricht / selbstlos / verantwortungslos / unreif.)
She behaved tactfully / wisely / courageously / sensibly. (= Sie verhielt sich taktvoll / klug / mutig / vernünftig.)

industrious [ɪn'dʌstriəs] – **lazy** ['leɪzi]	fleißig – faul
courteous ['kɜ:tiəs] – **rude** [ru:d]	höflich – unhöflich
No need to be rude.	Warum denn gleich grob werden?
clever ['klevə] – **stupid** ['stju:pɪd]	klug – dumm
sensible ['sensəbl] – **foolish** ['fu:lɪʃ]	vernünftig – töricht

Achtung, „falsche Freunde" (= *false* [fɔ:ls] *friends*)!
sensitive ['sensətɪv] = sensibel, *sensible* ['sensəbl] = vernünftig!
Self-conscious [self'kɒnʃəs] heißt gehemmt; selbstbewusst dagegen ist *self-confident* [self'kɒnfɪdənt] oder *self-assured* [selfə'ʃʊəd].

excitable [ɪk'saɪtəbl] – **even-tempered** [i:vn'tempəd]	leicht erregbar – ausgeglichen
conservative [kən'sɜ:vətɪv] – **progressive** [prə'gresɪv]	konservativ – progressiv
broad-minded – **narrow-minded**	tolerant – engstirnig
very broad-minded views about sex	sehr freie Ansichten über Sex
generous ['dʒenərəs] – **stingy** [dʒ]	großzügig – geizig / knauserig
easygoing [i:zi'gəʊɪŋ] – **fussy** ['fʌsi]	lax / lässig – pingelig

Das vollkommene Fehlen einer Eigenschaft kann durch *devoid* [dɪ'vɔɪd] *of* ausgedrückt werden:
She's completely devoid of ambition / courage / humour / pity / talent.
(= Es mangelt ihr vollkommen an Ehrgeiz / Mut / Humor / Mitleid / Talent.)

charming – **devoid of charm** [tʃɑ:m]	charmant – ohne Charme
She's devoid of any charm.	Sie besitzt keinerlei Charme.

optimistic [ɒptɪ'mɪstɪk] – **pessimistic**	optimistisch – pessimistisch
outgoing – **reserved** [rɪ'zɜ:vd]	kontaktfreudig – zurückhaltend
cheerful ['tʃɪəfl] – **gloomy** ['glu:mi]	gut gelaunt – trübsinnig
Jack was looking rather gloomy.	Jack schaute recht bedrückt drein.
interesting ['ɪntrəstɪŋ] – **boring** [ɔ:]	interessant – langweilig

***Fairly*, *rather*, *pretty* als Entsprechungen für „ziemlich"**
Fairly steht vorzugsweise bei „wünschenswerten" Eigenschaften: *She's fairly attractive. He remained fairly calm. Their behaviour was fairly civilized.* *Rather* wird bei „nicht wünschenswerten" Eigenschaften bevorzugt: *He was rather aggressive* [ə'gresɪv]. *That was a rather stupid thing to do. The new secretary proved* [pru:vd] *to be rather inefficient* [ɪnɪ'fɪʃnt].
Pretty ['prɪti] ist umgangssprachlicher als *fairly* und *rather* und wird gleichermaßen bei „wünschenswerten" und „nicht wünschenswerten" Eigenschaften gebraucht: *She's pretty good / bad. He's pretty clever / stupid.*

strong [strɒŋ] – **weak** [wi:k]	stark – schwach
tough [tʌf] – **weak** [wi:k]	zäh / hart – schwach
a tough guy [gaɪ]	ein harter Bursche / Typ
My grandmother was a tough cookie – she buried ['berid] three husbands.	Meine Großmutter war ein zäher Typ – sie hat drei Männer überlebt.
brave / **courageous** – **cowardly**	mutig – feige
a brave soldier ['breiv 'səʊldʒə]	ein(e) tapfere(r) Soldat(in)
a cowardly attack ['kaʊədli ə'tæk]	ein feiger Anschlag
a craven coward ['kreɪvn 'kaʊəd]	eine feige Memme
relaxed [rɪ'lækst] – **tense** [tens]	entspannt – angespannt
calm [kɑ:m] – **agitated** ['ædʒɪteɪtɪd]	ruhig – aufgeregt
He was very calm before the operation.	Er war vor der Operation sehr ruhig.
respectful – **cheeky** *BE* / *AE* **sassy**	respektvoll – frech
Don't be sassy with your parents.	Sei nicht frech zu deinen Eltern.
humble ['hʌmbl] – **conceited** [-'si:tɪd]	demütig / bescheiden – eingebildet

Für die Beschreibung von Menschen gibt es eine Reihe von *idioms* mit *as … as* (= so … wie). Beispiele:
He's ***as bold as brass*** [brɑ:s]. (= kühn wie Messing = frech wie Oskar)
He was ***as brave as a lion*** ['laɪən]. (= so tapfer / mutig wie ein Löwe)
She's ***as busy*** ['bɪzi] ***as a bee***. (= emsig wie eine Biene / bienenfleißig)
He's ***as clever as they make them***. (= schlau wie sonstwas)
She's ***as cold as charity***. (= kalt wie eine Hundeschnauze)
He was ***as cool as a cucumber*** ['kju:-]. (= kühl wie eine Gurke = seelenruhig)
His agent is ***as cunning as a fox***. (= schlau wie ein Fuchs)
Lincoln ['lɪŋkən] *was* ***as honest*** ['ɒnəst] ***as the day is long***. (= grundehrlich)
He's ***as mad as a hatter***. (= verrückt wie ein Hutmacher = total verrückt)
He was ***as meek as a lamb*** [læm]. (= sanft wie ein Lamm = lammfromm)
He's ***as stubborn as a mule***. (= störrisch wie ein Maultier = ein sturer Bock)
Her teacher is ***as patient*** ['peɪʃnt] ***as Job*** [dʒəʊb]. (= so geduldig wie Hiob)
He was ***as proud as a peacock*** ['pi:kɒk]. (= stolz wie ein Pfau)
The man's ***as thick as two planks***. (= „dumm wie Bohnenstroh")
He's ***as timid as a mouse*** [maʊs]. (= scheu / schüchtern wie eine Maus)

Senses and sensations
Sinne und Sinneseindrücke

A fool sees not the same tree that a wise man sees. (*William Blake, English poet, artist, and mystic, 1757–1827*)

sense [sens]	Sinn
the five senses ['sensɪz]	die fünf Sinne
the sense of sight / hearing	der Gesichts- / Gehörsinn
the sense of smell / taste / touch	der Geruchs- / Geschmacks- / Tastsinn
sensation [sen'seɪʃn]	Gefühl; Empfindung; Sinneseindruck
such sensations as pain and thirst	Empfindungen wie Schmerz und Durst
eye [aɪ]	Auge
see [siː] (– saw [sɔː] – seen)	sehen (– sah – gesehen)
She saw that nobody was looking.	Sie sah, dass niemand hinschaute.
look [lʊk]	sehen; schauen; Blick
Did you look in the kitchen?	Hast du in der Küche nachgesehen?
I'm looking for my glasses.	Ich suche meine Brille.
Have a look at this one.	Schau dir doch mal dies hier an.
perceive [pə'siːv] – **perception**	wahrnehmen – Wahrnehmung
Can all animals perceive light?	Können alle Tiere Licht wahrnehmen?
notice ['nəʊtɪs]	bemerken; wahrnehmen
No one noticed the theft [θeft].	Niemand bemerkte den Diebstahl.
She took no notice of them.	Sie nahm keine Notiz von ihnen.
noticeable ['nəʊtɪsəbl]	erkennbar; deutlich
a noticeable increase ['ɪŋkriːs]	eine deutliche Zunahme
watch [wɒtʃ]	beobachten; sich (etw.) ansehen
She watched the dog eat(ing).	Sie sah zu, wie der Hund fraß.
We watched a video ['vɪdiəʊ].	Wir sahen uns ein Video an.
observe [əb'zɜːv]	beobachten; bemerken; wahrnehmen
sight [saɪt]	(das) Sehvermögen
It was love at first sight.	Es war Liebe auf den ersten Blick.
shortsighted *BE* / *AE* nearsighted	kurzsichtig
He's longsighted *BE* / *AE* farsighted.	Er ist weitsichtig.
view [vjuː]	Sicht; Aussicht
Slowly the train came into view.	Langsam kam der Zug in Sicht.
a fine view of the city	ein schöner Ausblick auf die Stadt
visible ['vɪzəbl] **invisible**	sichtbar – unsichtbar
The lighthouse was clearly visible.	Der Leuchtturm war deutlich sichtbar.
invisible to the naked ['neɪkɪd] eye	mit bloßem Auge nicht erkennbar
visual ['vɪʒuəl]	visuell; Seh-
visual aids [vɪʒuəl 'eɪdz]	visuelle Hilfsmittel / Medien
video ['vɪdiəʊ]	Video(-)
glance [glɑːns]	(kurzer) Blick; (kurz) sehen, blicken
You can see it at a glance.	Man sieht es auf einen Blick.
He glanced through the paper.	Er warf einen Blick in die Zeitung.

glimpse [glɪmps]	(kurzer) Blick; (kurz) sehen
We just caught a glimpse of him.	Wir bekamen ihn nur kurz zu Gesicht.
I just glimpsed through the article.	Ich habe den Artikel nur überflogen.
ear [ɪə]	Ohr
I'll keep my ears open.	Ich werde die Ohren offen halten.
hear [hɪə] (– heard [ɜː] – heard)	hören (– hörte – gehört)
Did you hear that noise [nɔɪz]?	Hast du das Geräusch gehört?
hearing ['hɪərɪŋ]	Gehör
He's a little hard of hearing.	Er ist ein bisschen schwerhörig.
hearing aid ['hɪərɪŋ eɪd]	Hörhilfe; Hörgerät
deaf [def]	taub
a deaf-mute [def'mjuːt]	ein(e) Taubstumme(r)
He's deaf and dumb [dʌm].	Er ist taubstumm.

Bestimmte Adjektive können durch vorangestelltes *the* zu Pluralsubstantiven gemacht werden:
guide dogs for the blind (= „Führerhunde für die Blinden" = Blindenhunde)
a school for the deaf (= eine Schule für Taube / taube Menschen)
aids for the hard-of-hearing (= Hilfen für Schwerhörige)

listen ['lɪsn]	(zu)hören
I listened hard but couldn't hear it.	Ich lauschte angestrengt, konnte es aber nicht hören.
listen to the radio ['reɪdiəʊ]	Radio hören
sound [saʊnd]	Geräusch; Laut; Klang; klingen
the sound of an approaching car	das Geräusch eines nahenden Autos
It sounds like a diesel engine.	Es klingt wie ein Dieselmotor.
a soundproof booth [buːð]	eine schalldichte Kabine
tone [təʊn]	Ton
I don't like your tone (of voice).	Mir gefällt dein Ton nicht.
loud [laʊd] – **loudness** ['laʊdnəs]	laut – „Lautheit" / Lautstärke
Try to speak louder / more loudly.	Versuchen Sie lauter zu sprechen.
volume ['vɒljuːm]	Lautstärke
turn the volume up / down	das Gerät lauter / leiser stellen
audible ['ɔːdəbl] – **inaudible**	hörbar – unhörbar
a scarcely ['skeəsli] audible sound	ein kaum wahrnehmbarer Laut
audio ['ɔːdiəʊ]	Audio-; Ton-
CD players and other audio equipment	CD-Spieler und andere Phonogeräte
noise [nɔɪz]	Geräusch; Lärm; Krach
What was that loud noise?	Was war das für ein lautes Geräusch?
I can't stand the noise.	Ich kann den Lärm nicht aushalten.
noisy ['nɔɪzi] – **noiseless** ['nɔɪzləs]	geräuschvoll / laut – geräuschlos
The air-conditioning is too noisy.	Die Klimaanlage ist zu laut.

Entsprechungen für „ruhig"
*We live in a **quiet** neighbourhood.* (= Wir leben in einer ruhigen Gegend.)
*Business is **quiet*** ['kwaɪət] *at the moment.* (= Das Geschäft ist zurzeit ruhig.)
*She's always so **silent*** ['saɪlənt], *as if she had nothing to say.* (= Sie ist immer so ruhig, als ob sie nichts zu sagen hätte.)
*The sea was absolutely **calm*** [kɑːm]. (= Das Meer war vollkommen ruhig.)

She has difficulty ['dɪfɪkəlti] *sitting* ***still****.* (= Es fällt ihr schwer, ruhig zu sitzen.)
At last a ***peaceful*** *evening at home.* (= Endlich ein ruhiger Abend zu Hause.)
We had a ***smooth*** [smu:ð] *crossing.* (= Wir hatten eine ruhige Überfahrt.)
You need a ***steady*** ['stedi] *hand.* (= Man braucht eine ruhige Hand.)

nose [nəʊz]	Nase
a nose for profitable ['prɒfətəbl] deals	eine Nase für lohnende Geschäfte
smell [smel]	riechen; Geruch
Can't you smell the gas [gæs]?	Riechst du nicht das Gas?
The soup smells delicious [dɪ'lɪʃəs].	Die Suppe riecht köstlich.

Idiom: *I can smell a rat here.* (= Hier ist doch irgendetwas faul.)
Wenn allerdings Hamlet sagt: „Etwas ist faul im Staate Dänemark", dann heißt das in Shakespeares Original: *Something is rotten in the state of Denmark.*
Rotten heißt faul im Sinn von verdorben: *a rotten egg / tooth / apple* (= ein faules Ei / ein fauler Zahn / Apfel). *Rotten apple* wird auch in übertragenem Sinn gebraucht: *Our police as a whole are OK, but there are a few rotten apples among them.* (= Unsere Polizei als Ganzes ist in Ordnung, aber es sind ein paar schwarze Schafe darunter.)

odour ['əʊdə]	Geruch; Gestank
stink [ɪ] (– stank [æ] – stunk [ʌ])	stinken (– stank – gestunken)
fragrance ['freɪgrəns]	(Wohl-)Geruch; Duft
the unique fragrance of these roses	der besondere Duft dieser Rosen
scent [sent]	Duft; Geruch; *BE auch* Parfüm
the scent of lemons ['lemənz]	der Geruch von Zitronen
perfume ['pɜ:fju:m]	Parfüm; Duft; parfümieren
aroma [ə'rəʊmə]	Aroma; Duft

Engl. ***aroma*** wird gerochen und als angenehm empfunden, ist also *Duft.*
Dt. **Aroma** wird geschmeckt und als angenehm empfunden, engl. = *flavour / taste*: *the aroma of fresh-ground coffee* (= der Duft frisch gemahlenen Kaffees) *These tomatoes have no flavour / taste at all.* (= Diese Tomaten haben überhaupt kein Aroma / keinen Geschmack.)

taste [teɪst]	Geschmack; schmecken
It has a bitter taste.	Es hat einen bitteren Geschmack.
It tastes sweet / salty ['sɔ:lti] / sour.	Es schmeckt süß / salzig / sauer.
flavour ['fleɪvə]	Aroma; Geschmack
appetite ['æpətaɪt]	Appetit
It has spoilt my appetite.	Es hat mir den Appetit verdorben.
touch [tʌtʃ]	berühren; Berührung; (Tast-)Gefühl
Please do not touch.	Bitte nicht berühren.
The material has a very soft touch.	Der Stoff fühlt sich sehr weich an.
handle ['hændl]	anfassen; berühren
Please do not handle the goods.	Die Waren bitte nicht berühren.
feel [fi:l] (– felt – felt)	fühlen (– fühlte – gefühlt)
She didn't feel the pain.	Sie spürte den Schmerz nicht.

Feelings and attitudes
Gefühle und Einstellungen

It is not that the Englishman can't feel – it is that he is afraid to feel. He has been taught at his public school that feeling is bad form. He must not express great joy or sorrow, or even open his mouth too wide when he talks – his pipe might fall out if he did. (*E.M. Forster, English novelist, 1879–1970*)

attitude ['ætɪtju:d]	Einstellung; Haltung
her attitude to(wards) foreigners	ihre Einstellung gegenüber Ausländern
feeling ['fi:lɪŋ]	Gefühl
I didn't mean to hurt your feelings.	Ich wollte dich nicht verletzen.
feel [fi:l] (– felt – felt)	fühlen (– fühlte – gefühlt)
She was feeling tired and depressed.	Sie fühlte sich müde und deprimiert.
I feel like a drink.	Mir ist nach einem Drink zumute.
emotion [ɪ'məʊʃn]	Gefühl; Emotion
emotions such as joy and fear	Gefühle wie Freude und Furcht
emotional [ɪ'məʊʃnəl]	emotional
a highly emotional moment	ein sehr bewegender Augenblick
people who are emotionally disturbed	Menschen, die seelisch gestört sind
mood [mu:d]	Stimmung
I'm not in the mood for joking.	Mir ist nicht nach Spaßen zumute.
She isn't in a good mood.	Sie ist nicht in guter Stimmung.
temper ['tempə]	Laune
He was in a good / bad temper.	Er hatte gute / schlechte Laune.
urge [ɜ:dʒ]	Bedürfnis; Drang
He felt an urge to pray [preɪ].	Er fühlte den Drang zu beten.
love [lʌv]	(es) lieben; Liebe
I love swimming in the sea.	Ich liebe es, im Meer zu schwimmen.
I'd love to stay here.	Gern würde ich hier bleiben.
like [laɪk]	mögen; gern haben
I don't like wine.	Ich mag keinen Wein.
I like travelling by train.	Ich reise gern mit dem Zug.
Would you like a drink?	Hätten Sie gern was zu trinken?
I'd (= I would) like to stay longer.	Ich würde gern länger bleiben.
his likes and dislikes ['dɪslaɪks]	seine Neigungen und Abneigungen
enjoy [ɪn'dʒɔɪ]	genießen
I enjoy being with you.	Ich bin sehr gern mit dir zusammen.
fancy ['fænsi]	gern haben (wollen)
He fancies cars.	Autos haben es ihm angetan.
care for [keə]	gern haben
She really cares for us.	Sie ist uns wirklich zugetan.
I don't much care for rap.	Ich mache mir nicht viel aus Rap.
adore [ə'dɔ:]	anbeten
She adores Brahms.	Sie schwärmt für Brahms.

Wie man Liebe, Zuneigung, Gernhaben ausdrückt
We immediately took a liking to her. (= Sie war uns sofort sympathisch.)
I'm very fond of wine. (= Ich trinke sehr gern Wein.)

I'm not wildly keen on fish. (= Auf Fisch bin ich nicht so versessen.)
The idea had caught her fancy. (= Der Gedanke hatte es ihr angetan.)
He enjoys everyone's affection. (= Er genießt die Zuneigung aller.)
This task would appeal to me. (= Diese Aufgabe würde mich reizen.)
Old books fascinate ['fæsɪneɪt] *me.* (= Alte Bücher faszinieren mich.)

desire [dɪ'zaɪə]	Wunsch; Begehren; begehren
the desire for peace / love	das Verlangen nach Frieden / Liebe
the desired effect [ɪ'fekt]	die gewünschte Wirkung
long for [lɒŋ]	sich sehnen nach
They all long for peace.	Sie sehnen sich alle nach Frieden.
crave (for) [kreɪv] – **craving**	sich sehnen nach – Verlangen
She craves (for) recognition.	Sie giert nach Anerkennung.
interest – interesting ['ɪntrəstɪŋ]	Interesse – interessant
He read it with great interest.	Er las es mit großem Interesse.

Verwechseln Sie nicht *interested* (= interessiert) mit *interesting* (= interessant)! Und beachten Sie, dass *Ich interessiere mich für …* auf Englisch mit *I'm interested in …* ausgedrückt wird:
I'm interested in history. (= Ich interessiere mich für Geschichte.)

prefer [prɪ'fɜː]	(es) vorziehen
I prefer the CD-ROM to the book.	Ich ziehe die CD-ROM dem Buch vor.
I prefer travelling by train.	Ich reise lieber mit dem Zug.
I'd prefer to go by train.	Ich würde lieber mit dem Zug fahren.

Sehr heißt in Bezug auf Verben nicht *very*, sondern *very much*:
He loves / admires her very much. (= Er liebt / bewundert sie sehr.)

bear [beə] (– bore [ɔː] – borne)	ertragen (– ertrug – ertragen)
He can't bear being criticized.	Er verträgt keine Kritik.
stand [stænd]	ertragen; aushalten
I can't stand the heat.	Ich halte die Hitze nicht aus.
tolerate ['tɒləreɪt]	tolerieren; dulden
I wouldn't tolerate that.	Das würde ich nicht hinnehmen.
put up with (– put – put) [pʊt]	sich abfinden mit; sich gefallen lassen
That's something I won't up with.	So etwas lasse ich mir nicht bieten.
dislike [dɪs'laɪk]	nicht mögen; nicht leiden können
She dislikes him intensely [ɪn'tensli].	Er ist ihr äußerst unsympathisch.
hate [heɪt]	(es) hassen; Hass
I hate having to rush [rʌʃ].	Ich hasse es, wenn ich hetzen muss.
Her eyes were full of hate.	Ihre Augen waren voller Hass.
hatred ['heɪtrɪd]	Hass
Stalin's hatred of intellectuals	Stalins Hass auf Intellektuelle

Verben, die starke Abneigung ausdrücken
She detests / loathes [ləʊðz] *him.* (= Sie verabscheut ihn.)
She can't stand him. (= Sie kann ihn nicht ausstehen.)
I abhor [əb'hɔː] *violence.* (= Ich verabscheue Gewalttätigkeit.)

optimism ['ɒptɪmɪzm] – **pessimism**	Optimismus – Pessimismus
optimistic [ɒptɪ'mɪstɪk] – **pessimistic**	optimistisch – pessimistisch
hope [həʊp]	hoffen; Hoffnung
I hope she likes it.	Hoffentlich gefällt es ihr.
Will he help us? – I hope so.	Wird er uns helfen? – Ich hoffe es.
Is it broken? – I hope not.	Ist es kaputt? – Ich hoffe nicht.
our hopes and fears	unsere Hoffnungen und Befürchtungen
despair [dɪ'speə]	Verzweiflung; verzweifeln
He looked at her in despair.	Er sah sie verzweifelt an.
touching [ʌ] / **moving** [u:]	rührend; bewegend; ergreifend
a touching / moving moment	ein bewegender Augenblick
prejudice ['predʒədɪs] – **prejudiced**	Vorurteil – voreingenommen
prejudice against foreigners ['fɒrənəz]	Vorurteile gegen Ausländer
They're prejudiced against us.	Sie haben Vorurteile gegen uns.
subjective [səb'dʒektɪv] – **objective**	subjektiv – objektiv
sentimental [sentɪ'mentl]	sentimental

Adjektive, mit denen Verärgerung ausgedrückt wird
She was angry / cross / annoyed [ə'nɔɪd] *because I had kept her waiting.* (= böse / ärgerlich / verärgert)
The boss was furious ['fjʊəriəs] / *livid* ['lɪvɪd]. (= wütend / fuchsteufelswild)

be afraid of [ə'freɪd]	Angst haben vor
Are you afraid of the dog?	Hast du Angst vor dem Hund?
He was afraid to jump.	Er traute sich nicht zu springen.
She's afraid of flying.	Sie fürchtet sich vor dem Fliegen.
proud [praʊd] – **pride** [praɪd]	stolz – (der) Stolz
We're proud of this achievement.	Auf diese Leistung sind wir stolz.
jealous (of) ['dʒeləs] – **jealousy**	eifersüchtig (auf) – Eifersucht
Are you jealous of him?	Bist du eifersüchtig auf ihn?
He killed her out of jealousy ['dʒeləsi].	Er hat sie aus Eifersucht umgebracht.
envy ['envi]	Neid; beneiden
I envy you this job.	Ich beneide dich um diesen Job.
despise [dɪ'spaɪz]	verachten
surprise [sə'praɪz]	Überraschung; überraschen
She looked at me in suprise.	Sie sah mich überrascht an.
I'm surprised to see you here.	Ich bin überrascht dich hier zu sehen.
astonished [ə'stɒnɪʃt] – **amazed**	erstaunt – verblüfft
We were amazed at / by the result.	Wir waren über das Ergebnis verblüfft.
cry [kraɪ]	weinen; schreien
Listen – the baby's crying.	Hör doch mal – das Baby schreit.
weep (– wept – wept) [wi:p]	weinen

Verben, die Lächeln oder Lachen ausdrücken
smile (= lächeln) • *grin* (= grinsen) • *chuckle* (= leise vor sich hin lachen) • *giggle* ['gɪgl] (= kichern) • *laugh* (= lachen) • *guffaw* [gə'fɔ:] (= schallend lachen)

Morality and immorality
Moral und Unmoral

What is moral is what you feel good after, and what is immoral is what you feel bad after. (*Ernest Hemingway, US writer, 1898–1961*)

moral ['mɒrəl]	moralisch; sittlich
moral principles / standards	moralische Prinzipien / Maßstäbe
That would be morally objectionable.	Das wäre moralisch nicht in Ordnung.
That's a question of morals.	Das ist eine Frage der Moral.
immoral [ɪ'mɒrəl]	unmoralisch; unsittlich
immorality [ɪmə'rælətɪ]	Unmoral; Unsittlichkeit
ethical ['eθɪkl]	ethisch; moralisch
unethical behaviour [bɪ'heɪvjə]	unmoralisches Verhalten
good [gʊd] (– better – best)	gut (– besser – beste); das Gute
Eat your soup, there's a good boy.	Sei schön brav und iss deine Suppe.
It's never too late to do good.	Es ist nie zu spät, Gutes zu tun.
bad [bæd] (– worse – worst)	schlecht (– schlechter – schlechteste)
right [raɪt]	richtig; recht
You've done the right thing.	Du hast richtig / recht gehandelt.
wrong [rɒŋ]	falsch; schlecht; unrecht
I know I was in the wrong.	Ich weiß, dass ich im Unrecht war.
evil ['iːvl]	böse; das Böse
good and evil deeds [diːdz]	gute und böse Taten
the conflict between good and evil	der Konflikt zwischen Gut und Böse
sin [sɪn] – **sinful** ['sɪnfl]	Sünde – sündhaft / sündig
It would be a sin to do that.	Es wäre eine Sünde, das zu tun.
conscience ['kɒnʃəns]	Gewissen
ideal [aɪ'dɪəl]	Ideal; ideal
He lived up to his ideals.	Er lebte entsprechend seinen Idealen.
virtue ['vɜːtʃuː] – **vice** [vaɪs]	Tugend – Laster
Truthfulness is her greatest virtue.	Wahrhaftigkeit ist ihre größte Tugend.
Smoking is his only vice.	Das Rauchen ist sein einziges Laster.
quality ['kwɒlətɪ]	(positive) Eigenschaft
She has many good qualities.	Sie hat viele gute Eigenschaften.
generosity [dʒenə'rɒsətɪ]	Großzügigkeit; Freigebigkeit; Edelmut
wisdom ['wɪzdəm]	Weisheit
bravery ['breɪvərɪ]	Tapferkeit

From the letter of Paul to the Galatians [gə'leɪʃnz] *in the Bible* (= Aus dem Brief des Paulus an die Galater in der Bibel): *But the harvest of the spirit is love, joy, peace, patience, kindness, goodness, faithfulness, gentleness, and self-control.* (= Die Frucht aber des Geistes ist Liebe, Freude, Friede, Geduld, Freundlichkeit, Güte, Treue, Sanftmut und Selbstbeherrschung.)

innocence ['ɪnəsns] – **innocent** [-snt]	Unschuld – unschuldig

integrity [ɪn'tegrəti]	Integrität; Redlichkeit
He's a man of integrity.	Er ist ein integrer / redlicher Mensch.
justice ['dʒʌstɪs] – **injustice**	Gerechtigkeit – Ungerechtigkeit
just [dʒʌst] – **unjust** [ʌn'dʒʌst]	gerecht – ungerecht
fight in a just cause (– fought – fought)	für eine gerechte Sache kämpfen
honesty ['ɒnəsti] – **dishonesty**	Ehrlichkeit – Unehrlichkeit
Honesty is the best policy ['pɒləsi].	Ehrlich währt am längsten.
obedience [ə'bi:diəns] – **disobedience**	Gehorsam – Ungehorsam
obedience to the law	Gehorsam gegenüber dem Gesetz

The Seven Virtues (= die sieben Tugenden): *faith* (= Glaube), *hope* (= Hoffnung), *charity* (= Liebe), *justice* (= Gerechtigkeit), *fortitude* (= Tapferkeit), *prudence* (= Klugheit), *temperance* (= Mäßigkeit).
The Seven Deadly Sins (= die sieben Todsünden): *pride* (= Hochmut), *wrath* [rɒθ] (= Zorn), *envy* (= Neid), *lust* (= Unkeuschheit), *gluttony* (= Unmäßigkeit), *avarice* ['ævərɪs] (= Geiz), *sloth* [sləʊθ] (= Trägheit).

decency ['di:snsi] – **decent** ['di:snt]	Anständigkeit – anständig
I'm sure he's a decent guy [gaɪ].	Sicherlich ist er ein anständiger Kerl.
indecent [ɪn'di:snt]	unanständig; anstößig; unsittlich
faithful ['feiθfl] – **faithfulness** [-nəs]	treu – Treue
He swore to remain faithful to her.	Er schwor, ihr treu zu bleiben.
trustworthy ['trʌstwɜ:ði]	vertrauenswürdig
upright ['ʌpraɪt]	aufrecht; rechtschaffen
an upright character / citizen	ein aufrechter Charakter / Bürger
greed [gri:d] – **greedy** ['gri:di]	(Hab-)Gier; Habsucht – habgierig
his greed for money ['mʌni] / power	seine Geldgier / Machtgier
corruption [kə'rʌpʃn]	Korruption; Bestechlichkeit
worthless ['wɜ:θləs]	wertlos; nichtswürdig; nichtsnutzig
a worthless character ['kærəktə]	ein nichtswürdiger Mensch
hypocrite ['hɪpəkrɪt]	Scheinheilige(r); Heuchler(in)
liar ['laɪə]	Lügner(in)
He's a bloody ['blʌdi] liar.	Er ist ein verdammter Lügner.
troublemaker ['trʌblmeɪkə]	Unruhestifter(in)
good-for-nothing ['gʊdfənʌθɪŋ]	Nichtsnutz; Tunichtgut
crook [krʊk]	Gauner
swine [swaɪn] (*Pl.* swine / swines)	Schwein(ehund)
You've cheated [i:] me, you swine.	Du Schwein hast mich betrogen.
scruple ['skru:pl]	Skrupel
She didn't have the slightest scruples.	Sie hatte nicht die leisesten Skrupel.
fault [fɔ:lt]	Fehler
It's all my fault.	Es ist alles meine Schuld.
None of us is faultless / without fault.	Keiner von uns ist ohne Fehler.
ashamed [ə'ʃeɪmd]	beschämt
You should be ashamed of yourself.	Du solltest dich schämen.
It's nothing to be ashamed of.	Das braucht dir nicht peinlich zu sein.
obscene [əb'si:n]	obszön; unzüchtig
obscene words / pictures / books	unzüchtige Worte / Bilder / Bücher
pornography [pɔ:'nɒgrəfi]	(die) Pornografie

Human relations
Menschliche Beziehungen

It is explained that all relationships require a little give and take. This is untrue. Any partnership demands that we give and give and give and at the last, as we flop into our graves exhausted, we are told that we didn't give enough. (*Quentin Crisp, British-born writer, performer and critic, born in 1908*)

relations [rɪ'leɪʃnz]	Beziehungen
relations between the races ['reɪsɪz]	die Beziehungen zwischen den Rassen
relationship [rɪ'leɪʃnʃɪp]	Beziehung
her relationships with men	ihre Beziehungen zu Männern
terms [tɜ:mz]	(≈ relations = Beziehungen)
I'm on good terms with him.	Ich stehe mich gut mit ihm.
associate [ə'səʊʃieɪt] with other people	mit anderen Menschen Umgang haben
get along (– got – got) [get ə'lɒŋ]	zurechtkommen
She gets along well with him.	Sie kommt gut mit ihm aus.
get on (– got – got) [get 'ɒn]	sich verstehen; auskommen
They get on well with each other.	Sie kommen gut miteinander
zurecht. **mutual** ['mju:tʃuəl]	gegenseitig; beiderseitig
mutual support / respect [rɪ'spekt]	gegenseitige Unterstützung / Achtung
crowd [kraʊd]	(Menschen-)Menge
the crowd outside the building	die Menschenmenge vor dem Gebäude
group [gru:p]	Gruppe
all the members of the group	alle Mitglieder der Gruppe
class [klɑ:s]	Klasse
We were in the same class.	Wir waren in derselben Klasse.
the upper / middle / lower class	die Ober- / Mittel- / Unterklasse
a middle-class family	eine bürgerliche Familie
club [klʌb]	Klub; Verein
join [dʒɔɪn] a club	einem Verein beitreten
gang [gæŋ]	Bande
a gang of criminals ['krɪmɪnəlz]	eine Verbrecherbande

Jemand, mit dem man zusammen ist, etwas gemeinsam hat oder tut

playmate (= Spielkamerad/in), *schoolmate* (= Schulkamerad/in)
fellow citizens (= Mitbürger/innen), *fellow passengers* (= Mitreisende)
my pal / *chum* BE / *mate* BE / *buddy* AE (= mein Kumpel)
colleague ['kɒli:g] (= Kollege / Kollegin), *comrade* ['kɒmreɪd] (= Kamerad/in)
companion [kəm'pænjən] (= Gefährte / Gefährtin), *competitor* [kəm'petɪtə] (= Konkurrent/in), *accomplice* [ə'kʌmplɪs] (= Komplize / Komplizin)

member ['membə] – **membership**	Mitglied – Mitgliedschaft
partner ['pɑ:tnə] – **partnership**	Partner(in) – Partnerschaft
leader ['li:də] – **leadership**	(An-)Führer(in) – Führung

supporter [sə'pɔ:tə]	Anhänger(in)
supporters of the president ['prezɪdənt]	Anhänger des Präsidenten
friend [frend]	Freund(in)
They're close [kləus] friends.	Sie sind eng befreundet.
boyfriend – girlfriend	Freund – Freundin
He doesn't have a steady girlfriend.	Er hat keine feste Freundin.
friend and foe [fəʊ]	Freund und Feind
friendship ['frendʃɪp]	Freundschaft
a close [kləus] / warm friendship	eine enge / herzliche Freundschaft
company ['kʌmpəni]	Gesellschaft
She keeps him company.	Sie leistet ihm Gesellschaft.
I like your company.	Ich bin gern mit dir zusammen.
companionship [kəm'pænjənʃɪp]	Gesellschaft
He's longing for companionship.	Er sehnt sich nach Gesellschaft.
acquaintance [ə'kweɪntəns]	Bekanntschaft; Bekannte(r)
I made her acquaintance in London.	Ich habe sie in London kennen gelernt.
She's an acquaintance of mine.	Sie ist eine Bekannte von mir.
acquainted [ə'kweɪntɪd]	bekannt; vertraut
We got acquainted during the war.	Wir lernten uns im Krieg kennen.
get to know [nəʊ] (– got – got)	kennen lernen
She gradually got to know him better.	Allmählich lernte sie ihn besser kennen.
neighbour ['neɪbə] – **neighbourhood**	Nachbar(in) – Nachbarschaft
Love your neighbour as yourself.	Liebe deinen Nächsten wie dich selbst.
indifferent [ɪn'dɪfrənt] – **indifference**	gleichgültig – Gleichgültigkeit
close [kləʊs]	nahe
We were always very close.	Wir standen uns immer sehr nahe.
She's a close friend of mine.	Sie ist eine enge Freundin von mir.
intimate ['ɪntɪmət]	intim; vertraut; vertraulich
sympathy ['sɪmpəθi]	Mitgefühl; Mitleid
They deserve no / our sympathy.	Sie verdienen kein / unser Mitgefühl.
support [sə'pɔ:t]	unterstützen; Unterstützung
They offered ['ɒfəd] us their support.	Sie boten uns ihre Unterstützung an.
cooperation – cooperate [kəʊ'ɒpəreɪt]	Zusammenarbeit – zusammenarbeiten
solidarity [sɒlɪ'dærəti]	Solidarität
affection [ə'fekʃn]	Zuneigung
love [lʌv]	Liebe; lieben
She's in love with him.	Sie ist in ihn verliebt.
She fell in love with her teacher.	Sie verliebte sich in ihren Lehrer.
There's no love lost between them.	Sie können sich nicht ausstehen.
agreement [ə'gri:mənt] – **disagreement**	Einvernehmen – Uneinigkeit
There's agreement on this.	Hierüber herrscht Einverständnis.
disagreements among [ə'mʌŋ] them	Meinungsverschiedenheiten unter ihnen
tension ['tenʃn]	Spannung
tensions within the group [gru:p]	Spannungen innerhalb der Gruppe

conflict ['kɒnflɪkt]	Konflikt
clash [klæʃ]	Konflikt; zusammenstoßen
We often clashed [klæʃt].	Wir gerieten oft aneinander.
quarrel ['kwɒrəl]	Streit; sich streiten
They often quarrelled.	Sie stritten sich oft.
animosity (towards) [ænɪ'mɒsəti]	Animosität / Feindseligkeit (gegenüber)
antipathy (to / towards) [æn'tɪpəθi]	Antipathie / Abneigung (gegen)
contempt [kən'tempt]	Verachtung
hostile ['hɒstaɪl] – **hostility** [hɒ'stɪləti]	feindselig – Feindseligkeit
They are hostile to foreigners.	Ausländern sind sie feindlich gesinnt.
bad blood [bæd 'blʌd]	„böses Blut"
There's bad blood between them.	Sie haben ein gestörtes Verhältnis.
enemy ['enəmi]	Feind
She made a lot of enemies there.	Sie hat sich dort viele Feinde gemacht.
opponent [ə'pəʊnənt]	Gegner(in)
grudge [grʌdʒ]	Groll; nicht gönnen
So that's why she bears me a grudge.	Deshalb also ist sie mir böse.
I don't grudge you your success.	Ich gönne dir deinen Erfolg.

***Behaviour towards others* (= Verhalten anderen gegenüber)**
courtesy ['kɜ:təsi] / *politeness* [pə'laɪtnəs] (= Höflichkeit), *respect* (= Achtung), *kind(li)ness* / *friendliness* (= Freundlichkeit), *consideration* [kənsɪdə'reɪʃn] (= Rücksicht), *decency* ['di:snsi] (= Anständigkeit), *tact* (= Takt), *tactfulness* (= Takt)
impoliteness / *rudeness* (= Unhöflichkeit), *disrespect* (= Respektlosigkeit), *unfriendliness* (= Unfreundlichkeit), *thoughtlessness* (= Rücksichtslosigkeit), *tactlessness* (= Taktlosigkeit), *impudence* ['ɪmpjʊdəns] (= Unverschämtheit)

contact ['kɒntækt]	Kontakt
We must keep in contact.	Wir müssen in Kontakt bleiben.
We've lost contact.	Wir haben den Kontakt verloren.
touch [tʌtʃ]	(≈ communication = Kommunikation)
be in touch with someone	mit jemand in Verbindung stehen
He got in touch with her.	Er setzte sich mit ihr in Verbindung.
connection [kə'nekʃn]	Verbindung
She has good connections.	Sie hat gute Verbindungen.
talk [tɔ:k]	Gespräch; Unterhaltung; Unterredung
We've got to have a talk about it.	Wir müssen uns darüber unterhalten.
conversation [kɒnvə'seɪʃn]	Gespräch; Unterhaltung; Konversation
I overheard your conversation.	Ich habe Ihr Gespräch mit angehört.
dialogue ['daɪəlɔg]	Dialog
discussion [dɪ'skʌʃn]	Diskussion
There was much discussion about this.	Darüber gab es lange Diskussionen.

Sexuality
Sexualität

Sex is a conversation carried out by other means. If you get on well out of bed, half the problems of bed are solved. (*Peter Ustinov, English actor, writer, and film director, born in 1921*)

marital ['mærɪtl] – **extramarital**	ehelich – außerehelich
erotic [ɪ'rɒtɪk]	erotisch
sex [seks]	Geschlecht; Sex; Sexualität; Sexual-
the opposite ['ɒpəzɪt] sex	das andere Geschlecht
sex education [edju'keɪʃn]	Sexualerziehung
sex crime – sex criminal ['krɪmɪnəl]	Sexualverbrechen – Sexualverbrecher
sex offender – sex maniac ['meɪniæk]	Sexualtäter(in) – Triebverbrecher(in)
sexual ['sekʃuəl]	sexuell; Sexual-; Geschlechts-
sexual harassment ['hærəsmənt]	sexuelle Belästigung
sexual abuse [ə'bju:s]	sexueller Missbrauch
sexy / **sexually attractive** [ə'træktɪv]	sexuell attraktiv
heterosexual [hetərə'sekʃuəl]	heterosexuell; Heterosexuelle(r)
homosexual [həʊmə'sekʃuəl]	homosexuell; Homosexuelle(r)
homosexuality [həʊməsekʃu'æləti]	Homosexualität
gay [geɪ]	schwul; Schwule(r)
lesbian ['lezbiən]	lesbisch; Lesbierin / Lesbe
come out (– came – come) [kʌm 'aʊt]	sich als Homosexuelle(r) bekennen

Ausdrücke für *(sexual) intercourse* ['ɪntəkɔ:s] **(= Geschlechtsverkehr)**
make love to someone, sleep with someone, go to bed with someone, have sex with someone, have sexual relations with someone (= mit jemand sexuelle Beziehungen haben), *be intimate* ['ɪntɪmət] *with someone* (= mit jemand intim sein), *the sexual act* (= der Geschlechtsakt), *sexual union* ['ju:niən] (= sexuelle Vereinigung), *coitus* ['kəʊɪtəs] (= Koitus), *have carnal knowledge of someone* (Rechtssprache: „fleischliche Kenntnis" von jemand haben)

petting ['petɪŋ]	Petting
arouse [ə'raʊz] – **arousal** [ə'raʊzl]	(*sexuell*) erregen – Erregung
climax ['klaɪmæks] – **peak** [pi:k]	Höhepunkt
orgasm ['ɔ:gæzm]	Orgasmus
have (an) / reach / achieve orgasm	einen Orgasmus haben
penis ['pi:nɪs] – **clitoris** ['klɪtərɪs]	Penis – Klitoris / Kitzler
erect [ɪ'rekt] – **erection** [ɪ'rekʃn]	erigiert / steif – Erektion
ejaculation [ɪdʒækju'leɪʃn]	Ejakulation; Samenerguss
semen ['si:mən] – **sperm** [spɜ:m]	Samen(flüssigkeit); Sperma
vagina [və'dʒaɪnə]	Vagina; Scheide

Cultural note (= kulturelle Anmerkung)*: The "man-above position" in intercourse is often called the missionary position, a term that originated in Polynesia, where Christian missionaries taught it as the only "correct" position to the Polynesians, who traditionally preferred other positions.*

frigid ['frɪdʒɪd] – **frigidity** [frɪ'dʒɪdəti]	frigide – Frigidität
impotent ['ɪmpətənt] – **impotence**	impotent – Impotenz
conception [kən'sepʃn]	Empfängnis

Ausdrücke für *contraception* [kɒntrə'sepʃn] **(= Empfängnisverhütung)**
birth control (= Geburtenkontrolle) • *family planning* (= Familienplanung) • *planned parenthood* (= geplante Elternschaft)
Contraceptive methods ['meθədz] **(= Verhütungsmethoden)**
condom ['kɒndəm] (= Kondom / Präservativ) • *cap* (= Pessar) • *intrauterine* [ɪntrə'ju:tərarɪn] *device / IUD* (= Intrauterinpessar) • *diaphragm* ['daɪəfræm] (= Scheidendiaphragma) • *coil / loop* (= Spirale) • *the pill* • *the morning-after pill* (= die Pille am Morgen danach) • *the male pill* (= die Pille für den Mann) • *the rhythm* ['rɪðm] *method* (= die Knaus-Ogino-Methode) • *withdrawal / coitus interruptus* [ɪntə'rʌptəs] (= Coitus interruptus) • *sterilization* [sterəlaɪ'zeɪʃn] (= Sterilisation) • *vasectomy* [və'sektəmi] (= Vasektomie)

pregnant ['pregnənt] – **pregnancy**	schwanger – Schwangerschaft
abortion [ə'bɔ:ʃn]	Schwangerschaftsabbruch; Abtreibung
have an abortion	eine Abtreibung vornehmen lassen
masturbation [mæstə'beɪʃn]	Masturbation; Selbstbefriedigung
masturbate ['mæstəbeit]	masturbieren; onanieren
sleep around (– slept – slept)	die Sexualpartner häufig wechseln
prostitute ['prɒstɪtju:t] – **prostitution**	Prostituierte(r) – Prostitution
rent boy *BE* / *AE* **hustler** ['hʌslə]	Strichjunge; Stricher
whore [hɔ:]	Hure
call girl ['kɔ:l gɜ:l]	Callgirl
hooker ['hʊkə] *AE*	Nutte
brothel ['brɒθəl]	Bordell; Puff

Adult ['ædʌlt] **(= erwachsen / für Erwachsene)**
Adult bookshops = euphemism ['ju:fəmɪzm] (= beschönigende Umschreibung) *for shops specializing in the sale of pornographic books, magazines, videos, etc. Adult films, videos, magazines, etc. are not suitable for young people.*

soft porn [sɒft 'pɔ:n] – **hard porn**	weicher Porno – harter Porno
sadism [eɪ] – **masochism** ['mæsəkɪzm]	Sadismus – Masochismus
exhibitionism [eksɪ'bɪʃənɪzm] – **exhibitionist**	Exhibitionismus – Exhibitionist(in)
rape [reɪp] – **rapist** ['reɪpɪst]	Vergewaltigung – Vergewaltiger(in)

Venereal [və'nɪəriəl] *diseases* (= Geschlechtskrankheiten) *and other sexually transmitted diseases* (= durch Geschlechtsverkehr übertragene Krankheiten): *The two most serious venereal diseases are syphilis* ['sɪfəlɪs] (= Syphilis / Lues) *and gonorrhea* [gɒnə'ri:ə] (= Gonorrhöe / Tripper). – *AIDS is often transmitted through anal* ['eɪnl] *intercourse* (= Aids wird oft durch Analverkehr übertragen).

Personal hygiene
Körperpflege

Man does not live by soap alone; and hygiene, or even health, is not much good unless you can take a healthy view of it – or, better still, feel a healthy indifference to it. (*G.K. Chesterton, English writer, 1874–1936*)

hygiene ['haɪdʒi:n]	Hygiene
cleanliness ['klenlinəs]	Reinlichkeit
wash [wɒʃ]	(sich) waschen; Wäsche
Did you wash your hands?	Hast du dir die Hände gewaschen?
Your green shirt is in the wash.	Dein grünes Hemd ist in der Wäsche.
(a bar of) **soap** [səʊp]	(ein Stück) Seife
brush [brʌʃ]	Bürste; bürsten
hairbrush, nailbrush, toothbrush	Haarbürste, Nagelbürste, Zahnbürste
Did you brush your teeth [ti:θ]?	Hast du dir die Zähne geputzt?
bath [bɑ:θ]	Bad
Did you have *BE* / *AE* take a bath?	Hast du gebadet?
shower ['ʃaʊə]	Dusche; sich duschen

Kollokationen mit *have a …*
have a bath (= ein Bad nehmen) • *have a shower* (= duschen) • *have a wash* (= sich waschen) • *have a sauna* ['sɔ:nə] (= in die Sauna gehen) • *have a shave* (= sich rasieren) • *have a haircut* (= sich die Haare schneiden lassen) • *have a blow-dry* (= sich fönen lassen) • *have a shampoo* [ʃæm'pu:] *and set* (= sich die Haare waschen und legen lassen) • *have a massage* ['mæsɑ:ʒ] (= sich massieren lassen) • *have a shoeshine* (= sich die Schuhe putzen lassen)

flannel *BE* / *AE* **washcloth** [-klɒθ]	Waschlappen
sponge [spʌndʒ]	Schwamm
towel ['taʊəl]	Handtuch
Wait – I'm just towelling myself down.	Warte – ich trockne mich nur noch ab.
rub (oneself) down [rʌb]	(sich) abrubbeln / abfrottieren

Die *of*-Konstruktion bei Behälter- und Mengenangaben
a bottle of aftershave / cologne [kə'ləʊn] */ shampoo / mouthwash* (= eine Flasche Aftershave / Kölnischwasser / etc.) • *a bar of soap* (= ein Stück Seife) • *a box of cotton buds / toothpicks* (= eine Schachtel Wattestäbchen / Zahnstocher) • *a pack of tissues* ['tɪʃu:z] (= eine Packung Papiertaschentücher) • *a roll of toilet paper* (= eine Rolle Toilettenpapier) • *a jar of cream* (= eine Dose Creme) • *a tube of toothpaste* (= eine Tube Zahnpasta)

mouthwash – dental floss	Mundwasser – Zahnseide
shave [ʃeɪv]	(sich) rasieren
shaving cream	Rasiercreme
electric [ɪ'lektrɪk] **razor** / **shaver**	Elektrorasierer
shampoo [ʃæm'pu:]	Haarwaschmittel; Haarwäsche

shampoo and (hair) conditioner	Shampoo und Pflegespülung
I'm going to shampoo my hair.	Ich will mir die Haare waschen.
hairdryer ['heə draɪə]	Haartrockner; Föhn
comb [kəʊm]	Kamm; kämmen
hairdresser ['heə dresə]	Friseur(in)
She's at the hairdresser's.	Sie ist beim Friseur.
barber ['bɑːbə]	(Herren-)Friseur
I'm going to the barber('s).	Ich gehe zum Friseur.
make-up ['meɪk ʌp]	Make-up; Schminke
apply [ə'plaɪ] / remove make-up	Make-up auftragen / entfernen

Some cosmetics [kɒz'metɪks] **(= Kosmetika)**
cream (= Creme) • *cleansing* ['klenziŋ] *cream* (= Reinigungscreme) • *moisturizing* ['mɔɪstʃəraɪzɪŋ] *cream* (= Feuchtigkeitscreme) • *face powder* (= Gesichtspuder) • *lipstick* (= Lippenstift) • *eye shadow* (= Lidschatten) • *eyebrow pencil* (= Augenbrauenstift) • *cologne* [kə'ləʊn] (= Eau de Cologne; Kölnischwasser) • *perfume* (= Parfüm) • *deodorant* (= Deodorant)

manicure ['mænɪkjʊə] – **pedicure**	Maniküre – Pediküre
nail polish / *BE also* **nail varnish**	Nagellack
(a pair of) nail scissors ['sɪzəz]	(eine) Nagelschere

Lotions ['ləʊʃnz] sind Pflegeflüssigkeiten für die Haut: *body lotion, face lotion, hand lotion, skin lotion, aftershave lotion, pre-shave lotion, suntan lotion* (= Sonnenöl), *baby lotion* etc. – *Rub in some of this lotion twice a day.* (= Reiben Sie sich zweimal täglich mit dieser Flüssigkeit ein.)

cotton wool [wʊl] *BE* / *AE* **cotton** [ɒ]	Watte
cotton bud *BE* / *AE* **Q-tip**™ [kjuː]	Wattestäbchen
handkerchief ['hæŋkətʃɪf] / **hanky**	Taschentuch
tissue ['tɪʃuː] / **Kleenex**™ ['kliːneks]	Papier- / Tempo™-Taschentuch
blow [bləʊ] **(**– blew [bluː] – blown**)**	blasen
Blow your nose, that's a good girl.	Sei schön brav und putz dir die Nase.
sanitary ['sænətri] **towel** *BE* / *AE* **sanitary napkin**	(Damen-)Binde
toilet paper / **lavatory paper** / **toilet tissue**	Toilettenpapier
the toilet – the loo *BE* / *AE* **the john**	die Toilette – das Klo
Jamie is in the loo [luː] *BE* / *AE* john.	Jamie ist auf dem Klo.
lavatory ['lævətri]	(*ebenfalls ein Ausdruck für*) Toilette
laundry ['lɔːndri]	Wäscherei; Wäsche
I'm doing the laundry / washing today.	Ich mache heute die Wäsche.
laund(e)rette *BE* / *AE* **laundromat**™	Waschsalon
(dry) cleaners [draɪ 'kliːnəz]	Reinigung
My coat is at the cleaners.	Mein Mantel ist in der Reinigung.
I'll have it dry-cleaned [draɪ'kliːnd].	Ich werde es reinigen lassen.

Idiom: *We've been taken to the cleaners.* (= Man hat uns ganz schön geschröpft.)

1

13

Death
Tod

It is impossible that anything so natural, so necessary, and so universal as death should ever have been designed by providence as an evil to mankind. (*Jonathan Swift, Irish clergyman and satirist, 1667–1745*)

death [deθ]	(der) Tod; Todesfall
Aren't you afraid of death?	Hast du keine Angst vor dem Tod?
death by hanging / firing squad [ɒ]	Tod durch Erhängen / Erschießen
There were a number of deaths.	Es gab einige Todesfälle.
death certificate [sə'tɪfɪkət]	Sterbeurkunde; Totenschein
death camp – death cell	Vernichtungslager – Todeszelle
die [daɪ]	sterben
He died of cancer ['kænsə] / old age.	Er starb an Krebs / Altersschwäche.
She died from an overdose.	Sie starb an einer Überdosis.
They died a natural death.	Sie starben eines natürlichen Todes.

Euphemismen (= verhüllende / beschönigende Ausdrücke) für „sterben"
go (= dahingehen) • *go to a better world* • *pass away* (= dahinscheiden) • *fall asleep* (= einschlafen) • *he / she has closed his / her eyes*

perish ['perɪʃ]	umkommen
Millions perished in the camps.	Millionen kamen in den Lagern um.
dying ['daɪɪŋ]	sterbend; das Sterben
the dying	die Sterbenden
on his / her deathbed ['deθbed]	auf dem Sterbebett
hospice ['hɒspɪs]	Sterbeklinik
anointing [ə'nɔɪntɪŋ] **of the sick**	Krankensalbung
dead [ded]	tot
The robber was shot dead.	Der Räuber wurde erschossen.
a dead man / woman / person	ein Toter / eine Tote
drop dead	tot umfallen
rise from the dead (– rose – risen)	von den Toten auferstehen

Euphemismen für „tot"
asleep (*in Jesus*) • *at peace* • *at rest* • *gone* [gɒn] • *in heaven* • *in the arms of Jesus* • *with Jesus* • *with the Lord* • *with us no more*

(his) **demise** [dɪ'maɪz]	(sein) Ableben / Hinscheiden
deceased [dɪ'si:st]	verstorben
the widow ['wɪdəʊ] of the deceased	die Witwe des Verstorbenen

Bezeichnungen für tote Menschen oder Tiere
(dead) body (= Leiche) • *corpse* (= Leiche) • *stiff* (Slang = Leiche) • *cadaver* [kə'dævə] (= Leiche) • *carcass* ['kɑ:kəs] (= Tierkadaver)

autopsy ['ɔ:tɒpsi] / **postmortem (examination)**	Obduktion; Leichenöffnung; Autopsie
perform an autopsy / a postmortem	eine Obduktion durchführen
coffin ['kɒfɪn] – **urn** [ɜ:n]	Sarg – Urne
funeral ['fju:nərəl]	Begräbnis; Beerdigung; Beisetzung
I was at her funeral.	Ich war auf ihrer Beerdigung.
funeral director / undertaker	Bestattungsunternehmer
funeral home	Bestattungsinstitut
funeral procession – funeral service	Trauerzug / Leichenzug – Trauerfeier

Idiom: *I don't think you'll get your money back, but that's your funeral.* (= Ich glaube nicht, dass du dein Geld zurückkriegst, aber das ist dein Problem.)

churchyard ['tʃɜ:tʃjɑ:d]	Kirchhof; Friedhof (bei der Kirche)
bury ['beri]	begraben
Where is she buried?	Wo liegt sie begraben?
She is / lies buried in this cemetery.	Sie ist auf diesem Friedhof begraben.
burial ['beriəl]	Beerdigung; Bestattung
burial at sea	Seebestattung
lay to rest (– laid – laid) [leɪ]	zur letzten Ruhe betten
cremate [krɪ'meɪt] – **cremation**	einäschern – Einäscherung
crematorium [kremə'tɔ:riəm] *BE* / *bes. AE* **crematory** ['kremətəri]	Krematorium
grave [greɪv]	Grab
graveyard – gravedigger – gravestone	Friedhof – Totengräber – Grabstein
tomb [tu:m]	(großes, gemauertes) Grab; Grabmal
He laid a wreath [ri:θ] at the Tomb of the Unknown Soldier.	Er legte am Grabmal des Unbekannten Soldaten einen Kranz nieder.
from womb [wu:m] to tomb	(*Idiom*) von der Wiege bis zur Bahre
epitaph ['epɪtɑ:f]	Grabinschrift; Epitaph
RIP = rest in peace [pi:s]	(*auf Grabsteinen*) Ruhe in Frieden
May he / she rest in peace.	Er / Sie ruhe in Frieden.

Aus der Bestattungsliturgie der *Church of England*
We brought nothing into the world, and we take nothing out. The Lord gives, and the Lord takes away: blessed ['blesɪd] *be the name of the Lord.*
(= Wir haben nichts in die Welt gebracht und wir bringen nichts hinaus. Der Herr gibt, der Herr nimmt; der Name des Herrn sei gelobt.)
In the midst of life we are in death. (= In der Mitte des Lebens sind wir vom Tod umgeben.)
Earth to earth, ashes to ashes, dust to dust … (= Erde zu Erde, Asche zu Asche, Staub zu Staub …)

requiem mass [rekwiəm 'mæs]	Totenmesse
Kaddish ['kædɪʃ]	Kaddisch (= jüdisches Totengebet)
mortal ['mɔ:tl]	sterblich
his mortal remains [rɪ'meɪnz]	seine sterblichen Überreste
mortal injuries ['ɪndʒəriz]	tödliche Verletzungen
the soul [səʊl]	die Seele
Do we have an immortal soul?	Haben wir eine unsterbliche Seele?

afterlife ['ɑ:ftəlaɪf]	Leben nach dem Tode
bereaved – bereavement [bɪ'ri:vmənt]	leidtragend – Trauerfall
the bereaved [bɪ'ri:vd]	die Hinterbliebenen
mourn [mɔ:n] **– mourning**	(be)trauern – Trauer
Thousands mourned for her.	Tausende trauerten um sie.
She's still in mourning.	Sie ist immer noch in Trauer.
obituary [ə'bɪtʃuəri] / **obit** ['ɒbɪt]	(*Zeitung*) Nachruf, Todesanzeige
the late ...	der / die verstorbene ...
the son of the late Frank Bell	der Sohn des verstorbenen Frank Bell

Der / Die Verstorbene wird euphemistisch auch als *the loved one* (= der / die Geliebte), *the dear departed* (= der / die liebe Dahingeschiedene) oder *the late lamented* [lə'mentɪd] (*lament* = beklagen / beweinen) bezeichnet.

starve [stɑ:v] **– starvation**	verhungern – Verhungern
Millions have starved to death.	Millionen sind verhungert.
die of starvation [stɑ:'veɪʃn]	hungers sterben
drown [draʊn]	ertrinken; ertränken
She (was) drowned.	Sie ertrank.
death by drowning	Tod durch Ertrinken
terminal ['tɜ:mɪnl]	End-; unheilbar
terminal cancer ['kænsə]	unheilbarer Krebs
She is terminally ill.	Sie ist unheilbar krank.
euthanasia [ju:θə'neiziə]	Euthanasie; Sterbehilfe
suicide ['su:ɪsaɪd]	Selbstmord; Selbsttötung; Freitod
She committed [kə'mɪtɪd] suicide.	Sie beging Selbstmord.

In *obituaries* (= Todesanzeigen / Nachrufen) wird *suicide* häufig durch die verhüllende Umschreibung *after a brief* [bri:f] *illness* (= nach kurzer Krankheit) angedeutet. *After a long illness* dagegen deutet auf *cancer* (= Krebs).

kill someone [kɪl]	jemand töten / umbringen
The crash killed [kɪld] 96 people.	Bei dem Absturz kamen 96 Menschen ums Leben.
liquidate someone ['lɪkwɪdeɪt]	jemand liquidieren
lynch someone [lɪntʃ]	jemand lynchen
The mob tried to lynch him.	Die Menge versuchte ihn zu lynchen.
poison someone ['pɔɪzn]	jemand vergiften
Did Napoleon die of poisoning?	Starb Napoleon an einer Vergiftung?

Die Endsilbe *-cide* [-saɪd] bedeutet „Mord / Tötung"
infanticide [ɪn'fæntɪsaɪd] (= Kindesmord) • *matricide* ['meɪtrɪsaɪd] (= Muttermord) • *patricide* [æ] / *parricide* (= Vatermord) • *fratricide* [æ] (= Geschwistermord) • *regicide* ['redʒɪsaɪd] (= Königsmord) • *suicide* ['su:ɪsaɪd] (= Selbstmord) • *genocide* ['dʒenəsaɪd] (= Völkermord)

do away with someone (– did – done)	jemand umbringen
The witness has been done away with.	Den Zeugen hat man umgebracht.
bump someone off	jemand umlegen / kaltmachen
He was bumped off by the gang.	Er wurde von der Bande kaltgemacht.

Mit zahllosen *slang*-Ausdrücken wird *die* und *kill* drastisch ausgedrückt, z.B. „ins Gras beißen", „abkratzen", „den Löffel abgeben" etc.:
bite the dust (= „in den Staub beißen") • *kick the bucket* (= „den Eimer wegtreten") • *go west* (= „nach Westen fahren") • *cash in one's chips* (= „seine Chips einlösen") • *knock off* („Feierabend machen") • *pop off* (= verschwinden) • *buy the farm* (= „die Farm kaufen")
„Abmurksen", „kaltmachen", „fertigmachen", „um die Ecke bringen" etc.:
knock someone off • *finish someone off* (= jemand fertigmachen) • *do someone in* • *take care of someone* (= „sich um jemand kümmern") • *let someone have it* (= es jemand geben) • *give someone the works* • *send someone up the river*

execute ['eksɪkju:t] **– execution**	hinrichten – Hinrichtung
execution by firing squad / by shooting	Hinrichtung durch Erschießen

Methods of inflicting [ɪn'flɪktɪŋ] ***the death penalty*** ['deθ penlti] **(= Hinrichtungsmethoden)**
hanging (= Erhängen) • *electrocution / electric chair* (= elektrischer Stuhl) • *gas chamber* [eɪ] (= Gaskammer) • *firing squad* [ɒ] (= Erschießungskommando / Erschießen) • *lethal* ['li:θl] *injection* (= Todesspritze) • *beheading* (= Köpfen) • *guillotine* ['gɪləti:n] (= Guillotine / Fallbeil) • *crucifixion* [kru:sə'fɪkʃn] (= Kreuzigung) • *stoning* (= Steinigung) • *burning at the stake* (= Scheiterhaufen)

will / testament ['testəmənt]	Testament
my last will and testament	mein letzter Wille

"You wouldn't have any single rooms, would you?"

The family
Die Familie

2

1 Family relations
Verwandtschaftliche Beziehungen

2 Marriage and divorce
Ehe und Ehescheidung

3 Parents and children
Eltern und Kinder

2
1

Family relations
Verwandtschaftliche Beziehungen

God gives us relatives; thank God we can choose our friends. (*Proverb*)

relation [rɪ'leɪʃn]	Verwandte(r)
She's no relation of mine.	Sie ist nicht mit mir verwandt.
relative ['relətɪv]	Verwandte(r)
Do you have any relatives in this country?	Haben Sie hier in England *etc.* Verwandte?
ancestor ['ænsestə]	Vorfahr
Her ancestors came from Ireland.	Ihre Vorfahren kamen aus Irland.
descent [dɪ'sent]	Abstammung; Herkunft
They're of Irish descent.	Sie sind irischer Abstammung.
stock [stɒk]	Abstammung; Herkunft
Americans of European stock	Amerikaner europäischer Herkunft
family ['fæməli]	Familie
Our family has lived here for generations [dʒenə'reɪʃnz].	Unsere Familie lebt seit Generationen hier.
We're thinking of starting a family.	Wir wollen uns jetzt Kinder zulegen.
family tree [fæməli 'triː]	Stammbaum
my folks [fəuks]	meine Leute / Verwandten / Familie
next of kin [nekst əv 'kɪn]	nächste(r) Verwandte(r)
Have the next of kin been notified ['nəʊtɪfaɪd]?	Sind die nächsten Verwandten benachrichtigt worden?

Family wird im BE gern als Plural konstruiert, wenn mehr an die einzelnen Mitglieder als an die Gesamtheit gedacht wird; das AE bevorzugt stets die Singularkonstruktion:
My family ***are*** */* ***is*** *scattered all over the globe.* (= Meine Familie ist über den ganzen Erdball verstreut.)

father ['fɑːðə] – **mother** ['mʌðə]	Vater – Mutter

Zusammensetzungen mit step-
stepfather (= Stiefvater) • *stepmother* (= Stiefmutter) • *stepparents* (= Stiefeltern) • *stepson* (= Stiefsohn) • *stepdaughter* (= Stieftochter) • *stepchildren* (= Stiefkinder) • *stepbrother* (= Stiefbruder) • *stepsister* (= Stiefschwester)

son [sʌn] – **daughter** ['dɔːtə]	Sohn – Tochter
brother ['brʌðə] – **sister** ['sɪstə]	Bruder – Schwester
half-brother – half-sister	Halbbruder – Halbschwester

in-laws
father-in-law ['fɑːðər ɪn lɔː] (= Schwiegervater) • *mother-in-law* (= Schwiegermutter) • *parents-in-law* (= Schwiegereltern) • *son-in-law* (= Schwiegersohn) • *daughter-in-law* (= Schwiegertochter) • *brother-in-law* (= Schwager) • *sister-in-law* (= Schwägerin)

My in-laws are coming to see us next weekend. (= Meine Schwiegereltern / angeheirateten Verwandten kommen uns nächstes Wochenende besuchen.)

uncle ['ʌŋkl] – **aunt** [ɑ:nt]	Onkel – Tante
nephew ['nefju:] – **niece** [ni:s]	Neffe – Nichte
cousin ['kʌzn]	Cousin / Vetter; Cousine
Brenda is a cousin of mine.	Brenda ist eine Cousine von mir.

Zusammensetzungen mit *grand*- [grænd-] **und *great*-** [greɪt-]
grandfather (= Großvater) • *grandmother* (= Großmutter) • *grandparents* (= Großeltern) • *grandson* (= Enkel) • *granddaughter* (= Enkelin) • *grandchildren* (= Enkelkinder)
great-aunt / grandaunt (= Großtante) • *great-uncle / granduncle* (= Großonkel) • *great-nephew / grandnephew* (= Großneffe) • *great-niece / grandniece* (= Großnichte)
great-grandfather (= Urgroßvater) • *great-grandmother* (= Urgroßmutter) • *great-grandparents* (= Urgroßeltern) • *great-grandson* (= Urenkel) etc.
great-great-grandfather (= Ururgroßvater) etc.

"My in-laws are coming."

2

Marriage and divorce
Ehe und Ehescheidung

An ideal wife is any woman who has an ideal husband. (*Booth Tarkington, US novelist and playwright, 1869–1946*)

marriage ['mærɪdʒ]	Ehe; Heirat
She has a daughter by a previous marriage.	Sie hat eine Tochter aus einer früheren Ehe.
The marriage took place in church.	Die Trauung fand in der Kirche statt.
marriage certificate [sə'tɪfɪkət]	Trauschein; Heiratsurkunde
marriage (guidance) counsellor	Eheberater(in)
marry ['mæri]	heiraten; trauen
Will you marry me?	Willst du mich heiraten?
They were married by the bishop.	Sie wurden vom Bischof getraut.
She's married to an artist.	Sie ist mit einem Künstler verheiratet.
They got married in 1994.	Sie haben 1994 geheiratet.
married couple [mærid 'kʌpl]	Ehepaar
matrimony ['mætrɪməni]	(*förmliches Wort für*) (die) Ehe
bachelor ['bætʃələ]	Junggeselle
He stayed a bachelor all his life.	Er blieb sein Leben lang Junggeselle.
common-law marriage ['kɒmən]	eheähnliche Lebensgemeinschaft
Ted and his common-law wife	Ted und seine Lebensgefährtin
propose to someone [prə'pəʊz]	jemand einen Heiratsantrag machen
He proposed to her.	Er machte ihr einen Heiratsantrag.
proposal (of marriage) [prə'pəʊzl]	(Heirats-)Antrag
engaged (to be married) [ɪn'geɪdʒd]	verlobt
They've just got engaged.	Sie haben sich gerade verlobt.
engagement [ɪn'geɪdʒmənt]	Verlobung
her **fiancé** – his **fiancée** [fi'ɒnseɪ]	ihr Verlobter – seine Verlobte
wedding ['wedɪŋ]	Trauung; Hochzeit
wedding ceremony ['serəməni]	Trauung; Eheschließung
wedding dress – wedding ring	Hochzeitskleid – Trauring / Ehering
She wants (to have) a church wedding.	Sie möchte sich kirchlich trauen lassen.
shotgun wedding	(„Schrotflintenheirat") Mussheirat
It was a shotgun wedding.	Sie mussten heiraten.
silver / golden wedding (anniversary)	silberne / goldene Hochzeit
We celebrated our silver wedding last year.	Wir haben voriges Jahr unsere Silberhochzeit gefeiert.
wed [wed]	(*in Boulevardzeitungen*) heiraten
Prince to wed dancer	Prinz wird Tänzerin heiraten
registry office / **register office** *BE*	Standesamt
registry-office wedding / civil wedding	standesamtliche Trauung
the banns [bænz]	das Aufgebot
bride and (bride)groom [gru:m]	Braut und Bräutigam
bridesmaid ['braɪdzmeɪd]	Brautjungfer
best man [best 'mæn]	Trauzeuge (des Bräutigams)
honeymoon ['hʌnimu:n]	Flitterwochen; Hochzeitsreise
The newlyweds went to Rome for their honeymoon.	Ihre Flitterwochen verbrachten die Neuvermählten in Rom.

husband ['hʌzbənd] **and wife**	(Ehe-)Mann und (Ehe-)Frau
(Give) My regards to your wife.	Grüßen Sie Ihre Frau.
her ex-husband	ihr Exmann
spouse [spaʊs]	(*förmlich*) (Ehe-)Gatte / Gattin
partner ['pɑ:tnə]	Partner(in); Lebensgefährte / -gefährtin
wear [eə] **the pants** (– wore – worn)	die Hosen anhaben
She's the one who wears the pants.	Sie ist diejenige, die die Hosen anhat.
anniversary [ænɪ'vɜ:səri]	Hochzeitstag
our 20th wedding anniversary	unser 20. Hochzeitstag
legitimate [lɪ'dʒɪtəmət] **– illegitimate**	ehelich – nichtehelich
legitimate and illegitimate children	eheliche und nichteheliche Kinder
faithful ['feɪθfl] **– unfaithful**	treu – untreu
I've never been unfaithful to you.	Ich bin dir nie untreu geworden.
infidelity [ɪnfɪ'deləti]	Untreue (*in Ehe bzw. Partnerschaft*)
adultery [ə'dʌltəri]	Ehebruch
commit [kə'mɪt] adultery	Ehebruch begehen
affair [ə'feə]	(außereheliches) Verhältnis; Affäre
an extramarital (love) affair	ein außereheliches (Liebes-)Verhältnis
Did he have an affair with her?	Hatte er wohl ein Verhältnis mit ihr?
mistress ['mɪstrəs]	Geliebte; Mätresse
lover ['lʌvə]	Liebhaber; Geliebter
His wife had a lover.	Seine Frau hatte einen Liebhaber.
philanderer [fɪ'lændərə]	Schürzenjäger; Frauenheld
separate ['sepəreɪt]	sich trennen
His parents are separated.	Seine Eltern leben getrennt.
separation [sepə'reɪʃn]	Trennung
break up (– broke – broken)	in die Brüche gehen
Their marriage has broken up.	Ihre Ehe ist gescheitert.
on the rocks [rɒks]	(*Ehe*) gescheitert, kaputt
divorce [dɪ'vɔ:s]	(Ehe-)Scheidung
Sue has filed for divorce.	Sue hat die Scheidung eingereicht.
Ken wants a divorce.	Ken will sich scheiden lassen.
contested / uncontested divorce	streitige / einverständliche Scheidung
She wants to divorce him.	Sie will sich von ihm scheiden lassen.
They (got) divorced.	Sie ließen sich scheiden.
alimony ['ælɪməni]	Unterhalt (nach der Scheidung)
He has to pay alimony to his former wife.	Er muss seiner früheren Frau Unterhalt zahlen.

Aus *pal* (= Gefährte / Gefährtin) und *alimony* hat man im AE umgangssprachlich das Wort *palimony* gebildet, mit dem Unterhalt(szahlung) nach der Auflösung einer eheähnlichen Lebensgemeinschaft bezeichnet wird.

custody ['kʌstədi]	elterliche(s) Sorge(recht)
She got custody of the children.	Die Kinder wurden ihr zugesprochen.
widow ['wɪdəʊ] **– widower** ['wɪdəʊə]	Witwe – Witwer
bigamy ['bɪgəmi] **– bigamist**	Bigamie – Bigamist(in)

Parents and children
Eltern und Kinder

→ 1.4 Childhood and youth

The thing that impresses me most about America is the way parents obey their children. (*Edward, Duke of Windsor, king of Britain Jan.–Dec. 1936, 1894–1972*)

pregnancy ['pregnənsi]	Schwangerschaft
morning sickness ['mɔ:nɪŋ sɪknəs]	morgendliche Übelkeit

Dass eine Frau schwanger (= *pregnant*) ist, kann auf unterschiedliche Weise ausgedrückt werden:
She's going to have a baby. She's having a baby. She's expecting. She's in the family way. – An expectant mother ist eine werdende Mutter.

labour ['leɪbə]	(die) (Geburts-)Wehen
the onset of labour	das Einsetzen der Wehen
midwife ['mɪdwaɪf] *Pl.* midwives	Hebamme
delivery [dɪ'lɪvəri]	Entbindung
birth [bɜ:θ]	Geburt
before / after birth	vor / nach der Geburt
give birth to a child (– gave – given)	ein Kind zur Welt bringen
birth certificate [sə'tɪfɪkət]	Geburtsurkunde
Caesarean (section) [sɪ'zeəriən]	Kaiserschnitt
miscarriage ['mɪskærɪdʒ]	Fehlgeburt
premature ['premətʃə]	vorzeitig
The baby was ten weeks premature.	Das Baby kam zehn Wochen zu früh.
twin(s) [twɪn(z)]	Zwilling(e)
baptism / **christening** ['krɪsnɪŋ]	Taufe
godchild ['gɒdtʃaɪld] *Pl.* -children	Patenkind
godfather – godmother	Patenonkel – Patentante

Kosewörter (= *terms of endearment*)
Für *father*: *dad, daddy, pa* [pɑ:], *papa* [pə'pɑ:], *pop, my old man.*
Für *mother*: *ma, mum* BE, *mummy* BE, *mom* AE, *mommy* AE, *mam(m)a* ['mɑ:mə] AE, *my old lady.*
Für *the child*: *the little one, the little guy* [gaɪ], *the kid, our darling, our little angel* ['eɪndʒl], *the moppet* (= *little girl:* der kleine Fratz), *the little bugger* (= der kleine Kerl), *you little rascal* ['rɑ:skl] (= du kleiner Schlingel).

bottle-feed – breast-feed (– fed – fed)	mit der Flasche ernähren – stillen
nappy *BE* / *AE* **diaper** ['daɪəpə]	Windel
change the baby's nappy / diaper	das Baby wickeln
potty ['pɒti]	Töpfchen
Have you been to the potty?	Bist du auf dem Topf gewesen?
potty training / toilet training	Sauberkeitserziehung

bath [bɑ:θ] *BE* / *AE* **bathe** [beɪð] the baby	das Baby baden
lullaby ['lʌləbaɪ]	Wiegenlied; Schlaflied
bedtime story [bedtaɪm 'stɔ:ri]	Gutenachtgeschichte
the terrible twos [terəbl 'tu:z]	das Trotzalter (im 2. Lebensjahr)

Family wird oft in der Bedeutung *children* verwendet: *The couple doesn't / don't want to start a family yet.* (= Das Paar will zunächst noch keine Kinder.) Beachten Sie, dass hier *couple* sowohl als Singular (*doesn't*) als auch als Plural (*don't*) konstruiert werden kann.

care [keə]	Obhut; Pflege
An aunt took the child into care.	Eine Tante nahm das Kind in Pflege.
foster parents ['fɒstə peərənts]	Pflegeeltern
adopt – adoption [ə'dɒpʃn]	adoptieren – Adoption
an adopted child [ə'dɒptɪd]	ein adoptiertes Kind / Adoptivkind
put up for adoption (– put – put)	zur Adoption freigeben
guardian ['gɑ:diən] – **guardianship**	Vormund – Vormundschaft
orphan ['ɔ:fn] – **orphanage** ['ɔ:fnɪdʒ]	Waise(nkind) – Waisenhaus
bring up / **raise** / **rear** [rɪər] **a child**	ein Kind großziehen
upbringing ['ʌpbrɪŋɪŋ]	Erziehung; Kinderstube
She had a strict upbringing.	Sie wurde streng erzogen.
single parent [sɪŋgl 'peərənt]	allein Erziehende(r)
working mother [wɜ:kɪŋ 'mʌðə]	berufstätige Mutter
take after someone (– took – taken)	jemand nachschlagen / ähnlich sein
She takes after her mother.	Sie kommt nach ihrer Mutter.
educate ['edjukeɪt]	erziehen; bilden
She was educated at home.	Sie wurde zu Hause unterrichtet.
education [edju'keɪʃn]	Erziehung; Bildung
gifted children ['gɪftɪd tʃɪldrən]	besonders begabte Kinder
special education for the gifted	Begabtenförderung
(mentally) retarded [rɪ'tɑ:dɪd]	(geistig) zurückgeblieben
pocket money *BE* / *AE* **allowance**	Taschengeld
We've increased his allowance.	Wir haben sein Taschengeld erhöht.
chores [tʃɔ:z]	(lästige) häusliche Pflichten
do chores around the house	Arbeiten im Hause verrichten
grownup ['grəunʌp]	(*Kindersprache*) Erwachsene(r)
Don't tell the grownups.	Sag das nicht den Erwachsenen!
tell someone off (– told – told)	jemand ausschimpfen
She told him off for hitting Ken.	Sie schimpfte mit ihm, weil er Ken gehauen hatte.
She gave him a good telling-off.	Sie hat ihn ganz schön ausgeschimpft.
scold [skəʊld] **a child**	ein Kind ausschimpfen / schelten
hit a child (– hit – hit)	ein Kind schlagen / hauen
spoil a child (– spoilt* – spoilt*)	ein Kind verziehen / verwöhnen
neglect [nɪ'gləkt] **a child**	ein Kind vernachlässigen
abandon [ə'bændən] **a child**	ein Kind aussetzen
ill-treat [ɪl'tri:t] **a child**	ein Kind misshandeln
child abuse ['tʃaɪld əbju:s]	Kindesmisshandlung / -missbrauch

Eating, drinking, clothing
Essen, Trinken, Kleidung

3

3.1 Foods
Nahrungsmittel

→ 15.1 Animals, 15.2 Plants

Tell me what you eat and I will tell you what you are. (*Proverb*)

food [fu:d] (= Nahrung / Futter / Essen / Kost) • *health food* (= Reformkost) • *junk food* (= minderwertige Kost) • *fast food* (= Schnellgerichte) • *convenience food* (= Fertignahrung) • *low-cal food* (= kalorienarme Kost)

milk (= Milch) • *full-cream milk* BE / AE *whole* [həʊl] *milk* (= Vollmilch) • *low-fat milk* / *skim(med) milk* (= fettarme Milch)

butter (= Butter) • *cream* (= Sahne) • *sour cream* (= saure Sahne) • *whipped* [wɪpt] *cream* (= Schlagsahne) • *ice cream* (= Speiseeis) • *yoghurt* ['jɒgət] (= Joghurt)

cheese [tʃi:z] (= Käse) • *cottage cheese* (= Hüttenkäse) • *goat cheese* (= Ziegenkäse) • *sheep's milk cheese* (= Schafskäse) • *Swiss cheese* (= Schweizer Käse) • *American cheese* AE (= Chester)

egg (= Ei) • *boiled* [bɔɪld] *egg* (= gekochtes Ei) • *fried* [fraɪd] *eggs* (= Spiegeleier) • *scrambled* ['skræmbld] *eggs* (= Rührei)

bread [bred] (= Brot) • *white bread* (= Weißbrot) • *brown bread* (= Graubrot) • *rye* [raɪ] *bread* (= Roggenbrot) • *wholemeal* ['həʊlmi:l] *bread* BE / AE *whole-grain bread* / AE *whole-wheat* [wi:t] *bread* (= Vollkornbrot) • *baguette* [bə'get] • *roll* (= Brötchen) • *bun* (= süßes Brötchen) • *scone* [skɒn] (= weicher kleiner Kuchen, der, mit Butter bestrichen, zum Tee gegessen wird) • *sandwich* (= „Klappstulle“) • *open sandwich* (= belegtes Brot) • *club sandwich* / *double-decker* (= „Doppeldecker“-Sandwich)

pastries ['peɪstriz] (= Gebäck) • *cake* (= Kuchen) • *gateau* ['gætəʊ] (= Torte) • *tart* (= Obstkuchen / -törtchen) • *pancake* (= Eierkuchen) • *omelette* ['ɒmlət] (= Omelett) • *doughnut* ['dəʊnʌt] (= Berliner) • *waffle* ['wɒfl] (= Waffel) • *shortbread* (= schottischer Butterteigkeks) • *biscuit* ['bɪskɪt] BE / AE *cookie* (= Keks) • *cracker* (= ungesüßter Keks)

Fruitcake ['fru:tkeɪk] ist ein englischer Napfkuchen, der *raisins* (= Rosinen), *currants* (= Korinthen), *nuts* (= Nüsse) etc. enthält. – *Nut(s)* bezeichnet auch jemand, der ein bisschen verrückt ist: *He's a bit of a nut.* (= Er spinnt ein bisschen.) *You must be nuts.* (= Du spinnst wohl.) *She's as nutty as a fruitcake* heißt, dass sie total verrückt ist. Schließlich kann man auch eine Person selbst als *fruitcake* bezeichnen: *You're a fruitcake.* (= Du hast ja 'ne Macke.)

grain (= Getreide) • *rye* (= Roggen) • *wheat* [wi:t] (= Weizen) • *flour* ['flaʊə] (= Mehl) • *bran* (= Kleie) • *oats* (= Hafer) • *rice* (= Reis)

cereals ['sɪərɪəlz] (= Getreideflocken) • *cornflakes* • *rolled oats* (= Haferflocken) • *porridge* BE / AE *oatmeal* (= Haferbrei)

sweets (= Süßigkeiten) • *candy* AE (= Bonbon / Bonbons / Süßigkeiten) • *butterscotch* (= Karamellbonbons) • *toffee* (= Sahnebonbon) • *a bar of chocolate* ['tʃɒklət] (= ein Riegel / eine Tafel Schokolade)

pasta ['pæstə] (= Teigwaren / Nudeln) • *dough* [dəʊ] (= Teig) • *noodles* (= Nudeln) • *spaghetti* • *macaroni* • *ravioli* • *vermicelli* [vɜːmɪ'tʃeli] (= Fadennudeln) • *pizza* ['piːtsə] • *dumpling* (= Kloß / Knödel)

meat [miːt] (= Fleisch) • *beef* (= Rindfleisch) • *pork* (= Schweinefleisch) • *veal* (= Kalbfleisch) • *lamb* [læm] (= Lammfleisch) • *mutton* (= Hammelfleisch) • *bacon* ['beɪkən] (= Speck) • *ham* (= Schinken) • *meatball* (= Frikadelle)

poultry ['pəʊltri] (= Geflügel) • *chicken* (= Huhn) • *duck* (= Ente) • *goose* [guːs] (= Gans) • *turkey* (= Truthahn / Pute) • *pheasant* ['feznt] (= Fasan)

game (= Wild) • *venison* ['venɪsn] (= Hirsch / Reh) • *hare* (= Hase) • *rabbit* (= Kaninchen) • *wild boar* [waɪld 'bɔː] (= Wildschwein)

sausage ['sɒsɪdʒ] (= Wurst) • *liver* ['lɪvə] *sausage* BE / AE *liverwurst* (= Leberwurst) • *frank(furter)* ['fræŋk(fɜːtə)] (= Frankfurter Würstchen) • *hot dog* • *pâté* ['pæteɪ] (= Pastete)

seafood (= Meeresfrüchte) • *fish* (= Fisch) • *eel* (= Aal) • *haddock* (= Schellfisch) • *halibut* ['hælɪbət] (= Heilbutt) • *herring* (= Hering) • *kipper* (= Bückling) • *plaice* (= Scholle) • *salmon* ['sæmən] (= Lachs) • *smoked salmon* (= Räucherlachs) • *sole* (= Seezunge) • *trout* (= Forelle) • *tuna* ['tjuːnə] (= Thunfisch) • *shellfish* (= Schalentiere) • *lobster* (= Hummer) • *oyster* (= Auster) • *shrimps* (= kleinere Krabben / Garnelen) • *prawns* [prɔːnz] (= größere Krabben / Garnelen) • *scampi* ['skæmpi]

soup [suːp] (= Suppe) • *broth* [brɒθ] / *consommé* [kən'sɒmeɪ] (= klare Suppe / Brühe) • *stew* [stjuː] (= Eintopf)

sauce [sɔːs] (= Soße) • *Worcester* ['wʊstə] *sauce* BE / AE *Worcestershire sauce* (= Worcestersoße) • *gravy* ['greɪvi] (= Bratensoße)

fat (= Fett) • *oil* (= Öl) • *olive oil* [ɒlɪv 'ɔɪl] (= Olivenöl) • *margarine* [mɑːdʒə'riːn] • *lard* (= Schweineschmalz)

herbs [hɜːbz] (= Gewürzkräuter) • *spice* (= Gewürz) • *seasoning* ['siːznɪŋ] (= Gewürze) • *salt* [sɔːlt] (= Salz) • *pepper* (= Pfeffer) • *curry* ['kʌri] • *mustard* ['mʌstəd] (= Senf) • *garlic* (= Knoblauch) • *parsley* ['pɑːsli] (= Petersilie) • *vanilla* [və'nɪlə] (= Vanille)

vegetable(s) ['vedʒtəbl(z)] (= Gemüse) • *asparagus* [ə'spærəgəs] (= Spargel) • *beans* (= Bohnen) • *peas* (= Erbsen) • *cabbage* (= Kohl) • *Brussels sprouts* (= Rosenkohl) • *cauliflower* (= Blumenkohl) • *spinach* ['spɪnɪtʃ]

(= Spinat) • *maize* BE / AE *corn* (= Mais) • *mushroom* (= Speisepilz / Champignon) • *tomato* [tə'mɑ:təʊ] Pl. *-oes* (= Tomate) • *cucumber* ['kju:-] (= Gurke) • *onion* ['ʌnjən] (= Zwiebel) • *radish* [æ] (= Radieschen) • *horseradish* (= Meerettich) • *lettuce* (= Kopfsalat) • *rhubarb* (= Rhabarber)

Zu den *vegetables* werden im Englischen auch ausdrücklich Kartoffeln (= *potatoes* [pə'teɪtəʊz]) gerechnet. *Meat and two vegetables* wäre entsprechend als Fleisch mit Kartoffeln und Gemüse zu verstehen. – Kartoffelgerichte: *boiled potatoes* (= Salzkartoffeln) • *potatoes boiled in their skins* (= Pellkartoffeln) • *fried potatoes* (= Bratkartoffeln) • *(potato) chips* BE / AE *French fried potatoes* / *French fries* (= Pommes frites) • *baked potatoes* (= in der Schale gebackene Kartoffeln) • *mashed potatoes* (= Kartoffelbrei) • *potato salad* (= Kartoffelsalat) • *potato pancakes* (= Kartoffelpuffer)

fruit [fru:t] (= Obst) • *apple* (= Apfel) • *pear* [peə] (= Birne) • *cherry* (= Kirsche) • *plum* (= Pflaume) • *peach* (= Pfirsich) • *grape* (= Weintraube) • *berries* (= Beeren) • *strawberries* (= Erdbeeren) • *blackberries* (= Brombeeren) • *raspberries* ['rɑ:zbəriz] (= Himbeeren) • *blueberries* (= Blaubeeren) • *gooseberries* ['gʊzbəriz] (= Stachelbeeren) • *black currants* (= schwarze Johannisbeeren) • *raisins* ['reɪznz] (= Rosinen) • *banana* [bə'nɑ:nə] (= Banane) • *orange* ['ɒrɪndʒ] (= Apfelsine) • *grapefruit* • *lemon* [e] (= Zitrone) • *pineapple* (= Ananas) • *date* (= Dattel) • *olive* ['ɒlɪv] (= Olive)

nut (= Nuss) • *walnut* ['wɔ:lnʌt] (= Walnuss) • *hazelnut* ['heɪzlnʌt] (= Haselnuss) • *peanut* (= Erdnuss) • *chestnut* ['tʃesnʌt] (= Kastanie)

salad ['sæləd] (= Salat) • *salad dressing* (= Salatsoße) • *mixed salad* / *tossed salad* (= gemischter Salat) • *green salad* (= grüner Salat) • *tomato salad* (= Tomatensalat) • *coleslaw* ['kəʊlslɔ:] (= Kohl- / Krautsalat) • *fruit salad* (= Obstsalat)

Zum Ausdruck der Frische (*freshly caught fish, freshly baked bread*) wird häufig die Form ohne *-ly* verwendet: *fresh-caught trout* (= fangfrische Forellen), *fresh-baked bread* (= frisch gebackenes Brot), *fresh-picked strawberries* (= frisch gepflückte Erdbeeren), *fresh-squeezed orange juice* (= frisch ausgepresster Orangensaft), *fresh-brewed coffee* (= frisch zubereiteter Kaffee), *new-laid* / *fresh-laid eggs* (= frisch gelegte Eier).

Beverages
Getränke

→ 12.12 Drinking and alcoholic beverages

Pure water is better than bad wine. (*Proverb*)

soft drinks [sɒft 'drɪŋks]	alkoholfreie Getränke
(**still mineral** ['mɪnərəl]) **water**	(stilles Mineral-)Wasser
sparkling / fizzy water	Sprudel
drinking water – tap water	Trinkwasser – Leitungswasser
tonic [ɒ] (water) / *AE* quinine ['kwaɪnaɪn] water	Tonic
seltzer (water) ['seltsə]	Selters(wasser)
soda (water) / *AE auch* **club soda**	Soda(wasser)
soda ['səʊdə] **(pop)** *AE* / *BE* **pop**	Limo(nade); Brause
Soda (pop) / Pop is a sweet fizzy drink.	Limonade ist ein süßer Sprudel.
cream soda [kri:m 'səʊdə] *AE*	(kohlensäurehaltiges Vanillegetränk)

> Dass ein Getränk kohlensäurehaltig ist, kann mit den Adjektiven *carbonated* ['kɑ:bəneɪtɪd], *fizzy* ['fɪzi] oder *gassy* ['gæsi] ausgedrückt werden: *Colas are carbonated / fizzy soft drinks. American beers are too gassy for my taste.*

lemonade [lemə'neɪd]	(Zitronen-)Limonade
cola ['kəʊlə]	(Coca-Cola™, Coke™, Pepsi™ etc.)
ginger ale [dʒɪndʒər 'eɪl]	(kohlensäurehaltiges alkoholfreies Getränk mit Ingwergeschmack)
ginger beer [dʒɪndʒə 'bɪə]	(leicht alkoholhaltiges) Ingwerbier
root beer ['ru:t bɪə] *AE*	Limonade (aus Wurzelextrakten)
(fruit) juice [('fru:t) dʒu:s]	(Frucht-)Saft
apple / pineapple juice	Apfel- / Ananassaft
grape / grapefruit juice	Trauben- / Grapefruitsaft
squash [skwɒʃ] *BE*	Fruchtsaft (aus Konzentrat + Wasser)
a glass of orange squash	ein Glas Orangensaft
milkshake ['mɪlkʃeɪk]	Milchshake; Milchmixgetränk

> Getränke können durch Vorsetzen von *a(n) / one* oder ein Zahlwort „portioniert" werden: *A coffee (= a cup of coffee) and a grapefruit juice (= a glass of grapefruit juice), please. Two sodas (= bottles of soda), please.*

(decaffeinated [di:'kæfɪneɪtɪd]) **coffee**	(koffeinfreier) Kaffee
Sanka™ ['sæŋkə] *AE*	Sanka™ (= koffeinfreier Kaffee)
(black / green) **tea** [ti:]	(schwarzer / grüner) Tee
herb(al) tea [hɜ:b(l) 'ti:]	Kräutertee
the cup that cheers [tʃɪəz] *BE*	„die Tasse, die aufmuntert" (= Tee)
cocoa ['kəʊkəʊ]	Kakao
hot / drinking chocolate ['tʃɒklət]	(heiße / Trink-)Schokolade; Kakao

3 Kitchen and cooking
Küche und Kochen

Everyone who runs a kitchen can, in the choice and preparation of food, decisively influence family health and happiness. (*From:* Joy of Cooking *by I.S. Rombauer and M. Rombauer Becker, a popular American cookbook*)

cooking ['kʊkɪŋ]	Kochen
French cooking / cuisine [kwɪ'zi:n]	die französische Küche
home cooking / plain cooking	Hausmannskost
cookery book *BE* / *AE* cookbook	Kochbuch
clean the vegetables ['vedʒtəblz]	das Gemüse putzen
peel the potatoes [pə'teɪtəʊz]	die Kartoffeln schälen
dress the salad ['sæləd]	den Salat anmachen
garnish ['gɑ:nɪʃ] **the fish**	den Fisch garnieren
sieve [sɪv]	Sieb; sieben
stir [stɜ:]	(um)rühren
beat (– beat – beaten) / whip	(*Ei / Sahne*) schlagen
slice [slaɪs]	Scheibe; (in Scheiben) schneiden
sliced bread [slaɪst 'bred]	geschnittenes Brot
chop [tʃɒp]	klein schneiden; Kotelett
mince [mɪns]	durch den Fleischwolf drehen
minced meat / mince	Hackfleisch; Gehacktes

Idioms mit „Küchenausdrücken"

*He didn't **mince** his words.* (= Er nahm kein Blatt vor den Mund.)

*The boss will make **mincemeat** of me if he hears that.* (= Der Chef macht Hackfleisch aus mir / macht mich zur Schnecke, wenn er das hört.)

*We fell / jumped out of the **frying pan** into the fire.* (= Wir kamen vom Regen in die Traufe.)

*We decided to let him **stew*** [stju:] *in his own juice* [dʒu:s]. (= Wir beschlossen, ihn in seinem eigenen Saft schmoren zu lassen.)

*I can't afford a holiday – have to keep the **pot** / **kettle boiling**.* (= Ich kann mir keinen Urlaub leisten – muss dafür sorgen, dass der Schornstein raucht.)

grind [graɪnd] **(– ground – ground)**	(*z.B. Kaffee*) mahlen
coffee grinder / coffee mill	Kaffeemühle
boil [bɔɪl]	kochen; sieden
a soft-boiled / hard-boiled egg	ein weich gekochtes / hart gekochtes Ei
parboil ['pɑ:bɔɪl]	halbgar kochen; ankochen
bake a cake [keɪk]	einen Kuchen backen
fry [fraɪ]	(in der Pfanne) braten
fried eggs [fraɪd 'egz]	Spiegeleier
sunny-side up *AE*	(*Ei*) nur auf einer Seite gebraten
stew [stju:]	(*Fleisch*) schmoren; (*Obst*) dünsten
roast [rəʊst]	braten; Braten
roast pork / beef / duck	Schweine- / Rinder- / Entenbraten
roast chicken [rəʊst 'tʃɪkən]	Brathähnchen

grill [grɪl] *BE* / *AE* **broil** [brɔɪl]	grillen
barbecue ['bɑ:bəkju:] **a steak**	ein Steak grillen / auf dem Rost braten
rare [reə]	nur schwach gebraten
I want my steak [steɪk] rare.	Ich möchte mein Steak „englisch".
medium ['mi:diəm]	halb durchgebraten; halb durch
well done [wel 'dʌn]	durchgebraten
toast [təʊst] – toaster	Toast / toasten – Toaster
pots and pans [pɒts n 'pænz]	Töpfe und Pfannen
teapot – coffeepot ['kɒfipɒt]	Teekanne – Kaffeekanne
frying pan *BE* / *AE* **skillet** ['skɪlət]	Bratpfanne
saucepan ['sɔ:spən]	Kochtopf
kettle ['ketl]	Kessel
Shall I put the kettle on?	Soll ich Kaffee / Tee machen?
dish [dɪʃ]	Schüssel; Gericht (= *Speise*)
do the dishes ['dɪʃɪz] (– did – done)	das Geschirr abwaschen
vegetarian [vedʒə'teəriən] dishes	vegetarische Gerichte
bowl [bəʊl]	Schüssel; Schale
salad / soup [su:p] bowl	Salat- / Suppenschüssel
cup and saucer ['sɔ:sə]	Tasse und Untertasse
plate [pleɪt]	Teller
jar [dʒɑ:]	(Marmeladen-)Glas; Topf / Krug / Gefäß (aus Glas, Ton etc.)
a jar of English marmalade	ein Glas englischer Orangenmarmelade
jug [dʒʌg] *BE* / *AE* **pitcher**	(Ton- / Glas-)Kanne / Krug
a jug of fresh milk	ein Krug mit frischer Milch
can [kæn]	einmachen; eindosen; einwecken
can opener ['kæn əʊpnə]	Büchsenöffner; Dosenöffner
canned beans [kænd 'bi:nz]	Bohnen in der Dose / Büchse

Können Sie das enträtseln?
After a record ['rekɔ:d] *harvest, a Californian bean farmer was asked what the farmers were doing with such vast quantities* [ɒ] *of beans. His answer: "We eat what we can, and what we can't eat we can."*

bottle opener ['bɒtl əʊpnə]	Flaschenöffner
corkscrew ['kɔ:kskru:]	Korkenzieher
nutcracker ['nʌtkrækə]	Nussknacker
knife [naɪf] **and fork** *Pl.* knives	Messer und Gabel
spoon [spu:n]	Löffel
soupspoon – teaspoon	Suppenlöffel – Teelöffel
two teaspoonfuls of sugar	zwei Teelöffel Zucker
measuring ['meʒərɪŋ] **cup / spoon**	Messbecher / -löffel
cooker *BE* / *AE* **stove** [stəʊv]	(Koch-)Herd
pressure cooker ['preʃə kʊkə]	Schnellkochtopf
oven ['ʌvn]	Backofen
microwave (oven) ['maɪkrəweɪv]	Mikrowelle(nherd)
coffeemaker ['kɒfimeɪkə]	Kaffeemaschine
tray [treɪ]	Tablett

Meals
Mahlzeiten

At a dinner party one should eat wisely but not too well, and talk well but not too wisely. (*W. Somerset Maugham, British writer, 1874–1965*)

breakfast ['brekfəst]	Frühstück
What time are we having breakfast?	Wann frühstücken wir?
I have coffee for breakfast.	Ich trinke zum Frühstück Kaffee.

Continental breakfast: ein „kleines" Frühstück, das aus *bread* (= Brot), *rolls* (= Brötchen), *croissants* ['kwæsɑ:nts] (= Hörnchen), *butter, jam* (= Marmelade) und *coffee* besteht.
English breakfast: ein „großes" Frühstück bestehend aus *bacon* ['beɪkən] *and eggs* (= Speck und Eiern), *cereals* ['sɪərɪəlz] wie *cornflakes* oder *muesli* ['mju:zli], *toast and marmalade* ['mɑ:məleɪd] (= Orangenmarmelade) sowie *fruit* [fru:t] (= Obst) oder *fruit juice* [dʒu:s] (= Fruchtsaft) etc.
Power breakfast (= „Kraftfrühstück" / Arbeitsfrühstück)***:*** ein kräftiges Frühstück, das Geschäftsleute in einem Restaurant oder Hotel einnehmen, wobei sie gleichzeitig geschäftliche Gespräche führen.

brunch [brʌntʃ]	Frühstück und Mittagessen in einem
We had a lie-in and then had brunch with the Smiths.	Wir haben uns ausgeschlafen und haben dann mit den Smiths „gebruncht".
lunch [lʌntʃ] / *förmlich* **luncheon** ['lʌntʃən]	Mittagessen (wenn die Hauptmahlzeit am Abend eingenommen wird)
We had lunch in the canteen [kæn'ti:n].	Wir haben in der Kantine zu Mittag gegessen.

„Mahlzeit!" als Grußformel und „Guten Appetit!" haben im Englischen keine direkten Entsprechungen. Statt des Ersteren verwendet man so etwas wie *hello!, hi!* oder *(good) afternoon!,* während das Letztere durch *enjoy* [ɪn'dʒɔɪ] *your meal* oder das französische *bon appetit!* [bɒn ape'ti] ausgedrückt werden kann.

tea [ti:]	(Nachmittags-)Tee / Kaffee
We had tea at the Savoy [sə'vɔɪ].	Wir haben im Savoy Kaffee getrunken.
Eat your tea, Bobby.	Bobby, iss dein Essen auf!
dinner ['dɪnə]	Abend- / Mittagessen (*als Hauptmahlzeit*)
We're having people for dinner.	Wir haben Gäste zum Essen.
We're going out to dinner tonight.	Wir gehen heute Abend essen.
supper ['sʌpə]	Abendessen; Abendbrot
She gave the kids their supper and then put them to bed.	Sie gab den Kindern ihr Abendbrot und brachte sie dann ins Bett.

Eating out
Auswärts essen

New Yorkers are fanatical about eating out, largely because they tend to live in apartments with kitchens too small to toss an omelette in. (*The Time Out New York Guide*)

guest [gest] / *förmlich* **patron** [eɪ]	Gast
Patrons are requested … [rɪ'kwestɪd]	Wir bitten unsere verehrten Gäste …
patronize ['pætrənaɪz]	(als Kunde / Kundin) besuchen
a restaurant patronized by artists	ein Restaurant, in dem Künstler verkehren
our **regulars** ['regjələz]	unsere Stammgäste

Kinds of restaurants ['restrɒnts] **(= Arten von Restaurants)**
bistro ['bi:strəʊ] (= Bistro) • *café* ['kæfeɪ] (= kleines Restaurant) • *cafeteria* [kæfə'tɪəriə] (= Selbstbedienungsrestaurant) • *canteen* [kæn'ti:n] (= Kantine) • *chip shop / chippy* (BE = Fritten- / Pommesbude) • *deli(catessen)* ['deli] (AE = Feinkostgeschäft mit Schnellimbiss) • *coffee bar* (BE = Café) • *coffee shop* (AE = kleines Restaurant, oft in Hotels) • *diner* (AE = Restaurant, das typisch amerikanische Kost in traditionellem Ambiente bietet) • *dining car* (= Speisewagen) • *drive-in* (= Drive-in-Restaurant) • *eatery* (= Esslokal) • *fish and chip shop* (BE = Fischbraterei) • *greasy spoon* [gri:si 'spu:n] (= „schmieriger Löffel" = billiges, schmuddeliges Esslokal) • *grillroom* (= Restaurant für Grillspezialitäten, oft in Hotels) • *hamburger place* (= Hamburger-Restaurant) • *lunch counter / luncheonette* (AE = Imbissstube) • *pizzeria* [pi:tsə'ri:ə] • *pull-in* (BE = Raststätte) • *restaurant* • *sandwich bar* • *self-service* (= Selbstbedienungsrestaurant) • *snack bar* (= Imbissstube) • *steakhouse* ['steɪkhaʊs] • *takeaway* BE / AE *carryout / takeout* (= Restaurant für Außer-Haus-Verkauf) • *tearoom* (= Teestube / Café) • *transport café* ['trænspɔ:t kæfeɪ] BE / AE *truck stop* (= Fernfahrerraststätte) • *wine bar* (BE = Weinstube)

cloakroom *BE* / *AE* **checkroom**	Garderobe

Mit dem Wort *cloakroom* ['kləʊkrʊm] fragt man im BE in Theater oder Restaurant auch nach der Toilette – ein Euphemismus (= verhüllender Ausdruck).

snack [snæk]	Imbiss; Kleinigkeit zu essen
We'll just have a quick snack.	Wir essen nur rasch eine Kleinigkeit.
to take away *BE* / *AE* **to go**	zum Mitnehmen
a bag of chips to take away *BE* / *AE* a bag of French fries to go	eine Tüte Fritten / Pommes zum Mitnehmen
book [bʊk]	buchen; reservieren; vorbestellen
We'd better book a table.	Wir sollten besser einen Tisch reservieren.
reservation [rezə'veɪʃn]	Reservierung
Have you a reservation, sir?	Haben Sie einen Tisch reserviert?

reserve [rɪ'zɜ:v]	reservieren (lassen)
I have a table reserved in the name of Smith.	Ich habe einen Tisch auf den Namen Smith reservieren lassen.
menu ['menju:]	Speisekarte
Waiter, can I have the menu, please?	Herr Ober, bitte die Speisekarte.
wine list ['waɪn lɪst]	Weinkarte
meal [mi:l]	Mahlzeit; Essen
Would you care for a drink before your meal, sir?	Hätten Sie gern einen Drink vor dem Essen?
a four-course meal	ein Essen mit vier Gängen
order ['ɔ:də]	bestellen; Bestellung
Do you wish to order now, sir?	Möchten Sie jetzt bestellen?
Can I take your order, sir?	Kann ich Ihre Bestellung aufnehmen?
starter ['stɑ:tə]	Vorspeise
What would you like for a starter?	Was hätten Sie gern als Vorspeise?
soup of the day / **soup du jour** [su:p dy ʒu:r]	Tagessuppe
have (– had – had)	essen; nehmen
I think I'll have the smoked salmon ['sæmən], please.	Ich glaube, ich nehme den Räucherlachs.
side dish ['saɪd dɪʃ] / **side order**	Beilage
decide [dɪ'saɪd]	(sich) entscheiden
Have you decided on a wine, sir?	Haben Sie sich für einen Wein entschieden?
recommend [rekə'mend]	empfehlen
I'd recommend a dry Riesling.	Ich würde einen trockenen Riesling empfehlen.
choose [tʃu:z] (– chose – chosen)	(aus)wählen
Have you chosen a sweet, madam?	Haben Sie ein Dessert ausgewählt?
sweet *BE* / *AE* **dessert** [dɪ'zɜ:t]	Nachtisch
Can we have some fresh fruit for dessert?	Können wir als Nachtisch frisches Obst haben?
do (– did – done [dʌn])	(auf der Karte / im Angebot) haben
Do you do tiramisu?	Haben Sie auch Tiramisu?
to follow [tə 'fɒləʊ]	danach
with a coffee to follow	und danach einen Kaffee
bill [bɪl] *BE* / *AE* **check** [tʃek]	Rechnung
Waiter, the bill / check please.	Herr Ober, bitte zahlen!
service (charge) ['sɜ:vɪs (tʃɑ:dʒ)]	Bedienung(sgeld)
Service (is) not included [ɪn'klu:dɪd].	Bedienung nicht inbegriffen / extra.
cover charge ['kʌvə tʃɑ:dʒ]	(Preis für das) Gedeck
tip / *förmlich* **gratuity** [grə'tju:əti]	Trinkgeld
How much did you tip the maître d' [meɪtrə 'di:]?	Wie viel Trinkgeld hast du dem Oberkellner gegeben?
Gratuities are at the discretion [dɪ'skreʃn] of our clients.	Trinkgelder sind in das Belieben unserer Gäste gestellt.
manager ['mænɪdʒə]	Geschäftsführer(in)
I'd like to see the manager, please.	Ich möchte bitte mal den Geschäftsführer sprechen.

People working in a restaurant
hostess ['həʊstəs] (= Empfangsdame) • *cloakroom attendant* [ə'tendənt] BE / AE *checkroom attendant* (= Garderobenfrau) • *waiter* (= Kellner) • *waitress* (= Kellnerin) • *headwaiter* (= Oberkellner) • *wine waiter* BE / AE *wine steward* ['stju:əd] (= Weinkellner) • *busboy* ['bʌsbɔɪ] (AE = Hilfskellner) • *barman* BE / AE *barkeeper* / *bartender* (= Barkeeper) • *barmaid* (= Bardame) • *cook* (= Koch / Köchin) • *chef* [ʃef] / *chief cook* (= Küchenchef) • *short-order cook* (AE = Koch / Köchin für Schnellgerichte) • *pastry* ['peɪstri] *cook* (= Konditor / Konditorin) • *dishwasher* (= Geschirrspüler)

buffet ['bʊfeɪ]	Büfett
The hotel does an excellent breakfast bufett.	Das Hotel bietet ein ausgezeichnetes Frühstücksbüfett.
salad bar ['sæləd bɑ:]	Salattheke
serving / helping / portion ['pɔ:ʃn]	Portion

Woody Allen's favourite ['feɪvrət] *joke* (= Lieblingswitz): *"The food in this place is really terrible." – "Yes, and such small portions."*

cuisine [kwɪ'zi:n]	Küche
excellent French cuisine	ausgezeichnete französische Küche

In der gehobenen Gastronomie geläufige französische Ausdrücke
à la carte (= nach der Speisekarte) • *carte du jour* (= Tageskarte) • *entrée* (AE = Hauptgericht) • *hors d'oeuvres* (= Vorspeisen) • *nouvelle cuisine* (= „neue Küche" = moderne, d.h. kalorienarme französische Küche) • *plat du jour* (= Tagesmenü) • *soup du jour* (= Tagessuppe) • *maître d'(hôtel)* (= Oberkellner) • *spécialité de la maison* (= Spezialität des Hauses) • *table d'hôte* (= Tagesmenü / -gedeck)

to go with	passend zu
I'd like a dry wine to go with the fish.	Zum Fisch hätte ich gern einen trockenen Wein.

"And that's our Slimmer's Special."

Clothing
Kleidung

Good clothes open all doors. (*Proverb*)

clothes [kləʊðz]	Kleidung; (Anzieh-)Sachen
I need some new clothes.	Ich brauche was Neues zum Anziehen.
casual ['kæʒuəl] clothes	legere Kleidung
dress [dres]	Kleidung; sich anziehen / kleiden
We don't spend a lot on dress.	Wir geben nicht viel für Kleidung aus.
She always dresses well.	Sie zieht sich immer gut an.
She was dressed in black.	Sie war schwarz gekleidet.
wear [weə] (– wore – worn)	tragen
I never wear a hat.	Ich trage nie einen Hut.
put on (– put – put) [pʊt]	(*Kleidung*) anziehen; (*Hut*) aufsetzen
You'd better put a coat on.	Du ziehst besser einen Mantel an.
take off (– took – taken)	(*Kleidung*) ausziehen; (*Hut*) abnehmen
He took off his hat and coat.	Er legte Hut und Mantel ab.
She took her clothes off / undressed.	Sie zog sich aus.

Coats, jackets, and suits (= **Mäntel, Jacken und Anzüge**)
coat (= Mantel / AE auch Jackett / Sakko) • *overcoat* / *topcoat* (= Mantel) • *raincoat* / BE auch *mackintosh* / *mac* (= Regenmantel) • *fur coat* (= Pelzmantel) • *trench coat* • *anorak* ['ænəræk] • *parka* ['pɑːkə] • *jacket* (= Jacke / Jackett / Sakko) • *sports jacket* BE / AE *sport coat* (= Sportsakko) • *blazer* ['bleɪzə] • *cardigan* ['kɑːdɪgən] (= Strickjacke) • *suit* [suːt] (= Anzug / Kostüm) • *lounge suit* [laʊndʒ] BE / AE *business suit* ['bɪznəs] (= Straßenanzug) • *pinstripe suit* (= Nadelstreifenanzug) • *trouser suit* BE / AE *pantsuit* (= Hosenanzug) • *waistcoat* ['weɪskəʊt] BE / AE *vest* (= Weste) • *dinner jacket* BE / AE *tuxedo* [tʌk'siːdəʊ] (= Smokingjacke / Smoking) • *tails* / *tailcoat* / *evening dress* (= Frack) • *jogging suit* (= Jogginganzug)
Jackets oder *suits* können *single-breasted* [sɪŋgl'brestɪd] (= einreihig) oder *double-breasted* (= zweireihig) sein.
Bei *suits* wird unterschieden zwischen *two-piece suit (= jacket + trousers)* und *three-piece suit (jacket + waistcoat + trousers).*
Bei sehr förmlichen Anlässen wird unterschieden zwischen *black-tie* (= „schwarze Fliege" = Smoking) und *white-tie* (= „weiße Fliege" = Frack).

Dresses (= **Kleider**)
dress (= Kleid) • *slit dress* (= Kleid mit Gehschlitz) • *wedding dress* / *wedding gown* [gaʊn] (= Hochzeitskleid) • *evening dress* / *evening gown* (= Abendkleid)

Tops (= **Oberteile**)
blouse [blaʊz] (= Bluse) • *sweater* ['swetə] / *pullover* ['pʊləʊvə] / *jersey* [z] / nur BE *jumper* (= Pullover / Pulli) • *V-neck(ed) sweater* (= Pullover mit V-Ausschnitt) • *shirt* (= Oberhemd / Hemdbluse) • *long-sleeved – short-sleeved – sleeveless* (= langärmelig – kurzärmelig – ärmellos) • *sweatshirt* (= weit geschnittener Pullover) • *polo shirt* (= Polohemd) • *T-shirt*

Trousers, skirts, etc. (= **Hosen, Röcke** usw.)
trousers / pants (= Hose) • *slacks* (AE = locker sitzende Hose) • *corduroys* ['kɔːdərɔɪz] / *cords* (= Cordhose) • *(blue) jeans* / *denims* ['denɪmz] (= Jeans) • *shorts* (= kurze Hose) • *Bermuda shorts* / *Bermudas* [bə'mjuːdəz] • *skirt* (= Rock) • *pleated skirt* (= Faltenrock) • *kilt* (= Schottenrock)

Bei *trousers, pants, tights* etc. entspricht dem deutschen Singular ein englischer Plural:
These trousers / pants are too tight. (= Diese Hose ist zu eng.)
Where are my tights / pantyhose ['pæntihəʊz]*?* (= Wo ist meine Strumpfhose?)
My trousers / pants are in this wardrobe ['wɔːdrəʊb]. (= Meine Hose ist / Meine Hosen sind in diesem Schrank.)
„Ein Exemplar" wird unmissverständlich mit *a pair of* ausgedrückt:
I'm looking for a pair of trousers / a pair of pants to match this jacket. (= Ich suche eine Hose, die zu dieser Jacke passt.)

Underwear and swimwear **(= Unterwäsche und Badekleidung)**
(under)pants / AE auch *undershorts* (= Unterhose) • *briefs* [briːfs] (= Slip) • *Jockey™ shorts* / *BVD's™* [biːviː'diːz] nur AE (= Herrenunterhose) • *boxer shorts* / *boxers* (= Boxershorts) • *long johns* ['lɒŋ dʒɒnz] (= lange Unterhose) • *panties* ['pæntiz] / nur BE *knickers* ['nɪkəz] (= Damenschlüpfer) • *vest* BE / AE *undershirt* (= Unterhemd) • *slip* / *underskirt* (= Unterrock) • *petticoat* (= Petticoat) • *tights* BE / AE *pantyhose* ['pæntihəʊz] (= Strumpfhose) • *corset* ['kɔːsət] / BE auch *stays* (= Korsett) • *girdle* ['gɜːdl] (= Hüfthalter / Hüftgürtel) • *bra* [brɑː] (= BH) • *trunks* (= Badehose) • *swimsuit* / *bathing* ['beɪðɪŋ] *suit* (= Badeanzug) • *bikini* [bɪ'kiːni]

Night clothes [kləʊðz] **(= Nachtwäsche)**
nightdress BE / AE *nightgown* / BE+AE umgangssprachl. *nightie* ['naɪti] (= Damennachthemd) • *nightshirt* (= Herrennachthemd) • *pyjamas* [pə'dʒɑːməz] BE / AE pajamas (= Schlafanzug) • *jammies* BE / AE *Pj's* ['piːdʒeɪz] (umgangssprachl. = Schlafanzug) • *dressing gown* [gaʊn] (= Morgenrock) • *bathrobe* ['bɑːθrəʊb] (= Bademantel)

Footwear ['fʊtweə] **(= Fußbekleidung)**
shoes [ʃuːz] (= Schuhe) • *oxfords* ['ɒksfədz] (= geschnürte Halbschuhe) • *casuals* ['kæʒuəlz] / *slip-on shoes* / *slip-ons* (= Slipper) • *court shoes* BE / AE *pumps* (= Pumps) • *high heels* (= hochhackige Schuhe) • *Loafers™* (= bequeme mokassinartige Halbschuhe) • *wellington boots* / *wellingtons* / *wellies* alle BE / AE *rubber boots* (= Gummistiefel) • *sandals* ['sændəlz] (= Sandalen) • *slippers* (= Hausschuhe) • *trainers* BE / AE *sneakers* ['sniːkəz] (= Turnschuhe)

Headgear ['hedgɪə] **(= Kopfbedeckung)**
hat (= Hut) • *top hat* / *topper* (= Zylinder) • *bowler (hat)* ['bəʊlə] BE / AE *derby* ['dɑːbi] (= Melone) • *stetson* ['stetsn] / *ten-gallon hat* (= Arten von Cowboyhut) • *(straw) boater* (BE = steifer Strohhut / Kreissäge) •

deerstalker ['dɪəstɔːkə] (= Sherlock-Holmes-Mütze) • *cap* (= Mütze) • *baseball cap* (= Baseballmütze) • *peaked cap* [piːkt] (= Schirmmütze) • *helmet* (= Helm) • *crash helmet* (= Sturzhelm) • *headscarf* (= Kopftuch)

Other articles of clothing ['kləʊðɪŋ] ***and accessories*** [ək'sesəriz] **(= andere Kleidungsstücke und Zubehör)**
tie / AE auch *necktie* (= Schlips) • *bow tie* [bəʊ 'taɪ] (= Fliege) • *scarf* (= Schal / Halstuch) • *gloves* [glʌvz] (= Handschuhe) • *stockings* (= Strümpfe) • *nylons* ['naɪlɒnz] (= Nylonstrümpfe) • *socks* (= Socken) • *apron* ['eɪprən] (= Schürze) • *overalls* BE / *boiler suit* BE / AE *overall* / AE *jumpsuit* (= Overall) • *belt* (= Gürtel) • *braces* ['breɪsɪz] BE / AE *suspenders* [sə'spəndəz] (= Hosenträger) • *button* (= Knopf) • *zip* BE / AE *zipper* (= Reißverschluss)

"I definitely need some new clothes."

Health care
Gesundheitspflege

Illnesses and symptoms
Krankheiten und Symptome

→ 4.4 At the doctor's, 4.6 In hospital, 16.3 Medicine

Sometimes the remedy is worse than the disease. (*Proverb*)

disease [dɪ'zi:z]	(*bestimmte*) Krankheit, Erkrankung
Alzheimer's / Parkinson's disease	die Alzheimer- / Parkinsonkrankheit
infectious / tropical diseases	Infektions- / Tropenkrankheiten
sickness ['sɪknəs]	Krankheit (*allgemein*); Übelkeit
I had just four days of sickness.	Ich hatte nur vier Krankheitstage.
radiation [eɪ] sickness / injuries	Strahlenkrankheit / -schäden
seasickness – airsickness	Seekrankheit – Luftkrankheit
He easily gets carsick.	Ihm wird beim Autofahren leicht übel.
symptom ['sɪmptəm]	Symptom; Anzeichen
the typical symptoms of rabies [eɪ]	die typischen Symptome der Tollwut
withdrawal [wɪð'drɔ:əl] symptoms	Entzugserscheinungen
attack [ə'tæk]	Anfall
an attack of asthma – a migraine attack	ein Asthma- / Migräneanfall

Ausdrücke für „Krankheit etc."
serious ['sɪəriəs] *diseases* (= ernste Krankheiten) • *a serious illness* (= eine ernste Erkrankung) • *contract* [kən'trækt] *a disease / an illness* (= sich eine Krankheit zuziehen) • *mental illness / disorder / disease* (= Geisteskrankheit) • *a respiratory* [rɪ'spɪrətri] *disease / ailment* (= eine Atemwegserkrankung) • *in sickness and in health* [helθ] (= in kranken und gesunden Tagen) • *a heart* [hɑ:t] *condition* (= eine Herzkrankheit) • *a common* [ɒ] *complaint* [kəm'pleɪnt] / *affliction* [ə'flɪkʃn] (= ein häufiges Leiden).

fever ['fi:və]	Fieber
have a fever / run a temperature	Fieber / Temperatur haben
low-grade fever *AE*	erhöhte Temperatur
hay fever – scarlet fever	Heuschnupfen – Scharlach
typhoid (fever) ['taɪfɔɪd]	Typhus
bug [bʌg]	Bazillus; Infekt(ion)
I suppose I've picked up your bug.	Ich habe mich wohl bei dir angesteckt.
nausea ['nɔ:ziə]	Übelkeit
vomiting ['vɒmɪtɪŋ] / **throwing up**	Erbrechen
chronic ['krɒnɪk]	chronisch
stroke [strəʊk]	Schlaganfall
He suffered ['sʌfəd] a mild stroke.	Er erlitt einen leichten Schlaganfall.
heatstroke – sunstroke	(ein) Hitzschlag – (ein) Sonnenstich
collapse [kə'læps]	zusammenbrechen; kollabieren
He collapsed on the street.	Er brach auf der Straße zusammen.
heart [hɑ:t]	Herz
She has a heart condition.	Sie ist herzkrank.
He suffered / had a heart attack.	Er erlitt einen Herzanfall / -infarkt.

heart trouble – heart failure	Herzbeschwerden – Herzversagen
palpitations [pælpɪ'teɪʃnz]	Herzklopfen; Herzjagen
coronary (thrombosis) [kɒrənri θrɒm'bəʊsɪs]	(Herz-)Infarkt
He has survived two coronaries.	Er hat zwei Infarkte überlebt.
cold [kəʊld]	Erkältung; Schnupfen; Grippe
Have you caught (a) cold?	Hast du dir einen Schnupfen geholt?
(the) flu [flu:]	(die) Grippe
She came down with (the) flu.	Sie kriegte die Grippe.
a sore throat [sɔ: 'θrəʊt]	Halsschmerzen
I've got a sore throat.	Ich habe Halsschmerzen.
cough [kɒf]	husten; Husten
She has a bad cough.	Sie hat einen schlimmen Husten.
sneeze [sni:z]	niesen
(the) **measles** ['mi:zlz]	(die) Masern
German measles	Röteln
smallpox ['smɔ:lpɒks] – **chickenpox**	(die) Pocken – (die) Windpocken
Smallpox leaves deep scars on the skin.	Die Pocken hinterlassen auf der Haut tiefe Narben.
smallpox vaccination [væksɪ'neɪʃn]	Pocken(schutz)impfung
whooping cough ['hu:pɪŋ kɒf]	Keuchhusten
pneumonia [nju:'məʊniə]	Lungenentzündung
rupture ['rʌptʃə] / **hernia** ['hɜ:niə]	Bruch; Hernie
a ruptured appendix [ə'pendɪks]	ein geplatzter Blinddarm
blood [blʌd]	Blut
high / low blood pressure ['blʌd preʃə]	hoher / niedriger Blutdruck
blood poisoning / toxaemia [tɒk'si:miə]	Blutvergiftung
Large boils can cause blood poisoning.	Große Furunkel können zu einer Blutvergiftung führen.
food poisoning ['fu:d pɔɪznɪŋ]	Lebensmittelvergiftung
indigestion [ɪndɪ'dʒestʃən]	Verdauungsstörung
stomach ['stʌmək]	Magen
stomach trouble ['stʌmək trʌbl]	Magenbeschwerden
He has an upset ['ʌpset] stomach / a stomach upset ['ʌpset].	Er hat sich den Magen verdorben.
constipation [kɒnstɪ'peɪʃn]	Verstopfung
diarrhoea [daɪə'rɪə]	Durchfall
dysentery ['dɪsəntri]	(die) Ruhr
(stomach) ulcer ['ʌlsə]	(Magen-)Geschwür
gallstone ['gɔ:lstəʊn] – **kidney stone**	Gallenstein – Nierenstein
jaundice ['dʒɔ:ndɪs]	Gelbsucht
tumour ['tju:mə]	Tumor; Geschwulst
a benign [bɪ'naɪn] / malignant [mə'lɪgnənt] tumour	eine gutartige / bösartige Geschwulst
cancer ['kænsə]	Krebs
stomach / lung / breast cancer	Magen- / Lungen- / Brustkrebs
She died of cancer.	Sie starb an Krebs.
tuberculosis [tju:bɜ:kju'ləʊsɪs] / *früher* **consumption**	Tuberkulose / (*früher*) Schwindsucht
She contracted tuberculosis / TB.	Sie erkrankte an Tuberkulose / Tbc.

4
1

AIDS [eɪdz] — Aids
There's no cure or vaccine ['væksiːn] for AIDS. — Für Aids gibt es kein Heilmittel und keinen Impfstoff.

Die Endung -*itis* [-aɪtɪs] bedeutet *inflammation* (= -entzündung)
appendicitis [əpendə'saɪtɪs] (= Blinddarmentzündung) • *bronchitis* [brɒŋ'kaɪtɪs] (= Bronchitis) • *gastritis* [gæ'straɪtɪs] (= Magenschleimhautentzündung) • *laryngitis* [lærɪn'dʒaɪtɪs] (= Kehlkopfentzündung) • *meningitis* [menɪn'dʒaɪtɪs] (= Hirnhautentzündung) • *neuritis* [nju'raɪtɪs] (= Nervenentzündung) • *phlebitis* [flɪ'baɪtɪs] (= Venenentzündung) • *tonsillitis* [tɒnsə'laɪtɪs] (= Mandelentzündung)

cramp [kræmp]	Krampf
I've got a cramp in my leg.	Ich habe einen Krampf im Bein.
tennis elbow [tenɪs 'elbəʊ]	Tennisarm; Tennisellbogen
gout [gaʊt] – **rheumatism** ['ruːmətɪzm]	Gicht – Rheuma(tismus)
sciatica [saɪ'ætɪkə]	Ischias
lumbago [lʌm'beɪgəʊ]	Hexenschuss
Lumbago is best treated by a chiropractor ['kaɪrəpræktə].	Hexenschuss wird am besten von einem Chiropraktiker behandelt.
allergic [ə'lɜːdʒɪk] – **allergy** ['ælədʒi]	allergisch – Allergie
She's allergic to cats.	Sie ist gegen Katzen allergisch.
rash [ræʃ]	Ausschlag
come out / break out in a rash	einen Ausschlag bekommen
itching ['ɪtʃɪŋ]	Jucken; Juckreiz
a swelling ['swelɪŋ]	eine Schwellung
hangnail ['hæŋneɪl] – **corn** [kɔːn]	Niednagel – Hühnerauge
athlete's foot [æθliːts 'fʊt]	Fußpilz
pus [pʌs]	Eiter
haemorrhoids ['hemərɔɪdz] / **piles**	Hämorriden
an ointment for haemorrhoids / piles	eine Salbe für Hämorriden
varicose veins [værɪkəʊs 'veɪnz]	Krampfadern
Varicose veins are swollen and painful veins in the legs.	Krampfadern sind geschwollene und schmerzende Venen in den Beinen.
sleeplessness / **insomnia** [ɪn'sɒmniə]	Schlaflosigkeit
unconscious [ʌn'kɒnʃəs] – **unconsciousness**	bewusstlos – Bewusstlosigkeit

Accidents and injuries
Unfälle und Verletzungen

→ 4.6 In hospital

Accidents will happen. (*Proverb*)

accident ['æksɪdənt]	Unfall; Unglück
when an accident happens / occurs	wenn es zu einem Unfall kommt
There's been an accident in Hill Street.	In der Hill Street war ein Unfall.
She was injured in an accident.	Sie wurde bei einem Unfall verletzt.
crash [kræʃ]	zusammenstoßen; abstürzen
The thief [θiːf] crashed the car into a wall.	Der Dieb fuhr mit dem Auto gegen eine Mauer.
Six people died [daɪd] in the crash.	Bei dem Zusammenstoß / Absturz kamen sechs Menschen ums Leben.
collide [kə'laɪd] – **collision** [kə'lɪʒn]	zusammenstoßen – Zusammenstoß
A taxi had collided with / crashed into a bus.	Ein Taxi war mit einem Bus zusammengestoßen.
a head-on collision	ein Frontalzusammenstoß
hit (– hit – hit) [hɪt]	(*Auto*) prallen gegen
The car hit a wall.	Das Auto prallte gegen eine Mauer.

> Dass jemand angefahren wird, kann mit *knock down, knock over, hit (– hit – hit), strike (– struck – struck)* ausgedrückt werden, das Überfahrenwerden mit *run over (– ran – run)*:
> *She was knocked down / knocked over / hit / struck by a bus.* (= Sie wurde von einem Bus angefahren.)
> *She was run over by a bus.* (= Sie wurde von einem Bus überfahren.)

unharmed / **unhurt** / **unscathed**	unverletzt
hurt (– hurt – hurt) [hɜːt]	verletzen
She was hurt in the fire.	Sie wurde bei dem Brand verletzt.
injure ['ɪndʒə] – **injuries** ['ɪndʒəriz]	verletzen – Verletzungen
He was seriously / critically injured.	Er wurde schwer verletzt.
She suffered head injuries.	Sie erlitt Kopfverletzungen.
break [breɪk] (– broke – broken)	brechen
He's broken his / a leg.	Er hat sich das / ein Bein gebrochen.
fracture ['fræktʃə]	(Knochen-)Bruch; Fraktur
She fractured her arm in the accident.	Sie brach sich bei dem Unfall den Arm.
concussion [kən'kʌʃn]	(eine) Gehirnerschütterung
She suffered concussion.	Sie erlitt eine Gehirnerschütterung.
burns [bɜːnz]	Verbrennungen
He suffered second-degree burns.	Er erlitt Verbrennungen zweiten Grades.
suffocate ['sʌfəkeɪt] – **suffocation**	ersticken – Ersticken
The animals (were) suffocated.	Die Tiere erstickten.
Six people died of suffocation [-'keɪʃn].	Sechs Menschen erstickten.

dislocate ['dɪsləkeɪt]	ausrenken; auskugeln; verrenken
He dislocated his shoulder ['ʃəʊldə].	Er kugelte sich das Schultergelenk aus.
twist [twɪst]	verdrehen; verrenken
I've twisted my arm.	Ich habe mir den Arm verrenkt.
She has twisted her ankle ['æŋkl].	Sie hat sich den Fuß vertreten.
sprain [spreɪn]	verstauchen; Verstauchung
She has sprained her ankle.	Sie hat sich den Fuß verstaucht.
strain [streɪn]	(*z.B. Muskel-*)Zerrung; zerren
He strained his back playing squash [skwɒʃ].	Er hat sich beim Squashspielen eine Rückenzerrung zugezogen.
bruise [bru:z]	blauer Fleck; Prellung; Bluterguss
cuts and bruises ['bru:zɪz]	Schnittwunden und Prellungen
She was badly bruised [bru:zd].	Sie hatte überall blaue Flecken.
grazes / **abrasions** [ə'breɪʒnz]	Schürfwunden
bleed [bli:d] (– bled – bled)	bluten
The man was bleeding profusely [prə'fju:sli].	Der Mann blutete stark.
dress a wound [wu:nd]	eine Wunde verbinden
dressing ['dresɪŋ]	Verband
plaster [ɑ:] / **Elastoplast**™ [ɪ'læstəplɑ:st] *BE* / *AE* **Band-Aid**™	(Heft-)Pflaster
Give me a plaster, quick.	Gib mir schnell mal ein Pflaster.
casualty ['kæʒuəlti]	(Unfall-)Opfer; Verletzte(r)
shock [ʃɒk]	Schock
She was obviously in shock.	Sie stand offensichtlich unter Schock.
exposure [ɪk'spəʊʒə]	Unterkühlung
The two survivors [sə'vaɪvəz] were suffering from exposure.	Die beiden Überlebenden litten an Unterkühlung.
die of exposure	an Unterkühlung sterben; erfrieren
administer first aid [əd'mɪnɪstə]	erste Hilfe leisten
resuscitate [rɪ'sʌsɪteɪt]	wiederbeleben
mouth-to-mouth resuscitation [rɪsʌsɪ'teɪʃn]	Mund-zu-Mund-Beatmung
treat [tri:t]	(ärztlich) behandeln
The victims were treated at the scene [si:n].	Die Opfer wurden an der Unfallstelle ärztlich versorgt.
ambulance ['æmbjələns]	Krankenwagen
call / phone for an ambulance	einen Krankenwagen rufen
stretcher ['stretʃə]	Tragbahre
take [teɪk] (– took – taken)	bringen
They were taken to *BE* / *AE* to the hospital ['hɒspɪtl].	Sie wurden ins Krankenhaus gebracht.
emergency [ɪ'mɜ:dʒənsi]	Notfall
emergency doctor	Notarzt / Notärztin
casualty ['kæʒuəlti] *BE* / *AE* **emergency room**	Notaufnahme
He was taken to casualty / to the emergency room.	Er wurde in die Notaufnahme gebracht.
condition [kən'dɪʃn]	Zustand; Verfassung
She's still in (a) critical condition.	Ihr Zustand ist immer noch kritisch.

Disabilities
Behinderungen

The lame man who keeps the right road outstrips the runner who keeps the wrong one. (*Proverb*)

disability [dɪsə'bɪləti]	Behinderung; Invalidität; Erwerbsunfähigkeit
physical ['fɪzɪkl] / mental disability	körperliche / geistige Behinderung
He's afflicted [ə'flɪktɪd] with a serious physical disability.	Er leidet unter einer schweren körperlichen Behinderung
disorder [dɪs'ɔ:də]	(Funktions-)Störung
He suffers from a mental disorder.	Er leidet an einer Geisteskrankheit.
children with learning disorders	lernbehinderte Kinder
defect [dɪ'fekt]	Fehler
speech defect / disorder	Sprachfehler
congenital [kən'dʒenɪtl] defect	Geburtsfehler
disabled [dɪs'eɪbld]	behindert
She's mentally disabled.	Sie ist geistig behindert.
the disabled	die Behinderten
make buildings accessible [ək'sesəbl] to the disabled	Gebäude behindertengerecht machen
a disabled person	ein behinderter Mensch
handicap ['hændikæp]	Behinderung
handicapped ['hændikæpt]	behindert
a handicapped person	ein behinderter Mensch
physically / mentally handicapped	körperlich / geistig behindert

In „politisch korrekter" Sprache (*PC* = *political correctness*) wird „behindert" mitunter durch *challenged* ['tʃælɪndʒd] (= herausgefordert) ausgedrückt: *physically challenged* (= körperlich behindert), *mentally challenged* (= geistig behindert), *visually challenged* ['vɪʒuəli] (= sehbehindert) etc.

impair [ɪm'peə] – **impairment**	beeinträchtigen – Beeinträchtigung
impaired hearing	Schwerhörigkeit
She has a visual impairment.	Ihre Sehkraft ist eingeschränkt.
unable [ʌn'eɪbl] – **inability** [ɪnə'bɪləti]	außerstande – Unfähigkeit
He's unable to speak / walk.	Er kann nicht sprechen / laufen.
the inability to recognize colours	die Unfähigkeit, Farben zu erkennen
invalid ['ɪnvəlɪd]	invalide; körperbehindert; Invalide
A riding accident left her an invalid.	Ein Reitunfall machte sie zur Invalidin.
cripple ['krɪpl]	Krüppel; verkrüppelt
Though crippled by polio, Franklin Roosevelt became one of America's greatest presidents.	Obwohl die Kinderlähmung ihn zum Krüppel gemacht hatte, wurde Franklin Roosevelt einer der größten Präsidenten Amerikas.
(mentally) retarded [rɪ'tɑ:dɪd]	(geistig) zurückgeblieben

***Disabilities* (= Behinderungen)**
blindness ['blaɪndnəs] (= Blindheit) • *cleft palate* ['pælət] (= Gaumenspalte) • *clubfoot* [klʌb'fʊt] (= Klumpfuß) • *deafness* ['defnəs] (= Taubheit) • *deaf-muteness* [def'mju:tnəs] (= Taubstummheit) • *Down's syndrome* ['daʊnz sɪndrəʊm] (= Down-Syndrom / Mongolismus) • *dyslexia* [dɪs'leksiə] (= Legasthenie) • *epilepsy* ['epɪlepsi] (= Epilepsie) • *hunchback / humpback* (= Buckel) • *mental deficiency* [dɪ'fɪʃnsi] (= Schwachsinn) • *paralysis* [pə'ræləsɪs] (= Lähmung / Paralyse) • *paraplegia* [pærə'pli:dʒə] (= doppelseitige Lähmung) • *senile dementia* [sɪ:naɪl dɪ'menʃə] (= senile Demenz) • *spina bifida* [spaɪnə 'bɪfɪdə] (= offene Wirbelsäule) • *stuttering* (= Stottern)

deaf [def]	taub
a young deaf-and-dumb [dʌm] man	ein junger Taubstummer
She has been deaf-mute [def'mju:t] from birth.	Sie ist von Geburt an taubstumm.
paralysed ['pærəlaɪzd]	gelähmt
control [kən'trəʊl]	Kontrolle; kontrollieren
She has no control of her arm or neck muscles ['mʌslz].	Sie kann ihre Arm- und Nackenmuskeln nicht kontrollieren.
hereditary [hə'redɪtri]	erblich; Erb-
hereditary disease / condition	Erbkrankheit
wheelchair (user) ['wi:ltʃeə]	Rollstuhl(fahrer/in)
He's confined [kən'faɪnd] to a wheelchair.	Er ist an den Rollstuhl gefesselt.

"Shall I help you with your bags?"

At the doctor's
Beim Arzt

→ 4.1 Illnesses and symptoms, 4.6 In a hospital, 16.3 Medicine

God heals, and the doctor takes the fee. (*Proverb*)

Doctor ist das allgemeine, umgangssprachliche Wort für Arzt / Ärztin und auch die Anredeform (*Thank you, doctor.*). *Physician* [fɪ'zɪʃn] ist die förmliche Berufsbezeichnung, wird aber nie als Anrede verwendet.

GP [dʒi:'pi:] **(= general practitioner** [præk'tɪʃənə]**)**	praktischer Arzt / praktische Ärztin; Arzt / Ärztin für Allgemeinmedizin
family doctor [fæməli 'dɒktə]	Hausarzt / Hausärztin

***Some specialists* (= Einige Fachärzte)**
ear, nose, and throat specialist (= Hals-Nasen-Ohren-Arzt / -Ärztin) • *gynaecologist* [gaɪnə'kɒlədʒɪst] (= Frauenarzt / -ärztin) • *ophthalmologist* [ɒfθæl'mɒlədʒɪst] / *eye specialist* (= Augenarzt / -ärztin) • *orthopaedist* [ɔ:θə'pi:dɪst] / *orthopaedic surgeon / specialist* (= Orthopäde / Orthopädin) • *paediatrician* [pi:diə'trɪʃn] (= Kinderarzt / -ärztin) • *psychiatrist* [saɪ'kaɪətrɪst] (= Psychiater / -in) • *psychotherapist* [saɪkəʊ'θerəpɪst] (= Psychotherapeut / -in) • *surgeon* ['sɜ:dʒən] (= Chirurg / -in).
Im BE ist die korrekte Bezeichnung und Anrede für Chirurgen nicht *Dr / doctor*, sondern *Mr, Mrs* oder *Ms*: *Mr Kelly is a very experienced surgeon.* (= Herr Dr. Kelly ist ein sehr erfahrener Chirurg.)

surgery ['sɜ:dʒəri]	*BE* Sprechzimmer, Sprechstunde
No Wednesday ['wenzdeɪ] surgery	Mittwochs keine Sprechstunde

BE ***surgery*** = AE ***office***
Arztpraxis = BE *(doctor's) surgery* / AE *(doctor's) office*
Sprechstunde = BE *surgery hours* / AE *office hours*

receptionist [rɪ'sepʃənɪst]	Sprechstundenhilfe (*am Empfang*)
appointment [ə'pɔɪntmənt]	Termin
Have you (got) an appointment?	Haben Sie einen Termin?
patient ['peɪʃnt]	Patient(in)
trouble ['trʌbl]	Beschwerden; Leiden
What's the trouble?	Was haben Sie für Probleme?
I've got stomach ['stʌmək] trouble.	Ich habe Magenbeschwerden.
My back is giving me trouble.	Mein Rücken macht mir zu schaffen.
Do you have trouble passing (your) water?	Haben Sie Schwierigkeiten beim Wasserlassen?
throat [θrəʊt]	Rachen; Hals; Kehle
I've got a sore throat.	Ich habe Halsschmerzen.
a stomach **upset** ['stʌmək ʌpset]	eine Magenverstimmung
emotional [ɪ'məʊʃnəl] upsets	seelische Erschütterungen

weight [weɪt]	Gewicht
I've put on weight / lost weight.	Ich habe zugenommen / abgenommen.
pain [peɪn]	Schmerz(en)
a dull / sharp / burning / stabbing pain	ein dumpfer / heftiger / brennender / stechender Schmerz
How long have you been having these pains?	Wie lange haben Sie diese Schmerzen schon?
-ache [-eɪk]	-schmerzen
I have backache / stomachache ['stʌməkeɪk] / earache.	Ich habe Rückenschmerzen / Bauchschmerzen / Ohrenschmerzen.
headache ['hedeɪk]	Kopfschmerzen
Do you suffer from headaches?	Leiden Sie an Kopfschmerzen?

Headache – headaches
Die Einzahl *a headache* steht für „Kopfschmerzen im konkreten Einzelfall":
I have / I had a headache. (= Ich habe / Ich hatte Kopfschmerzen.)
Die Mehrzahl *headaches* steht für „wiederholt auftretende Kopfschmerzen":
I often have headaches. (= Ich habe oft Kopfschmerzen.)

appetite ['æpətaɪt]	Appetit
How is your appetite?	Wie ist es mit Ihrem Appetit?
sick [sɪk]	krank
Do you feel sick?	Ist Ihnen übel?
I was sick (= I vomited ['vɒmɪtɪd] / threw up) three times last night.	Ich habe mich vorige Nacht dreimal übergeben.
period ['pɪəriəd]	Periode; Monatsblutung
Are your periods regular ['regjələ]?	Bekommen Sie Ihre Regel pünktlich?
bowels ['baʊəlz]	Eingeweide; Gedärm
Are your bowels regular ['regjələ]?	Haben Sie regelmäßig Stuhlgang?

Im Gegensatz zum Deutschen steht bei Dingen, die zum Körper des Menschen gehören, in der Regel das Possessivpronomen (= besitzanzeigende Fürwort):
*I have a pain in **my** chest.* (= Ich habe Schmerzen in der Brust.)
*She has trouble with **her** legs.* (= Sie hat Probleme mit den Beinen.)
*Just hold **your** breath for a moment.* (= Halten Sie mal den Atem an.)

breathe [bri:ð]	atmen
Breathe through your nose / mouth.	Atmen Sie durch die Nase / den Mund.
breath [breθ]	Atem
Take a deep breath.	Holen Sie tief Luft.
I'm easily out of / short of breath.	Ich gerate schnell außer Atem.
fever ['fi:və]	Fieber
Does she have a fever?	Hat sie Fieber?
temperature ['temprətʃə]	Temperatur
Has he got a temperature?	Hat er Temperatur?

Fragekonstruktionen mit *have*: Wenn *have* im weitesten Sinn „besitzen / (etwas) an sich haben" bedeutet, so können Sie die Frageform grundsätzlich auf dreierlei verschiedene Weise bilden:

Have you any worries ['wʌriz]*?*
Have you got any worries?
Do you have any worries?
(= Haben Sie irgendwelche Sorgen?)

Wir empfehlen Ihnen, die Frageform bei *have* immer mit *do / does / did* zu bilden – außer natürlich bei den Perfektformen:
Has your skin altered [ɔː]*?* (Nicht *Does* ...) (= Hat sich Ihre Haut verändert?)

blood pressure ['blʌd preʃə]	Blutdruck
Nurse will take your blood pressure.	Die Schwester wird Ihren Blutdruck messen.
X-ray ['eks reɪ]	Röntgenaufnahme
We'll have an X-ray to make sure.	Wir werden sicherheitshalber röntgen.
ECG [iːsiː'dʒiː] *BE / AE* **EKG**	EKG (= Elektrokardiogramm)
ultrasound scan ['ʌltrəsaʊnd skæn]	Ultraschalluntersuchung / -aufnahme
injection [ɪn'dʒekʃn]	Injektion; Spritze
The doctor gave her an injection.	Der Arzt gab ihr eine Spritze.
take off (– took – taken)	ausziehen
Would you mind taking off all your clothes [kləʊðz].	Würden Sie sich bitte ganz ausziehen.
get dressed (– got – got) [drest]	sich anziehen
You can get dressed now.	Sie können sich jetzt wieder anziehen.
examine [ɪg'zæmɪn]	untersuchen
Will you lie here, please, so I can examine you.	Wollen Sie sich bitte hier hinlegen, damit ich Sie untersuchen kann.
drug [drʌg]	Medikament; Arzneimittel
a pain-killing drug	ein Schmerzmittel
medication [medɪ'keɪʃn]	Medikamente; Verordnung
Don't forget to take your medication.	Vergiss nicht, deine Medikamente einzunehmen.
medicine ['medsn]	Medizin; Medikament; Arznei
Are you taking any medicines?	Nehmen Sie Medikamente ein?
pill [pɪl]	Pille
She's been on the pill for years.	Sie nimmt seit Jahren die Pille.
remedy ['remədi]	(Heil-)Mittel
There is no remedy for colds.	Es gibt kein Mittel gegen Erkältungen.
ointment ['ɔɪntmənt]	Salbe
The ointment is to be applied [ə'plaɪd] twice daily.	Die Salbe ist zweimal täglich aufzutragen.
prescription [prɪ'skrɪpʃn]	Rezept
available on prescription only	nur auf Rezept erhältlich
certificate [sə'tɪfɪkət]	Bescheinigung
a doctor's certificate [sə'tɪfɪkət]	ein ärztliches Attest
sick note ['sɪk nəʊt] *BE*	Krankenschein
checkup ['tʃekʌp]	(ärztliche) Untersuchung
have a checkup	sich untersuchen lassen
home visit *BE / AE* **house call**	Hausbesuch

At the dentist's
Beim Zahnarzt

For there was never yet philosopher / That could endure the toothache patiently. (*William Shakespeare, English dramatist and poet, 1564–1616*)

dentist ['dentɪst] / **dental surgeon**	Zahnarzt / Zahnärztin
dental clinic ['klɪnɪk] / **hospital**	Zahnklinik
dental treatment ['dentl tri:tmənt]	Zahnbehandlung
toothache ['tu:θeɪk]	Zahnschmerzen
I have toothache *BE* / *AE* a toothache.	Ich habe Zahnschmerzen.
sensitive ['sensətɪv]	empfindlich
The tooth is sensitive to cold.	Der Zahn ist kälteempfindlich.
hurt [hɜ:t]	wehtun
The tooth hurts only when I bite on it.	Der Zahn tut nur weh, wenn ich auf ihn beiße.
This won't (= will not) hurt you.	Das tut jetzt nicht weh.

***Pain* – *ache* = Schmerz(en)**
Pain ist das allgemeinere Wort für Schmerzen:
He was out of breath and had a pain in his side. (= Er war außer Atem und hatte Schmerzen in der Seite.) • *the pain caused by an ulcer* (= die Schmerzen, die durch ein Magengeschwür verursacht werden) • *I have a pain in my foot* [fʊt]. (= Ich habe Schmerzen im Fuß.) • *She was obviously in pain.* (= Sie hatte offensichtlich Schmerzen.)
Ache [eɪk] bezeichnet in der Regel anhaltende, dumpfe, nicht genau lokalisierbare oder beschreibbare Schmerzen:
He has earache / backache / a headache / (a) toothache / (a) stomachache. (= Er hat Ohrenschmerzen / Rückenschmerzen / Kopfschmerzen / Zahnschmerzen / Bauchschmerzen.) • *The dull ache in her shoulder was almost unbearable* [ʌn'beərəbl]. (= Der dumpfe Schmerz in ihrer / der Schulter war fast unerträglich.) • *My head / back aches.* (= Mir tut der Kopf / Rücken weh.) • *aching muscles* ['mʌslz] (= schmerzende Muskeln)

tongue [tʌŋ]	Zunge
Do you feel the pain when you touch your tooth with your tongue?	Spüren Sie den Schmerz, wenn Sie den Zahn mit der Zunge berühren?
gum(s) [gʌm(z)]	Zahnfleisch
My gums bleed when I brush my teeth.	Mein Zahnfleisch blutet, wenn ich mir die Zähne putze.
You'll just feel a little prick in the gum.	Sie werden nur einen leichten Stich im Zahnfleisch spüren.
loose [lu:s]	lose
The tooth is loose.	Der Zahn wackelt.
lower jaw [dʒɔ:] – **upper jaw**	Unterkiefer – Oberkiefer
lean back (– leant* [lent] – leant*)	sich zurücklehnen
Will you lean back, please.	Lehnen Sie sich bitte zurück.
rinse [rɪns]	spülen; Spülung
Rinse thoroughly ['θʌrəli], please.	Bitte gründlich (aus)spülen.

tooth [tu:θ] – **teeth** [ti:θ]	Zahn – Zähne
pull out / take out / extract [ɪk'strækt] a tooth	einen Zahn ziehen
I've had a wisdom ['wɪzdəm] tooth out.	Mir ist ein Weisheitszahn gezogen worden.
fill [fɪl]	füllen; plombieren
This tooth needs filling.	Dieser Zahn muss plombiert werden.
filling ['fɪlɪŋ]	Füllung; Plombe; Inlay
This filling needs to be replaced.	Diese Füllung muss ersetzt werden.
a temporary ['temprəri] filling	eine provisorische Füllung
decay [dɪ'keɪ]	Verfall; Zerfall; Karies
I'll have to drill some more to remove [rɪ'mu:v] the decay.	Ich muss noch etwas bohren um die Karies zu entfernen.
crown [kraʊn]	Krone
crown a tooth	einen Zahn überkronen
bridge [brɪdʒ]	Brücke
fit a bridge	eine Brücke anbringen
denture(s) ['dentʃə(z)]	Zahnprothese; künstliches Gebiss
a complete / partial ['pɑ:ʃl] denture	eine Voll- / Teilprothese
(a set of) dentures	Zahnersatz
root treatment ['ru:t tri:tmənt]	Wurzelbehandlung
impression [ɪm'preʃn]	Abdruck
take an impression for an inlay	einen Abdruck für ein Inlay machen
injection [ɪn'dʒekʃn]	Injektion; Spritze
Could you give me an injection?	Können Sie mir eine Spritze geben?
tartar ['tɑ:tə]	Zahnstein
There's a lot of tartar there.	Sie haben viel Zahnstein.
plaque [plɑ:k]	Zahnbelag
Use dental floss to remove plaque from between your teeth.	Benutzen Sie Zahnseide um den Belag zwischen den Zähnen zu entfernen.
water jet ['wɔ:tə dʒet]	Munddusche

"Are you sure you don't want an injection?"

In hospital
Im Krankenhaus

→ 4.2 Accidents and injuries

Life is much more relaxed in hospitals today than ever before and the days of lying to attention in bed as the consultant comes round have, thankfully, gone for good. (*Dr Andrew Stanway, A Dictionary of Operations*)

hospital ['hɒspɪtl]	Krankenhaus; Klinik; Hospital
field hospital ['fi:ld hɒspɪtl]	(Feld-)Lazarett
hospital chaplain ['tʃæplɪn]	Krankenhauspfarrer(in)

Im BE wird *hospital* ohne *the* gebraucht, wenn es um „die Inanspruchnahme der Institution Krankenhaus" geht; im AE steht hier immer *the.*
He went into hospital. = Er ging (als Patient) ins Krankenhaus.
They went to the hospital. = Sie gingen in das Krankenhaus (z.B. um einen Kranken zu besuchen).
She was taken to hospital / AE *to the hospital.* = Sie wurde ins Krankenhaus gebracht.
He left hospital / AE *the hospital last Friday.* = Er hat das Krankenhaus vorigen Freitag verlassen.

hospitalization [hɒspɪtlaɪ'zeɪʃn]	Einweisung ins Krankenhaus
She was hospitalized ['hɒs-] for weeks.	Sie war wochenlang im Krankenhaus.
outpatient ['aʊtpeɪʃnt]	ambulante(r) Patient(in)
outpatient treatment	ambulante Behandlung
outpatient surgical centre	chirurgische Ambulanz
inpatient ['ɪnpeɪʃnt]	stationär behandelte(r) Patient(in)
doctor [ɒ] / **physician** [fɪ'zɪʃn]	Arzt / Ärztin
the doctor on duty ['dju:ti]	der / die diensthabende Arzt / Ärztin
the attending [ə'tendɪŋ] physician	der / die behandelnde Arzt / Ärztin
consultant [kən'sʌltənt] *BE*	(leitender) Facharzt (*am Krankenhaus*)
senior ['si:niə] consultant *BE*	Chefarzt / -ärztin
houseman *BE* / *AE* **resident** ['rezɪdənt]	Assistenzarzt
senior registrar [redʒɪ'strɑ:] *BE* / *AE* **chief resident**	Oberarzt / -ärztin
medical *BE* / *AE* **physical** ['fɪzɪkl]	ärztliche Untersuchung
have a medical ['medɪkl] / physical	sich einer ärztlichen Untersuchung unterziehen
medical history ['hɪstri] / **case history**	Krankengeschichte
round [raʊnd]	Visite
The consultant [kən'sʌltənt] is doing his morning round.	Der Chefarzt macht gerade seine Morgenvisite.
ward [wɔ:d]	(*Krankenhaus*) Station
maternity [mə'tɜ:nəti] ward	Entbindungsstation
medical ['medɪkl] ward	innere Station / Medizin
the surgical ['sɜ:dʒɪkl] ward	die chirurgische Station / Chirurgie

ward doctor ['dɒktə]	Stationsarzt / -ärztin
ward sister / charge nurse	Stationsschwester
nurse [nɜːs]	(Kranken-)Schwester / Pfleger
student nurse [stjuːdnt 'nɜːs]	Lernschwester
senior nursing officer / senior nurse	Oberschwester
casualty *BE* / *AE* **emergency room**	Notaufnahme
He was taken to casualty ['kæʒuəlti] / to the emergency [ɪ'mɜːdʒənsi] room.	Er wurde in die Notaufnahme gebracht.
trauma ['trɔːmə]	Verletzung; *AE* Schwerverletzte(r)
trauma center *AE*	Unfallstation
operation [ɒpə'reɪʃn]	Operation
have / undergo an operation	sich einer Operation unterziehen
operate on someone ['ɒpəreɪt]	jemand operieren
I was operated on for appendicitis [əpendə'saɪtɪs].	Ich wurde am Blinddarm operiert.
operable – inoperable [ɪn'ɒpərəbl]	operabel – inoperabel
an inoperable brain tumour ['tjuːmə]	ein nicht operierbarer Gehirntumor
operating theatre *BE* / *AE* **operating room**	Operationssaal
theatre sister *BE*	Operationsschwester
surgeon ['sɜːdʒən] – **surgery**	Chirurg(in) – (die) Chirurgie
He specializes in heart surgery.	Er ist auf Herzchirurgie spezialisiert.
I had to have / undergo surgery.	Ich musste mich operieren lassen.
Caesarean (section) [si'zeəriən]	Kaiserschnitt
The baby was born by Caesarean.	Das Baby wurde mit Kaiserschnitt entbunden.
an organ transplant ['trænsplɑːnt]	eine Organtransplantation

Wörter, die chirurgische Eingriffe bezeichnen, haben häufig die Endung *-ectomy* (= Herausschneidung / Entfernung) – die Betonung liegt auf dem *-e-*: *appendectomy* [æpn'dektəmi] (= Blinddarmoperation), *gastrectomy* [gæ'strektəmi] (= operative Entfernung des Magens), *hysterectomy* [hɪstə'rektəmi] (= operative Entfernung der Gebärmutter), *mastectomy* [mæ'stektəmi] (= Brustamputation), *nephrectomy* (= operative Entfernung einer Niere), *tonsillectomy* [tɒnsə'lektəmi] (= Mandeloperation), *vasectomy* [və'sektəmi] (= teilweise Entfernung des Samenleiters) etc.

anaesthetist [ə'niːsθətɪst]	Anästhesist(in); Narkosearzt / -ärztin
anaesthesia [ænəs'θiːziə]	Narkose; Betäubung; Anästhesie
anaesthetic [ænəs'θetɪk]	Anästhetikum; Narkosemittel
general anaesthetic	Vollnarkose
local anaesthetic	örtliche Betäubung
recovery room [rɪ'kʌvri ruːm]	Wachraum; Wachstation
intensive care unit [ɪn'tensɪv] / **ICU**	Intensivstation
She's in intensive care now.	Sie liegt jetzt „auf Intensiv".
drip [drɪp]	Tropf; Infusion(sapparat)
She's still on a drip.	Sie hängt immer noch am Tropf.
terminal (patient) ['tɜːmɪnl]	unheilbar (Kranke / Kranker)
terminal ward [wɔːd]	Sterbestation
people who are terminally ill	Menschen, die unheilbar krank sind

Healthy living
Gesunde Lebensweise

An apple a day keeps the doctor away – but only if it's organically grown.
(*Variation of an old proverb*)

health [helθ]	Gesundheit
Swimming is good for your health.	Schwimmen ist gesundheitsfördernd.
Smoking is a health hazard ['hæzəd].	Rauchen gefährdet die Gesundheit.
health farm / *AE auch* fat farm	Gesundheitsfarm
health resort [rɪ'zɔ:t]	Kurort
health food(s) ['helθ fu:d(z)]	Reform(haus)kost; Naturkost
health food shop *BE* / *AE* store	Reformhaus; Bioladen; Naturkostladen
health freak ['helθ fri:k]	Gesundheitsfanatiker(in) / -apostel
health-conscious ['helθ kɒnʃəs]	gesundheitsbewusst
diet ['daɪət]	Diät; (eine) Schlankheitskur (machen)
Many people are dieting to control their cholesterol [kə'lestərɒl] intake.	Viele Leute leben Diät um ihre Cholesterinaufnahme zu beschränken.
regimen ['redʒɪmən]	Heilprogramm; Diätplan; Kur
I'm on a vegetarian regimen at the moment.	Ich lebe zurzeit nach einem vegetarischen Diätplan.
fast [fɑ:st]	fasten
It's good to fast occasionally [ə'keɪʒnəli].	Es ist gut, wenn man gelegentlich fastet.
vegetarian [vedʒə'teəriən]	vegetarisch; Vegetarier(in)
organic food(s) [ɔ:'gænɪk fu:d(z)]	Biokost; Bio-Lebensmittel
organically grown [grəʊn]	aus ökologischem Anbau
additive-free [ædətɪv'fri:]	frei von chemischen Zusätzen
fibre ['faɪbə]	Faser; Ballast(stoffe)
food high in fibre and low in fat	Kost, die ballaststoffreich und fettarm ist
roughage ['rʌfɪdʒ]	Ballaststoffe
Roughage is an essential element in the diet even though it provides no nutrients ['nju:trɪənts].	Ballaststoffe sind für die Ernährung wichtig, obwohl sie keine Nährstoffe liefern.
oat bran ['əʊt bræn] – **oatmeal**	Haferkleie – Haferbrei
Oat bran is supposed to bring down the cholesterol level.	Haferkleie soll den Cholesterinspiegel senken.
polyunsaturated [pɒliʌn'sætʃ-] **fats**	mehrfach ungesättigte Fettsäuren
wholefood(s) ['həʊlfu:d(z)]	Vollwertkost
wholemeal bread [həʊlmi:l 'bred]	Vollkornbrot
free-range eggs [fri: reɪndʒ 'egz] *BE*	Eier von frei laufenden Hühnern
herb(al) tea(s) [hɜ:b(l) 'ti:(z)]	Kräutertee(s)
vitamin(s) ['vɪtəmɪn(z)]	Vitamin(e)
slimming pills / **reducing pills**	Schlankheitspillen
spa [spɑ:]	Bade(kur)ort; Kurort
Baden-Baden has been a spa since Roman times.	Baden-Baden ist schon seit der Römerzeit ein Badekurort.
physiotherapy [fɪziəʊ'θerəpi]	Physiotherapie

massage ['mæsɑ:ʒ]	Massage; massieren
The massage did me a world of good.	Die Massage hat mir enorm gut getan.
sauna ['sɔ:nə]	Sauna
We're having a sauna tonight.	Wir gehen heute Abend in die Sauna.
steam room – Turkish bath	Dampfbad – türkisches Bad
sunbathing ['sʌnbeɪðɪŋ]	Sonnenbaden
sunlamp ['sʌnlæmp]	Höhensonne
solarium *BE* / *AE* **tanning salon** ['sælɒn]	Bräunungsstudio
jacuzzi™ [dʒə'ku:zi] / **whirlpool (bath)**	Whirlpool
exercise ['eksəsaɪz]	Bewegung; Übung
You need more exercise.	Sie brauchen mehr Bewegung.
exercises to strengthen your back muscles	(gymnastische) Übungen zur Stärkung der Rückenmuskulatur
You don't exercise enough.	Du bewegst dich nicht genug.
work out – workout ['wɜ:kaʊt]	trainieren – Training
We work out at a gym [dʒɪm] once a week.	Einmal in der Woche machen wir in einer Turnhalle Fitnesstraining.
gymnastics [dʒɪm'næstɪks]	Turnen
gymnastic exercises ['eksəsaizɪz]	Turnübungen
aerobics [eə'rəʊbɪks]	Aerobic
Aerobics stimulate heart and lung activity [æk'tɪvəti].	Aerobicübungen regen die Herz- und Lungenaktivität an.

Wörter auf *-ics* (→ S. 240) werden als Singular konstruiert, wenn sie eine Wissenschaft, ein Programm etc. ausdrücken; mit einem Pluralverb erscheinen sie, wenn es um die „praktische Anwendung" geht: *Aerobics / Gymnastics is a form of exercise. – Aerobics / Gymnastics are a good way to improve your fitness.* • *Athletics* (= Leichtathletik) *is called track and field in American English. – The athletics* (= Leichtathletikwettbewerbe) *were interesting to watch.* • *Politics* (= Politik) *is the art of the possible. – My politics* (= politischen Auffassungen) *are my own affair.*

yoga ['jəʊgə]	Yoga
Yoga exercises are supposed to relax your mind and improve your physical fitness.	Yogaübungen sollen den Geist entspannen und die körperliche Verfassung verbessern.
walking ['wɔ:kɪŋ]	Spazierengehen; Wandern
jog [jɒg]	joggen; (einen) Dauerlauf (machen)
Shall we go for a jog?	Wollen wir einen Dauerlauf machen?
Jogging is slow running.	Joggen ist langsames Laufen.
bodybuilding exercises	muskelkräftigende Übungen
A lot of girls are into bodybuilding.	Viele Mädchen machen Bodybuilding.
breathing ['bri:ðɪŋ] **exercises**	Atemübungen
press-up *BE* / *AE* **push-up** ['pʊʃʌp]	Liegestütz

The home
Die Wohnung

5

1 Flats and houses
Wohnungen und Häuser

2 Furniture, fittings, etc.
Möbel, Ausstattung etc.

3 Housework
Hausarbeit

5
1

Flats and houses
Wohnungen und Häuser

→ 7.1 Housing shortage, 11.6 Architecture, 20.6 Real estate

Home is the place where, when you have to go there, / They have to take you in. (*Robert Frost, US poet, 1874–1963*)

flat *BE* / *AE* **apartment** [ə'pɑ:tmənt]	(Etagen-)Wohnung
a block of flats *BE* / *AE* an apartment building	ein Wohnblock

Kinds of flats** / **apartments **(= Arten von Wohnungen)**
studio ['stju:diəʊ] (= Einzimmerwohnung) • *maisonette* [meɪzə'net] (= zweistöckige Einliegerwohnung) • *penthouse* (= Penthouse / Dachterrassenwohnung) • *bedsit(ter)* BE (= Wohnschlafzimmer)
Eine Eigentumswohnung ist im BE *an owner-occupied flat*, im AE *a condo(minium)* [kɒndə'mɪniəm] oder *a cooperative* [kəʊ'ɒprətɪv] *(apartment)* / *a co-op. Our apartment building is going co-op.* (= Die Wohnungen in unserem Block / Haus werden in Eigentumswohnungen umgewandelt.)

my home [maɪ 'həʊm]	mein Heim / Haus; meine Wohnung
We're never away from home long.	Wir sind nie lange von zu Hause weg.
my place ['maɪ pleɪs]	meine Wohnung; mein Haus
Shall we go to my place?	Wollen wir zu mir gehen?
This place is a dump.	Diese Wohnung ist ein Dreckloch.
house [haʊs] *Pl.* houses ['haʊzɪz]	Haus
We met at her parents' house.	Wir trafen uns im Haus ihrer Eltern.
house [haʊz]	unterbringen
efforts to house the homeless	Bemühungen, die Obdachlosen unterzubringen
housing ['haʊzɪŋ]	Wohnungen (*als kollektiver Begriff*)
a shortage of affordable [ə'fɔ:dəbl] housing	ein Mangel an erschwinglichem Wohnraum

Council ['kaʊnsl] *housing* ist BE für sozialen Wohnungsbau; *council houses* sind Mietshäuser mit *council flats* (= Sozialwohnungen). – *Housing estate* [ɪ'steɪt] ist BE für Wohnsiedlung; *a council estate* ist ein Wohnkomplex, der im sozialen Wohnungsbau errichtet wurde.

lodgings ['lɒdʒɪŋz]	möblierte(s) Zimmer
For years I lived in lodgings.	Jahrelang lebte ich in Untermiete.
quarters ['kwɔ:təz]	Quartier; Unterkunft
Our company ['kʌmpəni] took up quarters in a little village.	Unsere Kompanie bezog Quartier in einem kleinen Dorf.
shelter ['ʃeltə]	Obdach; (Not-)Unterkunft
residence ['rezɪdəns]	(Wohn-)Haus; Residenz
the prime minister's official residence	der Amtssitz des Premierministers
castle ['kɑ:sl]	Burg; Schloss

Windsor Castle [wɪnzə 'kɑːsl]	Schloss Windsor
palace ['pæləs]	Palast
Buckingham Palace is the Queen's main residence.	Der Buckingham-Palast ist die Hauptresidenz der Königin.
high-rise (building) ['haɪ raɪz]	Hochhaus
high-rise flats *BE* / *AE* high-rise apartment house	Wohnhochhaus
prefab(ricated house) ['priːfæb]	Fertighaus

Kinds of buildings ['bɪldɪŋz] **(= Arten von Gebäuden)**
hut (= Hütte) • *shack* (= ärmliche Hütte) • *shanty* / *hovel* ['hɒvl] (= Bruchbude) • *blockhouse* (= Blockhaus) • *cabin* (= Holzhütte) • *log cabin* (= Blockhütte) • *bungalow* [ʌ] (= Bungalow) • *cottage* [ɒ] (= Häuschen) • *thatched* [θætʃt] *cottage* (= Häuschen mit Strohdach) • *farmhouse* (= Bauernhaus) • *manor* [æ] *(house)* (= Herrenhaus) • *mansion* ['mænʃn] (= Villa) • *duplex* ['djuːpleks] *(house)* (AE = Zweifamilienhaus) • *semidetached* [semidɪ'tætʃt] *house* BE / AE *attached house* (= Doppelhaushälfte) • *terrace(d)* ['terəs(t)] *house* BE / AE *row* [əʊ] *house* (= Reihenhaus) • *tenement* ['tenəmənt] *(house / block)* (= Mietshaus / Mietskaserne) • *tower block* (= Wohn- / Bürohochhaus) • *skyscraper* (= Wolkenkratzer)

tent [tent]	Zelt
caravan ['kærəvæn] *BE* / *AE* **trailer**	Wohnwagen
mobile home *BE* / *AE* **house trailer**	Wohnmobil
houseboat ['haʊsbəʊt]	Hausboot

Brownstones sind Altbauten mit rötlich-brauner Sandsteinfront (= *fronted with reddish-brown sandstone*) – häufig anzutreffen und begehrt in *New York City*.

floor [flɔː] / **storey** ['stɔːri]	Stock(werk); Etage
They live on the third floor.	Sie wohnen im dritten Stock.
a six-storey house	ein sechsgeschossiges Haus

Beachten Sie die in BE und AE abweichende Zählung der Stockwerke:

BE *ground floor*	= AE *first floor*	(= Erdgeschoss)
BE *first floor*	= AE *second floor*	(= erster Stock)
BE *second floor*	= AE *third floor*	(= zweiter Stock) etc.

(in the) **loft** [lɒft]	(auf dem) Boden / Speicher
hall [hɔːl]	Diele; Korridor; Saal
entrance hall ['entrəns hɔːl]	Eingangshalle; Hausflur
the hall at the bottom of the stairs	die Diele am unteren Ende der Treppe

Parts of a house or flat **(= Teile eines Hauses oder einer Wohnung)**
room (= Zimmer / Raum) • *bedroom* (= Schlafzimmer) • *living room* / BE auch *sitting room* / BE auch *lounge* [laʊndʒ] (= Wohnzimmer) • *dining room* (= Esszimmer) • *guestroom* / *spare room* (= Gästezimmer) • *study* (= Arbeitszimmer) • *bathroom* (= Badezimmer) • *kitchen* (= Küche) •

kitchen-cum-dining room [-kʌm-] (= Essküche) • *kitchen-cum-living room* (= Wohnküche) • *larder / pantry* [æ] (= Speisekammer) • *doorway* (= Eingang) • *corridor* ['kɒrɪdɔ:] (= Korridor / Flur) • *cellar* ['selə] (= Keller) • *landing* (= Treppenabsatz / Gang / Flur) • *basement* [s] (= Untergeschoss / Souterrain) • *attic / loft* (= Dachboden / Speicher / Mansarde) • *attic room* (= Dachzimmer) • *multipurpose* [mʌlti'pɜ:pəs] *room* (= Mehrzweckraum) • *utility* [ju:'tɪləti] *room* (= Nebenraum für Waschmaschine etc.) • *balcony* ['bælkəni] (= Balkon) • *porch* (= Vorbau / Vordach) • *veranda* [və'rændə] BE / AE *porch* (= Veranda) • *terrace* ['terəs] BE / AE *patio* ['pætiəʊ] (= Terrasse) • *conservatory* [kən'sɜ:vətri] (= Wintergarten)

Beachten Sie: *A three-bedroom house* ist ein Haus mit vier Zimmern, nämlich: *three bedrooms + one living room*, und *a two-bedroom flat / apartment* ist entsprechend eine Dreizimmerwohnung (*two bedrooms + one living room*).

door [dɔ:]	Tür
There's someone at the door.	Es ist jemand an der Tür.
front door [frʌnt 'dɔ:] – back door	Haustür – Hintertür
revolving [-'vɒlv-] door – sliding door	Drehtür – Schiebetür
window ['wɪndəʊ]	Fenster
sash window [sæʃ 'wɪndəʊ]	(*typisch englisches*) Schiebefenster
French windows [frentʃ 'wɪndəʊz]	Verandatür (*zweiteilig, aus Glas*)
potted plants on the windowsill	Topfpflanzen auf dem Fensterbrett
the shutters ['ʃʌtəz]	die Fensterläden
chimney – open fire(place)	Schornstein – offener Kamin
roof [ru:f]	Dach
I was glad to have a roof over my head.	Ich war froh ein Dach über dem Kopf zu haben.
lift *BE* / *AE* **elevator** ['eləveɪtə]	Aufzug; Fahrstuhl; Lift

Der Garten beim Haus ist im BE *garden*, im AE *yard*.
Entsprechend: *front garden* BE / AE *front yard* (= Vorgarten), *back garden* BE / AE *back yard* (= Garten hinter dem Haus).
We've stopped mowing the lawn in our garden BE / AE *yard*. (= Wir mähen den Rasen in unserem Garten nicht mehr.)

yard [jɑ:d]	Hof; *AE auch* Garten (beim Haus)
backyard [bæk'jɑ:d]	Hinterhof
a backyard surrounded by a wall	ein von einer Mauer umgebener Hinterhof

***What's outside the house* (= Was außerhalb des Hauses ist)**
shed (= Schuppen) • *toolshed* (= Geräteschuppen) • *woodshed* (= Holzschuppen) • *barn* (= Scheune) • *stable* (= Pferdestall) • *kennel* BE / AE *doghouse* (= Hundehütte) • *greenhouse* (= Gewächshaus / Treibhaus) • *outhouse* (AE = Außentoilette) • *cesspit / cesspool* ['ses-] (= Fäkaliengrube) • *(swimming) pool* (= Schwimmbad) • *garage* ['gærɑ:ʒ] (= Garage) • *carport* (= Carport) • *courtyard* ['kɔ:tjɑ:d] (= Hof) • *fence* (= Zaun) • *gate* (= Tor)

Furniture, fittings, etc.
Möbel, Ausstattung etc.

First build your house and then think of the furniture. (*Proverb*)

Dem deutschen Plural Möbel entspricht ein englischer Singular:
The furniture was expensive. (= Die Möbel waren teuer.)
Ein einzelnes Möbelstück ist *a piece / an item of furniture*:
Several pieces / items of furniture were missing. (= Mehrere Möbelstücke fehlten.)

cupboard ['kʌbəd] *BE* / *AE* **closet** ['klɒzɪt]	Schrank
built-in / fitted cupboard *BE* / *AE* closet	Einbauschrank
kitchen cupboard BE / AE kitchen cabinet	Küchenschrank
wardrobe ['wɔ:drəʊb]	Kleiderschrank

bed (= Bett) • *double bed* (= Doppelbett / französisches Bett) • *twin beds* (= zwei gleiche Einzelbetten) • *folding / foldaway / collapsible* [kə'læpsəbl] *bed* (= Klappbett) • *sofa* ['səʊfə] *bed / studio couch* (= Schlafcouch) • *mattress* (= Matratze) • *pillow* (= Kopfkissen) • *cushion* [ʊ] (= z.B. Sofa-Kissen) • *sheet* (= Laken) • *blanket* (= Decke) • *duvet* ['du:veɪ] (= Federbett / Plumeau)

Traditionell deckt man sich in britischen und amerikanischen Betten mit *sheets and blankets* zu, die an drei Seiten unter die Matratze eingesteckt werden (= *tucked* [tʌkt] *in*). Inzwischen wird das Zudecken nach kontinentaler Art, *with a duvet*, immer häufiger. *Sheets and blankets, or a duvet?* ist die Frage.
Proverb ['prɒvɜ:b] (= Sprichwort)*: As you make your bed, so you must lie on it.* (= Wie man sich bettet, so liegt man.)

shelf [ʃelf] *Pl.* shelves [ʃelvz]	(Regal-)Brett; Bord
shelves from floor to ceiling ['si:lɪŋ]	Regale vom Boden bis zur Decke
bookshelf *Pl.* -shelves	Bücherbord; Bücherbrett
bookcase ['bʊkkeɪs]	Bücherregal; Bücherschrank
chest of drawers [drɔ:z] *BE* / *AE* **bureau**	Kommode
bureau ['bjʊərəʊ]	*BE* Sekretär; *AE* Kommode
sideboard ['saɪdbɔ:d]	Anrichte; Büfett; Sideboard
tea trolley ['trɒli] *BE* / *AE* **tea wagon** ['wægən]	Teewagen

***Tables, etc.* (= Tische etc.)**
table (= Tisch) • *coffee table* (= Couchtisch) • *dining table* (= Esstisch) • *kitchen table* (= Küchentisch) • *bedside table* BE / AE *nightstand* (= Nachttisch) • *folding table* (= Klapptisch) • *(writing) desk* (= Schreibtisch) • *tablecloth* ['teɪblklɒθ] (= Tischdecke)

toilet ['tɔɪlət] **/ lavatory** ['lævətri]	Toilette
Where's the toilet / lavatory, please?	Sagen Sie, wo ist die Toilette?
lav / **loo** *BE* / *AE* **john** [ɒ] / **can**	Klo
I'm just going to the loo / john / can.	Ich gehe nur mal schnell aufs Klo.
bath [bɑ:θ] *BE* / *AE* **bathtub**	Badewanne
shower ['ʃaʊə]	Dusche; Brause
She's in the shower just now.	Sie ist gerade in der Dusche.
bathroom cabinet ['kæbɪnət]	Badezimmerschrank
bathroom scales *BE* / *AE* **scale** [skeɪl]	Badezimmerwaage
I'm looking for some bathroom scales *BE* / *AE* a bathroom scale.	Ich suche eine Badezimmerwaage.
tap *BE* / *AE* **faucet** ['fɔ:sɪt]	Wasserhahn
turn the tap / faucet on / off	den Wasserhahn auf- / abdrehen
washbasin ['wɒʃbeɪsn] *BE* / *AE* **sink**	Waschbecken
(kitchen) sink [sɪŋk]	Spülbecken; Spüle; Ausguss

Electrical appliances ['plaɪənsɪz] **(= Elektrogeräte)**
refrigerator [rɪ'frɪdʒəreɪtə] / *fridge* (= Kühlschrank) • *freezer* (= Tiefkühltruhe / Gefrierschrank) • *cooker* BE / AE *stove* [stəʊv] (= Herd) • *toaster* (= Toaster) • *washing machine* (= Waschmaschine) • *dryer* ['draɪə] (= Trockner) • *dishwasher* ['dɪʃwɒʃə] (= Spülmaschine) • *vacuum* ['vækjuəm] *cleaner* (= Staubsauger) • *air conditioner* ['eə kəndɪʃənə] (= Klimaanlage) • *fan* (= Ventilator) • *water heater* (= Warmwasserbereiter)

lamp [læmp]	Lampe
standard lamp *BE* / *AE* floor lamp	Stehlampe
lampshade ['læmpʃeɪd]	Lampenschirm
light [laɪt]	Licht; Lampe
put / turn the lights on / off	die Lampen anmachen / ausmachen
(power) point *BE* / *AE* **(electric) socket**	Steckdose
Where's the telephone point?	Wo ist die Telefonsteckdose?
shaver point *BE* / *AE* shaver outlet	Steckdose für Elektrorasierer

***Things to sit on or in* (= Dinge, auf oder in denen man sitzt)**
chair (= Stuhl / Sessel) • *armchair / easy chair* (= Sessel) • *collapsible* [kə'læpsəbl] *chair / folding chair* (= Klappstuhl) • *deck chair* (= Liegestuhl) • *rocking chair* (= Schaukelstuhl) • *swivel* [ɪ] *chair* (= Drehstuhl) • *sofa* ['səʊfə] / *settee* [se'ti:] / *couch* (= Sofa) • *stool* (= Hocker / Schemel)
You sit on a chair (= Stuhl) */ sofa / settee / couch / stool.*
You sit in a chair (= Sessel) */ an armchair / an easy chair / a rocking chair.*

(wall / grandfather) clock	(Wand- / Stand-)Uhr
alarm clock [ə'lɑ:m klɒk]	Wecker
mirror ['mɪrə]	Spiegel
curtains ['kɜ:tnz] *BE* / *AE* **drapes**	Vorhang / Vorhänge
net curtain *BE* / *AE* curtain	Gardine
She drew [u:] / pulled [ʊ] the curtains.	Sie zog die Vorhänge zu.
blind *BE* / *AE* **(window) shade**	Rollo; Jalousie; Rollladen
We'd better pull the blinds down.	Wir lassen besser die Jalousien runter.
venetian blind [vəni:ʃn 'blaɪnd]	Jalousie
carpet(ing) ['kɑ:pɪt(ɪŋ)]	Teppich(boden)
have a carpet laid / fitted	einen Teppich verlegen lassen
fitted carpet *BE* / *AE* wall-to-wall	Teppichboden
rug [rʌg]	Teppich; Läufer; Brücke
parquet floor ['pɑ:keɪ]	Parkettfußboden
Parquet is easier to clean than carpeting.	Parkett lässt sich leichter sauber halten als Teppichboden.
(door)mat – bath mat	(Fuß-)Matte – Badematte
central heating [sentrəl 'hi:tɪŋ]	Zentralheizung
The house is centrally heated.	Das Haus hat Zentralheizung.
radiator ['reɪdieɪtə]	Heizkörper
boiler *BE* / *AE* **furnace** ['fɜ:nɪs]	Heizkessel
boiler ['bɔɪlə]	Boiler; Warmwasserbereiter
tank [tæŋk]	Tank; Wasserspeicher; (Wasser-)Kessel

Feines Porzellan(geschirr) ist *china* ['tʃaɪnə]; gröberes Geschirr ist BE *crockery*, AE *earthenware* ['ɜ:θnweə]. Den sprichwörtlichen Elefanten im Porzellanladen gibt es im BE und AE ebenfalls: *She behaved like a bull* [ʊ] *in a china shop.*

wastepaper basket *BE* / *AE* **wastebasket**	Papierkorb
rubbish bin *BE* / **waste bin** *BE* / *AE* **garbage** ['gɑ:bɪdʒ] **can**	Mülleimer
dustbin *BE* / *AE* **ashcan** / *AE* **garbage container**	Mülltonne
When are the dustbins emptied?	Wann werden die Mülltonnen geleert?
(door)bell [('dɔ:)bel]	(Tür-)Klingel, Glocke
ring the doorbell (– rang – rung)	klingeln

Housework
Hausarbeit

I hate housework! You make the beds, you do the dishes – and six months later you have to start all over again. (*Joan Rivers, US comedian, born in 1933, 1935, or 1937*)

chore [tʃɔː]	lästige Pflicht
do the chores	die Haus(halts)arbeit erledigen
clean [kliːn]	sauber machen; putzen
clean the windows ['wɪndəʊz]	die Fenster putzen
This carpet doesn't clean very well.	Dieser Teppich lässt sich schlecht säubern.
It's time we gave the house a thorough ['θʌrə] cleaning.	Es wird Zeit, dass wir mal gründlich sauber machen.
clean out the drawers [drɔːz]	die Schubladen sauber machen
I've cleaned up the bathroom.	Im Bad habe ich sauber gemacht.
wash [wɒʃ]	waschen; aufwischen
The tablecloth needs washing.	Die Tischdecke müsste mal gewaschen werden.
This material [mə'tɪəriəl] doesn't wash well.	Dieser Stoff lässt sich nicht gut waschen.
I'm afraid the stains didn't wash out.	Die Flecken sind (beim Waschen) leider nicht rausgegangen.
wash up / do the dishes	(das) Geschirr abwaschen
Your red shirt is in the wash.	Dein rotes Hemd ist in der Wäsche.
wipe [waɪp]	(auf)wischen
wipe the crumbs [krʌmz] off the table	die Krümel vom Tisch wischen
I've just wiped [waɪpt] the floor / washed the floor.	Ich habe gerade aufgewischt / den Boden (feucht) gewischt.

Bildhaftes *idiom* ['ɪdiəm]: *The first time I played (against) her, she wiped the floor with me.* (= Als ich das erste Mal gegen sie spielte, hat sie mich ganz schön auseinander genommen / vorgeführt.)

mop up [mɒp 'ʌp]	(auf)wischen
If you spill something, you might at least mop it up.	Wenn du etwas verschüttest, könntest du es wenigstens aufwischen.

Mrs Mop(p): In BE, nickname (= Spitzname) *for cleaning lady / cleaner* (= Reinigungsfrau / Raumpflegerin).

scrub [skrʌb]	schrubben
give the floor a good scrub	den Fußboden gründlich schrubben
scour ['skaʊə]	scheuern
scour a saucepan ['sɔːspən]	einen Kochtopf scheuern
sweep [swiːp] (– swept – swept)	fegen
I need a broom [bruːm] to sweep the kitchen with.	Ich brauche einen Besen um die Küche zu fegen.

dust [dʌst]	Staub; abstauben
Did you dust the living room?	Hast du im Wohnzimmer Staub gewischt?
vacuum cleaner / *BE auch* **hoover** [u:] / *AE auch* **vacuum** ['vækjuəm]	Staubsauger
vacuum / *BE auch* hoover a carpet	einen Teppich saugen
brush [brʌʃ]	Bürste; bürsten
He brushed the dust off his coat.	Er bürstete sich den Staub vom Mantel (ab).

Cleaning utensils [ju:'tenslz]***, cleaning agents*** ['eɪdʒənts] **(= Reinigungsutensilien, Reinigungsmittel)**
cloth [klɒθ] (= Tuch / Lappen) • *cleaning rag / cloth* (= Putzlappen) • *sponge* [spʌndʒ] (= Schwamm) • *tea towel* BE / AE *dish towel* (= Geschirrtuch) • *dish mop* (= Spülbürste) • *washing-up liquid* ['lɪkwɪd] BE / AE *dish liquid* (= Spülmittel) • *chamois* ['ʃæmwɑ:] / *shammy* (= Fensterleder) • *duster* (= Staubtuch) • *broom* (= Besen) • *dustpan and brush* (= Müllschaufel und Handfeger) • *soap* (= Seife) • *detergent* [dɪ'tɜ:dʒənt] (= Reinigungs- / Waschmittel) • *washing powder* BE / AE *laundry detergent* (= Waschpulver)

clear away [klɪər ə'weɪ]	abräumen; wegräumen
clear away the dirty dishes	das schmutzige Geschirr abräumen
tidy up [taɪdi 'ʌp]	aufräumen (in)
Tidy up your room / your room up.	Räum dein Zimmer auf.
straighten up [streɪtn 'ʌp]	aufräumen; in Ordnung bringen
My room's in a terrible mess, I've got to straighten it up.	In meinem Zimmer herrscht furchtbares Durcheinander, ich muss da mal Ordnung schaffen.
rinse [rɪns]	spülen
I'll just rinse the glasses.	Ich spüle nur schnell die Gläser ab.
dry (up) the dishes ['dɪʃɪz]	das Geschirr abtrocknen
Let me do the drying.	Lass mich abtrocknen.
laundry ['lɔ:ndri]	Wäsche
do the laundry / washing	(die) Wäsche waschen
launder ['lɔ:ndə]	waschen und bügeln
iron ['aɪən]	bügeln
iron the shirts and press the trousers	die Hemden und Hosen bügeln
polish ['pɒlɪʃ]	polieren; putzen; bohnern
polish / clean / shine shoes [ʃu:z]	Schuhe putzen
floor polish – furniture polish	Bohnerwachs – Möbelpolitur
air a room / bed	ein Zimmer / Bett lüften
give a room a good airing	in einem Zimmer gründlich lüften
do [du:] (– did – done [dʌn])	(*Zimmer, Bett etc.*) machen
do / make the beds	die Betten machen
Have you done the bathroom?	Haben Sie schon das Bad gemacht?
take the carpets up (– took – taken)	die Teppiche hoch nehmen
beat the carpets (– beat – beaten)	die Teppiche klopfen

The social order
Die Sozialordnung

6

Communities
Gemeinschaften

→ 14.7 The city

My country is the world. My countrymen are all mankind.
(*William Lloyd Garrison, US campaigner against slavery, 1805–1879*)

community [kə'mju:nəti]	Gemeinschaft
serve the community	der Gemeinschaft dienen
people working in the community	Leute, die im Sozialbereich tätig sind
the black community	die schwarze Bevölkerungsgruppe
union ['ju:niən]	Union; Vereinigung
the European [jʊərə'pi:ən] Union	die Europäische Union
confederation [kənfedə'reɪʃn]	Staatenbund; Konföderation
the Swiss Confederation	die Schweizerische Eidgenossenschaft
commonwealth ['kɒmənwelθ]	Commonwealth; Staatenbund
the Commonwealth of Independent [ɪndɪ'pendənt] States (CIS)	die Gemeinschaft unabhängiger Staaten (GUS)

The Commonwealth (of Nations) is an association [əsəʊsi'eɪʃn] *of Britain and 47 independent countries that were formerly part of the British Empire. The British monarch* ['mɒnək] *is the symbolic* [sɪm'bɒlɪk] *head of the Commonwealth.*

empire ['empaɪə]	Imperium; Weltreich
the former British Empire	das frühere britische Weltreich
society [sə'saɪəti]	Gesellschaft
the role of women in society	die Rolle der Frau in der Gesellschaft
society for the prevention [prɪ'venʃn] of cruelty ['kru:əlti] to animals	Tierschutzverein
country ['kʌntri]	Land
the eastern European countries	die osteuropäischen Länder
land [lænd]	(*bes. literarisch, feierlich*) Land
a land of unlimited opportunity	ein Land unbegrenzter Möglichkeiten
nation ['neɪʃn]	Volk; Nation
delegates ['delɪgəts] from 50 nations	Delegierte aus 50 Nationen / Staaten
state [steɪt]	Staat; (*Deutschland*) (Bundes-)Land
the rivalry ['raɪvəlri] of church and state	die Rivalität zwischen Kirche und Staat
the states that make up a nation	die Staaten, die eine Nation bilden

Beachten Sie den Gebrauch von *of* in Fügungen wie diesen:
the state of New York (= der Staat New York) • *the province of Ontario* (= die Provinz Ontario) • *the city of Toronto* (= die Stadt Toronto) • *the borough of Brooklyn* (= der Stadtteil Brooklyn) • *the district of Kreuzberg* (= der Bezirk Kreuzberg) • *the village of Steventon* (= das Dorf Steventon)

area ['eəriə]	Gegend
a nice residential [rezɪ'denʃl] area	eine schöne Wohngegend
region ['riːdʒən] – **regional**	Region / Gebiet – regional
a regional war [wɔː]	ein regionaler Krieg
province ['prɒvɪns]	Provinz
Ontario is Canada's most populous ['pɒpjələs] province.	Ontario ist Kanadas bevölkerungsreichste Provinz.
county ['kaʊnti]	*BE* Grafschaft; *AE* (Land-)Kreis
England is divided into counties.	England ist in Grafschaften unterteilt.
district ['dɪstrɪkt]	Gebiet; (Stadt-)Bezirk; Stadtteil
New York's theatre ['θɪətə] district	New Yorks Theaterviertel
city ['sɪti]	(Groß-)Stadt
the largest city in the world	die größte Stadt der Welt
the city centre *BE* / *AE* downtown area	die Innenstadt; das Stadtzentrum
the inner city [ɪnə 'sɪti]	die Innenstadt (*als Brennpunkt sozialer Probleme*)
the City	das Londoner Banken- und Börsenviertel; die britische Finanzwelt
municipality [mjuːnɪsɪ'pæləti]	(Stadt-)Gemeinde; Gemeindeverwaltung
Hamburg is both a municipality and a state.	Hamburg ist sowohl Stadt als auch Bundesland.
town [taʊn]	Stadt
Are you going to town tomorrow?	Fährst du morgen in die Stadt?
his hometown of Palatine, Illinois	seine Heimatstadt Palatine, Illinois

Downtown – uptown – midtown (alle AE)
In der Regel bezeichnet *downtown* die Innenstadt, das Geschäftsviertel und *uptown* die an der Peripherie gelegenen Wohnviertel; *midtown* liegt zwischen *downtown* und *uptown*:
The downtown restaurants ['restrɒnts] *are very busy* ['bɪzi] *at this time of day.* (= Die Restaurants in der Innenstadt sind um diese Tageszeit sehr voll.)
They live in midtown Manhattan. (= Sie wohnen im mittleren Teil Manhattans.)

borough ['bʌrə]	(*London, New York*) Bezirk, Stadtteil
Manhattan and Brooklyn are boroughs of New York City.	M. und B. sind Stadtteile / Bezirke von New York.
neighbourhood ['neɪbəhʊd]	Gegend; Viertel; Kiez
We live in a nice neighbourhood.	Wir wohnen in einem schönen Viertel.
village ['vɪlɪdʒ]	Dorf
parish ['pærɪʃ]	(Kirchen-)Gemeinde

Social movements
Gesellschaftliche Bewegungen

Revolutionary movements attract the best and worst elements in a given society. (*George Bernard Shaw, Irish writer, 1856–1950*)

active citizenship ['sıtıznʃıp] aktives / tätiges Staatsbürgertum
human ['hju:mən] **rights movement** Menschenrechtsbewegung

Affirmative action / positive discrimination / reverse discrimination
Dies sind *buzzwords* ['bʌzwɜ:dz] (= Schlagworte) der aktuellen gesellschaftlichen Diskussion. Sie bezeichnen das Prinzip der positiven Diskriminierung, d.h. Bevorzugung von Mitgliedern benachteiligter Gruppen z.B. bei der Besetzung von Stellen.

Peace movements ['pi:s mu:vmənts] (= Friedensbewegungen):
antiwar movement (= gegen den Krieg) • *antinuclear* [ænti'nju:kliə] *movement* (= gegen Kernwaffen oder Kernkraft) • *pacifism* ['pæsıfızm] (= Pazifismus / bedingungslose Friedensbereitschaft / grundsätzlicher Verzicht auf Krieg)

Racial equality [reıʃl ı'kwɒləti] (= Gleichberechtigung der Rassen):
civil rights movement (= Bürgerrechtsbewegung) – *civil rights activist* ['æktıvıst] (= Bürgerrechtler / Bürgerrechtlerin) • *black (power) movement* – *black nationalism* • *antiapartheid movement* (= gegen die früher in Südafrika bestehende Rassentrennung) • *abolitionist* [æbə'lıʃənıst] *movement* (= zur Abschaffung der Sklaverei in den USA im 19. Jahrhundert)

Women's rights ['wımınz raıts] (= Frauenrechte):
feminism ['femənızm] – *antifeminism* • *women's movement* – *women's liberation / lib* (= Frauenbewegung) – *women's libber* (= Frauenrechtlerin / Emanze) • *women's rights movement* – *women's rights activist* (= Frauenrechtlerin) • *women's suffrage* ['sʌfrıdʒ] *movement* (= für das Frauenwahlrecht, ca. 1880–1920) – *antisuffrage movement*

Abortion [ə'bɔ:ʃn] (= Abtreibung; Schwangerschaftsabbruch):
abortion movement – *antiabortion movement* • *pro-choice movement* (= für die freie Entscheidung der Frau) – *anti-choice movement / right-to-life movement* (= Gegenbewegung zu *pro-choice*) • *pro-choicers* (= *supporters of pro-choice movement*) – *right-to-lifers* (= *supporters of right-to-life movement*) • *birth-control movement* (= für die Geburtenkontrolle) • *family planning / planned parenthood* (= Familienplanung / geplante Elternschaft)

The sexual revolution ['sekʃuəl revə'lu:ʃn] (= die sexuelle Revolution):
sexual freedom (= sexuelle Freiheit) • *the gay rights movement* (= die Schwulenbewegung) – *gay activism* – *gay culture* – *gay liberation* – *gay power*

Youth movements ['ju:θ mu:vmənts] (= Jugendbewegungen):
counterculture („Gegenkultur", *in the US during the 1960s*) – *pop culture* – *hippies* – *communes* ['kɒmju:nz] – *the New Left* (= die neue Linke) • *student protest* ['prəʊtest] *movement* – *student activism* [stju:dnt 'æktıvızm]

Political systems
Politische Systeme

→ 8.3 Political science

You can talk about capitalism and communism and all that sort of thing, but the important thing is the struggle everybody is engaged in to get better living conditions, and they are not interested too much in forms of government. (*Bernard Baruch, US businessman and statesman, 1870–1965*)

democracy [dɪ'mɒkrəsi]	(die) Demokratie
a parliamentary democracy	eine parlamentarische Demokratie
democratic [demə'krætɪk]	demokratisch
presidential form of government	präsidenzielles Regierungssystem
The US has a presidential [prezɪ'denʃl]. form of government	Die USA haben ein präsidenzielles Regierungssystem.
republic [rɪ'pʌblɪk]	Republik
federation [fedə'reɪʃn]	Zusammenschluss; Föderation
the Russian ['rʌʃn] Federation	die Russische Föderation
federal ['fedərəl]	Bundes-
the Federal Republic of Germany	die Bundesrepublik Deutschland
authoritarian [ɔ:θɒrɪ'teəriən]	autoritär
police state [pə'li:s steɪt]	Polizeistaat
fascism ['fæʃɪzm]	(der) Faschismus
fascist ['fæʃɪst]	faschistisch; Faschist(in)
neofascist [ni:əʊ'fæʃɪst] groups	neofaschistische Gruppen
nazism ['nɑ:tsɪzm]	(der) Nazismus
Germany under the nazis ['nɑ:tsiz]	Deutschland unter den Nazis
neo-Nazi(s)	Neonazi(s)
communism ['kɒmjunɪzm]	(der) Kommunismus
socialism ['səʊʃəlɪzm]	(der) Sozialismus
capitalism ['kæpɪtəlɪzm]	(der) Kapitalismus
capitalist ['kæpɪtəlɪst]	kapitalistisch; Kapitalist(in)

Who governs **['gʌvnz]? (= Wer regiert?)**

absolutism ['æbs-] (= Absolutismus): *an all-powerful monarch or dictator*

totalitarianism [-'teər-] (= totalitäres System): *an all-powerful dictator or party*

absolute monarchy ['mɒn-] (= absolute Monarchie): *an all-powerful monarch*

theocracy [θi'ɒkrəsɪ] (= Theokratie): *a priest or the priesthood*

aristocracy [ærɪ'stɒk-] (= Adelsherrschaft): *people of high birth – the nobility*

dictatorship [dɪk'teɪtəʃɪp] (= Diktatur): *a dictator*

constitutional monarchy [kɒnstɪ'tju:ʃnəl 'mɒnəki] (= konstitutionelle Monarchie): *the elected representatives* [reprɪ'zentətɪvz] *of the people*

democracy [dɪ'mɒk-] (= Demokratie): *the elected representatives of the people*

Parties and politics
Parteien und Politik

A statesman is a politician who's been dead ten or fifteen years.
(*Harry S. Truman, US president, 1884–1972*)

party ['pɑ:ti]	Partei
party leader [pɑ:ti 'li:də]	Parteiführer(in)
the ruling party [ru:lɪŋ 'pɑ:ti]	die Regierungspartei
toe [təʊ] the party line	sich nach der Parteilinie richten
politics ['pɒlətɪks] – **a policy** ['pɒləsi]	(die) Politik – eine Politik

Politics ist Politik im Allgemeinen, ***policy*** bezeichnet eine bestimmte Politik.
Die Mehrzahlform *policies* hat im Deutschen keine Entsprechung:
Politics *is the art of the possible.* (= Politik ist die Kunst des Möglichen.)
She went into ***politics***. (= Sie ging in die Politik.)
The two countries follow a common [ɒ] ***policy*** */ common* ***policies***. (= Die beiden Länder verfolgen eine gemeinsame Politik.)
the government's economic [i:kə'nɒmɪk] */ domestic / defence* ***policy*** (= die Wirtschafts- / Innen- / Verteidigungspolitik der Regierung)
British foreign ['fɒrən] ***policies*** *in the 1930s* (= die britische Außenpolitik in den 30er Jahren)
US ***policies*** *towards Latin America* [lætɪn ə'merɪkə] (= die amerikanische Politik gegenüber Lateinamerika)

politician [pɒlə'tɪʃn]	Politiker(in)
a senior ['si:niə] Labour politician	ein(e) führende(r) Labour-Politiker(in)
political [pə'lɪtɪkl]	politisch
a political party	eine politische Partei
politically important [ɪm'pɔ:tənt]	politisch wichtig / bedeutsam
power ['paʊə]	(die) Macht
the party now in power	die Partei, die jetzt an der Macht ist
if they come to power	falls sie an die Macht kommen
(party) member(ship)	(Partei-)Mitglied(schaft)
the centre ['sentə]	die Mitte; das Zentrum
a centre-left coalition [kəʊə'lɪʃn]	eine Mitte-Links-Koalition
the left / right wing	der linke / rechte Flügel
right-wing radicals / extremists	Rechtsradikale / -extremisten
a leftist – a rightist	ein(e) Linke(r) – ein(e) Rechte(r)
leftist parties	linke Parteien
extreme rightist ideas [aɪ'dɪəz]	rechtsextremes Gedankengut
moderate ['mɒdərət]	gemäßigt
a moderate conservative [kən'sɜ:vətɪv]	ein gemäßigter Konservativer
middle-of-the-road	gemäßigt
middle-of-the-road parties / policies	gemäßigte Parteien / Politik
radical ['rædɪkl]	radikal; Radikale(r)
radical parties / changes ['tʃeɪndʒɪz]	radikale Parteien / Veränderungen
the hawks and the doves [dʌvz]	die Falken und die Tauben
hawkish – dovish ['dʌvɪʃ] politicians	militante – gemäßigte Politiker

Die Parteienlandschaft (= *party-political scene*) in GB und den USA
(≈ bezeichnet die ungefähre Entsprechung in der Bundesrepublik Deutschland):
Britain:
the Conservative Party / the Conservatives [kən'sɜːvətɪvz] / *the Tories* ['tɔːriz] ≈ CDU/CSU
the Labour Party / (New) Labour ['leɪbə] ≈ SPD
the Liberal Democrats [lɪbərəl 'deməkræts] ≈ FDP
USA:
the Democratic [demə'krætɪk] *Party / the Democrats* ≈ SPD
the Republican [rɪ'pʌblɪkən] *Party / the Republicans* ≈ CDU/CSU

union ['juːniən]	Union
the Christian Democratic Union	die Christlich-Demokratische Union
socialist ['səʊʃəlɪst]	sozialistisch; Sozialist(in)
a socialist party / movement	eine sozialistische Partei / Bewegung
when the Socialists were in power	als die Sozialisten an der Macht waren
communist ['kɒmjənɪst]	kommunistisch; Kommunist(in)
a communist party / government	eine kommunistische Partei / Regierung
grassroots [grɑːs'ruːts]	(Partei-)Basis
strengthen the party at the grassroots	die Partei an der Basis (ver)stärken
a grassroots ['grɑːsruːts] movement	eine Bürgerinitiative
stand (– stood – stood) *BE* / *AE* **run** (– ran – run)	kandidieren
stand / run as an independent [-'pen-]	als Unabhängige(r) kandidieren
nominate ['nɒmɪneɪt] – **nomination**	nominieren – Nominierung
(election) platform ['plætfɔːm]	(Wahl-)Plattform; Wahlprogramm
The convention decides [di'saɪdz] on the party's platform.	Der Parteitag entscheidet über das Wahlprogramm der Partei.

Sound bites sind griffige, von Politikern sorgfältig einstudierte Kurzaussagen, die sich gut für das Zitieren in Nachrichtensendungen (= *news programmes*) eignen. *Spin doctors* nennt man Mitarbeiter (= *aides*) eines Politikers, deren Aufgabe es ist, z.B. durch Beeinflussung der Medien (= *by influencing the media* ['miːdiə]) seine Handlungen und Äußerungen in dem von ihm gewünschten Licht erscheinen zu lassen. Allgemein nennt man Leute, die einem Kandidaten helfen einen möglichst günstigen Eindruck zu machen, *imagemakers*.

opinion poll [ə'pɪniən pəʊl]	Meinungsumfrage
The two candidates ['kændɪdəts] are neck and neck in the polls.	Die beiden Kandidaten liegen in den Meinungsumfragen Kopf an Kopf.
a strong showing in the election	ein gutes Abschneiden bei der Wahl

The legislature
Die gesetzgebende Gewalt

Democracy is good. I say this because other systems are worse.
(*Jawaharlal Nehru, Indian statesman, 1889–1964*)

the separation [sepə'reɪʃn] **of powers**	die Gewaltenteilung
chamber ['tʃeɪmbə]	Kammer

The UK and the US both have two-chamber legislatures ['ledʒɪsleɪtʃəz].
Upper chamber: UK *House of Lords* (= Oberhaus), US *Senate* (= Senat).
Lower chamber: UK *House of Commons* ['kɒmənz] (= Unterhaus), US *House of Representatives* [repri'zentətɪvz] (= Repräsentantenhaus).

parliament ['pɑːləmənt]	Parlament
In the UK, parliament comprises the House of Commons and the House of Lords.	In Großbritannien umfasst das Parlament Unterhaus und Oberhaus.
congress ['kɒŋgres]	Kongress
The US Congress consists of the House of Representatives and the Senate.	Der amerikanische Kongress besteht aus Repräsentantenhaus und Senat.
Congressman / Congresswoman Smith	der / die Kongressabgeordnete Smith
MP (= member of parliament)	(Parlaments-)Abgeordnete(r)
When an MP has died, a by-election is held.	Wenn ein Abgeordneter stirbt, findet eine Nachwahl statt.
senate ['senət] – **senator** ['senətə]	Senat – Senator(in)
leader ['liːdə]	Führer(in)
the leader of the opposition [ɒpə'zɪʃn]	der / die Oppositionsführer(in)
the House Democratic leader *AE*	der / die Führer(in) der Demokraten (im Repräsentantenhaus)

Als *whips* [wɪps] (= Einpeitscher) bezeichnet man in Parlamenten der englischsprachigen Länder Abgeordnete, die dafür zu sorgen haben, dass die Abgeordneten ihrer Partei bei wichtigen Abstimmungen zugegen sind und entsprechend der Parteilinie abstimmen – im deutschen Parlament entsprechen ihnen die parlamentarischen Geschäftsführer(innen).

majority [mə'dʒɒrəti] – **minority**	Mehrheit – Minderheit
the Senate majority leader *AE*	der Führer der Senatsmehrheit
speaker ['spiːkə]	(*Parlament*) Sprecher(in), Präsident(in)
the Speaker of the House of Representatives	der / die Sprecher(in) des Repräsentantenhauses
backbenchers [bæk'bentʃəz]	Hinterbänkler(innen)
frontbenchers [frʌnt'bentʃəz]	führende Politiker(innen)
session ['seʃn]	Sitzung
The committee is in session now.	Der Ausschuss tagt gerade.
debate [dɪ'beɪt]	Debatte; debattieren
The Senate is debating the bill.	Der Senat berät über die Vorlage.

the minutes ['mɪnɪts]	das Protokoll
the minutes of the last meeting	das Protokoll der letzten Sitzung
speech [spiːtʃ]	Rede
make / give / deliver a speech	eine Rede halten

The Queen's Speech ist die alljährlich zu Beginn der neuen *session* (= Sitzungsperiode) des britischen Parlaments von der Königin verlesene, jedoch vom Kabinett verfasste Thronrede mit Einzelheiten des Regierungsprogramms für das kommende Jahr.

filibuster ['fɪlɪbʌstə] *AE*	Dauerrede; eine Dauerrede halten
US senators sometimes try to block legislation by filibustering.	US-Senatoren versuchen manchmal Gesetze durch Endlosreden zu verhindern.
motion ['məʊʃn]	Antrag
put forward / propose / make a motion	einen Antrag stellen
table a motion	einen Antrag *BE* einbringen / *AE* auf Eis legen
veto *Pl.* vetoes ['viːtəʊ(z)]	Veto
The president can veto a bill.	Der Präsident kann gegen ein Gesetz sein Veto einlegen.
ratify ['rætɪfaɪ]	ratifizieren
Treaties must be ratified by the Senate.	Staatsverträge müssen durch den Senat ratifiziert werden.
abstain [əb'steɪn]	sich (der Stimme) enthalten
abstention [əb'stenʃn]	Stimmenthaltung
seat [siːt]	(Parlaments-)Sitz; Mandat
Labour won [wʌn] 270 seats.	Die Labour Party errang 270 Sitze.
committee [kə'mɪti]	Ausschuss
She is / sits on several committees.	Sie ist / sitzt in mehreren Ausschüssen.
Ways and Means Committee *AE*	Haushalts- / Finanzausschuss
constituency [kən'stɪtjuənsi]	Wahlkreis
the constituency he represents	der Wahlkreis, den er vertritt
law [lɔː] – **act** [ækt]	Gesetz
enact [ɪn'ækt] a law	ein Gesetz erlassen
amendment [ə'məndmənt]	Abänderungsantrag (zu einem Gesetz)
Amendments to the Constitution of the United States	Zusatzartikel zur Verfassung der Vereinigten Staaten

Gesetz heißt allgemein *law*: *the laws of the United States* (= die Gesetze der Vereinigten Staaten).
Ein „Gesetz in Vorbereitung" heißt *bill*: *give a bill its second reading* (= ein Gesetz in zweiter Lesung beraten).
Verabschiedet, wird die *bill* zum *act*, wobei *act* vor allem in den Namen bestimmter Gesetze zu finden ist: *the Clean Air Act of 1970* (= das Luftreinhaltungsgesetz von 1970), *the Immigration Act of 1990* (= das Einwanderungsgesetz von 1990).

Geschrieben vorliegende Gesetze heißen formell auch *statutes*: *enact a statute* (= ein Gesetz erlassen).
Gesetze heißen kollektiv auch *legislation*: *legislation enacted by (the) Congress* (= vom Kongress erlassene Gesetze).

budget ['bʌdʒɪt]	Haushalt(splan); Etat
balance ['bæləns] the budget	den Haushalt ausgleichen
lobbyist ['lɒbiɪst]	Lobbyist(in)
dissolve [dɪ'zɒlv]	auflösen
dissolve Parliament and call an election	das Parlament auflösen und eine Wahl ansetzen
referendum [-'ren-] *Pl.* -dums / -da	Referendum; Volksentscheid
election [ɪ'lekʃn]	Wahl
the next general election	die nächste Unterhauswahl
He won / lost the election narrowly.	Er gewann / verlor die Wahl knapp.
(election) campaign [kæm'peɪn]	Wahlkampf
runoff (election) ['rʌnɒf]	Stichwahl
elect [ɪ'lekt]	wählen
Gore was elected to the Senate in 1984.	Gore wurde 1984 in den Senat gewählt.
vote [vəʊt]	Stimme; Abstimmung; Wahl; wählen
Let's take a vote on that.	Darüber sollten wir abstimmen.
a vote of no confidence ['kɒnfɪdəns]	ein Misstrauensvotum
I'm going to vote Labour ['leɪbə].	Ich werde die Labour Party wählen.
vote on a bill	über eine Vorlage abstimmen
She voted in favour of the reform.	Sie stimmte für die Reform.
voter ['vəʊtə]	Wähler(in)
floating voters	Wechselwähler
ballot ['bælət]	(geheime) Abstimmung, Wahl

Absentee [æbsən'ti:] *voting enables voters to cast their ballots in an election without going to the polls.* (= Die Briefwahl ermöglicht es Wählern, bei einer Wahl ihre Stimme abzugeben ohne zur Wahl zu gehen.)

candidate ['kændɪdət]	Kandidat(in)
What's the candidate's stand on abortion [ə'bɔ:ʃn]?	Wie steht der Kandidat zur Schwangerschaftsunterbrechung?
run (– ran – run)	*AE* kandidieren
She ran for the Senate in 1994.	1994 kandidierte sie für den Senat.
incumbent [ɪn'kʌmbənt]	Amtsinhaber(in)
primary ['praɪməri]	*AE* (innerparteiliche) Vorwahl

In the US, each of the two major ['meɪdʒə] *parties holds a series of primary elections to choose delegates to the party convention.* (= In den USA hält jede der beiden großen Parteien eine Reihe von Vorwahlen ab um Delegierte für den Parteikonvent auszuwählen.)

term [tɜ:m]	Legislaturperiode; Amtszeit
Members of the House of Representatives serve two-year terms.	Die Abgeordneten des Repräsentantenhauses werden auf zwei Jahre gewählt.

Government
Regierung

No man is good enough to govern another man without that other's consent.
(*Abraham Lincoln, US president, 1809–1865*)

government ['gʌvnmənt]	Regierung
the federal ['fedrəl] government	die Bundesregierung
form a government	eine Regierung bilden
administration [ədmɪnɪ'streɪʃn]	Verwaltung; Regierung
under the Clinton administration	unter der Regierung Clinton

> Kollektivwörter wie *cabinet, government, committee* [kə'mɪti], *majority* [mə'dʒɒrəti], *party* werden – besonders im BE – mitunter als Plural aufgefasst:
> *The cabinet / The government / The party* ***are*** *divided on the issue* ['ɪʃu:].
> (= Das Kabinett / Die Regierung / Die Partei ist in dieser Frage zerstritten.)
> *So far, the committee* ***have*** *been unable to reach a decision* [dɪ'sɪʒn].
> (= Der Ausschuss hat sich noch nicht zu einer Entscheidung durchringen können.)

the White House ['waɪt haʊs]	(Amtssitz des US-Präsidenten)
No 10 (Downing Street)	(Amtssitz des brit. Premierministers)
No 10 seems to be lukewarm on the idea [aɪ'dɪə].	Der Premierminister scheint davon nur mäßig begeistert zu sein.
Whitehall ['waɪthɔ:l]	britische Regierungskreise
president ['prezɪdənt]	Präsident(in)
vice president [vaɪs 'prez-] / **veep** [i:]	Vizepräsident(in)
chancellor ['tʃɑ:nsələ]	*BE* Schatzkanzler(in), Finanzminister(in)
Chancellor Kohl's government	die Regierung von Bundeskanzler Kohl
head of state [hed əv 'steɪt]	Staatsoberhaupt
The president of the US is both head of state and head of government.	Der Präsident der USA ist sowohl Staatsoberhaupt als auch Regierungschef.
king [kɪŋ] – **queen** [kwi:n]	König – Königin
emperor ['empərə] – **empress** ['emprəs]	Kaiser – Kaiserin
governor ['gʌvnə]	Gouverneur
cabinet ['kæbɪnət]	Kabinett
He became a member of the cabinet.	Er wurde Mitglied des Kabinetts.
cabinet reshuffle ['ri:ʃʌfl]	Kabinetts- / Regierungsumbildung
cabinet meeting	Kabinettssitzung
the shadow ['ʃædəʊ] cabinet	das Schattenkabinett (der Opposition)
department [dɪ'pɑ:tmənt]	Ministerium
the State Department *AE*	das Außenministerium

office ['ɒfɪs]	Amt; Dienststelle; Behörde
the president's term of office	die Amtszeit des Präsidenten
He took office on May 8.	Er trat am 8. Mai sein Amt an.
the Home Office *BE* / *AE* Department of the Interior	das Innenministerium
the Foreign Office ['fɒrən ɒfɪs] *BE*	das Außenministerium
secretary ['sekrətri]	Minister(in)
foreign secretary *BE* / *AE* secretary of state	Außenminister(in)
minister ['mɪnɪstə]	Minister(in)
minister of state *BE*	Staatssekretär(in)
prime minister [praɪm 'mɪnɪstə]	Premierminister(in)
the prime minister of Bavaria	der Ministerpräsident von Bayern
the German foreign minister	der deutsche Außenminister

Ein Minister, der einem der Hauptministerien vorsteht, heißt BE offiziell *secretary of state*, AE einfach *secretary*, bei nicht englischsprachigen Staaten *minister*. Zum Beispiel Verteidigungsminister(in) =
BE: *secretary of state for defence / defence secretary*,
AE: *secretary of defense / defense secretary*,
in Bezug auf andere Staaten: *minister of defence / defence minister*.

ministry ['mɪnɪstri]	Ministerium
appoint [ə'pɔɪnt] – **appointment**	ernennen – Ernennung
He was appointed secretary of state.	Er wurde zum Außenminister ernannt.
step down [step 'daʊn]	zurücktreten
The prime minister has stepped down.	Der Premierminister ist zurückgetreten.
resign [rɪ'zaɪn] – **resignation** [rezɪg'neɪʃn]	zurücktreten – Rücktritt
Watergate forced Nixon to resign.	Watergate zwang Nixon zum Rücktritt.
overthrow (– overthrew – overthrown)	(*die Regierung*) stürzen
The dictator was overthrown [-'θrəʊn].	Der Diktator wurde gestürzt.
succeed [sək'si:d] – **successor** [sək'sesə]	nachfolgen – Nachfolger(in)
Nixon was succeeded by Gerald Ford.	Nixons Nachfolger war Gerald Ford.
agency ['eɪdʒənsi]	Behörde
the Environmental Protection Agency	die (US-)Umweltschutzbehörde
the Central Intelligence Agency (CIA)	(der amerikanische Geheimdienst)
board [bɔ:d]	Behörde
The board has 33 regional ['ri:dʒənəl] offices.	Die Behörde hat 33 Zweigstellen.
bureau ['bjʊərəʊ]	Amt; Behörde
Federal Bureau of Investigation (FBI)	(US-)Bundeskriminalamt
commission [kə'mɪʃn]	Kommission; Ausschuss
the Commission on Civil Rights	der (US-)Ausschuss für Bürgerrechte
Who is going to chair the commission?	Wer wird in dem Ausschuss den Vorsitz haben?

Antigovernment activity
Aktivitäten gegen die Regierung

The most radical revolutionary will become a conservative on the day after the revolution. (*Hannah Arendt, German-born US philosopher, 1906–1975*)

protest ['prəʊtest]	Protest
protest [prə'test]	protestieren
protest rally ['ræli] / demonstration	Protestkundgebung / -demonstration
They staged sit-ins to protest (against) racial segregation.	Sie veranstalteten Sit-ins als Protest gegen die Rassentrennung.
conscientious objector [kɒnʃienʃəs əb'dʒektə]	Wehrdienstverweigerer (aus Gewissensgründen)
civil rights [sɪvl 'raɪts]	Bürgerrechte
the civil rights movement ['mu:vmənt]	die Bürgerrechtsbewegung
civil rights activist ['æktɪvɪst]	Bürgerrechtler(in)
extraparliamentary opposition	außerparlamentarische Opposition
civil disobedience [dɪsə'bi:diəns]	ziviler Ungehorsam
dissident ['dɪsɪdənt]	Dissident(in); Regimekritiker(in)
the persecution of dissidents	die Verfolgung von Regimekritikern
passive resistance [rɪ'zɪstəns]	passiver Widerstand
violence ['vaɪələns] – **nonviolence**	Gewalt – Gewaltlosigkeit
(acts of) political violence	politische Gewaltakte / Gewalttaten
demonstration [demən'streɪʃn]	Demonstration
strike [straɪk] – **strikers** ['straɪkəz]	Streik – Streikende
call a general strike	zum Generalstreik aufrufen
boycott ['bɔɪkɒt]	Boykott; boykottieren
sabotage ['sæbətɑ:ʒ]	Sabotage; sabotieren
acts of sabotage	Sabotageakte, -handlungen
They sabotaged the negotiations.	Sie sabotierten die Verhandlungen.
agitator ['ædʒɪteɪtə] – **agitation**	Agitator(in) – Agitation
underground ['ʌndəgraʊnd]	Untergrund-
join the underground (movement)	sich der Untergrundbewegung anschließen
go underground [ʌndə'graʊnd] (– went – gone [gɒn])	in den Untergrund gehen; untertauchen
conspiracy [kən'spɪrəsi] – **conspirator** [kən'spɪrətə]	Verschwörung – Verschwörer(in)
a conspiracy / plot to overthrow the government	eine Verschwörung zum Sturz der Regierung
plot [plɒt]	Komplott; Verschwörung
They were accused [ə'kju:zd] of plotting against the state.	Sie wurden angeklagt sich gegen den Staat verschworen zu haben.
(political) unrest [ʌn'rest]	(politische) Unruhen
insurrection [ɪnsə'rekʃn]	Aufstand
The insurrection was put down.	Der Aufstand wurde niedergeschlagen.
suppress an uprising [sə'pres]	einen Aufstand unterdrücken

rebellion [rɪ'beljən]	Rebellion; Aufstand
rise in rebellion (– rose – risen) against	sich erheben gegen
suppress a rebellion [sə'pres]	einen Aufstand unterdrücken
revolt [rɪ'vəʊlt]	Revolte; Aufstand; revoltieren
The peasants ['peznts] rose in revolt against the landowners.	Die Bauern erhoben sich gegen die Grundbesitzer.
(high) treason ['tri:zn]	(Hoch-)Verrat
terrorism ['terərɪzm] – **terrorist**	Terrorismus – Terrorist(in)
terrorist acts [terərɪst 'ækts]	terroristische Handlungen
terrorist attacks against US citizens	Terroranschläge gegen US-Bürger
guerrilla [gə'rɪlə]	Guerilla; Guerillakämpfer(in)
fight a guer(r)illa war [wɔ:]	einen Guerillakrieg führen
revolution [revə'lu:ʃn]	Revolution
revolutionary [revə'lu:ʃnəri]	revolutionär; Revolutionär(in)
revolutionary activities [æk'tɪvətiz]	revolutionäre Aktivitäten
revolutionary leaders	Revolutionsführer(innen)
counterrevolution [kaʊntərevə'lu:ʃn]	Konterrevolution
coup [ku:]	Staatsstreich
The president was ousted in a bloodless ['blʌdləs] coup.	Der Präsident wurde durch einen unblutigen Staatsstreich abgesetzt.
putsch [pʊtʃ]	Putsch
the failed / abortive [ə'bɔ:tɪv] putsch	der gescheiterte Putsch
assassinate [ə'sæsɪneɪt]	ermorden
Kennedy was assassinated.	K. fiel einem Attentat zum Opfer.
assassination [əsæsɪ'neɪʃn]	Ermordung
seize power [si:z 'paʊə]	die Macht ergreifen
(military) junta [mɪlɪtəri 'dʒʌntə]	(Militär-)Junta
The king was deposed [dɪ'pəʊzd] by a military junta.	Der König wurde von einer Militärjunta abgesetzt.
ringleader ['rɪŋli:də]	Rädelsführer(in); Anführer(in)
the ringleaders of the conspiracy [kən'spɪrəsi]	die Rädelsführer der Verschwörung

Law and police
Rechtswesen und Polizei

→ 7.5 Crime and violence

It may be true that the law cannot make a man love me, but it can keep him from lynching me, and I think that's pretty important. (*Martin Luther King, US clergyman and civil rights campaigner, 1929–1968*)

law [lɔː]	Gesetz; Recht
law and order [lɔː(r) ənd 'ɔːdə]	Recht und Ordnung
enforce [ɪn'fɔːs] the law	dem Gesetz Geltung verschaffen
court [kɔːt]	Gericht
That's what he told the court.	Das hat er vor Gericht ausgesagt.
She threatened ['θretnd] to take him to court.	Sie drohte ihn zu verklagen.
an out-of-court settlement	ein außergerichtlicher Vergleich
(court) proceedings [prə'siːdɪŋz]	(Gerichts-)Verfahren
take (legal) proceedings against	gerichtlich vorgehen gegen

Magistrates' ['mædʒɪstreɪts] *courts* sind in England und Wales erstinstanzliche Gerichte insbesondere für Strafsachen niederer Ordnung (= *minor* ['maɪnə] *criminal cases*). Strafsachen höherer Ordnung (= *serious criminal cases* ['keɪsɪz]) werden im *crown court* verhandelt, der auch für die Berufung (= *appeal* [ə'piːl]) gegen erstinstanzliche Urteile zuständig ist.

trial ['traɪəl]	(Gerichts-)Verfahren; Prozess
She's on trial for perjury ['pɜːdʒəri].	Sie steht wegen Meineids vor Gericht.
(law)suit [('lɔː)suːt]	Prozess; Verfahren; Klage
file / bring a suit against someone	gegen jemand Klage erheben
He lost the suit.	Er verlor den Prozess.
sue someone [suː]	jemand verklagen
They sued us for damages ['dæmɪdʒɪz].	Sie verklagten uns auf Schadenersatz.
judge [dʒʌdʒ]	Richter(in)
the jury ['dʒʊəri]	die Geschworenen / Schöffen
The jury found in her favour ['feɪvə].	Die Jury entschied zu ihren Gunsten.

Mit *jury* gibt es ein modernes, häufig zu lesendes und zu hörendes *idiom*: *The jury is still out on this question.* (= Diese Frage ist noch nicht abschließend geklärt.) • *The jury is still out on global warming.* (= Hinsichtlich der weltweiten Klimaerwärmung sind noch viele Fragen offen.)

prosecute ['prɒsɪkjuːt]	strafrechtlich verfolgen
prosecuting counsel *BE* / *AE* prosecuting attorney [ə'tɜːni]	Staatsanwalt / Staatsanwältin
prosecution [prɒsɪ'kjuːʃn]	Anklage(behörde); Staatsanwaltschaft
witness for the prosecution	Belastungszeuge / -zeugin
He escaped [ɪ'skeɪpt] prosecution.	Er entging der Strafverfolgung.

Staatsanwalt / Staatsanwältin heißt auch einfach *prosecutor* oder *the prosecution* (= die Staatsanwaltschaft), AE auch häufig *district attorney*.

charge [tʃɑːdʒ]	Anklage; anklagen; beschuldigen
The charge is murder ['mɜːdə].	Die Anklage lautet auf Mord.
release [rɪ'liːs] without charge	ohne Anklageerhebung freilassen
He was charged with manslaughter.	Er wurde des Totschlags angeklagt.
the defence [dɪ'fens]	die Verteidigung
witness for the defence	Entlastungszeuge / -zeugin
counsel ['kaʊnsl] for the defence	Verteidiger(in)

Rechtsanwalt: Die alltägliche, sowohl im BE als auch im AE übliche Bezeichnung ist *lawyer* ['lɔːjə]. Die offizielle Berufsbezeichnung für einen zugelassenen Anwalt dagegen ist im BE *solicitor* [sə'lɪsɪtə] und im AE *attorney* [ə'tɜːni]*: You ought to see a good lawyer / BE solicitor / AE attorney about this.* (= In dieser Sache sollten Sie sich von einem guten Anwalt beraten lassen.)
Darüber hinaus besteht im BE ein Unterschied zwischen *solicitor* und *barrister* ['bærɪstə]: *Barristers* werden von *solicitors* hinzugezogen bzw. beauftragt, wenn es um die Rechtsvertretung vor einem höheren Gericht oder Beratung in besonders komplizierten Rechtsfragen geht. Es gibt nur etwa 7000 *barristers* in Großbritannien und dieser elitäre Kreis stellt das dar, was man *the Bar* (= die höhere Anwaltschaft) nennt. Reformbestrebungen sehen vor, die Unterscheidung zwischen *solicitors* und *barristers* abzuschaffen.

witness ['wɪtnəs]	Zeuge / Zeugin
cross-examine a witness	einen Zeugen ins Kreuzverhör nehmen
misdemeanour [mɪsdɪ'miːnə]	Vergehen; Übertretung
offence [ə'fens]	Straftat; Delikt
It's an offence to drive a car without a licence ['laɪsns].	Autofahren ohne Führerschein ist strafbar.
crime [kraɪm]	Verbrechen; Straftat
commit [kə'mɪt] a crime	ein Verbrechen begehen
Violent ['vaɪələnt] crime has risen [ɪ] by 5 per cent.	Die Gewaltkriminalität hat um 5 Prozent zugenommen.
felony ['feləni]	(schweres) Verbrechen
homicide ['hɒmɪsaɪd]	(*juristisch*) Tötung, Mord, Totschlag
homicide squad [skwɒd]	Mordkommission

Murder (= Mord) – *manslaughter* (= Totschlag)*:* Das amerikanische Recht unterscheidet bei Mord zwischen *first-degree murder* (keinerlei mildernde Umstände) und *second-degree murder* (gewisse mildernde Umstände).

innocent ['ɪnəsnt] – **guilty** ['gɪlti]	unschuldig – schuldig
You're assumed [ə'sjuːmd] to be innocent until proved [pruːvd] guilty.	Bis die Schuld erwiesen ist, gilt man als unschuldig.

Plea bargaining ['bɑ:gənɪŋ] nennt man die häufige Praxis, dass Verhandlungen (= *negotiations* [nɪgəʊʃi'eɪʃnz]) zwischen Anklage (= *prosecution*) und Verteidigung (= *defence*) geführt werden mit dem Ziel, dass der / die Angeklagte (= *defendant* [dɪ'fendənt]) ein Schuldgeständnis (= *guilty plea*) ablegt und dadurch eine Verminderung der Anklagepunkte (= *a reduction in charges*) bzw. ein milderes Urteil (= *a more lenient* ['li:niənt] *sentence*) erwirkt.

diminished responsibility [dɪmɪnɪʃt rɪspɒnsə'bɪləti]	verminderte Zurechnungsfähigkeit
mitigating circumstances [mɪtɪgeɪtɪŋ 'sɜ:kəmstənsɪz]	mildernde Umstände
penalty ['penlti]	Strafe
He faces the death [e] penalty.	Ihm droht die Todesstrafe.
punishment ['pʌnɪʃmənt]	Bestrafung; Strafe
the debate over capital punishment	die Debatte über die Todesstrafe
fine [faɪn]	Geldstrafe; Bußgeld; Verwarnungsgeld
She was fined [faɪnd] £50.	Sie musste 50 Pfund Strafe zahlen.
remand [rɪ'mɑ:nd] *BE*	Untersuchungshaft
He's still on remand – he hasn't been convicted yet.	Er ist noch in Untersuchungshaft – er ist noch nicht verurteilt.
bail [beɪl]	Kaution; Sicherheitsleistung
The defendant was released on bail.	Der / Die Angeklagte wurde gegen Kaution freigelassen.
(on) probation [prə'beɪʃn]	(auf) Bewährung
probation officer	Bewährungshelfer(in)
prison ['prɪzn]	Gefängnis
He was sentenced to six years in prison.	Er wurde zu sechs Jahren Gefängnis verurteilt.
jail [dʒeɪl]	Gefängnis
She was jailed but freed for lack of evidence ['evɪdəns].	Sie wurde eingesperrt, aber aus Mangel an Beweisen wieder freigelassen.
appeal [ə'pi:l]	Berufung; Revision(sverfahren)
He appealed to the Supreme [su'pri:m] Court.	Er legte Berufung beim Obersten Bundesgericht ein.
The case has been appealed.	Es ist Berufung eingelegt worden.
law enforcement [ɪn'fɔ:smənt]	Durchsetzung / Vollzug des Rechts
law-enforcement officer	Polizeibeamte(r)
police [pə'li:s]	Polizei
The police are looking for a red Ford.	Die Polizei sucht einen roten Ford.
I'm a police officer.	Ich bin Polizist(in).

Police ist immer Plural. Also nicht *The police is / has / takes …*, sondern *The police are / have / take …*
Police kann auch nicht mit *a(n)* konstruiert werden:
We have very good police. (= Wir haben eine sehr gute Polizei.)
„Zählbar", also mit *a* zu gebrauchen, ist dagegen *police force*:
We have an efficient [ɪ'fɪʃnt] *police force.* (= Wir haben eine effiziente Polizei.)

police station [pə'li:s steɪʃn]	(Polizei-)Revier; (Polizei-)Wache
state trooper ['tru:pə] *AE*	Polizist(in) (eines US-Staats)

Eine Anrede für Polizisten ist *officer*: *Excuse me, officer, can you …?*

detective [dɪ'tektɪv]	Detektiv(in); Kriminalbeamte(r)
detective superintendent [su:pərɪn'tendənt]	Kriminalkommissar(in)
suspect ['sʌspekt]	(Tat-)Verdächtige(r)
warrant ['wɒrənt]	(richterlicher) Haft- / Durchsuchungsbefehl
We have a warrant for his arrest [ə'rest].	Wir haben einen Haftbefehl gegen ihn.
offender [ə'fendə]	Straftäter(in); Verkehrssünder(in)
first offender – repeat [rɪ'pi:t] offender	Ersttäter(in) – Rückfalltäter(in)
juvenile ['dʒu:vənaɪl] / young offender	jugendliche(r) Straftäter(in)
custody ['kʌstədi]	(Polizei-)Gewahrsam; Haft
He was taken into custody.	Er wurde in Haft genommen.

Der in Kriminalberichten britischer Zeitungen häufig zu findende Satz, dass jemand *is helping the police with their inquiries* [ɪn'kwaɪəriz], bedeutet in der Regel, dass die Polizei einen Tatverdächtigen verhört.

detain [dɪ'teɪn]	in Haft nehmen / halten
He was detained for questioning.	Er wurde zur Vernehmung festgehalten.
detention [dɪ'tenʃn]	Festnahme; Haft
One asylum [ə'saɪləm] seeker died in detention.	Ein Asylbewerber starb in der Haft.

Praktisch jede der ca. 3000 *counties* ['kaʊntiz] in den USA hat ihre eigene *police force,* die in der Regel einem *elected sheriff* (= gewählten Sheriff) untersteht. Die Städte haben ebenfalls eigene *police departments* [dɪ'pɑ:tmənts]. Mit etwa 20 000 *police agencies* ['eɪdʒənsiz] (= Polizeibehörden) haben die USA das dezentralisierteste Polizeisystem der Welt. Das britische System hingegen ist – mit nur ca. 40 *law enforcement agencies – highly centralized.* Die *London Metropolitan* [metrə'pɒlɪtən] *Police,* nach ihrer früheren Adresse auch *Scotland Yard* genannt, ist die größte Polizeibehörde des Landes und nimmt mit ihren *specialist departments* auch überregionale Aufgaben – etwa *combating* ['kɒmbætɪŋ] *terrorism* (= Terrorismusbekämpfung) – wahr; besonders bekannt ist ihr *CID* = *Criminal Investigation Department* (= Kriminalpolizei).

Taxation
Steuern

Taxes, after all, are the dues that we pay for the privileges of membership in an organized society. (*Franklin D. Roosevelt, US president, 1882–1945*)

tax [tæks] – **taxes** ['tæksɪz]	Steuer – Steuern
raise / increase [ɪn'kriːs] taxes	die Steuern erhöhen
reduce [rɪ'djuːs] / lower / cut taxes	die Steuern senken
She is paid $611 a week before taxes.	Sie verdient wöchentlich 611 Dollar brutto.
tax increase ['ɪŋkriːs] – tax cut	Steuererhöhung – Steuersenkung
tax-free / free of tax	steuerfrei
tax evasion [ɪ'veɪʒn] / tax dodging	Steuerhinterziehung
tax haven ['heɪvn]	Steueroase; Steuerparadies
tax breaks for corporations that invest [ɪn'vest] at home *AE*	Steuervergünstigungen für Konzerne, die im Inland investieren
simplify ['sɪmplɪfaɪ] the tax code	das Steuersystem vereinfachen
tax [tæks]	besteuern
Taxpayers should be taxed in proportion to their ability to pay.	Die Steuerzahler sollten entsprechend ihrer finanziellen Leistungsfähigkeit besteuert werden.
the taxman ['tæksmæn]	(*personifizierend*) das Finanzamt
The taxman gets most of what I earn.	Den größten Teil meines Einkommens kriegt das Finanzamt.
income (tax) ['ɪnkʌm (tæks)]	Einkommen(steuer)
negative ['negətɪv] income tax	negative Einkommensteuer; Bürgergeld
net income – gross [grəʊs] income	Nettoeinkommen – Bruttoeinkommen
Income tax is collected by the Inland Revenue ['revənjuː] *BE* / *AE* Internal Revenue Service (IRS).	Die Einkommensteuer wird vom Finanzamt eingezogen.

> *PAYE* [piː eɪ waɪ 'iː] = *pay as you earn* nennt man in GB den Direktabzug der Lohnsteuer durch den Arbeitgeber. Die amerikanische *payroll tax* ist eine Lohnsummensteuer, die der Arbeitgeber en bloc an das Finanzamt zahlt. Mangels eines spezialisierten Begriffs entspricht *income tax* allgemein auch der deutschen Lohnsteuer.

income tax return [rɪ'tɜːn]	Einkommensteuererklärung
prepare / complete [kəm'pliːt] an income tax return	eine Einkommensteuererklärung ausfüllen
file / submit an income tax return	eine Einkommensteuererklärung abgeben
value-added tax [væljuː 'ædɪd tæks] / **VAT** [væt] *BE*	Mehrwertsteuer
All prices are inclusive of VAT.	Alle Preise verstehen sich einschließlich Mehrwertsteuer.

Eine auf kommunaler Ebene erhobene (= *levied* ['levid]) Steuer war in GB die unpopuläre Kopfsteuer (= *poll tax* ['pəʊl tæks] / *community charge* [kə'mju:nəti tʃɑ:dʒ]), die 1991 abgeschafft und durch eine *council tax* (*council* ist der Gemeinde- oder Stadtrat) ersetzt wurde.
In den USA gab es bis 1966 ebenfalls eine *poll tax,* die durch die Verknüpfung mit dem Wahlrecht die Schwarzen benachteiligte und daher durch einen Verfassungszusatz (= *amendment* [ə'mendmənt]) und eine höchstrichterliche Entscheidung (= *Supreme Court decision* [dɪ'sɪʒn]) aufgehoben wurde.
Andere *local taxes* sind die *property tax* (= Vermögensteuer) und in den USA die *sales tax,* die in fast allen 50 Bundesstaaten auf den Einzelhandelspreis (= *retail price* ['ri:teɪl praɪs]) aufgeschlagen wird.

tax-exempt [tæks ɪg'zemt]	steuerbefreit; steuerfrei
Books are exempt from VAT.	Bücher sind mehrwertsteuerfrei.
(non)taxable income ['tæksəbl]	(nicht) steuerpflichtiges Einkommen
(tax) refund ['ri:fʌnd]	(Steuer-)Erstattung
You are entitled [ɪn'taɪtld] to a refund.	Sie haben Anspruch auf eine Erstattung.

Steuerberater sind *tax consultants* [kən'sʌltənts]; das Gemeinte wird aber auch durch *accountant* [ə'kaʊntənt] (= Wirtschaftsprüfer) und *preparer* (= *AE for someone trained to prepare tax returns for others*) ausgedrückt.

bookkeeping ['bʊkki:pɪŋ]	Buchführung; Buchhaltung
accounting [ə'kaʊntɪŋ]	Rechnungswesen; Buchhaltung
the accounting department	die Buchhaltung(sabteilung)
audit ['ɔ:dɪt]	Buchprüfung; (die Bücher) prüfen
assessment [ə'sesmənt]	Veranlagung (durch das Finanzamt)
charitable contribution [tʃærɪtəbl kɒntri'bju:ʃn]	Spende
Charitable contributions are deductible.	Spenden sind absetzbar.
depreciation [dɪpri:ʃi'eɪʃn]	Abschreibung

Sozialabgaben sind *social-security contributions*, BE werden sie *NI contributions* genannt (*NI = National Insurance* [ɪn'ʃʊərəns]). Die AE-Entsprechung ist *FICA tax* (*FICA = Federal Insurance Contributions Act*).

(customs) duty ['dju:ti]	Zoll(abgabe)
Do you have to pay duty on this?	Muss man darauf Zoll bezahlen?

Social security
Soziale Sicherheit

If a free society cannot help the many who are poor, it cannot save the few who are rich. (*John F. Kennedy, US president, 1917–1963*)

Social security [sɪ'kjʊərəti] bedeutet allgemein soziale Sicherheit; speziell bezeichnet der Begriff BE Sozialhilfe und AE Sozialversicherung:
Most workers are covered ['kʌvəd] *under social security.* AE (= Die meisten Arbeitnehmer sind sozial abgesichert.)
Social security is a form of social insurance [ɪn'ʃʊərəns]. AE (= … ist eine Art Sozialversicherung.)
She's on social security BE / AE *on welfare.* (= Sie bezieht Sozialhilfe.)
Sozialamt ist BE *social security office* und AE *social welfare office.*

the social safety net ['seɪfti net]	das soziale Netz
welfare / public assistance *beide AE*	Sozialhilfe
her monthly welfare grant [ɑː] *AE*	ihre monatliche Sozialhilfezahlung
welfare cuts ['welfeə kʌts]	Streichungen von Sozialleistungen
welfare reform ['welfeə rɪfɔːm]	Sozialreform
the welfare state [welfeə 'steɪt]	der Wohlfahrtsstaat / Sozialstaat
dismantle the social welfare system	Sozialabbau betreiben
maternity allowance / leave	Mutterschaftsgeld / -urlaub
housing benefit *BE* / *AE* **rent subsidy**	Wohngeld
sickness benefit ['sɪknəs benəfɪt] *BE*	Krankengeld

The National Health Service (NHS): Der grundsätzlich kostenlose, allen Bürgern umfassende *medical care* (= medizinische Versorgung) bietende staatliche Gesundheitsdienst des UK. – Ein *National Health doctor* ist so etwas wie ein Kassenarzt, *National Health glasses* entsprechen einer Kassenbrille. *I got it on the National Health.* (= Das hat die Kasse bezahlt.)

medical insurance / health insurance	Krankenversicherung; Krankenkasse
nursing-care insurance ['nɜːsɪŋ]	(*Deutschland*) Pflegeversicherung
pension ['penʃn]	Rente; Pension; Ruhegehalt
retirement pension / old-age pension	(Alters-)Rente; Pension
You're **entitled** [ɪn'taɪtld] to benefit.	Sie haben Anspruch auf Beihilfe.
the **entitlement mentality** ['tæləti]	das Anspruchsdenken

Medicare – Medicaid: Medicare ist das staatliche Krankenversicherungssystem für ältere Bürger in den USA (= *a system of government-provided health insurance for the elderly*), während *Medicaid* das Programm US-staatlicher Gesundheitsfürsorge (= *health care*) für Einkommensschwache (= *people on low incomes*) aller Altersstufen ist. – *Health-care reform* [rɪ'fɔːm] ist in den USA ein zentrales politisches Thema (= *a major political issue* ['ɪʃuː]).

International relations
Internationale Beziehungen

I would like to see an international court established in which to settle disputes between nations, so that armies could be disbanded and the great navies allowed to rot in perfect peace. (*Robert G. Ingersoll, US orator, 1833–1899*)

relations with other countries	Beziehungen zu anderen Staaten
strained relations [streɪnd rɪ'leɪʃnz]	gespannte Beziehungen
normalization of relations	Normalisierung der Beziehungen
sever ['sevə] / re-establish [riːɪ'stæblɪʃ] diplomatic relations	die diplomatischen Beziehungen abbrechen / wiederherstellen
international affairs [ə'feəz]	die internationale Politik
international organizations	internationale Organisationen
the international community	die Völkergemeinschaft
the International Monetary Fund (IMF)	der Internationale Währungsfonds
foreign policy / foreign affairs	(die) Außenpolitik

Außenminister – Außenministerium
= UK: *foreign secretary* [fɒrən 'sekrətri] – *Foreign Office* ['fɒrən ɒfɪs]
= USA: *secretary of state* – *State Department* ['steɪt dipɑːtmənt]
= andere Staaten in der Regel: *foreign minister* ['mɪnɪstə] – *foreign ministry*

statesman [-mən] – **statesmanship**	Staatsmann – Staatskunst
state visit [steɪt 'vɪzɪt]	Staatsbesuch
summit meeting ['sʌmɪt miːtɪŋ]	Gipfeltreffen
diplomacy [dɪ'pləʊməsi]	die Diplomatie
shuttle diplomacy in the Middle East	Pendeldiplomatie im Nahen Osten
diplomatic recognition [rekəg'nɪʃn]	diplomatische Anerkennung
diplomat ['dɪpləmæt]	Diplomat(in)
ambassador [-'bæs-] – **embassy**	Botschafter(in) – Botschaft
the German embassy ['embəsi] in Paris	die deutsche Botschaft in Paris
envoy ['envɔɪ]	Gesandter / Gesandtin
special envoy	Sonderbeauftragte(r)
mission ['mɪʃn]	Mission
a diplomat on a secret [iː] mission	ein Diplomat in geheimer Mission
ally ['ælaɪ]	Verbündeter; Bündnispartner
the US and its allies	die USA und ihre Alliierten
the Allied ['ælaɪd] forces in Europe	die alliierten Streitkräfte in Europa
alliance [ə'laɪəns]	Bündnis; Allianz
nonaligned nations [nɒnə'laɪnd]	blockfreie Staaten
sovereign ['sɒvrɪn] – **sovereignity**	(*Staat)* souverän – Souveränität
territorial claims [terə'tɔːriəl]	territoriale Ansprüche

Die Grenze zwischen Staaten kann sowohl *border* als auch *frontier* ['frʌntɪə] heißen. *Border* ist das häufigere und daher „sicherere" Wort: *the Belgian border / frontier* (= die belgische Grenze), *border / frontier disputes* [dɪ'spjuːts] (= Grenzstreitigkeiten), *cross the border / frontier* (= die Grenze überqueren), *border clashes / conflicts* (= Grenzkonflikte).

crisis ['kraɪsɪs] *Pl.* crises ['kraɪsi:z]	Krise
a political solution to the crisis	eine politische Lösung der Krise
dispute [dɪ'spju:t]	Streit(igkeit); Auseinandersetzung
The dispute might escalate ['eskəleɪt].	Der Streit könnte eskalieren.
armed intervention [ɪntə'vənʃn]	bewaffnete Intervention
economic sanctions ['sæŋkʃnz]	Wirtschaftssanktionen
embargo [ɪm'bɑ:gəʊ] *Pl.* embargoes	Embargo
impose [ɪm'pəʊz] / lift an embargo	ein Embargo verhängen / aufheben
intermediary [ɪntə'mi:diəri]	Vermittler(in); Mittelsmann / -person
act as an intermediary in a conflict	in einem Konflikt vermitteln
mediator ['mi:dieɪtə]	Vermittler(in)
appeasement policy (towards)	Beschwichtigungspolitik (gegenüber)
reduce tensions ['tenʃnz]	die Spannungen abbauen
peace plan ['pi:s plæn]	Friedensplan
settle a conflict ['kɒnflɪkt]	einen Konflikt beilegen
negotiate [nɪ'gəʊʃieɪt]	verhandeln
negotiate a treaty ['tri:ti]	einen (Staats-)Vertrag aushandeln
negotiations [nɪgəʊʃi'eɪʃnz]	Verhandlungen
achieve [ə'tʃi:v] **a breakthrough**	einen Durchbruch erzielen
reach a compromise ['kɒmprəmaɪz]	einen Kompromiss erzielen
issue a communiqué [kə'mju:nɪkeɪ]	ein Kommuniqué veröffentlichen
agreement [ə'gri:mənt]	Abkommen
a cease-fire ['si:s faiə] agreement	ein Waffenstillstandsabkommen
reach an agreement	zu einer Einigung gelangen
accord [ə'kɔ:d]	Abkommen
sign [saɪn] a peace accord	ein Friedensabkommen unterzeichnen
the UN peacekeeping forces	die UNO-Friedenstruppen
(nuclear) nonproliferation treaty	Atomwaffensperrvertrag
disarmament conference ['kɒnfrəns]	Abrüstungskonferenz
pursue a policy of détente [deɪ'tɑ:nt]	eine Politik der Entspannung verfolgen
free trade (area) ['eəriə]	Freihandel(szone)
trade barriers / barriers to free trade	Handelshemmnisse; Handelsschranken
trading partner ['treɪdɪŋ pɑ:tnə]	Handelspartner
the European Union (EU)	die Europäische Union
apply for membership in the EU	die EU-Mitgliedschaft beantragen
the Single European Market	der Europäische Binnenmarkt
European Monetary Union (EMU)	Europäische Währungsunion (EWU)
foreign aid – development aid	Auslandshilfe – Entwicklungshilfe
developing [dɪ'veləpɪŋ] **country**	Entwicklungsland
newly industrializing country (NIC)	Schwellenland

The United Nations / UN (= die Vereinten Nationen / UNO):
Security Council (= Sicherheitsrat) • *General Assembly* (= Vollversammlung) • *secretary-general* (= Generalsekretär)

Defence, war, military
Verteidigung, Krieg, Militär

Every gun that is made, every warship launched, every rocket fired signifies, in the final sense, a theft from those who hunger and are not fed, those who are cold and are not clothed. (*Dwight D. Eisenhower, US general and president, 1890–1969*)

defend [dɪ'fend] – **defence** [dɪ'fens]	verteidigen – Verteidigung
increased defence spending	erhöhte Verteidigungsausgaben
NATO ['neɪtəʊ]	(die) NATO
Spain joined [dʒɔɪnd] NATO in 1982.	Spanien trat 1982 der NATO bei.
arms control ['ɑ:mz kəntrəʊl]	Rüstungskontrolle
nonaggression pact	Nichtangriffspakt
deterrence [dɪ'terəns] – **deterrent**	Abschreckung – Abschreckungsmittel

Verteidigungsminister – Verteidigungsministerium
= UK: *secretary of state for defence – Ministry of Defence*
= USA: *secretary of defense – Department of Defense / the Pentagon*
= andere Staaten in der Regel: *minister of defence – ministry of defence*

conscription [kən'skrɪpʃn] *BE / AE* **the draft**	die Wehrpflicht
conscripts ['kɒnskrɪpts] *BE / AE* **draftees** [drɑ:f'ti:z]	Wehrpflichtige
army ['ɑ:mi]	Armee; Heer
He's in the army.	Er ist beim Militär / „beim Bund".
military ['mɪlətri]	Militär; Militär-; militärisch
The military is against the plan.	Das Militär ist gegen den Plan.
He did his military service.	Er leistete seinen Wehrdienst ab.
the air force ['eə fɔ:s]	die Luftwaffe
the navy ['neɪvi]	die (Kriegs-)Marine
officers – common soldiers [kɒmən 'səʊldʒəz]	Offiziere – einfache Soldaten
promote [prə'məʊt]	befördern
He was promoted to captain ['kæptən].	Er wurde zum Hauptmann befördert.
general ['dʒenrəl] – **the general staff**	General – der Generalstab
command [kə'mɑ:nd] – **commander**	Kommando – Befehlshaber
under Eisenhower's command	unter Eisenhowers Kommando
The president is commander-in-chief of the armed forces.	Der Präsident ist Oberkommandierender der Streitkräfte.
intelligence [ɪn'telɪdʒəns]	Geheimdienst; Nachrichtendienst
intelligence – counterintelligence	Spionage – Gegenspionage
information provided by US intelligence	Informationen, die der US-Geheimdienst liefert(e)

Military organizational units **(= militärische Organisationseinheiten)**
platoon [plə'tu:n] (= Zug) • *company* ['kʌmpəni] (= Kompanie) • *regiment*

['redʒɪmənt] (= Regiment) • *unit* ['ju:nɪt] (= Einheit) • *battalion* [bə'tæliən] (= Bataillon) • *brigade* [brɪ'geɪd] (= Brigade) • *division* [dɪ'vɪʒn] (= Division) • *corps* [kɔ:] (= Korps) • *army* ['ɑ:mi] (= Armee)

war [wɔ:]	Krieg
the first / second world war	der Erste / Zweite Weltkrieg
declare war on a country	einem Land den Krieg erklären
aggressor [ə'gresə] – **aggression**	Aggressor – Aggression
invade [ɪn'veɪd] – **invasion** [ɪn'veɪʒn]	überfallen – Invasion
invade a neighbouring country	in ein Nachbarland einfallen
the German invasion of Poland	der deutsche Überfall auf Polen
attack [ə'tæk]	Angriff; angreifen
advance [əd'vɑ:ns] – **retreat** [rɪ'tri:t]	Vormarsch – Rückzug
occupy ['ɒkjupaɪ] **a country**	ein Land besetzen
occupation [ɒkju'peɪʃn]	Besetzung
the occupation of Poland	die Besetzung Polens
the US occupation forces	die amerikanischen Besatzungstruppen
battle ['bætl]	Schlacht
He was killed in battle.	Er ist im Kampf gefallen.
battlefield – battleship	Schlachtfeld – Schlachtschiff
action ['ækʃn]	Kampf; Gefecht
He saw action in North Africa.	Er nahm an den Kämpfen in Nordafrika teil.
He was killed in action in 1944.	Er fiel 1944.
offensive [ə'fensɪv] – **counter-offensive**	Offensive – Gegenoffensive
plan / launch [lɔ:ntʃ] an offensive	eine Offensive planen / starten
resistance [rɪ'zɪstəns]	Widerstand
face heavy resistance	auf starken Widerstand stoßen
enemy troops / ships / attacks	feindliche Truppen / Schiffe / Angriffe
supplies [sə'plaiz] **and ammunition** [æmju'nɪʃn]	Nachschub und Munition
infantry – artillery [-'tɪl-] – **tanks**	Infanterie – Artillerie – Panzer
missile ['mɪsaɪl] **/ rocket**	Rakete
a missile / rocket attack on the city	ein Raketenangriff auf die Stadt
nuclear weapons [nju:klɪə 'wepnz]	Kernwaffen
weapons of mass destruction	Massenvernichtungswaffen
(nuclear) submarine [sʌbmə'ri:n]	(Atom-)U-Boot
bomb [bɒm]	Bombe
atom(ic) bomb ['ætəm bɒm / ətɒmɪk 'bɒm]	Atombombe
hydrogen bomb ['haɪdrədʒən bɒm]	Wasserstoffbombe
They dropped bombs on the airfield.	Sie warfen Bomben auf den Flugplatz.
the bombing of industrial targets	das Bombardieren von Industrieanlagen
air base ['eə beɪs]	Luftwaffenstützpunkt
air raid ['eə reɪd]	Luftangriff
air-raid shelter	Luftschutzbunker, -keller, -raum
parachute ['pærəʃu:t] – **paratrooper**	Fallschirm – Fallschirmjäger

destroy – destruction [dɪ'strʌkʃn]	zerstören – Zerstörung
destroyer [dɪ'strɔɪə]	Zerstörer
court-martial [kɔ:t 'mɑ:ʃl]	Kriegs- / Militärgericht
He was court-martialled.	Er wurde vor ein Kriegsgericht gestellt.
capture ['kæptʃə]	einnehmen; erobern; gefangen nehmen
The town was captured after heavy fighting.	Die Stadt wurde nach schweren Kämpfen eingenommen.
withdraw (– withdrew – withdrawn)	sich zurückziehen; (*Truppen*) abziehen
guerrilla (fighters / warfare) [gə'rɪlə]	Guerilla(kämpfer / -krieg)
partisan ['pɑ:tɪzæn] **– partisan war(fare)**	Partisan(in) – Partisanenkrieg
spy [spaɪ]	Spion(in); spionieren
casualties ['kæʒuəltiz]	Verluste (= Verwundete / Tote)
civilian [sə'vɪliən] casualties	Verluste in der Zivilbevölkerung
the wounded ['wu:ndɪd] **and the dead**	die Verwundeten und die Toten
prisoners (of war) / POWs	(Kriegs-)Gefangene
They were taken prisoner ['prɪznə].	Sie wurden gefangen genommen.
victory ['vɪktəri] **– defeat** [dɪ'fi:t]	Sieg – Niederlage
surrender [sə'rendə]	kapitulieren; Kapitulation
war crime(s) ['wɔ: kraim(z)]	Kriegsverbrechen
war criminal ['wɔ: krɪmɪnəl]	Kriegsverbrecher(in)

"About turrrn!"

Titles, forms of address
Titel, Anredeformen

Emperors, kings, artisans, peasants, big people, little people – at bottom we are all alike and all the same; all just alike on the inside, and when our clothes are off, nobody can tell which of us is which. (*Mark Twain, US writer, 1835–1910*)

duke [dju:k] – **duchess** ['dʌtʃɪs]	Herzog – Herzogin
the Duke of Edinburgh ['ednbərə]	der Herzog von Edinburgh
the Duchess of Kent	die Herzogin von Kent
(crown) prince [(kraʊn) 'prɪns]	(Kron-)Prinz
(crown) princess [(kraʊn) prɪn'ses]	(Kron-)Prinzessin

Sir / Dame – Lord / Lady:
Wenn ein einfacher *Mr John Brown receives a knighthood* ['naɪthʊd] (= „in den Ritterstand erhoben", d.h. geadelt wird), wird er zu *Sir John Brown,* abgekürzt *Sir John* (nicht: *Sir Brown*!).
Wird er später auch noch *raised to the peerage* ['pɪərɪdʒ] (als *peer* hat er den Titel *Lord* und ist Mitglied des *House of Lords),* so wird er *Lord John Brown,* abgekürzt *Lord Brown* (nicht: *Lord John*!).
Die entsprechenden weiblichen Titel sind*: Mrs Mary Brown – Dame Mary Brown (Dame Mary) – Lady Mary Brown (Lady Brown).*

Den Namen von Botschafter(inne)n (= *ambassadors* [æm'bæsədəz]) und anderen hohen Würdenträgern (= *dignitaries* ['dɪgnətəriz]) wird häufig der Titel *Excellency* ['eksələnsi] vorangestellt:
His Excellency the Ambassador of the United States of America …
Die offizielle Anredeform ist entsprechend *Your Excellency*:
I hope Your Excellency had a pleasant journey ['dʒɜ:ni].
Der mächtigste Mann der Welt, *the US president,* wird dagegen schlicht mit *Mr President* oder *sir* angeredet.
Anrede und Grußformel in einem Brief an den Präsidenten: *(Dear) Mr President: … (Very) Respectfully yours,*

In britischen Parlamentsdebatten gebraucht man *the Honourable* ['ɒnərəbl] vor den Namen von Abgeordnetenkollegen:
Is the Honourable member aware that …? (= Ist dem Herrn Abgeordneten / der Frau Abgeordneten bewusst, dass …?)
Bei einem Kabinettsmitglied (= *Cabinet Minister*) steht *the Rt Hon* (= *the Right Honourable* = der sehr ehrenwerte) vor dem Namen:
Among those present was the Rt Hon Gordon Brown MP (Chancellor of the Exchequer [ɪks'tʃekə]*) …*
Anreden würde man den *Chancellor of the Exchequer* mit *Chancellor* ['tʃɑ:nsələ]:
Yes, Chancellor, but don't you agree that …? (= Jawohl, Herr Schatzkanzler, aber meinen Sie nicht auch, dass …?)

Richter / Richterinnen (= *judges* ['dʒʌdʒɪz]) werden in GB und in den USA in der Regel mit *Your Honour* ['ɒnə] (= euer Ehren / hohes Gericht) oder *my lord* angeredet: *Do I have to answer that question, Your Honour? That is correct, my lord.*

Bei Geistlichen (= *members of the clergy* ['klɜ:dʒi]) wird gewöhnlich die Anrede *Reverend* ['revərənd] (= ehrwürdig / Hochwürden) verwendet: *Excuse me, Reverend, can I have a word with you?* (= Entschuldigen Sie, Herr Pastor, kann ich Sie mal kurz sprechen?)
(In der Adresse:) *The Reverend John Brown* (= Herrn Pfarrer John Brown)

Vor den Namen „gewöhnlicher Sterblicher" (= *ordinary mortals* ['mɔ:təlz]) steht *Mr* (= Herr / Herrn), *Mrs* (= Frau), *Miss* (= Fräulein) oder *Ms* [mɪz] (= neutrale Anredeform für Frauen, die – entsprechend dem männlichen *Mr* – nicht zwischen „verheiratet" und „unverheiratet" unterscheidet).

Ein akademischer Grad ersetzt – anders als im Deutschen – den Titel *Mr / Mrs / Miss / Ms.* Entsprechend wäre Herr Prof. Dr. Peters im Englischen einfach *Professor Peters* bzw. – wenn er ein Chirurg ist – *Mr Peters.*
Über oder mit *Professor Peters* könnte man höflich so reden:
We have just heard from Dr Peters / Professor Peters that …
Excuse me, professor / Excuse me, sir, there's a student to see you …
Die Anrede *doctor* verwendet man nur bei Ärzten: *Goodbye, doctor, and thanks very much.*

"Did your Excellency have a pleasant journey?"

Social problems
Soziale Probleme

1 Housing shortage
Wohnungsmangel

2 Unemployment
Arbeitslosigkeit

3 Drug and alcohol abuse
Drogen- und Alkoholmissbrauch

4 Poverty
Armut

5 Crime and violence
Verbrechen und Gewalttätigkeit

6 Xenophobia and racism
Ausländerfeindlichkeit und Rassismus

7 Sexism
Sexismus

Housing shortage
Wohnungsmangel

→ 5.1 Flats and houses

Female, early 30s, nonsmoker, seeks quiet, clean and friendly flatshare in North or North East London. (*Classified ad in a London newspaper*)

housing ['haʊzɪŋ]	Wohnungen; Wohnraum; Wohnungs-
affordable [ə'fɔ:dəbl] housing / living space	erschwinglicher Wohnraum
low-income housing	Wohnungen für Einkommensschwache
construct / provide low-cost housing	preiswerten Wohnraum erstellen
the housing shortage ['ʃɔ:tɪdʒ]	die Wohnungsknappheit / -not
the housing crisis ['kraɪsɪs]	die Wohnungsnot / -krise
the housing market ['mɑ:kɪt]	der Wohnungsmarkt
study the housing ads [ædz]	die Wohnungsanzeigen studieren
promote housing construction	den Wohnungsbau fördern
housing programme ['prəʊgræm]	Wohnungsbauprogramm
cuts in housing benefit ['benɪfɪt]	Wohngeldkürzungen
housing office ['haʊzɪŋ ɒfɪs]	Wohnungsamt
housing association [əsəʊsi'eɪʃn]	Wohnungs(bau)gesellschaft
housing cooperative [kəʊ'ɒprətɪv]	Wohnungsbaugenossenschaft

Einer Sozialwohnung entspricht in Großbritannien ungefähr *a council flat* [kaʊnsl 'flæt]; allgemein könnte der deutsche Begriff mit *state-subsidized* ['sʌbsɪdaɪzd] *flat / apartment* wiedergegeben werden. Entsprechend: *council housing* BE / allg. *(state-)subsidized housing* (= Sozialwohnungen / sozialer Wohnungsbau). Sozialer Wohnungsbau wird auch mit *public housing construction* ausgedrückt. *Private sector housing* wäre der private Wohnungsmarkt / Wohnungsbau.

living space is difficult to find	Wohnraum ist schwer zu finden
the rise in rents	das Ansteigen der Mieten
the latest rent increase ['rent ɪŋkri:s]	die neueste Mieterhöhung
rent control [kən'trəʊl]	Wohnraumbewirtschaftung
(go) flat hunting *BE*	(auf) Wohnungssuche (gehen)
estate [ɪ'steɪt] **agent** *BE* / *AE* **real estate agent** / *AE* **realtor** ['ri:əltə]	Immobilien- / Wohnungsmakler(in)
share a flat *BE* / *AE* **an apartment** [ə'pɑ:tmənt]	in einer Wohngemeinschaft leben
Flat sharing is fairly common [ɒ] here.	Wohngemeinschaften gibt es hier ziemlich viele.
I'm looking for a nice flatshare. *BE*	Ich suche eine nette Wohngemeinschaft.
flatmate *BE* – **roommate**	Mitbewohner(in) – Zimmergenosse/in
a place to live [pleɪs tə 'lɪv]	eine Bleibe
Tens of thousands don't have a decent ['di:snt] place to live.	Zehntausende haben keine anständige Bleibe.

give a tenant ['tenənt] **notice to quit**	einem Mieter kündigen
evict [ɪ'vɪkt] **a tenant**	einen Mieter zur Räumung zwingen
Tenants were evicted from / turned out of their homes because they fell behind with their rent.	Mieter wurden auf die Straße gesetzt, weil sie mit ihren Mietzahlungen in Rückstand geraten waren.
They now face **eviction** [ɪ'vɪkʃn].	Jetzt droht ihnen die Zwangsräumung.
squat [skwɒt] (in a house)	ein Haus besetzt halten
They were evicted from the squat.	Sie mussten das besetzte Haus räumen.
shantytown ['ʃæntitaʊn]	Barackensiedlung; (*Berlin*) Wagenburg
homeless ['həʊmləs]	obdachlos
homeless people living in cardboard boxes	Obdachlose, die in Pappkartons leben
dormitories ['dɔːmətriz] in homeless shelters	Schlafsäle in Obdachlosenheimen
ways to help the homeless	Möglichkeiten, den Obdachlosen zu helfen
a sharp increase ['ɪŋkriːs] in homelessness	eine starke Zunahme der Obdachlosigkeit

Homelessness is a pressing social problem (= ein brennendes soziales Problem), *it's The Big Issue* ['ɪʃuː] (= Das große Thema / Problem) – so der Name der von *homeless vendors* (= obdachlosen Verkäufern) auf der Straße verkauften Londoner Obdachlosenzeitung.

sleep rough [rʌf] **/ outdoors** (– slept – slept)	im Freien übernachten
sleep / live on the streets	auf der Straße schlafen / leben
seek shelter (– sought [sɔːt] – sought)	Zuflucht suchen
provide emergency [ɪ'mɜːdʒənsi] shelter / accommodation	Notunterkünfte / eine Notunterkunft bereitstellen
provide temporary accommodation [əkɒmə'deɪʃn]	eine Behelfsunterkunft bieten
hostel ['hɒstl]	Wohnheim
rehouse [riː'haʊz] homeless people	Obdachlose unterbringen

Unemployment
Arbeitslosigkeit

→ 20.9 Labour relations

It's a recession when your neighbour loses his job; it's a depression when you lose yours. (*Harry S. Truman, US president, 1884–1972*)

unemployed [ʌnɪm'plɔɪd] **/ jobless**	arbeitslos; erwerbslos
the long-term unemployed / jobless	die Langzeitarbeitslosen
bring the jobless rate down	die Arbeitslosenziffer senken
unemployment / joblessness	(die) Arbeitslosigkeit / Erwerbslosigkeit
the unemployment rate is rising / falling	die Arbeitslosigkeit nimmt zu / geht zurück
cyclical ['sɪklɪkl] unemployment	konjunkturelle Arbeitslosigkeit
seasonal ['si:znəl] unemployment	saisonbedingte Arbeitslosigkeit
structural ['strʌktʃərəl] unemployment	strukturelle Arbeitslosigkeit
unemployment insurance [ɪn'ʃʊərəns]	Arbeitslosenversicherung
unemployment benefit *BE* / *AE* benefits	Arbeitslosengeld; Arbeitslosenhilfe
out of a job / out of work	ohne Arbeit; arbeitslos
I suddenly found myself out of a job.	Plötzlich stand ich ohne Arbeit da.
Millions are out of work.	Millionen sind ohne Arbeit.
redundant [rɪ'dʌndənt]	(*eigentlich*) überflüssig; *BE* arbeitslos
I'm going to be made redundant.	Ich werde meinen Arbeitsplatz verlieren.
redundancy [rɪ'dʌndənsi]	*BE* Arbeitslosigkeit
the threat [θret] of redundancy	der drohende Arbeitsplatzverlust
redundancy / severance pay(ment)	Abfindung
redundancy package / scheme [ski:m]	Sozialplan
downsizing ['daʊnsaɪzɪŋ]	Verschlanken; Stellen- / Personalabbau
restructuring [ri:'strʌktʃərɪŋ]	(*Euphemismus für*) Personalabbau
job shedding ['dʒɒb ʃedɪŋ]	Arbeitsplatzabbau; Stellenabbau
short-time working	Kurzarbeit
We're on short time / working on short time at the moment.	Wir machen im Moment Kurzarbeit.

Das Entlassenwerden (= *being dismissed* [dɪs'mɪst]) kann durch eine Reihe von Verben ausgedrückt werden, die von „direkt-brutal" bis „indirekt-euphemistisch (= abschwächend-beschönigend)" reichen:
He's been fired. / BE auch *He's been sacked.* / *He's been given the sack.* / *He got the sack.* (= Man hat ihn gefeuert / rausgeschmissen.)
Thousands of employees [ɪm'plɔɪi:z] *were made redundant* BE / AE *were excessed* [ɪk'sest] / *were surplused* ['sɜ:pləst]. (= Tausende von Beschäftigten wurden freigesetzt.)
I've been laid off. (= Man hat mich entlassen.)
Lay off bedeutete ursprünglich „vorübergehend entlassen", meint aber heute in der Regel das endgültige Aus.

He got his marching orders BE / AE *his walking papers / the pink slip* (= den rosa Zettel). (Burschikose Ausdrucksweise: „bekam seine Papiere".)
I'm afraid we're going to have to let you go. (Freundliches *understatement.*)
Erkundigt man sich nach jemand, der entlassen wurde, so hört man etwa:
I'm afraid Ms Ross is no longer with us.
Erwerbslose sind BE-umgangssprachlich *on the dole*:
Is she still on the dole? (= Geht sie immer noch stempeln?)
Dole money ['mʌni] ist entsprechend eine umgangssprachliche Alternative zu *unemployment benefit.*
Schauspieler, die gerade kein Engagement haben, sagen scherzhaft von sich: *Right now, I'm between shows.* Andere Arbeitslose beschönigen entsprechend: *I'm between jobs at the moment.*

improve [ɪm'pru:v]	sich bessern
deteriorate [dɪ'tɪəriəreɪt]	sich verschlechtern
upturn ['ʌptɜ:n] – **downturn**	Aufschwung – Abschwung
an upturn in the economy [ɪ'kɒnəmi]	ein Wirtschaftsaufschwung
a downturn in economic activity [æk'tɪvəti]	ein Abflauen / Nachlassen der Konjunktur
the labour market ['leɪbə mɑ:kɪt]	der Arbeitsmarkt
employ [ɪm'plɔɪ] – **employment**	beschäftigen – Beschäftigung
The employment situation has improved / deteriorated.	Die Beschäftigungssituation hat sich gebessert / verschlechtert.
further vocational training	berufliche Fortbildung
retrain [ri:'treɪn] – **retraining**	umschulen – Umschulung
job sharing – **part-time work**	Arbeitsplatzteilung – Teilzeitarbeit
job-creating schemes [ski:mz] / **job-creation programmes** ['prəʊgræmz]	Arbeitsbeschaffungsmaßnahmen / -programme
labour / employment exchange	Arbeitsamt
jobcentre ['dʒɒbsentə] *BE*	(staatliche) Arbeitsvermittlung
employment agency ['eɪdʒənsi] / *BE auch* **recruitment consultants** [rɪ'kru:tmənt kənsʌltənts]	(private) Arbeitsvermittlung
jobhunter ['dʒɒbhʌntə]	Arbeitssuchende(r)
I'm still jobhunting / looking for a job.	Ich bin immer noch auf Arbeitssuche.
(re)hire [(ri:)'haɪə] **workers**	Arbeitskräfte (wieder) einstellen
temp [temp] *BE*	Zeitarbeitskraft
I'm temping until I find something permanent.	Bis ich etwas für die Dauer finde, mache ich Zeitarbeit.

Drug and alcohol abuse
Drogen- und Alkoholmissbrauch

→ 12.10 Drinking and smoking

I can't understand why anybody would want to devote their life to a cause like dope. It's the most boring pastime I can think of. It ranks a close second to television. (*Frank Zappa, US rock musician, 1940–93*)

drug [drʌg]	Droge; Rauschmittel; Rauschgift
narcotic [nɑː'kɒtɪk] drug / substance	Rauschgift
hard / soft [sɒft] drugs	harte / weiche Drogen
mind-altering ['maind ɔːltərɪŋ] drugs	bewusstseinsverändernde Drogen
drug dependence / dependency	Drogenabhängigkeit
drug abuse [ə'bjuːs]	Drogenmissbrauch
drug addiction [ə'dɪkʃn]	Drogensucht; Rauschgiftsucht
a drug addict ['ædɪkt]	ein(e) Drogensüchtige(r)
(drug) dealer / (drug) pusher [ʊ]	Dealer; Pusher
drug trafficker ['drʌg trafɪkə]	Drogen- / Rauschgifthändler(in)
drug trafficking / the drug trade	der Drogen- / Rauschgifthandel
the drug / narcotics squad [skwɒd]	das Rauschgiftdezernat
legalization [liːgəlaɪ'zeɪʃn] of drugs	Legalisierung / Freigabe von Drogen
the number of drug-related deaths	die Zahl der Drogentoten
drugged / under the influence of drugs	unter Drogeneinfluss
high [haɪ]	high (= in einem Rauschzustand)
dope *Slang* / **stuff** *Slang*	Stoff
You still doing dope?	Fixt du immer noch?

> Dass jemand rauschgiftsüchtig ist, kann man u.a. so ausdrücken:
> *She's addicted* [ə'dɪktɪd] *to drugs.* • *She's a drug addict* ['ædɪkt]. • *She's on / into drugs.* • *She's taking / doing drugs.* • *She's on the needle* ['niːdl].

fix [fɪks]	Fix; fixen
You can see kids fixing here.	Hier kann man Kinder fixen sehen.
shoot [ʃuːt] (– shot – shot) *Slang*	schießen; drücken
He shoots heroin twice a day.	Er drückt zweimal täglich Heroin.
shot [ʃɒt]	Schuss (= Drogeninjektion)
She gave herself a shot.	Sie setzte / drückte sich einen Schuss.
freak out [friːk 'aʊt]	ausflippen; auf einen Trip gehen
uppers ['ʌpəz] – **downers**	Aufputschmittel – Beruhigungsmittel
heroin ['herəʊɪn]	Heroin
She became addicted to heroin.	Sie wurde heroinsüchtig.
cocaine [kəʊ'keɪn]	Kokain
inject [ɪn'dʒekt] / sniff / smoke cocaine	Kokain spritzen / schnupfen / rauchen
crack [kræk]	Crack
Crack is highly addictive [ə'dɪktɪv].	Crack ist extrem suchterzeugend.
hashish ['hæʃɪʃ] – **hash**	Haschisch – Hasch
LSD / *Slang* **acid** ['æsɪd]	LSD
He was on an LSD trip.	Er war auf einem LSD-Trip.
methadone ['meθədəʊn]	Methadon

dose [dəʊs] – **overdose / OD**	Dosis – Überdosis
Janis Joplin died of a heroin overdose.	J. J. starb an einer Überdosis Heroin.
the habit ['hæbɪt]	die Drogen- / Alkoholabhängigkeit
kick the habit	von der Sucht loskommen
cure [kjʊə]	heilen; kurieren; entwöhnen; Entzug
addicts who've been cured [kjʊəd]	Süchtige, die geheilt wurden
detoxification / detox	Entgiftung; Entwöhnung; Entzug
withdrawal (symptoms) [wɪð'drɔ:əl]	Entzug(serscheinungen)
clean [kli:n]	clean (= nicht mehr drogenabhängig)
narcotics agent / narc(o) / nark	*AE Slang* Rauschgiftfahnder(in)

Drogen-Slang
use drugs = shoot, fix, get off / up, hit / use the needle, blow coke / snow
drug user = junkie, junker, user, doper, freak, jabber, tripper, snifter
drugged = stoned, snowed (in / up), coked (up), loaded, joyriding, goofed
drug seller = (dope) dealer, (dope) pusher, dope peddler, connection, source
amphetamines = speed, uppers, whizz, driver, eye opener, splash
cocaine = blow, bouncing powder, (nose) candy, coke, snow, charlie
hashish = hash, heesh, sheesh, keef, candy
heroin = snow, sugar, fix, shit, hard stuff, white stuff, junk, (joy) powder
LSD = acid, candy, cube, trip, sunshine (pill), (instant) Zen
marijuana / cannabis = pot, dope, blow, grass, hay, weed, joint, tea

alcoholic [ælkə'hɒlɪk]	Alkoholiker(in)
Alcoholics Anonymous [ə'nɒnɪməs]	die Anonymen Alkoholiker

Die englischen Sprachbenutzer, stets neuerungsfreudig, bedienen sich seit etwa 1968 der von *alcoholic* abgeleiteten Endung *-aholic* um „Besessenheiten" auszudrücken: *a workaholic* (= ein arbeitswütiger Mensch), *a chocaholic* (= ein schokoladensüchtiger Mensch), *a milkaholic* (= jemand, der verrückt auf Milch ist), *a clothesaholic* (= jemand, der kleidungs- / modebesessen ist).

alcoholism ['ælkəhɒlɪzm]	Alkoholismus; Alkoholkrankheit
a drinker / drunk / drunkard [-kəd]	ein(e) Trinker(in) / Säufer(in)
liquor ['lɪkə]	*AE* Schnaps
go on a binge [bɪnʒ] **/ drinking spree**	auf eine Sauftour gehen
(a little) tipsy ['tɪpsi]	(ein bisschen) beschwipst
drunk [drʌŋk]	betrunken; Betrunkene(r)
We were all blind [aɪ] drunk.	Wir waren alle sinnlos betrunken.
sleep it off (– slept – slept)	seinen Rausch ausschlafen
have a hangover ['hæŋəʊvə]	einen Kater haben

Alkohol-Slang
alcohol = booze, poison, juice [dʒu:s], *sauce* [sɔ:s]
drink = hit the bottle / sauce / booze, go on a binge [bɪnʒ] */ bender*
drunk = tight, boozed, loaded, plastered, sozzled, stoned, pissed, blotto
drinker = boozer, lush, souse [saʊs], *guzzler, dipso, rummy*

Poverty
Armut

The big majority of Americans, who are comparatively well off, have developed an ability to have enclaves of people living in the greatest misery without almost noticing them. (*Gunnar Myrdal, Swedish sociologist and economist, 1898–1987*)

poverty ['pɒvəti]	Armut
fall into poverty (– fell – fallen)	in Armut geraten
the causes of poverty	die Ursachen der Armut
below the poverty line	unterhalb der Armutsgrenze
the poverty trap	die Armutsfalle
impoverished [ɪm'pɒvərɪʃt]	verarmt
poor [pʊə] – **the poor**	arm – die Armen
These people are desperately poor.	Diese Menschen sind schrecklich arm.
deprivation [deprɪ'veɪʃn]	Entbehrung; Mangel
deprived [dɪ'praɪvd] families / children	benachteiligte Familien / Kinder
disadvantaged [dɪsəd'vɑ:ntɪdʒd]	benachteiligt
the economically disadvantaged	die sozial Schwachen
destitute (families) ['destɪtju:t]	mittellos(e Familien)
an extremely low standard of living	ein extrem niedriger Lebensstandard
help the needy ['ni:di]	den Bedürftigen helfen
the basic ['beɪsɪk] **needs**	die Grundbedürfnisse
subsistence level [səb'sɪstəns levl]	Existenzminimum
live on the edge of subsistence	am Rand des Existenzminimums leben
a living wage [lɪvɪŋ 'weɪdʒ]	ein zum Leben ausreichender Lohn
set a minimum wage (– set – set)	einen Mindestlohn festsetzen
hunger ['hʌŋgə] – **hungry** ['hʌŋgri]	Hunger – hungrig
As a boy, he often went hungry.	Als Junge hat er oft gehungert.
starve [stɑ:v] – **starvation**	hungern – Hungern
starve to death / die of starvation	verhungern
(poor) nutrition [nju'trɪʃn]	(Mangel-)Ernährung
malnutrition due to poverty	durch Armut bedingte Fehlernährung
dependent on public assistance *AE*	auf Sozialhilfe angewiesen
soup kitchen ['su:p kɪtʃən]	Suppenküche
cuts in social services ['sɜ:vɪsɪz]	Sozialabbau
low life expectancy [ɪk'spektənsi]	niedrige Lebenserwartung
a high infant mortality rate	eine hohe Säuglingssterblichkeit
illiteracy [ɪ'lɪtrəsi] **among the poor**	Analphabetentum unter den Armen
street children ['stri:t tʃɪldrən]	Straßenkinder
child labour ['leɪbə] – child prostitution	Kinderarbeit – Kinderprostitution
(appalling) **misery** ['mɪzəri]	(entsetzliches) Elend
suffering ['sʌfərɪŋ]	Leiden; Leid
alleviate the suffering of the poor	das Leid(en) der Armen lindern
despair [dɪ'speə] – **hopelessness**	Verzweiflung – Hoffnungslosigkeit

Crime and violence
Verbrechen und Gewalttätigkeit

→ 6.8 Law and police

Americans are being murdered, raped, beaten, robbed and otherwise terrorized in numbers suggesting that an extraordinary evil has been loosed upon the society. (*Bob Herbert in The New York Times*)

crime [kraɪm]	Verbrechen; Straftat
violent ['vaɪələnt] crime	Gewaltverbrechen / -kriminalität
the struggle against crime	der Kampf gegen das Verbrechen
combating ['kɒmbætɪŋ] / fighting crime	Verbrechensbekämpfung
crime victims ['vɪktɪmz]	Opfer von Straftaten
crime prevention [prɪ'venʃn]	Verbrechensverhütung
the rising crime rate ['kraɪm reɪt]	das Zunehmen der Kriminalität
criminal ['krɪmɪnəl]	kriminell; Verbrecher(in); Straftä-ter(in)
a violent criminal	ein Gewaltverbrecher
habitual criminal – career criminal	Gewohnheits- – Berufsverbrecher

Häufig begangene Straftaten (= *criminal offences* [ə'fensɪz])
murder (= Mord) • *manslaughter* (= Totschlag) • *homicide* ['hɒmɪsaɪd] (formell allgemein = Tötungsdelikt) • *bodily harm* (= Körperverletzung) • *rape* (= Vergewaltigung) • *robbery* (= Raub) • *kidnapping / abduction* (= Entführung) • *skyjacking* (= Flugzeugentführung) • *hostage* ['hɒstɪdʒ] *taking* (= Geiselnahme) • *blackmail / extortion* (= Erpressung) • *arson* ['ɑ:sn] (= Brandstiftung) • *perjury* ['pɜ:dʒəri] (= Meineid) • *counterfeiting* ['kaʊntəfɪtɪŋ] (= Fälschung) • *bribery* (= Bestechung) • *embezzlement* [ɪm'bezlmənt] (= Unterschlagung / Veruntreuung) • *fraud* [frɔ:d] (= Betrug) • *smuggling* (= Schmuggel) • *poaching* (= Wilderei) • *vandalism* ['vændəlɪzm] (= mutwillige Beschädigung / Zerstörung fremden Eigentums) • *trespassing* ['trespəsɪŋ] (= Hausfriedensbruch) • *pimping* (= Zuhälterei) • *prostitution* (= Prostitution) • *causing a public nuisance* ['nju:sns] (= grober Unfug) • *resisting arrest* [ə'rest] (= Widerstand gegen die Staatsgewalt) • *obstruction of justice* ['dʒʌstɪs] (= Verdunkelung)

TRESPASSERS WILL BE PROSECUTED (= Betreten bei Strafe verboten)

Bezeichnungen für Straftäter (= *offenders* [ə'fendəz])
murderer / killer (= Mörder) • *rapist* ['reɪpɪst] (= Vergewaltiger) • *assailant* [ə'seɪlənt] / *attacker* [ə'tækə] (= Angreifer) • *crazed* [kreɪzd] *gunman* (= Amokschütze) • *mugger* (= Straßenräuber) • *robber* (= Räuber) • *thug / hoodlum* ['hu:dləm] (= brutaler Rowdy) • *lager lout* ['lɑ:gə laʊt] BE (= betrunkener Rowdy) • *football / soccer hooligan* (= Fußballrowdy) • *vandal* ['vændl] (= mutwilliger Zerstörer) • *kidnapper* (= Entführer) • *skyjacker* (= Flugzeugentführer) • *blackmailer* (= Erpresser) • *gangster / mobster* (= Gangster) • *racketeer* [rækə'tɪə] (= Ganove / Gangster / Erpresser) • *arsonist* ['ɑ:sənɪst] (= Brandstifter) • *counterfeiter* ['kaʊntəfɪtə] / *forger* ['fɔ:dʒə] (= Fälscher) •

swindler / con(fidence) man / con artist / confidence trickster (= Betrüger / Hochstapler) • *smuggler* (= Schmuggler) • *poacher* (= Wilderer) • *pimp* (= Zuhälter) • *peeping Tom / voyeur* [vwaɪ'ɜː] (= Spanner / Voyeur)

hijack ['haɪdʒæk] **a plane**	ein Flugzeug entführen
They hijacked a bus.	Sie brachten einen Bus in ihre Gewalt.
bank robbery / *AE auch* **bank heist** [haɪst]	Bankraub
two armed and masked robbers	zwei bewaffnete und maskierte Räuber

Ein Überfall auf eine Person auf der Straße, in Verkehrsmitteln etc. ist *a mugging*: *She was mugged on the underground station.* (= Sie wurde auf dem U-Bahnhof überfallen.)
Ein tätlicher Angriff auf eine Person wird auch als *attack* [ə'tæk] oder *assault* [ə'sɔːlt] bezeichnet.
Ein Überfall auf eine Bank ist *a bank raid, a holdup* oder *a stickup.*

Stealing and thieves [θiːvz] **(= Stehlen und Diebe)**
stealing (= Stehlen) • *theft* (= Diebstahl) • *larceny* ['lɑːsəni] (juristisch = Diebstahl) • *pickpocketing* (= Taschendiebstahl) • *purse snatching* (AE = Handtaschenraub) • *shoplifting* (= Ladendiebstahl) • *thief* Pl. *thieves* (= Dieb / Diebin) • *pickpocket* (= Taschendieb / -diebin) • *purse snatcher* (AE = Handtaschendieb) • *joyriding* (= eine Spritztour mit einem gestohlenen Auto machen)
Ein Einbruch kann auf Englisch *a burglary* ['bɜːgləri] oder *a break-in* sein; die Juristen bezeichnen das Delikt auch als *breaking and entering* BE / AE *unlawful entry.* Ein Einbrecher ist *a burglar* oder *a housebreaker.* In unser Haus wurde eingebrochen heißt *Our home / house was burgled* BE / AE *burglarized.*

(hand)gun – gun down [gʌn 'daʊn]	(Hand-)Feuerwaffe – abknallen
Two bystanders were gunned down.	Zwei Unbeteiligte („Dabeistehende") wurden niedergeschossen.
firearms ['faɪərɑːmz]	Schusswaffen
He was fined for illegally possessing [pə'zesɪŋ] a firearm / for possession [pə'zeʃn] of an unlicensed handgun.	Er wurde wegen unerlaubten Waffenbesitzes zu einer Geldstrafe verurteilt.

Shoot someone (– shot – shot): He was shot and wounded ['wuːndɪd]. (= Er wurde angeschossen.) *He was shot and killed / shot dead.* (= Er wurde erschossen.) *He was shot at.* (= Es wurde auf ihn geschossen.) – *Shoot* allein für erschießen nur, wenn aus dem Zusammenhang deutlich ist, was gemeint ist: *Do you remember what you were doing on the night Kennedy was shot?* (= Weißt du noch, was du an dem Abend gemacht hast, als Kennedy erschossen wurde?)

vigilant ['vɪdʒɪlənt] – **vigilance**	wachsam – Wachsamkeit

> Wenn Bürger sich zum Schutz gegen Verbrechen organisieren: In Amerika heißen solche Selbstschutzvereinigungen *vigilance committees* [kə'mɪtiz], sonst allgemein auch *vigilante* [vɪdʒɪ'lænti] *groups* oder *neighbourhood watch groups.*

violence ['vaɪələns]	Gewalt(tätigkeit)
Violence broke out.	Es kam zu gewalttätigen Auseinandersetzungen.
violent ['vaɪələnt]	gewalttätig
fight [faɪt]	Kampf; Prügelei; Schlägerei
put [ʊ] up a fight	sich zur Wehr setzen
fight (– fought [ɔː] – fought)	kämpfen; sich prügeln / schlagen
The children are always fighting.	Die Kinder prügeln sich ständig.

> Verleumdung ist *defamation* [defə'meɪʃn]. Erfolgt sie mündlich, heißt sie *slander* ['slɑːndə] (= üble Nachrede); erfolgt sie schriftlich, so handelt es sich um *libel* ['laɪbl]. Üble Nachrede ist im Alltag auch *malicious* [mə'lɪʃəs] *gossip.*

beat [iː] (– beat – beaten)	schlagen; hauen
He was beaten up by thugs [θʌgz].	Er wurde von Rowdys zusammengeschlagen.
stab someone [stæb]	auf jemand einstechen
She was stabbed to death [deθ].	Sie wurde erstochen.
strangle someone ['stræŋgl]	jemand erwürgen / erdrosseln
batter someone ['bætə]	auf jemand einschlagen
battered wife / baby	misshandelte(s) Ehefrau / Baby
bind [baɪnd] (– bound – bound)	fesseln
She was bound and gagged [gægd].	Sie wurde gefesselt und geknebelt.

> ***Crimes against humanity*** [hjuː'mænəti] **(= Verbrechen gegen die Menschlichkeit)**
> *massacre* ['mæsəkə] (= Massaker / Gemetzel) • *a pogrom* ['pɒgrəm] (= ein Pogrom; Ausschreitungen besonders gegen Juden) • *atrocities* [ə'trɒsətiz] (= Gräueltaten) • *concentration camp* (= Konzentrationslager) • *death camp* (= Todeslager) • *liquidate* ['lɪkwɪdeɪt] (= liquidieren, d.h. ermorden) • *exterminate* [ɪk'stɜːmɪneɪt] (= ausrotten) • *extermination* (= Ausrottung) • *genocide* ['dʒenəsaɪd] (= Völkermord) • *the slaughter* ['slɔːtə] *of innocent* ['ɪnəsnt] *people* (= das Abschlachten unschuldiger Menschen)
> *Holocaust, a word from the Old Testament, is used to describe the murdering of over six million Jews* (= Juden) *by the Germans during World War II.*

7

6

Xenophobia and racism
Ausländerfeindlichkeit und Rassismus

Hostility to foreigners is the most stupid and most embarrassing thing in the world. (*Eberhard Diepgen, German politician, born in 1941*)

xenophobia [zenə'fəʊbiə]	Fremdenhass / -feindlichkeit / -furcht
xenophobic [zenə'fəʊbɪk]	fremden- / ausländerfeindlich

A phobia ist eine Phobie und damit eine krankhafte Angst: *claustrophobia* [klɔːstrə'fəʊbiə] (= Klaustrophobie = krankhafte Angst beim Aufenthalt in geschlossenen Räumen).
Angst erzeugt Abneigung, daher die Erweiterung des Begriffs in Zusammensetzungen wie *anglophobia* (= Anglophobie = Englandfeindlichkeit), *Europhobia* (= Europafeindlichkeit) oder *homophobia* [həʊmə'fəʊbiə] (= Hass auf Homosexuelle).

foreign ['fɒrən] – **foreigner** ['fɒrənə]	ausländisch – Ausländer(in)
hostility [hɒ'stɪləti] to foreigners	Ausländerfeindlichkeit
hatred ['heɪtrɪd] of foreigners	Ausländerhass; Fremdenhass
Foreigners out!	Ausländer raus!
prejudice ['predʒədɪs]	Vorurteil(e)
stir up prejudice against foreigners	Vorurteile gegen Ausländer schüren
He's prejudiced against Turks.	Er hat Vorurteile gegen Türken.
asylum seeker [ə'saɪləm siːkə]	Asylbewerber(in)
grant [ɑː] someone asylum	jemand Asyl gewähren
limit / restrict the right of asylum	das Asylrecht einschränken
home / hostel for asylum seekers	Asylanten(wohn)heim
immigrants ['ɪmɪgrənts]	Einwanderer; Zuwanderer
(illegal) immigration [ɪmɪ'greɪʃn]	(illegale) Einwanderung / Einreise
victims of persecution [pɜːsə'kjuːʃn]	politisch Verfolgte
economic refugees [refju'dʒiːz]	Wirtschaftsflüchtlinge
bomb attack ['bɒm ətæk]	Bombenanschlag; Sprengstoffanschlag
firebomb attack ['faɪəbɒm ətæk]	Brandanschlag
throw firebombs into buildings (– threw – thrown)	Brandbomben / -sätze in Gebäude werfen
a gang of skinheads ['skɪnhedz]	eine Bande von Skin(head)s
rightists ['raɪtɪsts]	Anhänger der Rechten
gangs of rightist youths [juːðz]	Banden rechtsradikaler Jugendlicher
right-wing radicals / extremists	Rechtsradikale; Rechtsextremisten
parties of the extreme right	rechtsextrem(istisch)e Parteien
right-wing extremism [ɪk'striːmɪzm]	Rechtsextremismus
nationalism – nationalist	Nationalismus – nationalistisch
chauvinism ['ʃəʊvənɪzm]	übersteigerter Nationalismus
jingoism ['dʒɪŋgəʊɪzm]	militanter Nationalismus
ethnic group [eθnɪk 'gruːp]	ethnische Gruppe; Volksgruppe
ethnic minority [maɪ'nɒrəti]	ethnische Minderheit
ethnic cleansing ['klenzɪŋ]	ethnische Säuberung(en)

race – racism – racist ['reɪsɪst]	Rasse – Rassismus – Rassist(in)
the claim that some races are superior [su'pɪəriə] to others	die Behauptung, dass manche Rassen anderen überlegen seien
race relations [rɪ'leɪʃnz]	(die) Beziehungen zwischen den Rassen
racial equality [reɪʃl ɪ'kwɒləti]	Gleichberechtigung der Rassen
race / racial discrimination [dɪskrɪmɪ'neɪʃn]	Rassendiskriminierung
race / racial hatred ['heɪtrɪd]	Rassenhass
(racial) segregation [segrɪ'geɪʃn]	(Rassentrennung in den USA bis 1954)
racist remarks [rɪ'mɑ:ks]	rassistische Äußerungen
apartheid [ə'pɑ:theɪt]	(Rassentrennung in Südafrika bis 1994)
anti-Semitism [ænti'semətɪzm]	Antisemitismus; Judenfeindlichkeit
anti-Semitic [æntisə'mɪtɪk]	antisemitisch
Aryan ['eəriən] – **non-Aryan**	(*Naziideologie*) arisch – nichtarisch, Arier(in) – Nichtarier(in)
gypsies ['dʒɪpsiz]	Zigeuner(innen); Sinti; Roma
the colour ['kʌlə] **of his skin**	seine Hautfarbe

Bezeichnungen für Menschen schwarzer Hautfarbe
Die Bezeichnungen *Negro(es)* ['ni:grəʊ(z)] und *coloured(s)* ['kʌləd(z)] sind nur noch in historischen Kontexten anzutreffen und würden heute Anstoß erregen (= *give offence* [ə'fens]). In der Alltagssprache ist heute die Bezeichnung *black(s)* gebräuchlich. In offiziellen Verlautbarungen, in der Presse und insbesondere im Sprachgebrauch führender Persönlichkeiten der *American black community* [kə'mju:nəti] hat sich die Ende der 80er-Jahre aufgekommene Bezeichnung *African-American(s)* [æfrɪkən ə'merɪkən(z)] durchgesetzt.

7 Sexism
Sexismus

→ 6.2 Social movements

There are very few jobs that actually require a penis or vagina. All other jobs should be open to everybody. (*Florynce R. Kennedy, US civil rights activist, born in 1916*)

sexism ['seksɪzm] – **sexist**	Sexismus – sexistisch / Sexist(in)
sex discrimination [dɪskrɪmɪ'neɪʃn]	sexuelle Diskriminierung
sex roles / gender roles ['dʒendə rəʊlz]	Geschlechter- / Geschlechtsrollen
sex(ual) equality [ɪ'kwɒləti]	Gleichberechtigung der Geschlechter
sexual harassment ['hærəsmənt]	sexuelle Belästigung
sexual oppression [ə'preʃn]	sexuelle Unterdrückung
sexual violence [sekʃuəl 'vaɪələns]	sexuelle Gewalt

Sex ist Geschlecht im biologischen Sinn; *gender* ist Geschlecht im kulturellen oder sprachlichen Sinn. Im Englischen versucht man heute sich *gender-neutral* (= geschlechtsneutral) auszudrücken, d.h. auf *linguistic sexism / sexist language* (*"he language" / "man language"*) zu verzichten. Also z.B. kein *sex stereotyping* ['steriətaɪpɪŋ] bei Berufen! Nicht *clergymen* ['klɜːdʒimən] (= Geistliche), sondern *members of the clergy*; nicht *businessmen* ['bɪznəsmen] (wenn Geschäftsleute gemeint sind), sondern *(business) executives* [ɪg'zekjətɪvz]; nicht *firemen* (für Feuerwehrleute), sondern *firefighters*. Der früher übliche Gebrauch von *he, his* etc. als „neutrales" Pronomen wird heute vermieden. Im folgenden Satz wäre das neutral gemeinte *his* durch *their* zu ersetzen: *Everyone has his own problems.* (= Jeder hat seine eigenen Probleme.) In einem Sprichwort wie *You can tell a lot about a person by the way he walks* ließe sich das männlich klingende *he* durch *they* ersetzen oder man könnte sagen: *You can tell a lot about people by the way they walk.* Und die männliche Personifizierung großer Tiere wäre zu unterlassen: You *can lead a horse to the water, but you can't make him* (heute gender-neutral: *it*) *drink*.

feminist ['femənɪst]	feministisch; Feminist(in)
Most feminists support [sə'pɔːt] the right to abortion [ə'bɔːʃn].	Die meisten Feminist(inn)en befürworten das Recht auf Abtreibung.
matriarchy ['meɪtriɑːki] – **patriarchy**	Matriarchat – Patriarchat
men's / women's jobs / occupations	Männer- / Frauenberufe
male superiority [supɪəri'ɒrəti]	männliche Überlegenheit
male chauvinism ['ʃəʊvənɪzm]	männlicher Chauvinismus
male chauvinist (pig)	Chauvi(nistenschwein)
macho ['mætʃəʊ]	Macho; Chauvi
A macho man wouldn't admit he cried.	Ein Macho würde nicht zugeben, dass er geweint hat.
misogyny [mɪ'sɒdʒəni]	Frauenfeindlichkeit

Social sciences
Sozialwissenschaften

8

1 Anthropology
Anthropologie

2 History
Geschichte

3 Political science
Politische Wissenschaft

4 Psychology
Psychologie

5 Sociology
Soziologie

8
1

Anthropology
Anthropologie

Anthropology is the science which tells us that people are the same the whole world over – except when they are different. (*Nancy Banks-Smith, British journalist, born in 1929*)

anthropology [ænθrə'pɒlədʒi]	Anthropologie; Lehre vom Menschen
physical ['fɪzɪkl] anthropology	physische / biologische Anthropologie
social anthropology	Ethnosoziologie
anthropologist [ænθrə'pɒlədʒɪst]	Anthropologe / Anthropologin
anthropological [ænθrəpə'lɒdʒɪkl]	anthropologisch
ethnology [eθ'nɒlədʒi]	Ethnologie; Völkerkunde

Hinweise zur Aussprache
Bei Substantiven auf *-ology* [-ɒlədʒi] oder *-ologist* [-ɒlədʒɪst] liegt die Hauptbetonung stets auf der *-ol*-Silbe: *archae'ology* [ɑ:ki'ɒlədʒi], *a'strology, chro'nology, crimi'nology, e'cology, phi'lology* etc.
Bei den entsprechenden Adjektiven liegt die Hauptbetonung auf *-log-*: *anthropo'logical, archaeo'logical* [ɑ:kiə'lɒdʒɪkl], *astro'logical, chrono'logical, crimino'logical, eco'logical, ethno'logical, philo'logical* etc.

fieldwork ['fi:ldwɜ:k]	Feldforschung
human ['hju:mən] – **humans**	menschlich – Menschen
human populations / races	menschliche Populationen / Rassen
human social life	das menschliche Gemeinschaftsleben
class humans into races	Menschen in Rassen einteilen
prehistoric [pri:hɪ'stɒrɪk] humans	prähistorische / vorgeschichtliche Menschen
social structure ['strʌktʃə]	Sozialstruktur
social system ['sɪstəm] / order	Gesellschaftsordnung
political institutions [ɪnstɪ'tju:ʃnz]	politische Einrichtungen / Institutionen
culture / civilization [sɪvəlaɪ'zeɪʃn]	Kultur
early / ancient ['eɪnʃənt] civilizations / cultures	frühe / alte Kulturen
native-American cultures ['kʌltʃəz]	indianische Kulturen
the cultural ['kʌltʃərəl] **setting**	der kulturelle Hintergrund
a people's cultural heritage ['herɪtɪdʒ]	das kulturelle Erbe eines Volkes
cultural diversity [-'vɜ:-] / differences	kulturelle Vielfalt / Unterschiede
folklore ['fəʊklɔ:]	(mündliche) Volksüberlieferung
folk music ['mju:zɪk] – folk song	Volksmusik – Volkslied
folk tale – folk medicine ['medsn]	Volksmärchen – Volksmedizin
folk art – primitive ['pɪmɪtɪv] art	Volkskunst – primitive Kunst
customs ['kʌstəmz]	Sitten; Bräuche; Sitten und Gebräuche
kinship ['kɪnʃɪp]	(Bluts-)Verwandtschaft
family structures ['strʌktʃəz]	Familienstrukturen
so-called primitive peoples	sogenannte primitive Völker

the Australian Aborigines [æbə'rɪdʒəniz]	die Ureinwohner Australiens
tribe [traɪb] – **tribal** ['traɪbl]	(Volks-)Stamm – Stammes-
symbol ['sɪmbl]	Symbol
symbolize ['sɪmbəlaɪz]	symbolisieren
symbolic(ally) [sɪm'bɒlɪk(li)]	symbolisch
ritual ['rɪtʃuəl]	Ritual; Zeremoniell
taboo [tə'bu:]	Tabu; tabu
the incest ['ɪnsest] **taboo**	das Inzesttabu / Inzestverbot
totem ['təʊtəm] – **totemism**	Totem – Totemismus
evolution [i:və'lu:ʃn]	(die) Evolution
Darwin's theory ['θɪəri] of evolution	Darwins Evolutionstheorie
evolutionary [i:və'lu:ʃənri]	Evolutions-; Entwicklungs-
natural selection [sɪ'lekʃn]	natürliche Auslese
survival [sə'vaɪvl] **of the fittest**	Überleben des / der Tauglichsten
genetics [dʒə'netɪks]	Genetik; Vererbungslehre
genetic drift [dʒənetɪk 'drɪft]	Gendrift
mutation [mju:'teɪʃn]	Mutation
migration [maɪ'greɪʃn]	Migration; Wanderung(en)
adaptation to ecosystems ['i:kəʊ-]	Anpassung an Ökosysteme
artefact ['ɑ:tɪfækt]	Artefakt (= von vorgeschichtlichen Menschen geformter Gegenstand)

*"**You** may be descended from the apes, but I'm not."*

8

2

History
Geschichte

That men do not learn very much from the lessons of history is the most important of all the lessons that history has to teach. (*Aldous Huxley, English writer, 1894–1963*)

history ['hɪstri]	Geschichte; Geschichtswissenschaft
ancient ['eɪnʃənt] history	alte Geschichte
medieval [medi'i:vl] / modern history	mittelalterliche / neuere Geschichte
contemporary [kən'temprəri] history	(die) Zeitgeschichte
social / economic [i:kə'nɒmɪk] history	Sozial- / Wirtschaftsgeschichte
ecclesiastical [ɪkli:zi'æstɪkl] history	(die) Kirchengeschichte
a cultural history of India	(eine) Kulturgeschichte Indiens
history of ideas [aɪ'dɪəz]	Geistesgeschichte; Ideengeschichte
local ['ləʊkl] history	Heimatgeschichte
research [rɪ'sɜ:tʃ] into local history	Heimatforschung
historical [hɪ'stɒrɪkl]	historisch; geschichtlich
historical personalities [pɜ:sə'nælətiz]	historische Persönlichkeiten
a matter of historical interest ['ɪntrəst]	eine Sache von historischem Interesse
historical research [rɪ'sɜ:tʃ]	(die) Geschichtsforschung
historical records ['rekɔ:dz]	historische Zeugnisse / Belege

Unterschied zwischen *historical* und *historic*

historical (= historisch / geschichtlich = zur Geschichte gehörig / geschichtlich nachgewiesen)

historic (= historisch / geschichtlich bedeutsam)

Was Jesus a historical figure? (= War Jesus eine geschichtliche Gestalt, d.h. eine Person, deren Existenz historisch nachgewiesen ist?)

The fall of the Berlin Wall was a historic event. (= Der Fall der Berliner Mauer war ein Ereignis von historischer Bedeutung.)

Der Fall der Berliner Mauer ist natürlich auch *a historical event*, insofern als er Teil der Geschichte ist, also in diesem Sinn historisch / geschichtlich.

historian [hɪ'stɔ:riən]	Historiker(in); Geschichtsforscher(in)
a scholar ['skɒlə]	ein(e) Gelehrte(r)
prehistory [pri:'hɪstri] – **prehistoric**	Vorgeschichte – vorgeschichtlich
genealogy [dʒi:ni'ælədʒi]	Genealogie; Ahnentafel / -forschung
primary sources [praɪməri 'sɔ:sɪz]	Primärquellen
document ['dɒkjumənt]	Dokument; Urkunde
records ['rekɔ:dz]	Aufzeichnungen; Zeugnisse; Belege
contemporary [kən'temprəri] records	zeitgenössische Berichte
written records / sources ['sɔ:sɪz]	schriftliche Überlieferungen / Quellen
oral traditions ['ɔ:rəl trədɪʃnz]	mündliche Überlieferungen
archives ['ɑ:kaɪvz]	Archive
data from parish registers ['redʒɪstəz]	Daten / Fakten aus Kirchenbüchern
the deciphering [dɪ'saɪfərɪŋ] **of inscriptions**	das Entziffern von Inschriften
chronicle ['krɒnɪkl] – **chronicler**	Chronik – Chronist(in)

statistics [stə'tɪstɪks]	Statistiken
population figures ['fɪgəz]	Bevölkerungszahlen
population movements ['mu:vmənts]	Bevölkerungsbewegungen
textual criticism ['tekstʃuəl krɪtɪsɪzm]	Textkritik
period (of history) ['pɪəriəd]	(Geschichts-)Epoche
during the Renaissance [rɪ'neɪsns] period	während der Renaissance
epoch ['i:pɒk]	Epoche; Zeitalter
the spirit of the / an age [eɪdʒ]	der Zeitgeist
ancient ['eɪnʃənt]	alt; antik
ancient Rome	das alte Rom; das Rom der Antike
in ancient times / in antiquity [æn'tɪkwəti]	im Altertum; in der Antike
the ancients	die Menschen der Antike
antiquity / the ancient world [wɜ:ld]	die Antike
the art of classical ['klæsɪkl] antiquity	die Kunst der Antike
the Crusades [kru:'seɪdz]	die Kreuzzüge
Crusaders [kru:'seɪdəz]	Kreuzfahrer; Kreuzritter
the Middle Ages [mɪdl 'eɪdʒɪz]	das Mittelalter
the Reformation [refə'meɪʃn]	die Reformation
the age of absolutism ['æbsəlu:tɪzm]	das Zeitalter des Absolutismus
the Enlightenment [ɪn'laɪtnmənt]	die Aufklärung
the French Revolution [revə'lu:ʃn]	die Französische Revolution
the Industrial [ɪn'dʌstriəl] Revolution	die industrielle Revolution

"1066? 1066??? History just isn't my strong point."

Political science
Politische Wissenschaft

→ 6.3–6.7

Politics is not an exact science. (*Otto von Bismarck, German statesman, 1815–98*)

political [pə'lɪtɪkl] – **politically**	politisch – in politischer Hinsicht
political science ['saɪəns]	politische Wissenschaft; Politikwissenschaft; Politologie
political scientist ['saɪəntɪst]	Politologe / Politologin
political attitude ['ætɪtju:d]	politische Einstellung / Überzeugung
political systems / institutions	politische Systeme / Institutionen
the country's political culture ['kʌltʃə]	die politische Kultur des Landes
exercise political power	politische Macht ausüben
achieve [ə'tʃi:v] political aims	politische Ziele erreichen

Pressure group = Pressuregroup (= organisierte Interessengruppe, die Druck auf Parteien, Regierung etc. ausübt um Entscheidungen zu beeinflussen)

politically important / stable / active	politisch wichtig / stabil / aktiv
go into **politics** ['pɒlətɪks]	in die Politik gehen
international [ɪntə'næʃnəl] politics	(die) internationale Politik
policy ['pɒləsi]	(eine bestimmte) Politik (*vgl. S. 100*)
policy document ['dɒkjumənt]	Grundsatzpapier
a predictable [-'dɪkt-] foreign policy	eine berechenbare Außenpolitik
in the field of **foreign affairs** [ə'feəz]	auf dem Gebiet der Außenpolitik
(the) state [steɪt]	(der) Staat
nation state [neɪʃn 'steɪt]	Nationalstaat
international [ɪntə'næʃnəl]	international
international organizations	internationale Organisationen
international relations [rɪ'leɪʃnz]	internationale Beziehungen
international law [lɔ:]	internationales Recht; Völkerrecht
decision-making processes	Entscheidungsprozesse
opinion poll [ə'pɪnjən pəʊl]	Meinungsumfrage
influence ['ɪnfluəns] public opinion	die öffentliche Meinung beeinflussen
behaviour [bɪ'heɪvjə]	Verhalten
voting / voter behaviour	(das) Wählerverhalten
an analysis of electoral behaviour	eine Analyse des Wählerverhaltens
patterns of political behaviour	politische Verhaltensmuster
social conflicts ['kɒnflɪkts]	soziale / gesellschaftliche Konflikte
civic education [edju'keɪʃn]	politische Bildung
civics (*mit Singularverb*) ['sɪvɪks]	Gemeinschafts- / (Staats-)Bürgerkunde
human rights [hju:mən 'raɪts]	Menschenrechte
human rights violations / abuses	Menschenrechtsverletzungen
China's human rights record	die Menschenrechtssituation in China

Psychology
Psychologie

Freud is the father of psychoanalysis. It had no mother. (*Germaine Greer, Australian feminist, born in 1939*)

psychology [saɪ'kɒlədʒi]	Psychologie
applied [ə'plaɪd] psychology	angewandte Psychologie
clinical ['klɪnɪkl] psychology	klinische / medizinische Psychologie
comparative [kəm'pærətɪv] psychology	vergleichende Psychologie
developmental [-'mentl] psychology	Entwicklungspsychologie
educational [edju'keɪʃnəl] psychology	pädagogische Psychologie
learning psychology	Lernpsychologie

Hinweis zur Aussprache
Die folgenden viersilbigen Wörter werden auf der zweiten Silbe betont:
psy'chology, pa'thology, psy'chiatry, psy'chologist, psy'chiatrist, a'nalysis.

psychologist [saɪ'kɒlədʒɪst]	Psychologe / Psychologin
psychological [saɪkə'lɒdʒɪkl]	psychologisch
psychiatry [saɪ'kaɪətri] – **psychiatrist**	Psychiatrie – Psychiater(in)
psychoanalysis [saɪkəʊə'næləsɪs]	Psychoanalyse
psychoanalyst [saɪkəʊ'ænəlɪst]	Psychoanalytiker(in)
psychopath ['saɪkəpæθ]	Psychopath(in)
psychopathic [saɪkə'pæθɪk]	psychopathisch
psychopathology [saɪkəʊpə'θɒlədʒi]	Psychopathologie
psychotherapy [saɪkəʊ'θerəpi]	Psychotherapie
psychotherapist [saɪkəʊ'θerəpɪst]	Psychotherapeut(in)
behaviour [bɪ'heɪvjə]	Verhalten
abnormal [æb'nɔ:ml] behaviour	abnormes / a(b)normales Verhalten
behavioural research [rɪ'sɜ:tʃ]	Verhaltensforschung
behaviourism [bɪ'heɪvjərɪzm]	Behaviorismus; Verhaltenspsychologie

condition [kən'dɪʃn] – **conditioning**	konditionieren – Konditionierung
conditioned reflex ['ri:fleks]	bedingter Reflex
stimulus ['stɪmjələs] **and response**	Reiz und Reaktion
positive / negative reinforcement	positive / negative Verstärkung
personality [pɜ:sə'næləti]	Persönlichkeit
the human mind [hju:mən 'maɪnd]	der menschliche Verstand / Geist
the conscious [ɒ] / unconscious mind	das Bewusste / Unbewusste
perception [pə'sepʃn]	Wahrnehmung
memory ['meməri]	Gedächtnis
short-term memory	Kurzzeitgedächtnis
long-term memory	Langzeitgedächtnis
thinking ['θɪŋkɪŋ]	(das) Denken
reasoning ['ri:znɪŋ]	(logisches) Denken
problem solving ['prɒbləm sɒlvɪŋ]	Problemlösen
intelligence [ɪn'telɪdʒəns]	Intelligenz
intelligence quotient ['kwəʊʃnt] / IQ	Intelligenzquotient / IQ

creativity [kri:eɪ'tɪvəti]	Kreativität
motivation [məʊtɪ'veɪʃn]	Motivation; Verhaltensantrieb
self-actualization / self-realization	Selbstverwirklichung
emotion [ɪ'məʊʃn]	Gefühl
emotions such as joy and anger ['æŋgə]	Gefühle wie Freude und Zorn
repressed [rɪ'prest] emotions	unterdrückte Gefühle
subconscious [sʌb'kɒnʃəs]	unterbewusst
unconscious [ʌn'kɒnʃəs]	unbewusst
dream [dri:m] – **dreaming**	Traum – (das) Träumen
nightmare ['naɪtmeə]	Alptraum
anxiety [æŋ'zaɪəti]	Angst
troubled by feelings of anxiety	von Angstgefühlen geplagt

> Zur Bezeichnung einer starken neurotischen Angst gibt es auch im Englischen das Wort *angst* [æŋst]: *Ever since the accident he's been suffering from angst.* (= Seit dem Unfall leidet er unter Angstgefühlen.)

mental disorders [dɪs'ɔ:dəz]	geistig-seelische Störungen
(mentally) disturbed [dɪ'stɜ:bd]	(geistes-)gestört
mentally ill [mentəli 'ɪl]	geisteskrank; psychisch krank
(mentally) retarded [rɪ'tɑ:dɪd]	(geistig) zurückgeblieben
learning disabilities [dɪsə'bɪlətiz]	Lernbehinderungen
psychosis [saɪ'kəʊsɪs] – **neurosis**	Psychose – Neurose
neurotic behaviour [bɪ'heɪvjə]	neurotisches / krankhaftes Verhalten
He's a neurotic [nju'rɒtɪk].	Er ist ein Neurotiker.
schizophrenia [skɪtsə'fri:niə]	Schizophrenie
schizophrenic [skɪtsə'frenɪk]	schizophren; Schizophrene(r)
group therapy [gru:p 'θerəpi]	Gruppentherapie
occupational [ɒkju'peɪʃənl] therapy	Beschäftigungstherapie
therapist / counsellor ['kaʊnsələ]	Therapeut(in)

> Das spaßhaft-umgangssprachliche Wort *shrink* bezeichnet *a psychotherapist, psychoanalyst or psychiatrist*: *She sees her shrink once a week.* (= Sie geht einmal wöchentlich zum Psychiater / zu ihrem Therapeuten.)

marriage counselling ['kaʊnsəlɪŋ]	Eheberatung
interview ['ɪntəvju:]	(psychodiagnostisches) Gespräch
case study ['keɪs stʌdi]	Fallstudie
psychological testing / tests	psychologische Tests
intelligence testing / tests	Intelligenztests
ability [ə'bɪləti] test	Eignungstest / -prüfung
aptitude ['æptɪtju:d] test	Eignungstest
achievement [ə'tʃi:vmənt] test	Leistungstest
standardized ['stændədaɪzd] test	standardisierter Test
validity (of a test) [və'lɪdəti]	Validität / Gültigkeit (eines Tests)
reliability [rɪlaɪə'bɪləti]	Zuverlässigkeit; Reliabilität
standard deviation [di:vi'eɪʃn]	Standardabweichung

Sociology
Soziologie

A sociologist is a scientist who blames crime on everything and everyone, except the person who commits it. (*Laurence J. Peter, Canadian writer and teacher, 1910–1990*)

sociology [səʊʃi'ɒlədʒi] – **sociologist**	Soziologie – Soziologe / Soziologin
sociological [səʊʃiə'lɒdʒɪkl]	soziologisch
social ['səʊʃl]	sozial; Sozial-; gesellschaftlich; Gesellschafts-
social change [tʃeɪndʒ]	sozialer / gesellschaftlicher Wandel
social norms [nɔːmz]	soziale / gesellschaftliche Normen
social relations / relationships	soziale / gesellschaftliche Beziehungen
the social environment [ɪn'vaɪrənmənt]	das soziale Umfeld
the social structure ['strʌktʃə]	die Sozialstruktur
social engineering [endʒɪ'nɪərɪŋ]	angewandte Sozialwissenschaft
socialization [səʊʃəlaɪ'zeɪʃn]	Sozialisation; Sozialisierung
society [sə'saɪəti]	(die) Gesellschaft
the poorest members of society	die ärmsten Mitglieder der Gesellschaft
a classless ['klɑːsləs] society	eine klassenlose Gesellschaft
demographic [demə'græfɪk]	demografisch
empirical research [rɪ'sɜːtʃ]	empirische Forschung
public opinion [pʌblɪk ə'pɪniən]	(die) öffentliche Meinung
influence ['ɪnfluəns] public opinion	die öffentliche Meinung beeinflussen
survey ['sɜːveɪ]	Umfrage; Untersuchung
carry out / conduct a survey	eine Umfrage veranstalten
45% of those surveyed [sə'veɪd]	45% der Befragten
census ['sensəs]	(Volks-)Zählung; Zensus
conduct [kən'dʌkt] a census	eine (Volks-)Zählung durchführen
statistics [stə'tɪstɪks]	Statistiken; Statistik (als Wissenschaft)
These statistics are misleading.	Diese Statistiken sind irreführend.
Statistics is a branch of mathematics [mæθə'mætɪks].	Die Statistik ist ein Teilgebiet der Mathematik. (*Vgl. S. 83 u. 240.*)
population [pɒpju'leɪʃn]	(statistische) Gesamtzahl / Gesamtheit
population growth [grəʊθ]	(das) Bevölkerungswachstum
sample ['sɑːmpl]	Auswahl; (Zufalls-)Stichprobe; Sample
random sample [rændəm 'sɑːmpl]	(Zufalls-)Stichprobe
representative [reprɪ'zentətɪv] sample	repräsentative Auswahl
behaviour pattern ['pætn]	Verhaltensmuster
codes of behaviour [bɪ'heɪvjə]	Verhaltensnormen
deviant ['diːviənt] behaviour	abweichendes Verhalten
group dynamics [daɪ'næmɪks]	Gruppendynamik
peer group ['pɪə gruːp]	(soziale Gruppe, der sich ein Individuum als zugehörig empfindet)
decision-making process ['prəʊses]	Entscheidungsprozess

Education
Bildungswesen

1 Educational facilities
Bildungseinrichtungen

2 Subjects and skills
Fächer und Fertigkeiten

3 Exams and qualifications
Prüfungen und Qualifikationen

4 Teaching and learning
Lehren und Lernen

5 In the classroom
Im Klassenzimmer

Educational facilities
Bildungseinrichtungen

Human history becomes more and more a race between education and catastrophe. (*H.G. Wells, English writer, 1866–1946*)

nursery school ['nɜːsri skuːl]	Kindergarten
kindergarten ['kɪndəgɑːtn]	*BE* Kindergarten; *AE* Vorschule für 4- bis 6-Jährige
primary school *BE* / *AE* **elementary** [eli'mentri] **school** / *AE* **grade school**	Grundschule
secondary ['sekəndri] **school**	höhere / weiterführende Schule
secondary modern (school) *BE*	(*früher*) Hauptschule / Realschule
comprehensive [kɒmprɪ'hensɪv] **school** *BE*	Gesamtschule
grammar school ['græmə skuːl] *BE*	Gymnasium
sixth form college ['kɒlɪdʒ] *BE*	gymnasiale Oberstufe als selbstständige Schule

Die *sixth form* ist im britischen allgemeinbildenden Schulsystem die oberste, zwei Jahre umfassende Klassenstufe. Im AE heißt Klasse(nstufe) *grade. He's in the third form* BE / AE *in (the) eighth grade now.* (= Er ist jetzt in der achten Klasse.)

prep(aratory) school ['prep / prɪ'pærətri skuːl] *BE*	Privatinternat zur Vorbereitung auf die Public School
public school [pʌblɪk 'skuːl]	*BE* private Internatsschule; *AE* öffentliche Schule
state school / maintained school	*BE* öffentliche Schule
special school ['speʃl skuːl]	Sonderschule
boarding school ['bɔːdɪŋ skuːl]	Internat(sschule)

middle school (= *AE* Schule für die Klassen 5/6–8)
junior high [dʒuːniə 'haɪ] ***(school)*** (= *AE* Schule für die Klassen 7–8/9)
senior high [siːniə 'haɪ] ***school*** (= *AE* Schule für die Klassen 10–12)
high school (= *AE* Schule für die Klassen 9/10–12)

vocational [vəʊ'keɪʃənl] **school**	Berufsschule / berufsbildende Schule
vocational college / trade school	Berufsfachschule
commercial / business school	Handelsschule
commercial / business college	höhere Handelsschule
technical ['teknɪkl] **college** *BE*	Fach(ober)schule
advanced [əd'vɑːnst] **technical college**	Fachhochschule
higher education [edju'keɪʃn]	Hochschul(aus)bildung

college ['kɒlɪdʒ] = AE höhere Bildungseinrichtung, die zu einem ersten Hochschulabschluss (*bachelor's degree* ['bætʃələz dɪgri:], z.B. *BA = Bachelor of Arts*) führt: *He's still at college.* (= Er ist noch auf dem College.) *I went to college here.* (= Ich bin hier aufs College gegangen.) *She graduated* ['grædʒueɪtɪd] *from college last year.* (= Sie hat voriges Jahr ihren College-Abschluss gemacht.)

college = BE Teil einer Universität: *Prince Charles studied at Trinity College, Cambridge* ['keɪmbrɪdʒ].

Ansonsten bezeichnet *college* eine Hochschule, Fachschule, Fachhochschule, Akademie etc.: *secretarial* [sekrə'teəriəl] *college* (= Sekretärinnenfachschule), *art college* (= Kunsthochschule), *teacher training college* BE / AE *teachers college* (= pädagogische Hochschule).

university [ju:nɪ'vɜ:səti]	Universität
go to / study at university	an der Universität studieren
He's a professor [prə'fesə] at the University of Denver.	Er ist Professor an der Universität Denver.
get a place at a university	einen Studienplatz bekommen
the Open University *BE*	die (britische) Fernuniversität
campus ['kæmpəs]	Universitätsgelände; Universitäts-
on campus	an der Universität; auf dem Universitätsgelände

Graduate ['grædʒuət] *school* bezeichnet im AE eine Hochschulabteilung für *postgraduates* [pəʊst'grædʒuəts], d.h. Studierende, die nach dem ersten Hochschulabschluss (*bachelor's degree*) weiterstudieren.

department [dɪ'pɑ:tmənt]	Abteilung; Fachbereich; Seminar
the Department of English	der Fachbereich Anglistik
medical school ['medɪkl sku:l]	medizinische Fakultät
art academy ['ɑ:t əkædəmi]	Kunstakademie
(theological) seminary ['semɪnəri]	theologische Hochschule
research institute ['ɪnstɪtju:t]	Forschungsinstitut
Sunday school ['sʌndeɪ sku:l]	(religiöse) Sonntagsschule
correspondence [-'spɒn-] **course**	Fernkurs
night school ['naɪt sku:l]	Abendschule

Weiterbildung heißt im BE *further education,* sonst auch *adult education* (= Erwachsenenbildung), *continuing education* oder *continued education.* Volkshochschulkurse sind *adult education classes* oder *evening classes.* Volkshochschule könnte man mit *adult education centre* oder *college for further adult education* übersetzen. *She did / took an evening class.* (= Sie machte / besuchte einen VHS-Kurs.)

Subjects and skills
Fächer und Fertigkeiten

By being so long in the lowest form (at Harrow, one of the best public schools) I gained an immense advantage over the cleverer boys. They all went on to learn Latin and Greek. ... But I was taught English. ... Thus I got into my bones the essential structure of the ordinary British sentence – which is a noble thing. (*Sir Winston Churchill, British statesman, 1874–1965*)

subject ['sʌbdʒɪkt]	(Unterrichts-)Fach
My favourite ['feɪvrət] subject is maths [mæθs].	Mein Lieblingsfach ist Mathe.
optional ['ɒpʃənl] subject	Wahlfach
compulsory [kəm'pʌlsəri] subject	Pflichtfach
elective [ɪ'lektɪv]	*AE* Wahlfach / Zusatzfach
course [kɔ:s]	Kurs(us); Lehrgang
attend [ə'tend] / take / do a course	einen Kurs besuchen / machen

National Curriculum [kə'rɪkjələm] heißt in *England and Wales* der Kanon von *three core subjects* (= Kernfächern) und *seven foundation subjects* (= Grundfächern), die für 5–16-Jährige an *state schools* (= öffentlichen Schulen) *compulsory* [kəm'pʌlsəri] (= obligatorisch) sind.
Core subjects: English, mathematics [mæθə'mætɪks], *science* ['saɪəns].
Foundation subjects: technology [tek'nɒlədʒi], *history* ['hɪstri], *geography* [dʒi'ɒgrəfi], *music* ['mju:zɪk], *art, physical education, and a modern foreign language* [fɒrən 'læŋgwɪdʒ] (= Fremdsprache).

mathematics – maths *BE* / *AE* math	Mathematik – Mathe
technology (education) [tek'nɒlədʒi]	Technik
history ['hɪstri]	Geschichte
art [ɑ:t] – **fine arts** [faɪn 'ɑ:ts]	Kunst – bildende Kunst

Viersilbige Wörter, die auf der zweiten Silbe betont werden:
bi'ology (= Biologie), *com'pulsory, cur'riculum, ge'ography* (= Erdkunde), *phi'losophy* (= Philosophie), *psy'chology, tech'nology.*

physical ['fɪzɪkl] **education** / PE	Sport; Leibesübungen
health [helθ] **(education)**	Gesundheit(slehre)
sex education ['seks edjukeɪʃn]	Sexualkunde
religious instruction [ɪn'strʌkʃn] / **education** / RI / RE	Religion(slehre)
social studies ['səʊʃl stʌdɪz]	Sozialkunde; Sozialwissenschaften
home economics [i:kə'nɒmɪks] / **home ec** [ek]	Hauswirtschaftslehre

Das Fach *science* ['saɪəns] (= Naturwissenschaft) umfasst *biology* [baɪ'ɒlədʒi] (= Biologie), *chemistry* ['kemɪstri] (= Chemie), *physics* ['fɪzɪks] (= Physik) und *geoscience* [dʒi:-] (= Geowissenschaft). *Computer science* ist Informatik.

curriculum [kəˈrɪkjələm]	Fächerkanon; Lehrplan; Curriculum
syllabus [ˈsɪləbəs]	Lehrplan; Stoffplan; Rahmenplan
listening [ˈlɪsnɪŋ] **comprehension**	Hörverstehen / -verständnis
reading comprehension [kɒmprɪˈhenʃn]	Leseverstehen / -verständnis
speed reading [ˈspi:d ri:dɪŋ]	Schnelllesen
dictation [dɪkˈteɪʃn]	Diktat
We're doing a dictation today.	Heute schreiben wir ein Diktat.
essay [ˈeseɪ] *BE* / *AE* **paper** / *AE* **theme** [θi:m] / **composition** [kɒmpəˈzɪʃn]	(Schul-)Aufsatz
write an essay / paper / theme on homelessness	einen Aufsatz über Obdachlosigkeit schreiben

Mit *the three Rs* [θri: ˈɑ:z] – *reading, (w)riting, (a)rithmetic* [əˈrɪθmətɪk] (= Rechnen) – bezeichnet man traditionell die Grundlagen der Schulbildung. Auch übertragen gebraucht: *the three Rs of good government* (= die Grundregeln guten Regierens).

Physical education.

Exams and qualifications
Prüfungen und Qualifikationen

In examinations those who do not wish to know ask questions of those who cannot tell. (*Sir Walter Raleigh, British academic, 1861–1922*)

Prüfungen sind *examinations* [ɪgzæmɪ'neɪʃnz] oder kurz *exams* [ɪg'zæmz]: *oral* ['ɔːrəl] / *written exam* (= mündliche / schriftliche Prüfung), *final exam* (= Abschlussprüfung), *I'm taking my finals in June.* (= Im Juni mache ich die Abschlussprüfung.) – *Students prepare for* (= bereiten sich vor auf) *or cram for* (= büffeln / pauken für) *an exam. They take / sit an exam* (= machen eine Prüfung / unterziehen sich einer Prüfung), *they pass / fail an exam* (= bestehen eine Prüfung / bestehen eine Prüfung nicht). Besonders AE auch *flunk an exam* (= bei einer Prüfung durchfallen / durchrasseln).

cheat (in an exam) [tʃiːt]	(bei einer Prüfung) täuschen / abschreiben
copy / crib off / from a neighbour	von einem Nachbarn abschreiben

Tests: *aptitude* ['æptɪtjuːd] *test* (= Eignungstest), *placement test* (= Einstufungstest), *achievement* [ə'tʃiːvmənt] *test* (= Leistungstest), *multiple-choice test* (= Antwortauswahltest), *cloze test* (= Lückentest, bei dem in einem Text z.B. jedes fünfte Wort zu ergänzen ist), *SAT™* AE = *Scholastic* [skə'læstɪk] *Aptitude Test* (= standardisierter Qualifikationstest für das Studium an amerikanischen Universitäten und Colleges), *SAT* BE = *Standard Assessment* [ə'sesmənt] *Task* (= standardisierter Lernfortschrittskontrolltest in einem *core subject* des *National Curriculum.*)

credit ['kredɪt]	Schein (als Leistungsausweis)
I've got two credits in Eng. Lit. [ɪŋ 'lɪt]	Ich habe zwei Scheine in englischer Literatur.
pass [pɑːs]	(Prüfung) bestehen
get a pass in history ['hɪstri]	die Geschichtsprüfung (ohne Prädikat) bestehen
He passed with honours ['ɒnəz].	Er bestand mit Auszeichnung.

Dem deutschen Abitur entsprechen in England in etwa *A levels* ['eɪ levlz]. *A (= advanced) level* (= Prüfung auf Abiturniveau in einem bestimmten Fach): *When are you taking your A levels?* (= Wann machst du dein Abitur?) *You need A levels if you want to go to university.* (= Um an der Universität zu studieren braucht man das Abitur.)
In den USA ist das *high school diploma* [dɪ'pləʊmə] annähernd dem Abiturzeugnis gleichzusetzen: *She graduated* ['grædʒueɪtɪd] *from high school last year.* (= Sie hat voriges Jahr das Abitur gemacht.)
Dem mittleren Schulabschluss entspricht in England ungefähr *the GCSE* (= *General Certificate* [sə'tɪfɪkət] *of Secondary Education*): *pupils preparing for*

GCSE (= Schüler, die sich auf den mittleren Abschluss vorbereiten), *He's got six GCSEs.* (= Er hat den mittleren Abschluss in sechs Fächern.)

graduate ['grædʒuət]	(Hochschul-)Absolvent(in)
university graduates	Akademiker(innen)
high school graduate *AE*	Abiturient(in)
graduate ['grædʒueɪt]	das Studium abschließen
She graduated last year.	Sie hat voriges Jahr ihren (Universitäts- / High School-) Abschluss gemacht.
graduation [grædʒu'eɪʃn]	Graduierung; *AE* (Schul-)Entlassung
graduation ceremony ['serəməni]	Abschlussfeier (mit Überreichung der Zeugnisse, Diplome etc.)

Noten, mit denen Leistungen bewertet werden, sind *marks* (BE) oder *grades* (AE, z.T. auch BE):
grades A to E (= die Noten 1 bis 5), *She scored / gained / achieved top marks* BE / AE *grades in both papers.* (= Sie hatte in beiden Arbeiten eine Eins.) *Her science grades are less good.* (= In den Naturwissenschaften sind ihre Noten weniger gut.) *He achieved five straight As* [eɪz]. (= Er hatte fünf glatte Einsen.)

report [rɪ'pɔːt] *BE* / *AE* **report card**	(Zwischen- / Jahres- / etc.)Zeugnis
certificate [sə'tɪfɪkət]	(Prüfungs- / Abschluss-)Zeugnis
diploma [dɪ'pləʊmə]	Diplom
He holds a diploma in economics.	(etwa) Er ist Diplomvolkswirt.

Um zu promovieren (= *do your / a doctorate* ['dɒktərət]) schreibt man u.a. eine Doktorarbeit oder Dissertation (= *doctoral thesis* ['θiːsɪs] / *dissertation*). Schließlich erlangt man die Doktorwürde (= *you gain / get your doctorate / doctor's degree*).
Abkürzungen wie *PhD* (= Dr. phil.), *MD* (= Dr. med.) und *ScD* (= Dr. rer. nat.) werden nachgestellt: *Helen Jackson, PhD* (= Dr. phil. Helen Jackson).
Andere akademische Grade (= *degrees* [dɪ'griːz]):
bachelor's ['bætʃələz] *degree* (= niedrigster akademischer Grad): *BA / Bachelor of Arts* (= Bachelor der Geisteswissenschaften), *BSc / Bachelor of Science* (= Bachelor der Naturwissenschaften)
master's degree (= Magister): *MA / Master of Arts* (= M.A. / Magister Artium), *MSc / Master of Science* (= M.A. / Magister der Naturwissenschaften).
He got his BA / bachelor's degree / MA / master's degree last year. (= Er hat voriges Jahr seinen B.A. / M.A. gemacht.)

Teaching and learning
Lehren und Lernen

Nothing that is worth knowing can be taught. (*Oscar Wilde, Irish writer, 1854–1900*)

teach (– taught [ɔ:] – taught)	unterrichten; lehren
Who taught you that?	Wer hat dir das beigebracht?
teach English to children	Kindern Englischunterricht erteilen
foreign-language teaching	Fremdsprachenunterricht
train [treɪn]	ausbilden; eine Ausbildung absolvieren
well / poorly trained teachers	gut / schlecht ausgebildete Lehrer
He's training as a waiter.	Er macht eine Ausbildung als Kellner.
training programme ['prəʊgræm]	Ausbildungsprogramm
vocational [vəʊ'keɪʃənl] training	berufliche Bildung; Berufs(aus)-bildung
instruction [ɪn'strʌkʃn]	Unterricht
instruction material(s) [mə'tɪəriəl(z)]	Lehrmaterial
self-instruction [self ɪn'strʌkʃn]	Selbstunterricht
instructor [ɪn'strʌktə]	Lehrer(in); Ausbilder(in)
driving instructor ['draɪvɪŋ ɪnstrʌktə]	Fahrlehrer(in)
lesson ['lesn]	(Unterrichts-)Stunde
give / take English lessons	Englischunterricht erteilen / nehmen
motivate ['məʊtɪveɪt]	motivieren
motivate the students to learn	die Schüler zum Lernen motivieren
motivation [məʊti'veɪʃn]	Motivation; Anreiz
the students lack motivation	die Schüler sind nicht sehr motiviert
learn (– learnt* – learnt*)	lernen
I learnt / learned that at school.	Das habe ich in der Schule gelernt.
learn a poem by heart [hɑ:t]	ein Gedicht auswendig lernen
learner ['lɜ:nə]	Lernende(r)
She's a quick / slow learner.	Sie lernt schnell / langsam.
study ['stʌdi] (a subject)	(ein Fach) studieren
She's studying to be an engineer.	Sie macht ein Ingenieurstudium.
I'm studying for tomorrow's test.	Ich lerne für die morgige Arbeit.
I need more time for study.	Ich brauche mehr Zeit zum Studieren.
read [i:] (– read [e] – read [e])	lesen
read the text silently ['saɪləntli] / aloud	den Text still / laut lesen
I'll read the text to you.	Ich werde euch den Text vorlesen.
She read philosophy at Oxford. *BE*	Sie hat in Oxford Philosophie studiert.
textbook ['tekstbʊk]	Lehrbuch
audiovisual aids [ɔ:diəʊvɪʒuəl 'eɪdz]	audiovisuelle Hilfsmittel
homework ['həʊmwɜ:k]	Hausaufgabe(n); Hausarbeit(en)
set / assign [ə'saɪn] homework	Hausarbeiten aufgeben
She's given us a lot of homework.	Sie hat uns viel aufgegeben.
What have you got for homework?	Was hast du auf?
assignment [ə'saɪnmənt]	(*z.B.* Haus-)Aufgabe; Hausarbeit
homework assignments	Hausaufgaben; Hausarbeiten

In the classroom
Im Klassenzimmer

School: A house of discipline and instruction. (*Definition in Dr Johnson's Dictionary, 1755*)

We have music in the third **period**.	In der dritten Stunde haben wir Musik.
Who's **absent** ['æbsənt] today?	Wer fehlt heute?
note it down in the (class) **register**	es im Klassenbuch vermerken
Let's **get started**.	Wir wollen anfangen.
(Can we have some) **Quiet**, please.	Bitte (etwas) Ruhe.
give out / **hand out** the books / texts	die Bücher / Texte austeilen
Take out your books.	Nehmt eure Bücher heraus.
Open your books at / to page 57.	Schlagt eure Bücher auf Seite 57 auf.
Shut / **Close** [z] your books, please.	Macht die Bücher bitte zu.
It's at the **top** / **bottom** of the page.	Es ist oben / unten auf der Seite.
act out a dialogue ['daɪəlɒg]	einen Dialog spielen
Will you **read** the part of the witch?	Übernimmst du die Rolle der Hexe?
Look at the third **paragraph**.	Schaut euch den dritten Absatz an.
Let's **go on** to the next paragraph.	Wir gehen weiter zum nächsten Absatz.
Better **make** / **take** some **notes**.	Macht euch besser ein paar Notizen.
summarize ['sʌməraɪz] the plot	die Handlung zusammenfassen
a brief / short **summary** of the text	eine kurze Zusammenfassung des Textes
find a **heading** for the story	für die Story eine Überschrift finden
I want you to **copy** this **down**.	Ich möchte, dass ihr das abschreibt.
Make sure you write **legibly** / **clearly**.	Bitte schreibt lesbar / deutlich.
Whose turn is it next?	Wer ist als Nächster dran?
Next (one), please.	Der Nächste, bitte.
Let's do this in **pairwork**.	Das machen wir in Partnerarbeit.
work in **groups** of four	in Vierergruppen arbeiten
Speak up, please.	Sprich bitte lauter.
Could you speak a little **louder**.	Könntest du etwas lauter sprechen.
Try to speak more **clearly**.	Versuch deutlicher zu sprechen.
Say / **Repeat** [rɪ'pi:t] after me …	Sprecht mir bitte nach …
Say it **once again**, please.	Sag das bitte noch mal.
No **prompting**, please.	Bitte nicht vorsagen.
Go to the **(black)board**, please.	Geh bitte zur Tafel.
a piece of **chalk** [tʃɔ:k]	ein Stück Kreide
rub / **wipe** something **off**	etwas (von der Tafel) abwischen
clean the board	die Tafel abwischen
(overhead) projector / **OHP**	Overhead- / Tageslichtprojektor
Have you **finished**?	Seid ihr fertig?
Has everyone **handed in** their test?	Haben alle ihre Arbeit abgegeben?
I'll **return** the tests on Monday.	Ich gebe die Arbeit Montag zurück.
That'll do for today.	Das wär's für heute.
We'll **finish** it **off** next time.	Wir machen es nächstes Mal zu Ende.
For your **homework** would you do …	Als Hausaufgabe macht bitte …

"Weltanschauung"
Weltanschauung

Weltanschauung ist eines von zahlreichen deutschen Wörtern, die ihren Weg in die englische Sprache gefunden haben – der Plural lautet *weltanschauungs* oder *weltanschauungen.*
Weitere Beispiele: *weltgeist, zeitgeist, weltschmerz, Heimweh, angst, gestalt, leitmotif, gemeinschaft, gesellschaft, Sturm und Drang, Aufklärung, bildungsroman, festschrift, doppelgänger, ding an sich, mensch, Übermensch, Gesamtkunstwerk, Jugendstil, Bauhaus, Götterdämmerung, Völkerwanderung, wunderkind, kapellmeister, lied, volkslied, glockenspiel, Heiligenschein, kitsch, schmaltz, spiel, schadenfreude, affenpinscher, dachshund, schnauzer, kindergarten, hausfrau, lederhosen, sitz bath, rucksack, gemütlich(keit), kaffeeklatsch, lebkuchen, frankfurter, bratwurst, leberwurst, schnitzel, (sauer)kraut, schnap(p)s, lager, katzenjammer, rat(h)skeller, autobahn, kriegspiel, blitz(krieg), sitzkrieg, luftwaffe, flak, U-boat, faltboat, herrenvolk, Führer, Gestapo, lebensraum, diktat, realpolitik, putsch, ersatz, dreck, kaput, verboten, gastarbeiter, Auslander, gesundheit!, auf Wiedersehen!.*

10
1

Religions and denominations
Religionen und Konfessionen

There is only one religion, though there are a hundred versions of it.
(*George Bernard Shaw, Irish writer, 1856–1950*)

religion [rɪ'lɪdʒən]	Religion
freedom of religion	Religionsfreiheit
religious [rɪ'lɪdʒəs]	religiös
religious beliefs [bɪ'li:fs]	religiöse Überzeugungen
Christianity [krɪsti'ænəti]	Christenheit
The cross is the symbol ['sɪmbl] of Christianity.	Das Kreuz ist das Symbol des Christentums.
Christian ['krɪstʃən]	christlich; Christ(in)
Christians believe that Jesus ['dʒi:zəs] is the Messiah [mə'saɪə].	Die Christen glauben, dass Jesus der Messias ist.
the early Christians	die Urchristen
Islam ['ɪzlɑ:m]	(der) Islam
Adherents [əd'hɪərənts] of Islam are called Muslims ['mʊzləmz].	Anhänger des Islam heißen Muslime.
Islamic [ɪz'læmɪk]	islamisch
Islamic fundamentalists [fʌndə'mentəlɪsts]	islamische Fundamentalisten
Hinduism ['hɪnduɪzm]	(der) Hinduismus
The cow is revered [rɪ'vɪəd] in Hinduism.	Die Kuh wird im Hinduismus verehrt.
Hindu ['hɪndu:]	hinduistisch; Hindu(-)
In a Hindu's eyes, everything is sacred ['seɪkrɪd].	In den Augen eines Hindu ist alles heilig.
Buddhism ['bʊdɪzm]	(der) Buddhismus
Buddhism has spread [spred] in the West.	Der Buddhismus hat sich im Westen ausgebreitet.
Buddhist ['bʊdɪst]	buddhistisch; Buddhist(in)
Judaism ['dʒu:deɪɪzm]	(das) Judentum; (der) Judaismus
Judaism is the religion of the Jews.	Der Judaismus ist die Religion der Juden.
Jew [dʒu:]	Jude / Jüdin
Jewish ['dʒu:ɪʃ]	jüdisch
centres of Jewish culture ['kʌltʃə]	Zentren jüdischer Kultur
He's / She's Jewish.	Er ist Jude. / Sie ist Jüdin.
convert [kən'vɜ:t]	konvertieren; bekehren
He converted to Roman Catholicism [kə'θɒləsɪzm].	Er konvertierte zum Katholizismus / trat zum katholischen Glauben über.
They were converted to Christianity [krɪsti'ænəti].	Sie wurden zum Christentum bekehrt.

Beachten Sie den Gebrauch des Artikels *a(n)*:
He's a Christian ['krɪstʃən] / *a Roman Catholic* ['kæθlɪk] / *a Protestant* ['prɒtɪstənt] / *a Jew* [dʒu:] / *etc.*
(= Er ist Christ / Katholik / Protestant / Jude / etc.)

denomination [dɪnɒmɪ'neɪʃn]	Konfession; Glaubensgemeinschaft
What denomination are you?	Welche Konfession haben Sie?
denominational school	Konfessions- / Bekenntnisschule
(Roman) Catholicism [kə'θɒləsɪzm]	(der) Katholizismus
In Poland, Roman Catholicism is the predominant [prɪ'dɒmɪnənt] religion.	In Polen ist der Katholizismus die vorherrschende Religion.
Roman Catholic [rəʊmən 'kæθlɪk]	(römisch-)katholisch; Katholik(in)
He was received [rɪ'si:vd] into the Roman Catholic church.	Er wurde in die katholische Kirche aufgenommen.
She became a (Roman) Catholic.	Sie wurde katholisch.
Protestantism ['prɒtɪstəntɪzm]	(der) Protestantismus
Luther(an)ism ['lu:θər(ən)ɪzm] is one of the major branches of Protestantism.	Das Luthertum ist eine der Hauptrichtungen des Protestantismus.
Protestant ['prɒtɪstənt]	protestantisch; evangelisch
Protestant churches ['tʃɜ:tʃɪz]	protestantische / evangelische Kirchen
He's / She's a Protestant.	Er / Sie ist Protestant(in) / evangelisch.
Calvinism ['kælvənɪzm]	(der) Kalvinismus
Reformed [rɪ'fɔ:md] **churches**	reformierte Kirchen
Lutheran ['lu:θərən]	lutherisch; Lutheraner(in)
Lutheran churches	lutherische Kirchen
Baptist ['bæptɪst]	Baptist(in)
Methodist ['meθədɪst]	methodistisch; Methodisten-
She's a Methodist / Baptist.	Sie ist Methodistin / Baptistin.
Anglican ['æŋglɪkən]	anglikanisch; Anglikaner(in)
the Anglican Church	die anglikanische Kirche

Anglicans are Christians who are members of the Church of England.
(= Anglikaner sind Christen, die Mitglieder der Kirche von England sind.)
The Church of England is the established [ɪ'stæblɪʃt] *church in England.*
(= Die Kirche von England ist in England die Staatskirche.) *Its head* (= Oberhaupt) *is the English monarch* ['mɒnək].

Presbyterian [prezbɪ'tɪəriən]	presbyterianisch
He's / She's a Presbyterian.	Er / Sie ist Presbyterianer(in).
Puritan ['pjʊərɪtən]	puritanisch; Puritaner(in)
Many Puritans emigrated ['emɪgreɪtɪd] to the New World.	Viele Puritaner wanderten in die Neue Welt aus.
the **Salvation Army** [sælveɪʃn 'ɑ:mi]	die Heilsarmee
Orthodox ['ɔ:θədɒks] (churches / Jews)	orthodox(e Kirchen / Juden)

10
2

God and divinity
Gott und Göttlichkeit

Everything is possible, even God. (*Ernest Renan, French philosopher, historian, and scholar of religion, 1823–1892*)

god [gɒd]	Gott
Fear God, and keep his commandments [kə'mɑːndmənts].	Fürchte Gott und halte seine Gebote.
I believe in God the Father Almighty [ɔːl'maɪti], Maker of heaven ['hevn] and earth.	Ich glaube an Gott den Vater, den Allmächtigen, den Schöpfer des Himmels und der Erde.
You shall have no other gods before me.	Du sollst keine anderen Götter haben neben mir.
the Lord (God)	(Gott) der Herr
creator [kri'eɪtə] **/ maker**	Schöpfer
the creator of the universe ['juːnɪvɜːs]	der Schöpfer des Weltalls
Jesus Christ [dʒiːzəs 'kraɪst]	Jesus Christus
our Lord Jesus Christ	unser Herr Jesus Christus
the Messiah [mə'saɪə]	der Messias
the Holy ['həʊli] **Spirit / Ghost**	der Heilige Geist
the Holy Trinity ['trɪnəti] (= Father, Son and Holy Spirit)	die Heilige Dreifaltigkeit / Dreieinigkeit (= Vater, Sohn und Heiliger Geist)
almighty [ɔːl'maɪti]	allmächtig
Let us pray to Almighty God / to the Almighty.	Lasst uns zum allmächtigen Gott / zum Allmächtigen beten.
goddess ['gɒdes]	Göttin
Artemis ['ɑːtɪmɪs] was a Greek goddess.	Artemis war eine griechische Göttin.
Allah ['ælə]	(arabischer Name für Gott)
There is no God but Allah, and Muhammad [mʊ'hæməd] is his messenger.	Es gibt keinen Gott außer Allah, und Mohammed ist sein Bote.
the **Prophet Muhammad** [prɒfɪt mʊ'hæməd]	der Prophet Mohammed
Vishnu and Shiva ['vɪʃnuː ənd 'ʃiːvə]	Wischnu und Schiwa
Vishnu and Shiva are the two principal ['prɪnsəpl] Hindu gods.	Wischnu und Schiwa sind die beiden hinduistischen Hauptgötter.
Krishna ['krɪʃnə]	Krischna (hinduistische Gottheit)
Buddha ['bʊdə]	Buddha
Buddha means "the enlightened one".	Buddha heißt „der Erleuchtete".
Yahweh ['jɑːweɪ]	Jahve / Jahwe
In the Jewish Bible, God was called YHWH, which was probably pronounced Yahweh.	In der jüdischen Bibel hieß Gott YHWH, was wahrscheinlich Jahve ausgesprochen wurde.
deity ['deɪəti]	Gottheit; Göttlichkeit
Atheists ['eɪθiɪsts] deny the existence of a deity.	Atheisten leugnen die Existenz eines Gottes / einer Gottheit.
Jesus' humanity [hju'mænəti] and deity	Jesu Menschlichkeit und Göttlichkeit

divine [dɪ'vaɪn]	göttlich
divine revelation [revə'leɪʃn]	göttliche Offenbarung
divinity [dɪ'vɪnəti]	Göttlichkeit
the divinity of Christ [kraɪst]	die Göttlichkeit Christi
believe in a **supreme** [su'priːm] **being**	an ein höchstes Wesen glauben
omnipotent [ɒm'nɪpətənt]	allmächtig
omnipresent [ɒmnɪ'preznt]	allgegenwärtig
omniscient [ɒm'nɪsiənt]	allwissend
polytheism ['pɒliθiɪzm]	Polytheismus (= Glaube an viele Götter)
monotheism ['mɒnəʊθiɪzm]	Monotheismus (= Glaube an einen einzigen Gott)

"If only God hadn't made them so damned fast."

10
3

Religious doctrines, practices, institutions
Religiöse Lehren, Bräuche, Institutionen

There was never a century nor a country that was short of experts who knew the Deity's mind and were willing to reveal it. (*Mark Twain, US writer, 1835–1910*)

doctrine ['dɒktrɪn]	Lehre; Lehrmeinung; Grundsatz
dogma ['dɒgmə]	Dogma (= kirchlicher Glaubenssatz)
exegesis [eksɪ'dʒi:sɪs]	Exegese; (Bibel-)Auslegung
theology [θi'ɒlədʒi]	Theologie
the Old / New Testament ['testəmənt]	das Alte / Neue Testament
the **parables** ['pærəblz] of Jesus	die Gleichnisse Jesu
gospel ['gɒspl]	Evangelium
psalm [sɑ:m]	Psalm
heaven ['hevn]	(der) Himmel
ascend [ə'send] (in)to heaven	in den / zum Himmel auffahren
hell [hel]	(die) Hölle
angel ['eɪndʒəl]	Engel
saint [seɪnt]	Heilige(r)
St George [snt 'dʒɔ:dʒ]	der heilige Georg / Sankt Georg
devil ['devl]	Teufel
the Ten Commandments [kə'mɑ:ndmənts]	die Zehn Gebote
the Resurrection [rezə'rekʃn]	die Auferstehung (Christi)
(original) **sin** [ərɪdʒənl 'sɪn]	(die) (Erb-)Sünde
a deadly / mortal ['mɔ:tl] sin	eine Todsünde
church [tʃɜ:tʃ]	Kirche
go to / attend [ə'tend] church	in die Kirche gehen
in / after church	in / nach der Kirche
cathedral [kə'θi:drəl]	Dom; Kathedrale
attend a **service** ['sɜ:vɪs]	an einem Gottesdienst teilnehmen
worship ['wɜ:ʃɪp]	(am) Gottesdienst (teilnehmen)
She regularly attended worship.	Sie ging regelmäßig zum Gottesdienst.

Christians worship in a church, Jews in a synagogue ['sɪnəgɒg], *and Muslims* ['mʊzlɪmz] *in a mosque* [mɒsk]. (= Christen halten Gottesdienst in einer Kirche, Juden in einer Synagoge und Muslime in einer Moschee.)

mass [mæs]	(die) Messe
go to / attend [ə'tend] mass	zur Messe gehen
preach [pri:tʃ] – **preacher**	predigen – Prediger(in)
sermon ['sɜ:mən]	Predigt
the Sermon on the Mount [maʊnt]	die Bergpredigt
altar ['ɔ:ltə]	Altar

a sacrament ['sækrəmənt]	ein Sakrament
confession [kən'feʃn]	(die) Beichte
absolution [æbsə'lu:ʃn]	Absolution; Lossprechung (von Sünden)
(Holy) Communion [kə'mju:niən]	die (heilige) Kommunion
the Last / the Lord's Supper	das (heilige) Abendmahl
prayer [preə]	Gebet
the Lord's Prayer [the lɔ:dz 'preə]	das Vaterunser
the Creed [kri:d]	das Glaubensbekenntnis
amen [ɑ:'men / eɪ'men]	amen; Amen
christen ['krɪsn] **/ baptize** [bæp'taɪz]	taufen
He was christened / baptized Patrick.	Er wurde Patrick getauft.
confirmation [kɒnfə'meɪʃn]	Konfirmation; Einsegnung; Firmung
catechism ['kætəkɪzm]	Katechismus
congregation [kɒŋgrɪ'geɪʃn]	Gemeinde (beim Gottesdienst)
parish ['pærɪʃ]	(Kirchen-)Gemeinde
parish council [pærɪʃ 'kaʊnsl]	Gemeinderat
deacon ['di:kən] – **deaconess** [di:kə'nes]	Diakon – Diakonin
the clergy ['klɜ:dʒi]	die Geistlichkeit; der Klerus
The clergy are against the law [lɔ:].	Der Klerus ist gegen das Gesetz.

Pfarrer hat im Englischen eine Vielzahl von Entsprechungen, u.a.:
(katholisch) *priest* [pri:st] (= Priester)
(anglikanisch) *priest*, *minister* ['mɪnɪstə], *vicar* ['vɪkə], *rector* ['rektə]
(evangelisch) *pastor* ['pɑ:stə], *minister*, *vicar*
(Krankenhaus- / Hochschul- / Militär- / Gefängnis-Pfarrer) *chaplain* ['tʃæplɪn]
(allgemein) *clergyman* ['klɜ:dʒimən] / *clergywoman* (= Geistlicher / Geistliche)

(arch)bishop [(ɑ:tʃ)'bɪʃəp]	(Erz-)Bischof
cardinal ['kɑ:dɪnl]	Kardinal
pope [pəʊp]	Papst
monk [mʌŋk] – **nun** [nʌn]	Mönch – Nonne
monastery ['mɒnəstri]	(Mönchs-)Kloster
Israel ['ɪzreɪl]	Israel
the God of Israel	der Gott Israels
the Torah ['tɔ:rə]	die Thora (jüd. = die 5 Bücher Mose)
the Talmud ['tælmʊd]	der Talmud (= Sammelwerk der jüd. Lehre und Überlieferung)
temple ['templ]	Tempel
rabbi ['ræbaɪ]	Rabbi(ner)
kosher ['kəʊʃə]	koscher
Sabbath ['sæbəθ]	Sabbat
the Koran [kɔ:'rɑ:n]	der Koran
Ramadan [ræmə'dɑ:n]	Ramadan (= islam. Fastenmonat)
fatwa ['fætwə]	Fetwa (= islam. Rechtsgutachten)
jihad [dʒi'hæd]	Dschihad (= islam. heiliger Krieg)
infidel ['ɪnfɪdl]	Ungläubige(r)
fundamentalism [fʌndə'mentəlɪzm]	Fundamentalismus

Nonreligious beliefs
Nichtreligiöse Überzeugungen

The mystery of the beginning of all things is insoluble by us; and I for one must be content to remain an agnostic. (*Charles Darwin, English scientist, 1809–1882*)

transcendent [træn'sendənt]	transzendent (= jenseits der sinnlichen Erfahrung liegend)
believe in the existence [ɪg'zɪstəns] of a transcendent being	an die Existenz eines transzendenten Wesens glauben
metaphysical [metə'fɪzɪkl]	metaphysisch
scepticism ['skeptɪsɪzm]	Glaubenszweifel; Skeptizismus
the skeptics of ancient ['eɪnʃnt] Greece	die Skeptiker des alten Griechenland
doubt [daʊt]	zweifeln; Zweifel
He doubts the existence of God.	Er bezweifelt die Existenz Gottes.
doubting Thomas [daʊtɪŋ 'tɒməs]	der ungläubige Thomas

Jesus said to Thomas: "Be unbelieving no longer, but believe."

unbelief [ʌnbɪ'li:f]	(religiöser) Unglaube
reason ['ri:zn]	(die) Vernunft
Kant's critique [krɪ'ti:k] of pure reason	Kants Kritik der reinen Vernunft
rationalism ['ræʃnəlɪzm]	(der) Rationalismus
enlightenment [ɪn'laɪtnmənt]	Aufklärung; Erleuchtung
agnosticism – agnostic [æg'nɒstɪk]	Agnostizismus – Agnostiker(in)
atheism ['eɪθiɪzm] – **atheist**	Atheismus – Atheist(in)

Question: Is there a God? – The believer's answer: Yes, there is. – The atheist's answer: No, there isn't. – The agnostic's answer: I don't know.

materialist [mə'tɪəriəlɪst]	materialistisch; Materialist(in)
a materialist view of the world	eine materialistische Weltsicht
nihilism ['naɪɪlɪzm] – **nihilist**	Nihilismus – nihilistisch / Nihilist(in)
anthroposophy [ænθrə'pɒzəfi]	Anthroposophie
superstition [su:pə'stɪʃn] – **superstitious** [su:pə'stɪʃəs]	Aberglaube – abergläubisch
esoteric [esə'terɪk]	esoterisch (= nur für Eingeweihte)
occult ['ɒkʌlt] – **the occult**	okkult – das Okkulte
New Age [nju: 'eɪdʒ]	New Age (= „neues Zeitalter")
meditation [medɪ'teɪʃn]	Meditation
astrology [ə'strɒlədʒi] – **astrologer**	Astrologie – Astrologe / Astrologin
horoscope ['hɒrəskəʊp]	Horoskop
fortunetelling – fortuneteller	Wahrsagerei – Wahrsager(in)
witch – witchcraft ['wɪtʃkrɑ:ft]	Hexe – Hexerei
sorcerer ['sɔ:sərə] – **sorcery**	Zauberer – Zauberei
(black / white) **magic** ['mædʒɪk]	(schwarze / weiße) Magie

Philosophy
Philosophie

Science is what you know, philosophy is what you don't know.
(*Bertrand Russell, English philosopher and mathematician, 1872–1970*)

philosophy [fə'lɒsəfi]	(die) Philosophie
ancient ['eɪnʃənt] philosophy	(die) antike Philosophie
linguistic [lɪŋ'gwɪstɪk] philosophy	(die) Sprachphilosophie
philosophical [fɪlə'sɒfɪkl]	philosophisch
a philosophical problem / issue ['ɪʃuː]	ein philosophisches Problem / Thema
basic philosophical concepts ['kɒn-]	philosophische Grundbegriffe
philosopher [fə'lɒsəfə]	Philosoph(in)
philosophize [fə'lɒsəfaɪz] (about / on)	philosophieren (über)
think (– thought [ɔː] – thought)	denken
thinker – thinking	Denker(in) – (das) Denken
the Greek thinkers	die griechischen Denker
scientific [saɪən'tɪfɪk] thinking	(natur)wissenschaftliches Denken
Western thought	das abendländische Denken
understand (– understood – understood)	verstehen
understanding [ʌndə'stændɪŋ]	Verständnis
analysis [ə'næləsɪs] *Pl.* analyses [-siːz]	Analyse
analyse ['ænəlaɪz]	analysieren
define [dɪ'faɪn] – **definition** [defə'nɪʃn]	definieren – Definition
argument ['ɑːgjumənt] (for / against)	Argument (für / gegen)
develop a **theory** ['θɪəri]	eine Theorie entwickeln
consistent [kən'sɪstənt]	konsistent; widerspruchsfrei
a consistent theory	eine in sich stimmige Theorie
rational ['ræʃnəl]	rational; vernunftmäßig
explain something in rational terms	etwas auf rationale Weise erklären
idea [aɪ'dɪə]	Idee
The World [ɜː] as Will and Idea	Die Welt als Wille und Vorstellung
experience [ɪk'spɪəriəns]	(die) Erfahrung
experience shows that …	die Erfahrung lehrt, dass …
empirical [ɪm'pɪrɪkl]	empirisch; erfahrungsmäßig
empirical knowledge ['nɒlɪdʒ]	Erfahrungswissen
causality [kɔː'zæləti]	Kausalität
the law of causality	das Kausalgesetz
verify ['verɪfaɪ] – **verification**	verifizieren – Verifikation
falsify ['fɔːlsɪfaɪ] – **falsification**	falsifizieren – Falsifikation
logic ['lɒdʒɪk]	(die) Logik
the laws of logic	die Gesetze der Logik
logical ['lɒdʒɪkl]	logisch; die Logik betreffend
logical reasoning ['riːznɪŋ]	logisches Denken / Argumentieren
epistemology [ɪpɪstɪ'mɒlədʒi]	(die) Epistemologie / Erkenntnislehre
ontology [ɒn'tɒlədʒi]	(die) Ontologie (= Seinswissenschaft)

hermeneutics [hɜ:mə'nju:tɪks]	(die) Hermeneutik
Hermeneutics is the art of interpretation.	Die Hermeneutik ist die Kunst der Auslegung.
ethics ['eθɪks]	(die) Ethik
It's a question of ethics.	Das ist eine Frage der Ethik.
aesthetics [i:s'θetɪks]	(die) Ästhetik
Aesthetics is a branch of philosophy.	Die Ästhetik ist ein Teilgebiet der Philosophie.
metaphysics [metə'fɪzɪks]	(die) Metaphysik
the nature ['neɪtʃə] of metaphysics	das Wesen der Metaphysik
Russell developed [dɪ'veləpt] a metaphysics of his own.	Russell entwickelte eine eigene Metaphysik.
metaphysical [metə'fɪzɪkl]	metaphysisch
scholastic [skə'læstɪk]	scholastisch
the scholastics	die Scholastiker
dialectical [daɪə'lektɪkl] **materialism**	dialektischer Materialismus

Philosophische „Ismen": *exi'stentialism* (= Existenzialismus) • *i'dealism* (= Idealismus) • *ma'terialism* (= Materialismus) • *'positivism* (= Positivismus) • *'pragmatism* (= Pragmatismus) • *'rationalism* (= Rationalismus) • *'realism* (= Realismus) • *'scepticism* (= Skeptizismus)

„Ismen"-Adjektive: *exi'stentialist* (= existenzialistisch) • *i'dealist / idea'listic* (= idealistisch) • *ma'terialist / materia'listic* (= materialistisch) • *'positivist* (= positivistisch) • *prag'matic* (= pragmatisch) • *'rationalist / rationa'listic* (= rationalistisch) • *rea'listic* (= realistisch) • *'sceptical* (= skeptisch)

Anhänger von „Ismen": *exi'stentialist* (= Existenzialist/in) • *i'dealist* (= Idealist/in) • *ma'terialist* (= Materialist/in) • *'positivist* (= Positivist/in) • *'pragmatist* (= Pragmatiker/in) • *'rationalist* (= Rationalist/in) • *'realist* (= Realist/in) • *'sceptic* ['skeptɪk] (= Skeptiker/in)

eclectic [ɪ'klektɪk]	eklektisch; Eklektiker(in)
Eclectics combine ideas from different sources ['sɔ:sɪz] to form a new whole.	Eklektiker verbinden Ideen aus verschiedenen Quellen zu einem neuen Ganzen.
true [tru:] – **truth** [tru:θ]	wahr – (die) Wahrheit
the self [self]	das Ich
Socrates' ['sɒkrəti:z] search for the self	Sokrates' Suche nach dem Ich
thing-in-itself – things-in-themselves	Ding an sich – Dinge an sich
appearance [ə'pɪərəns] **and reality**	Erscheinung und Wirklichkeit
cause and effect [ɪ'fekt]	Ursache und Wirkung
mind [maɪnd] **and matter**	Geist und Materie
(the) **body** and (the) **mind**	(der) Körper und (der) Geist
time and space [speɪs]	Zeit und Raum
the **beautiful** ['bju:təfl] and the **ugly**	das Schöne und das Hässliche
good and evil [i:vl]	gut und böse
moral ['mɒrəl]	moralisch; sittlich; Moral-; Moral
moral values / principles ['prɪnsɪplz]	moralische Werte / Grundsätze

Art and literature
Kunst und Literatur

1 Painting and sculpture
Malerei und Bildhauerei

2 Graphic art
Grafische Kunst

3 Photography
Fotografie

4 Music and dance
Musik und Tanz

5 Theatre and cinema
Theater und Film

6 Architecture
Architektur

7 Literature
Literatur

11

1

Painting and sculpture
Malerei und Bildhauerei

I paint objects as I think them, not as I see them. *(Pablo Picasso, Spanish-born artist, 1881–1973)*

paint [peɪnt]	Farbe; malen
apply paint to a surface ['sɜ:fɪs]	auf eine Fläche Farbe auftragen
paint a portrait ['pɔ:trət]	ein Porträt malen
painter ['peɪntə]	Maler(in)
painting ['peɪntɪŋ]	(die) Malerei; Bild; Gemälde
Painting is a wonderful hobby.	Malen ist ein herrliches Hobby.
The painting depicts a landscape.	Das Bild zeigt eine Landschaft.
picture ['pɪktʃə]	Bild
There are three women in the picture.	Auf dem Bild sind drei Frauen.
artist ['ɑ:tɪst]	Künstler(in)
drawing ['drɔ:ɪŋ]	Zeichnung
do / make a drawing of something	eine Zeichnung von etwas anfertigen
draughtsman ['drɑ:ftsmən]	Zeichner
Picasso as (a) draughtsman	Picasso als Zeichner
draughtswoman ['drɑ:ftswʊmən]	Zeichnerin
watercolour ['wɔ:təkʌlə]	Aquarell
an exhibition of British watercolours	eine Ausstellung englischer Aquarelle
studio ['stju:diəʊ]	Atelier
out-of-doors, not in the studio	im Freien, nicht im Atelier
canvas ['kænvəs]	Leinwand
He works directly on the canvas.	Er malt direkt auf die Leinwand.
brush [brʌʃ]	Pinsel
with a few strokes of the brush	mit wenigen Pinselstrichen
oil(s) [ɔɪl(z)]	Öl
He usually ['ju:ʒəli] painted in oils.	Meistens malte er in Öl.
a large oil painting	ein großes Ölgemälde
subject (matter) ['sʌbdʒɪkt (mætə)]	Gegenstand
the subject (matter) of a painting	der Gegenstand eines Bildes
landscape ['lændskeɪp]	Landschaft
portrait ['pɔ:trət]	Porträt; Bildnis
She had her portrait painted.	Sie ließ sich porträtieren.
a self-portrait [self'pɔ:trət]	ein Selbstporträt / Selbstbildnis
still life [stɪl 'laɪf] *Pl.* still lifes	Stillleben
nude [nju:d]	Akt
nude painting	Aktmalerei
draw [drɔ:] / paint from the nude	einen Akt zeichnen / malen
sitting / standing / reclining nude	sitzender / stehender / liegender Akt
arrangement [ə'reɪndʒmənt]	Anordnung
the arrangement of the figures ['fɪgəz]	die Anordnung der Personen
perspective [pə'spektɪv]	Perspektive
in / out of perspective	perspektivisch richtig / falsch
composition [kɒmpə'zɪʃn]	Komposition
the picture's perfect composition	die vollendete Komposition des Bildes

reproduction [ri:prə'dʌkʃn]	Reproduktion
reproductions of famous paintings	Reproduktionen berühmter Bilder
a work of art [wɜ:k əv 'ɑ:t]	ein Kunstwerk
ancient ['eɪnʃənt] works of art	antike Kunstwerke
exhibit [ɪg'zɪbɪt]	ausstellen; Ausstellungsstück
the pictures exhibited here	die hier ausgestellten Bilder
exhibition [eksɪ'bɪʃn]	Ausstellung
(art) gallery ['gæləri]	(Kunst)Galerie
the National Gallery [næʃnəl 'gæləri]	die Nationalgalerie
museum [mju'zɪəm]	Museum
the Museum of Modern Art	das Museum für moderne Kunst

Art movements ['mu:vmənts] ***and styles*** **(= Kunstrichtungen und -stile)**
abstract ['æbstrækt] *art* (= abstrakte Kunst) • *art nouveau* [ɑ:t nu:'vəʊ] / *Jugendstil* • *Baroque* [bə'rɒk] (= Barock) • *concrete* ['kɒŋkri:t] *art* (= gegenständliche Kunst) • *cubism* ['kju:bɪzm] (= Kubismus) • *expressionism* [ɪk'spreʃənɪzm] (= Expressionismus) • *Gothic* ['gɒθɪk] *art* (= gotische Kunst) • *impressionism* [ɪm'preʃənɪzm] (= Impressionismus) • *junk* [dʒʌŋk] *art* • *neoclassicism* [ni:əʊ'klæsɪsɪzm] (= Klassizismus) • *performance* [pə'fɔ:məns] *art* • *pop art* • *realism* ['rɪəlɪzm] (= Realismus) • *Renaissance* [rɪ'neɪsns] *art* • *Romanesque* [rəʊmə'nesk] *art* (= romanische Kunst) • *rococo* [rə'kəʊkəʊ] (= Rokoko) • *surrealism* [sə'rɪəlɪzm] (= Surrealismus)

Entsprechende Adjektive und Substantive:
expressionist / impressionist / realist / surrealist / Renaissance painters
junk / neoclassical / performance / pop / rococo artists
the expressionists / neoclassicists / realists / surrealists / cubists

sculpture ['skʌlptʃə]	Skulptur; Plastik; Bildwerk; Bildhauerkunst; Bildhauerei
a marble ['mɑ:bl] sculpture	eine Marmorskulptur / -plastik
sculptures fashioned from ivory ['aɪvəri]	aus Elfenbein gearbeitete Plastiken
the history ['hɪstri] of sculpture	die Geschichte der Bildhauerei
a **sculptured** frieze [fri:z]	ein mit Skulpturen verzierter Fries
a portrait bust **sculpted** by X	eine von X geschaffene Porträtbüste
sculptural ['skʌlptʃərəl]	plastisch; bildhauerisch
the sculptural works of Michelangelo	Michelangelos plastisches Werk
sculptor ['skʌlptə]	Bildhauer(in)
carve [kɑ:v]	(*Holz*) schnitzen; (*Stein*) meißeln
stone carving	Steinskulptur / -plastik
wood carving	Holzschnitzerei
carved from limestone	aus Kalkstein gehauen / gearbeitet
a statuette **cast** in bronze [brɒnz]	eine in Bronze gegossene Statuette
a figurine **modelled** ['mɒdld] in clay	eine in Ton modellierte Figurine
a marble **statue** ['stætʃu:]	eine Marmorstatue
a bronze **bust** [bʌst]	eine Bronzebüste
a plaster ['plɑ:stə] **figure**	eine Gipsfigur
relief [rɪ'li:f]	Relief
high / low relief	Hoch- / Flachrelief
mosaic [məʊ'zeɪɪk]	Mosaik
adorned [ə'dɔ:nd] with marble **inlays**	mit Marmorintarsien verziert

Graphic art
Grafische Kunst

You use a glass mirror to see your face; you use works of art to see your soul.
(*George Bernard Shaw, Irish writer, 1856–1950*)

graphic art(s) / graphic design	(die) Grafik (= *grafisches Schaffen*)
Slevogt's graphic designs [dɪ'zaɪnz]	Slevogts Grafiken
after the artist's original designs	nach Originalentwürfen des Künstlers
graphic artist [græfɪk 'ɑ:tɪst]	Grafiker(in) (*als Künstler*)
the graphic artist Käthe Kollwitz	die Grafikerin Käthe Kollwitz
commercial art [kəmɜ:ʃl 'ɑ:t]	Gebrauchs- / Werbegrafik
commercial artist	Gebrauchs- / Werbegrafiker(in)
graphic designer [dɪ'zaɪnə]	Grafikdesigner(in)
book illustrations [ɪlə'streɪʃnz]	Buchillustrationen
printmaking ['prɪntmeɪkɪŋ]	Druckgrafik
plate [pleɪt]	(Bild-)Tafel (*in Buch*)
artwork ['ɑ:twɜ:k]	(*Buch*) Illustrationen / Bildmaterial
poster ['pəʊstə]	Plakat; Poster
cartoon [kɑ:'tu:n]	Karikatur; Cartoon; Witzzeichnung
Cartoons are humorous drawings.	Cartoons sind witzige Zeichnungen.
ink [ɪŋk]	Tinte; Tusche; Druckfarbe
drawing ['drɔ:ɪŋ]	(Hand-)Zeichnung
chalk [tʃɔ:k] drawing	Kreidezeichnung
pen-and-ink drawing	Tuschzeichnung
engrave [ɪn'greɪv] – **engraver**	(ein)gravieren – Graveur(in)
engraving [ɪn'greɪvɪŋ]	(Kupfer- / Stahl-)Stich; Holzschnitt
woodcut ['wʊdkʌt] / wood engraving	Holzschnitt
copperplate print / engraving	Kupferstich
lithography [lɪ'θɒgrəfi]	Lithographie (= *Verfahren*)
lithographer [lɪ'θɒgrəfə]	Lithograph(in)
lithograph ['lɪθəgrɑ:f]	Lithographie (= *Kunstblatt*)
etching ['etʃɪŋ]	Ätzung; Radierung
Rembrandt as an etcher	Rembrandt als Radierer
linocut ['laɪnəʊkʌt]	Linolschnitt
facsimile [fæk'sɪməli]	Faksimile
collage ['kɒlɑ:ʒ]	Collage
monotone ['mɒnətəʊn] – **duotone** ['dju:ətəʊn]	einfarbig(es Bild) – zweifarbig(es Bild)
screen [skri:n]	Raster
a 50-line screen	ein 50er-Raster
halftone ['hɑ:ftəʊn]	Halbton- / Rasterbild
(printing) block [('prɪntɪŋ) blɒk]	Druckstock
printing process ['prəʊses] **/ method**	Druckverfahren
letterpress (printing) ['letəpres]	Hochdruck (= *Verfahren*)
offset (lithography / printing) ['ɒfset]	Offset(druck)
gravure (printing) [grə'vjʊə]	Tiefdruck

Photography
Fotografie

The camera is an instrument that teaches people how to see without a camera. (*Dorothea Lange, US photographer, 1895–1979*)

photography [fə'tɒgrəfi]	(die) Fotografie (*Kunst / Verfahren*)
available-light photography	Fotografieren ohne Kunstlicht bei ungünstigen Lichtverhältnissen
photographer [fə'tɒgrəfə]	Fotograf(in)
photo(graph) ['fəʊtəʊ / 'fəʊtəgrɑ:f]	Foto(grafie); Aufnahme
mount / put photos in an album ['ælbəm]	Fotos in ein Album kleben / tun
photograph something ['fəʊtəgrɑ:f]	etwas fotografieren
She doesn't photograph very well.	Sie ist nicht sehr fotogen.
photographic [fəʊtə'græfɪk]	fotografisch; Foto-
my photographic equipment [ɪ'kwɪpmənt]	meine Fotoausrüstung
take pictures (– took – taken) ['pɪktʃəz]	Aufnahmen machen
snap(shot) ['snæpʃɒt]	Schnappschuss
take a few snaps / snapshots	ein paar Schnappschüsse machen
This shot is overexposed [-ɪk'spəʊzd].	Diese Aufnahme ist überbelichtet.
(colour / black-and-white) **prints**	(Farb- / Schwarzweiß-)Abzüge
standard ['stændəd] print	Standardvergrößerung
glossy ['glɒsi] (print)	Hochglanzabzug / -vergrößerung
flash [flæʃ]	Blitz(licht)
I don't like to use flash.	Ich blitze nicht gern.
a flash shot	eine Blitzlichtaufnahme
camera ['kæmərə]	Kamera; (Foto-)Apparat
a fully automatic [ɔ:tə'mætɪk] camera	eine vollautomatische Kamera
instant ['ɪnstənt] camera	Sofortbildkamera
camera accessories [ək'sesəriz]	Kamerazubehör
(camera) body	(Kamera-)Gehäuse
lens [lenz]	Objektiv
change [tʃeɪndʒ] the lens	das Objektiv auswechseln
mount / remove [rɪ'mu:v] the lens	das Objektiv einsetzen / abnehmen
interchangeable [ɪntə'tʃeɪndʒəbl] lenses	auswechselbare Objektive
telephoto lens [telifəʊtəʊ 'lenz]	Teleobjektiv
wide-angle lens [waɪd æŋgl 'lenz]	Weitwinkelobjektiv
single-lens reflex (camera) / SLR	einäugige Spiegelreflexkamera
lens cap [lenz 'kæp]	Objektivkappe
focal length [fəʊkl 'leŋθ]	Brennweite
zoom (button) [zu:m]	Zoom(schalter)
filter ['fɪltə]	Filter
load [ləʊd] **the film**	den Film einlegen
a film for 36 exposures [ɪk'spəʊʒəz]	ein Film für 36 Aufnahmen
speed [spi:d]	Empfindlichkeit; Lichtstärke
the speed of the film [fɪlm]	die Empfindlichkeit des Films
the speed of the lens [lenz]	die Lichtstärke des Objektivs

a **fast** [fɑ:st] film	ein hochempfindlicher Film
a fast lens [lenz]	ein lichtstarkes Objektiv
subject ['sʌbdʒɪkt]	(Aufnahme-)Objekt / Motiv
(view)finder ['vju:faɪndə]	Sucher
rangefinder ['reɪndʒfaɪndə]	Entfernungsmesser
focus ['fəʊkəs]	die Entfernung einstellen
Focusing is easy with this camera.	Die Scharfeinstellung ist bei dieser Kamera einfach.
The subject must be in focus / sharp.	Der Aufnahmegegenstand muss scharf sein.
The foreground is out of focus.	Der Vordergrund ist unscharf.
autofocus [ɔ:təʊ'fəʊkəs]	Autofokus
(in) **close-up** ['kləʊsʌp]	(in) Nahaufnahme
exposure (speed) [ɪk'spəʊʒə]	Belichtung(szeit)
exposure meter ['mi:tə]	Belichtungsmesser
overexposure [əʊvərɪk'spəʊʒə]	Überbelichtung
Slides are best when they're slightly underexposed.	Dias sind am besten, wenn sie etwas unterbelichtet sind.
set the **shutter speed** ['ʃʌtə spi:d]	die (Verschluss-)Zeit einstellen
aperture ['æpətʃə]	Blende(nöffnung)
set the aperture	die Blende einstellen
set the aperture to 8	die Blende auf 8 stellen
depth of field [depθ əv 'fi:ld]	Schärfentiefe
shutter / release (button) [rɪ'li:s]	Auslöser
Say cheese! / Smile please!	Bitte recht freundlich!
rewind the film (– rewound – rewound)	den Film zurückspulen
process ['prəʊses] / **develop** [dɪ'veləp] a film	einen Film entwickeln
have the exposed film processed	den belichteten Film entwickeln lassen
1 hour processing ['prəʊsesɪŋ]	Entwickeln und Vergrößern in 1 Stunde
negative ['negətɪv]	Negativ
enlargement / blow-up ['bləʊʌp]	Vergrößerung
enlarge it [ɪn'lɑ:dʒ] / **blow** it **up** to …	es auf … vergrößern
glossy [ɒ] **or matt** [mæt]**?**	glänzend oder matt?
colour slide / colour transparency [træns'pærənsi]	Farbdia
insert [ɪn'sɜ:t] **a new battery**	eine neue Batterie einsetzen
accessories [ək'sesəriz]	Zubehör
ever-ready case [keɪs]	Bereitschaftstasche

Music and dance
Musik und Tanz

People whose sensibility is destroyed by music in trains, airports, lifts cannot concentrate on a Beethoven quartet. (*Witold Lutoslawski, Polish composer, 1913–1994*)

music ['mju:zɪk]	Musik; Noten
classical ['klæsɪkl] / light music	klassische / leichte Musik
I listen ['lɪsn] to music a lot.	Ich höre viel Musik.
Shall I put on some music?	Soll ich ein bisschen Musik auflegen?
a piece of music	ein Musikstück
Can you read music?	Kannst du Noten lesen?
musical ['mju:zɪkl]	musikalisch; Musik-; Musical
musical instrument ['ɪnstrəmənt]	Musikinstrument
I'm not very musical.	Ich bin nicht sehr musikalisch.
musician [mju'zɪʃn]	Musiker(in)
muzak ['mju:zæk]	Musikberieselung (*in Kaufhäusern etc.*)
sing (– sang – sung) – **singer** ['sɪŋə]	singen – Sänger(in)
singing ['sɪŋɪŋ]	Singen; Gesang
He takes singing lessons.	Er nimmt Gesangstunden.
I'm afraid I've a poor singing voice.	Leider kann ich nicht gut singen.
song [sɒŋ]	Lied; Song; Chanson

„Text": *the words of a song* (= der Text eines Liedes), *the lyrics* ['lɪrɪks] *of a pop song* (= der Text eines Schlagers), *the libretto* [lɪ'bretəʊ] *of an opera* ['ɒprə] (= der Text einer Oper).

chorus ['kɔ:rəs]	(*Oper, Oratorium*) Chor; Refrain
the final chorus of Beethoven's Ninth Symphony ['sɪmfəni]	der Schlusschor von Beethovens Neunter Sinfonie
(church / school) **choir** ['kwaɪə]	(Kirchen- / Schul-)Chor
soprano [sə'prɑ:nəʊ] – **contralto** [kən'træltəʊ]	Sopran – Alt
tenor ['tenə] – **bass** [beɪs]	Tenor – Bass
tune [tju:n] / **melody** ['melədi]	Melodie
You can sing it to the tune / melody of "Greensleeves".	Man kann es nach der Melodie von „Greensleeves" singen.
sing in tune / out of tune	richtig / falsch singen
The piano [pi'ænəʊ] is out of tune.	Das Klavier ist verstimmt.
play (the piano / the violin [vaɪə'lɪn])	(Klavier / Geige) spielen
He played it to me on the piano.	Er spielte es mir auf dem Klavier vor.
pianist ['pɪənɪst]	Pianist(in)
accompany [ə'kʌmpəni]	(instrumental) begleiten
He accompanied her on the piano.	Er begleitete sie auf dem Klavier.
composer [kəm'pəʊzə]	Komponist(in)
composition [kɒmpə'zɪʃn]	Komposition; (das) Komponieren
arrangement [ə'reɪndʒmənt]	Arrangement; Bearbeitung
orchestra ['ɔ:kɪstrə]	Orchester
chamber ['tʃeɪmbə] orchestra / music	Kammerorchester / -musik

band [bænd]	Kapelle; Band
brass band [brɑːs 'bænd]	Blaskapelle
conductor [kən'dʌktə]	Dirigent(in)
concert ['kɒnsət]	Konzert (= *Veranstaltung*)
We were at a concert.	Wir waren in einem Konzert.
concerto [kən'tʃɜːtəʊ]	Konzert (= *Komposition*)
Beethoven's violin [vaɪə'lɪn] concerto	Beethovens Violinkonzert
sonata [sə'nɑːtə]	Sonate
string quartet [strɪŋ kwɔː'tet]	Streichquartett
overture ['əʊvətjʊə]	Ouvertüre

***Notes* (= Noten):** *semibreve* ['semibriːv] BE / AE *whole note* (= ganze Note) • *minim* BE / AE *half note* (= halbe Note) • *crotchet* BE / AE *quarter note* (= Viertelnote) • *quaver* [eɪ] BE / AE *eighth note* (= Achtelnote).

a (whole / half) **tone** [təʊn]	ein (ganzer / halber) Ton
pitch [pɪtʃ]	Tonhöhe / -lage; Stimmlage
She has perfect pitch.	Sie hat das absolute Gehör.
chord [kɔːd] – **harmony** ['hɑːməni]	Akkord – Harmonie

„Takt": Takt als „Einheit" ist *bar*: *He just played the first few bars.* (= Er spielte nur die ersten Takte.) Als rhythmisches Element ist Takt *time* oder *beat* (= Taktschlag): *in three-four time* (= im Dreivierteltakt), *stay in time* (= im Takt bleiben), *lose the beat* (= aus dem Takt kommen), *beat time* (= den Takt schlagen). – Rhythmus ist *rhythm* ['rɪðm].

scale [skeɪl]	Tonleiter
the scale of C	die C-Dur-Tonleiter
major ['meɪdʒə] – **minor** ['maɪnə]	Dur – Moll
in a major / minor key [kiː]	in einer Dur- / Molltonart

***Keys* (= Tonarten):** *C major* (= C-Dur) • *C minor* (= c-Moll) • *C sharp minor* (= cis-Moll) • *E flat major* (= Es-Dur) • *F sharp minor* (= fis-Moll). Dis / dis wäre entsprechend *D sharp*; Des / des dagegen *D flat*. Beachten Sie besonders: *B flat major* (= B-Dur) – *B minor* (= h-Moll).

dance [dɑːns]	Tanz(-); tanzen
She loved dancing the waltz [wɔːls].	Sie tanzte furchtbar gern Walzer.
dance band – dance floor	Tanzkapelle – Tanzfläche
dance studio / school	Tanzstudio / -schule
dancer ['dɑːnsə]	Tänzer(in)
dancing ['dɑːnsɪŋ]	Tanzen; Tanz-
tap dancing – tap dancer	Steppen – Stepptänzer(in)
Sometimes we went dancing.	Manchmal sind wir tanzen gegangen.
ballet ['bæleɪ]	(das) Ballett

Theatre and cinema
Theater und Film

You need three things in the theatre – the play, the actors, and the audience, and each must give something. (*Kenneth Haigh, British actor, born in 1929*)

theatre ['θɪətə]	Theater
go to the theatre	ins Theater gehen

> Als *fringe* [frɪndʒ] *theatre* (AE *off-off-Broadway theater*) bezeichnet man experimentelles, avantgardistisches Theater, das sich an ein jugendliches, oft studentisches Publikum wendet – deutsch Offtheater.

cinema *BE* / *AE* **movie theater**	Kino
(film / movie ['mu:vi]) **star**	(Film-)Star
a film / movie starring / featuring Hugh [hju:] Grant	ein Film mit Hugh Grant (in der Hauptrolle)
film / movie / motion picture	(Kino-)Film
The film's still showing at the Plaza.	Im Plaza läuft der Film noch.
We went to the movies ['mu:viz].	Wir sind ins Kino gegangen.
feature film ['fi:tʃə fɪlm]	Spielfilm
filmgoer / moviegoer	Kinogänger(in)
the film / motion-picture industry	die Filmindustrie
the screen [skri:n]	die Leinwand; der Film; das Kino
adapt [ə'dæpt] a novel for the screen	einen Roman für den Film bearbeiten
write for the screen (– wrote – written)	für den Film / das Fernsehen schreiben
screenplay / script [skrɪpt]	(*Film*) Drehbuch
screen a film / movie	einen Film zeigen / vorführen
dub [dʌb] a film / movie	einen Film synchronisieren
I'd rather watch a film with subtitles than one that's been dubbed.	Ich sehe mir lieber einen Film mit Untertiteln an als einen, der synchronisiert ist.
show [ʃəʊ]	Show; Aufführung; Vorstellung
We're going to a show tomorrow.	Morgen gehen wir in eine Show.
performance [pə'fɔ:məns]	Aufführung; Vorstellung
The performance was well attended.	Die Vorstellung war gut besucht.
the first night / first performance	die Uraufführung
premiere ['premieə]	Premiere; Ur- / Erstaufführung
The premiere was a flop.	Die Uraufführung war ein Reinfall.
matinée ['mætɪneɪ]	Matinee; (*nachmittags*) Frühvorstellung
We've got tickets for the matinée.	Wir haben Karten für die Nachmittagsvorstellung.
box office ['bɒks ɒfɪs]	(Theater- / Kino-)Kasse
seat [si:t]	(Sitz-)Platz
two seats in the front stalls [stɔ:lz]	zwei Plätze vorne im Parkett
Are there any seats left for tonight?	Gibt's noch Karten für heute Abend?
row [rəʊ]	Reihe
What row are we in?	In welcher Reihe sitzen wir?

programme ['prəʊgræm]	Programm
produce – production [prə'dʌkʃn]	inszenieren – Inszenierung
a well-produced [prə'dju:st] play	ein gut inszeniertes Stück
(not) a very convincing production	(k)eine sehr überzeugende Inszenierung
director [də'rektə]	(Film- / Theater-)Regisseur(in)
directed by Steven Spielberg	Regie Steven Spielberg
the stage [steɪdʒ]	die Bühne; das Theater
She went on the stage.	Sie ging zur Bühne / zum Theater.
the scenery ['si:nəri]	die Bühnendekoration / Kulissen
Scenery was limited to a few props.	Das Bühnenbild beschränkte sich auf ein paar Requisiten.
costume ['kɒstju:m]	Kostüm
play [pleɪ]	spielen; (Theater-)Stück
the plays of Shakespeare ['ʃeɪkspɪə]	die Dramen Shakespeares
The play is set in post-war Rome.	Das Stück spielt im Nachkriegs-Rom.
What is the play about?	Wovon handelt das Stück?
What film is playing at the Odeon?	Was für ein Film läuft im Odeon?
playwright ['pleɪraɪt]	Stückeschreiber(in); Dramatiker(in)
thriller ['θrɪlə]	(*Buch / Film*) Thriller, Krimi, Reißer
Act 1, **Scene** 3 [si:n]	1. Akt, 3. Szene / Auftritt
plot [plɒt]	Handlung
The plot is as follows: …	Die Handlung ist folgendermaßen: …
action ['ækʃn]	Handlung; Action
The action of the play takes place in …	Das Stück spielt in …
There's not much action in the play.	In dem Stück passiert nicht viel.
theme [θi:m]	Thema
character (in a play) ['kærəktə]	(handelnde) Person (in einem Stück)
character actress ['æktrəs] / part	Charakterdarstellerin / -rolle
hero ['hɪərəʊ] **– villain** ['vɪlən]	Held – Schurke
monologue ['mɒnəlɒg] **/ soliloquy**	Monolog
Hamlet's famous soliloquy [sə'lɪləkwi]	Hamlets berühmter Monolog
actor ['æktə] **– actress** ['æktrəs]	Schauspieler – Schauspielerin
the cast [kɑ:st]	die Besetzung / Mitwirkenden
Who's in the cast / in it?	Wer spielt mit?
part [pɑ:t]	Rolle
play the part of the villain ['vɪlən]	die Rolle des Schurken spielen
act [ækt]	(*eine Rolle*) spielen; schauspielern
She acts the part convincingly [-'vɪns-].	Sie spielt die Rolle überzeugend.
The acting was excellent ['eksələnt].	Man sah hervorragende schauspielerische Leistungen.
the audience ['ɔ:diəns]	das Publikum; die Zuschauer
The audience was / were enthusiastic.	Das Publikum war begeistert.
applause [ə'plɔ:z]	Applaus; Beifall; Klatschen
critic ['krɪtɪk]	(Theater- / Film-)Kritiker(in)
a review [rɪ'vju:]	eine Kritik / Besprechung
hit [hɪt] **– flop** [flɒp]	Erfolg – Reinfall
a smash hit – a total ['təʊtl] flop	ein Riesenerfolg – ein totaler Reinfall
an Academy Award [əkædəmi ə'wɔ:d] **/ an Oscar**	ein Oscar (*Filmpreis*)
He won [ʌ] / received an Oscar for …	Er bekam / erhielt einen Oscar für …

Architecture
Architektur

The physician can bury his mistakes, but the architect can only advise his client to plant vines. (*Frank Lloyd Wright, US architect, 1867–1959*)

architect ['ɑ:kɪtekt]	Architekt(in)
the (architect's) **client** ['klaɪənt]	der / die Bauherr(in)
architecture ['ɑ:kɪtektʃə]	(die) Architektur
architectural [ɑ:kɪ'tektʃərəl]	architektonisch
architectural style [staɪl]	Baustil

***Styles of architecture* (= Baustile)**
art deco [ɑ:t 'dekəʊ] • *art nouveau* [ɑ:t nu:'vəʊ] (= Jugendstil) • *baroque* [bə'rɒk] (= Barock) • *Bauhaus* ['baʊhaʊs] • *Colonial* [kə'ləʊniəl] (= amerik. Kolonialstil des 17.–18. Jahrhunderts) • *Edwardian* [ed'wɔ:diən] (= aus der Regierungszeit Edward VII., 1901–10) • *Georgian* ['dʒɔ:dʒən] (= aus der Regierungszeit George I., II., III., IV., 1714–1830) • *Gothic* ['gɒθɪk] (= gotisch) • *Gothic Revival* [rɪ'vaɪvl] / *neo-Gothic* [ni:əʊ'gɒθɪk] (= neugotisch) • *neoclassical* [ni:əʊ'klæsɪkl] (= klassizistisch) • *postmodern* [pəʊst'mɒdn] (= spätes 20. Jahrhundert) • *Regency* ['ri:dʒənsi] (= Regencystil 1811–20) • *Renaissance* [rɪ'neɪsns] • *Romanesque* [rəʊmə'nesk] (= romanisch) • *Tudor* ['tju:də] (= Tudorstil 1485–1558) • *Victorian* [vɪk'tɔ:riən] (= aus der Regierungszeit Victorias, 1837–1901)

design [dɪ'zaɪn]	Entwurf; Gestaltung; entwerfen
the designs for the new building	die Entwürfe für das neue Gebäude
Wright designed the Guggenheim [ʊ] Museum in New York.	Wright entwarf / gestaltete / schuf das Guggenheim Museum in New York.
win a competition (– won – won) [kɒmpə'tɪʃn]	einen Wettbewerb gewinnen
planning ['plænɪŋ]	(die) Planung
at the planning stage [steɪdʒ]	im Planungsstadium
planning permission [pə'miʃn]	(die) Baugenehmigung
Planning permission was granted [ɑ:].	Die Baugenehmigung wurde erteilt.
the planners ['plænəz]	die Planer
blueprint ['blu:prɪnt]	Plan; Entwurf
ground plan ['graʊnd plæn]	Grundriss
build [bɪld] (– built [bɪlt] – built)	bauen
building ['bɪldɪŋ]	Gebäude; Bau(-); (das) Bauen
building materials [mə'tɪəriəlz]	Baumaterialien / -stoffe
building operations [ɒpə'reɪʃnz]	Baumaßnahmen
building / construction work [wɜ:k]	Bauarbeiten
the building plans [plænz]	die Baupläne
building site [saɪt]	Baustelle
(master) builder ['bɪldə]	Baumeister
construct [kən'strʌkt] – **construction**	bauen – Bau
(the) construction of the bridge	der Bau / das Bauen der Brücke
the construction industry ['ɪndəstri]	die Bauindustrie

construction time [kən'strʌkʃn]	(die) Bauzeit
The building is still under construction.	Das Gebäude ist noch in Bau.
steel skeleton ['skelɪtn] construction	Stahlskelettbauweise
structural ['strʌktʃərəl]	Bau-; baulich; statisch
The building is structurally sound.	Die Bausubstanz ist in Ordnung.
(property) developer [dɪ'veləpə]	(*etwa*) Grundstücksspekulant(in)
(building) contractor [kən'træktə]	Bauunternehmer / -unternehmung
house [haʊs] *Pl.* houses ['haʊzɪz]	Haus
facade [fə'sɑ:d]	Fassade
wall [wɔ:l]	Wand; Mauer
window ['wɪndəʊ]	Fenster
masonry ['meɪsnri]	Mauerwerk
brick [brɪk]	Ziegelstein; Backstein
stone – stucco ['stʌkəʊ] **– glass**	Stein – Stuck – Glas
mortar ['mɔ:tə]	Mörtel
(reinforced) concrete [(ri:ɪnfɔ:st) 'kɒŋkri:t]	(Stahl-)Beton
prefabricated [pri:'fæbrɪkeɪtɪd]	in Fertigbauweise errichtet
tower ['taʊə]	Turm
tower block ['taʊə blɒk] *BE*	Hochhaus
(triumphal) **arch** [(traɪʌmfl 'ɑ:tʃ]	(Triumph-)Bogen
(Corinthian / Doric) **column** [(kə'rɪnθiən / 'dɒrɪk) 'kɒləm]	(korinthische / dorische) Säule
pillar ['pɪlə]	Pfeiler; Stütze

***Church architecture* (= Kirchenarchitektur)**
nave (= Haupt- / Mittel- / Längsschiff) • *transept* ['trænsept] (= Querschiff) • *chancel* ['tʃɑ:nsl] (= Altarraum / Chor) • *aisle* [aɪl] (= Seitenschiff) • *dome* (= Kuppel) • *steeple* (= spitzer Kirchturm) • *spire* (= Turmspitze)

"It was designed by a famous architect."

Literature
Literatur

Great literature is simply language charged with meaning to the utmost possible degree. (*Ezra Pound, US poet, 1885–1972*)

literature ['lɪtrətʃə]	(die) Literatur
literary ['lɪtərəri]	literarisch
literary criticism ['krɪtɪsɪzm]	Literaturkritik / -wissenschaft
literary history / history of literature	Literaturgeschichte
literary genre [litərəri 'ʒɑ:nrə]	Literaturgattung
narrative ['nærətɪv]	erzählend; Erzähl-; Erzählung
first-person narrator [nə'reɪtə]	Ich-Erzähler(in)
fiction ['fɪkʃn]	Erzähl- / Romanliteratur; Belletristik

Kinds of fiction **(= Arten von Erzählliteratur)**
novel [ɒ] (= Roman) • *historical novel* (= historischer Roman) • *Gothic* [ɒ] *novel* (= Schauerroman) • *detective novel* (= Kriminalroman) • *detective story* (= Detektivgeschichte) • *whodunit* [hu:'dʌnɪt] (= Krimi) • *thriller / cliffhanger* (= Thriller) • *novella* [nə'velə] (= Novelle) • *short story* [ʃɔ:t 'stɔ:ri] (= Kurzgeschichte) • *short short story* • *anecdote* ['ænɪkdəʊt] (= Anekdote) • *light fiction* (= Trivialliteratur) • *science fiction* (= wissenschaftlich-utopische Literatur) • *pulp fiction* (= Schundliteratur) • *pulp novel* (= Schundroman) • *penny dreadful* BE (= Groschenheft)

fairy tale – folk tale ['fəʊk teɪl]	Märchen
Grimm's fairy tales ['feəri teɪlz]	Grimms Märchen
legend ['ledʒənd]	Legende; Sage
biography [baɪ'ɒgrəfi]	Biografie; Lebensbeschreibung
autobiography [ɔ:təbaɪ'ɒgrəfi]	Autobiografie
biographer [baɪ'ɒgrəfə]	Biograf(in)
(auto)biographical [(ɔ:tə)baɪə'græfɪkl]	(auto)biografisch
diary ['daɪəri]	Tagebuch
an **essay** on ... ['eseɪ]	ein Essay über ...
drama ['drɑ:mə]	(das) Drama
the development of modern drama	die Entwicklung des modernen Dramas
comedy ['kɒmədi] – **tragedy** ['trædʒ-]	Komödie – Tragödie
comic ['kɒmɪk] – tragic ['trædʒɪk]	komisch – tragisch
comic relief [kɒmɪk rɪ'li:f]	befreiende Komik
satire ['sætaɪə] – **satirical** [sə'tɪrɪkl]	Satire – satirisch
parody ['pærədi]	Parodie
prose [prəʊz]	(die) Prosa; Prosa-
lyric poet [lɪrɪk 'pəʊɪt] – **lyric poetry**	Lyriker(in) – (die) Lyrik
epic ['epɪk]	Epos; episch
epic poetry [epɪk 'pəʊətri]	(die) Epik
poetry ['pəʊətri]	(die) Lyrik / (Vers-)Dichtung
an anthology [æn'θɒlədʒi] of modern poetry	eine Anthologie moderner Lyrik

Kinds of poetry **(= Arten von Lyrik)**
poem (= Gedicht) • *occasional poem* (= Gelegenheitsgedicht) • *ballad* ['bæləd] (= Ballade) • *sonnet* ['sɒnɪt] (= Sonett) • *limerick* ['lɪmərɪk] (= witziges fünfzeiliges Gedicht, Reimschema aabba)

refrain [rɪ'freɪn] / **chorus** ['kɔ:rəs]	Refrain
verse [vɜ:s]	Vers; Strophe; Gedichte; Poesie
written in verse	in Versform
(the first / final) **stanza** ['stænzə]	(die erste / letzte) Strophe
rhyme [raɪm]	Reim; (sich) reimen
"Kind" rhymes with "find" .	"Kind" reimt sich auf "find".
rhyme scheme [ski:m] / **pattern**	Reimschema
metre ['mi:tə]	Metrum; Versmaß
poet ['pəʊɪt] – **poetic** [pəʊ'etɪk]	Dichter(in) – dichterisch / poetisch
Poet Laureate *BE*	Hofdichter(in)
writer ['raɪtə]	Schriftsteller(in)
author ['ɔ:θə]	Autor(in); Verfasser(in)
novelist ['nɒvəlɪst]	Romanautor(in)
interpretation [ɪntɜ:prɪ'teɪʃn]	Interpretation; Auslegung
interpret [ɪn'tɜ:prɪt] a text	einen Text interpretieren
content ['kɒntent] **and form**	Inhalt und Form
(deep) structure ['strʌktʃə]	(Tiefen-)Struktur
plot – **subplot** ['sʌbplɒt]	Handlung – Nebenhandlung
setting ['setɪŋ]	Schauplatz; Zeit und Ort der Handlung
atmosphere ['ætməsfɪə]	Atmosphäre
local colour [ləʊkl 'kʌlə]	Lokalkolorit
point of view [pɔɪnt əv 'vju:]	Erzählperspektive
stage directions ['steɪdʒ dərekʃnz]	Bühnenanweisungen
flashback ['flæʃbæk]	Rückblende
suspense [sə'spens]	Spannung
climax ['klaɪmæks]	Höhepunkt
surprise [sə'praɪz] **ending**	überraschender Schluss
a **rhetorical device** [rɪtɒrɪkl dɪ'vaɪs]	ein rhetorisches Mittel
imagery ['ɪmɪdʒəri]	Bilder(sprache); Metaphorik
metaphor ['metəfə]	Metapher
use a word metaphorically [-'fɒrɪkli]	ein Wort metaphorisch gebrauchen
irony ['aɪrəni]	(die) Ironie
pun [pʌn]	(ein) Wortspiel (machen)
bowdlerize ['baʊdləraɪz] a book	ein Buch von (angeblich) anstößigen Stellen befreien
plagiarize ['pleɪdʒə-] – **plagiarism**	plagiieren – Plagiat
He's been accused of plagiarism.	Man hat ihn des Plagiats beschuldigt.
romantic [rəʊ'mæntɪk]	romantisch; Romantiker(in)

Literary -isms **(= literarische „Ismen")**
romanticism [-'mæn-] (= Romantik) • *realism* (= Realismus) • *naturalism* (= Naturalismus) • *expressionism* [ɪk'spreʃənɪzm] (= Expressionismus)

Leisure and recreation
Freizeit und Erholung

1 Holidays
Feiertage und Urlaub

2 Festive occasions
Festliche Anlässe

3 Socializing
Gesellschaftlicher Umgang

4 Entertainments
Vergnügungen

5 Travel and tourism
Reisen und Tourismus

6 Accommodation
Unterkunft

7 Shopping
Einkaufen

8 Sports
Sport

9 Hobbies
Hobbys

10 Drinking and smoking
Trinken und Rauchen

12
1

Holidays
Feiertage und Urlaub

Term, holidays, term, holidays, till we leave school, and then work, work, work till we die. (*C.S. Lewis, British writer, 1898–1963*)

holiday ['hɒlədeɪ]	Feiertag; Urlaub
bank holiday *BE* / *AE* legal [iː] holiday	(gesetzlicher) Feiertag
Good Friday is a public holiday.	Karfreitag ist ein (gesetzlicher) Feiertag.
Are you here on business ['bɪznəs]? – No, on holiday.	Sind Sie geschäftlich hier? – Nein, auf Urlaub.
holidays ['hɒlədeɪz] *Pl.*	*BE* Ferien
What are you doing in the summer holidays?	Was machst du in den Sommerferien?
vacation [və'keɪʃn]	*AE* Urlaub / Ferien
Dr Gore is on vacation.	Herr Dr. Gore ist auf / in Urlaub.
The summer vacation starts on July 28.	Die Sommerferien beginnen am 28. Juli.
leave [liːv]	Urlaub
Captain Brown is on leave.	Hauptmann Brown ist auf Urlaub.
She's been on sick leave for two weeks.	Sie ist seit zwei Wochen krankgeschrieben.
break [breɪk]	Pause; Unterbrechung
I think we ought [ɔːt] to have / take a break.	Ich meine, wir sollten mal (eine) Pause machen.
They've gone [gɒn] away for a weekend break.	Sie sind übers Wochenende verreist.
The children are still at break.	Die Kinder sind noch in der Pause.
have time off [taɪm 'ɒf]	frei haben
I'm going to take some time off.	Ich werde mir etwas frei nehmen.
Why don't you take a day off?	Warum nehmen Sie sich nicht einen Tag frei?
We were given a day off from school.	Wir bekamen einen Tag schulfrei.
weekend [wiːk'end]	Wochenende
We usually meet at the / *AE auch* on the weekend.	Meist sehen wir uns am Wochenende.
We're going to be away for the weekend.	Wir sind übers Wochenende weg / verreist.

Important [ɪm'pɔːtnt] ***holidays*** **(= wichtige Feiertage)**
New Year's Eve [iːv] (= Silvester), *New Year's Day* (= Neujahr)
Easter (= Ostern): *Good Friday* (= Karfreitag), *Easter Sunday* (= Ostersonntag), *Easter Monday* (= Ostermontag)
May Day (= Maifeiertag – 1. Mai) / AE *Labor* ['leɪbə] *Day* (= Tag der Arbeit – erster Montag im September)
Whitsun ['wɪtsn] (= Pfingsten): *Whit Sunday* (= Pfingstsonntag), *Whit Monday* (= Pfingstmontag)
Independence [ɪndɪ'pendəns] *Day* AE (= Unabhängigkeitstag – 4. Juli, bedeutendster nationaler Feiertag der USA)

Election [ɪ'lekʃn] *Day* AE (= Wahltag – erster Dienstag nach dem ersten Montag im November; an diesem Tag finden in den USA in jedem geraden Jahr Wahlen zum Kongress und in jedem zweiten geraden Jahr Präsidentschaftswahlen statt)
Thanksgiving Day AE (= Erntedanktag – am 4. Donnerstag im November)
Christmas ['krɪsməs] (= Weihnachten): *Christmas Eve* (= Heiligabend), *Christmas Day* (= 1. Weihnachtstag), *Boxing Day* (= 1. Wochentag nach Weihnachten)

"Why don't you take a day off?"

12
2

Festive occasions
Festliche Anlässe

That everyone should eat and drink and enjoy himself, in return for all his labours, is a gift of God. (*The Bible*)

celebration [selə'breɪʃn]	Feier; Feierlichkeit
The victory was cause for celebration.	Der Sieg war Grund zum Feiern.
Weddings are marked by celebration.	Hochzeiten werden feierlich begangen.
celebrate ['seləbreɪt]	feiern; begehen
celebrate a birthday / an anniversary	einen Geburtstag / ein Jubiläum feiern
ceremony ['serəməni]	Zeremonie; Feier
the opening ceremony	die Eröffnungsfeier
the wedding ceremony	die feierliche Trauung / Trauzeremonie
festivity [fe'stɪvəti]	Feier
public and private festivities	öffentliche und private Festlichkeiten
festival ['festɪvl]	Fest(ival); Festspiele; Festwoche(n)
the Berlin Film Festival	die Berliner Filmfestspiele
an international sports festival	ein internationales Sportfest
feast [fi:st]	Festessen; Festmahl
a wedding feast	ein Hochzeitsmahl
carnival ['kɑ:nɪvl]	Volksfest; Karneval
Rio was celebrating carnival just then.	Rio feierte damals gerade Karneval.
parade [pə'reɪd]	Parade; Umzug
victory parade – farewell parade	Siegesparade – Abschiedsparade
a ticker-tape parade	eine Konfettiparade
birthday ['bɜ:θdeɪ]	Geburtstag
He had a birthday yesterday.	Er hatte gestern Geburtstag.
What are you giving her for her birthday?	Was schenkst du ihr zum Geburtstag?
Many happy returns (of the day)!	Herzlichen Glückwunsch zum Geburtstag!
anniversary [ænɪ'vɜ:sri]	Jahrestag
We're celebrating our fiftieth anniversary.	Wir feiern unser fünfzigjähriges Jubiläum / Bestehen.
on their tenth wedding anniversary	an / zu ihrem zehnten Hochzeitstag
the tenth anniversary of her death	ihr zehnter Todestag
jubilee ['dʒu:bɪli:]	Jubiläum
Queen Elizabeth's Silver Jubilee in 1977	Königin Elisabeths silbernes Thronjubiläum 1977
silver wedding – **golden wedding**	Silberhochzeit – Goldhochzeit
They've just celebrated their golden wedding.	Sie haben gerade ihre goldene Hochzeit gefeiert.
a red-letter day [red 'letə deɪ]	ein besonderer Tag
The day we moved into our own home was a red-letter day for us.	Der Tag, an dem wir ins eigene Heim einzogen, war ein besonderer Tag für uns.

Socializing
Gesellschaftlicher Umgang

Show me your company, and I'll tell you who you are. (*Proverb*)

company ['kʌmpəni]	Gesellschaft; Umgang
Her niece [ni:s] keeps her company.	Ihre Nichte leistet ihr Gesellschaft.
the people he keeps company with	die Leute, mit denen er verkehrt
She's good company.	Es ist schön, mit ihr zusammen zu sein.
Oh, you're expecting company?	Ach, du erwartest wohl Besuch?
visit ['vɪzɪt]	Besuch; besuchen
We were planning to pay you a visit.	Wir hatten vor, dich zu besuchen.
We had a visit from him last summer.	Er war vorigen Sommer bei uns zu Besuch.
I'm going on a visit to Brighton.	Ich fahre nach Brighton zu Besuch.
She regularly visits her old aunt.	Sie besucht regelmäßig ihre alte Tante.
call on [kɔ:l]	besuchen; aufsuchen
May I call on you the next time I'm in town?	Darf ich Sie aufsuchen, wenn ich das nächste Mal in der Stadt bin?
get together [get tə'geðə]	zusammenkommen; sich treffen
We get together regularly ['regjʊləli] to discuss things.	Wir treffen uns regelmäßig um alles zu bereden.
get-together ['get təgeðə]	Zusammenkunft; Treffen
We have a get-together every two weeks.	Wir treffen uns alle vierzehn Tage.
go out with someone	mit jemand (aus)gehen
He used to ['ju:stə] go out with her.	Sie war mal seine Freundin.
date [deɪt]	Verabredung; *AE auch* Freund(in)
I have a date with Bill.	Ich bin mit Bill verabredet.
The girls were talking about their dates.	Die Mädchen unterhielten sich über ihre Freunde.
Is she still dating him? *AE*	Geht sie noch mit ihm?
party ['pɑ:ti]	Party
give / have / throw [θrəʊ] a party	eine Party geben / machen
They had a big party to celebrate ['seləbreɪt] the win.	Sie feierten den Sieg mit einer großen Party.
Were you at June's New Year's party?	Warst du auf Junes Silvesterparty?
In London we did a lot of partying.	In London waren wir viel auf Partys.
housewarming (party) ['haʊswɔ:mɪŋ]	Einzugsparty
We're having our housewarming on Saturday.	Am Samstag feiern wir unseren Einzug.
reunion [ri:'ju:niən]	Treffen; Zusammenkunft
class / family reunion	Klassen- / Familientreffen
dance [dɑ:ns]	Tanzveranstaltung / -abend / -party
There's a dance at the club tonight.	Im Klub wird heute Abend getanzt.
May I have the next dance?	Darf ich (Sie um den nächsten Tanz) bitten?

ball [bɔːl]	Ball
We're going to a ball tonight.	Wir gehen heute Abend auf einen Ball.
reception [rɪ'sepʃn]	Empfang
a reception in honour of the president	ein Empfang zu Ehren des Präsidenten
host [həʊst] – **hostess** ['həʊstəs]	Gastgeber – Gastgeberin
hospitality [hɒspɪ'tæləti]	Gastfreundschaft
We appreciate [ə'priːʃieɪt] your hospitality.	Wir sind Ihnen für Ihre Gastfreundschaft dankbar.
entertain [entə'teɪn]	bewirten; einladen
We often entertain people to dinner.	Wir haben oft Gäste zum Essen.
They do a lot of entertaining.	Sie haben häufig Gäste.
guest [gest]	Gast
The guest of honour is served first.	Der Ehrengast wird zuerst bedient.
If you want to use my phone, be my guest.	Wenn Sie mein Telefon benutzen wollen – bitte!
toast [təʊst]	Toast; Trinkspruch
They drank a toast to the bride and groom.	Man trank (einen Toast) auf das Brautpaar.

Common **['kɒmən]** ***toasts*** **(= gebräuchliche Trinksprüche)**
Health! [helθ] / *Your health!* / *To your health!* (= Auf Ihr / dein Wohl!)
Cheers! [tʃɪəz] (= Prost! / Prosit! / Zum Wohl!)
Here's to you! / *Here's looking at you!* (= Auf dein Wohl!)
Here's to our collaboration [kəlæbə'reɪʃn] / *your new job!* (= Auf unsere Zusammenarbeit / deinen neuen Job!)

"May I have the next dance?"

Entertainments
Vergnügungen

→ 11.5 Theatre and cinema

Hell is populated with the victims of harmless amusements. (*Proverb*)

circus ['sɜːkəs]	Zirkus
Every circus has a clown [klaʊn].	Jeder Zirkus hat einen Clown.
busker ['bʌskə]	Straßenmusikant(in)
Busking prohibited [prə'hɪbɪtɪd]	Musizieren verboten
band [bænd]	Kapelle; Band
They've got a live [laɪv] band there.	Die haben da eine richtige Kapelle.
dance [dɑːns]	Tanz; tanzen
There's disco ['dɪskəʊ] dancing on Saturday nights.	Samstagabends ist Disko.
nightclub ['naɪtklʌb] / **nightspot**	Nachtlokal; Nachtklub
They watched the floor show at a nightclub.	Sie sahen sich die Show in einem Nachtklub an.
casino [kə'siːnəʊ]	(Spiel-)Kasino; Spielbank
Las Vegas is famous / notorious [nəʊ'tɔːriəs] for its gambling casinos.	Las Vegas ist wegen seiner Spielkasinos berühmt / berüchtigt.
contest ['kɒntest]	(Wett-)Kampf; Wettbewerb
beauty ['bjuːti] contest	Schönheitswettbewerb
fair [feə]	(Jahr-)Markt; Volksfest
funfair *BE* / *AE* amusement park	Jahrmarkt; Kirmes
merry-go-round / **roundabout**	Karussell
We had a ride on the merry-go-round.	Wir sind Karussell gefahren.

***Funfair attractions* (= Jahrmarktsattraktionen)**
Ferris ['ferɪs] *wheel* (= Riesenrad) • *roller coaster* (= Achterbahn) • *shooting gallery* ['gæləri] (= Schießstand / Schießbude) • *sideshows* (= Nebenattraktionen / Schaubuden)

theme park ['θiːm pɑːk]	(thematisch gestalteter) Freizeitpark
Disneyland is a theme park.	Disneyland ist ein Vergnügungspark.
show [ʃəʊ]	Schau
fashion show ['fæʃn ʃəʊ]	Mode(n)schau
Punch-and-Judy show [pʌnʃ n 'dʒuːdi]	Kasperletheater
puppet show ['pʌpɪt ʃəʊ]	Puppenspiel; Marionettenspiel
wax museum / **waxworks (museum)**	Wachsfigurenkabinett
Madame Tussaud's [tə'sɔːdz] waxworks museum is one of London's main tourist attractions.	Madame Tussauds Wachsfigurenkabinett gehört zu Londons Haupttouristenattraktionen.
race [reɪs]	Rennen; Lauf
They often go to the races ['reɪsɪz].	Sie gehen oft zum Pferderennen.

12
5

Travel and tourism
Reisen und Tourismus

→ 19 Means of transport

Travel broadens the mind. (*Proverb*)

travel ['trævl]	reisen; Reisen
travel (a)round the country	im Land herumreisen
go to the travel agent's / agency	zum Reisebüro gehen
travel brochures ['brəʊʃəz]	Reiseprospekte
tourist ['tʊərɪst]	Tourist(in)
The island ['aɪlənd] lives off tourists / on tourism.	Die Insel lebt von den Touristen / vom Tourismus.
tourist information office	Verkehrsamt
book [bʊk]	buchen; reservieren
book a room / flight [flaɪt]	ein Zimmer / einen Flug reservieren
book a package ['pækɪdʒ] holiday	eine Pauschalreise buchen
cancel ['kænsl]	streichen; rückgängig machen
We've cancelled the booking.	Wir haben die Reservierung rückgängig gemacht.
The flight has been cancelled.	Der Flug ist ausgefallen.
journey ['dʒɜːni]	(*oft* längere) Reise
a journey round the world	eine Weltreise
trip [trɪp]	Reise; Fahrt
Have a nice trip.	Gute Reise!
take a boat trip on the Thames [temz]	eine Bootsfahrt auf der Themse machen
the trip there and back	die Reise / Fahrt hin und zurück
day trip – day tripper *BE*	Ausflug – Ausflügler(in)
tour [tʊə]	Tour; (Rund-)Fahrt; (Rund-)Reise
go on a tour of Ireland ['aɪələnd]	eine Irland(rund)reise machen
a guided ['gaɪdɪd] tour of the palace	eine Führung durch den Palast
book a package tour	eine Pauschalreise buchen
the tour operator ['ɒpəreɪtə]	der Reiseveranstalter
excursion [ɪk'skɜːʃn]	Ausflug
go on an excursion	einen Ausflug machen
hike [haɪk]	Wanderung; wandern
go on a hike	eine Wanderung machen
hiker ['haɪkə]	Wanderer / Wanderin
visit ['vɪzɪt]	besuchen; Besuch
I'm just visiting here.	Ich bin hier nur zu / auf Besuch.
her last visit to London ['lʌndən]	ihr letzter Londonbesuch
stay [steɪ]	Aufenthalt; wohnen
the hotel [həʊ'tel] we were staying at	das Hotel, in dem wir wohnten
itinerary [aɪ'tɪnərəri]	Reiseplan / -ablauf / -route
draw [drɔː] up an itinerary	einen Reiseplan aufstellen
destination [destɪ'neɪʃn]	Reiseziel; Zielbahnhof; Zielflughafen
She has left the country for an unknown ['ʌnnəʊn] destination.	Sie hat das Land mit unbekanntem Ziel verlassen.

resort [rɪ'zɔ:t]	Urlaubsort
Brighton ['braɪtn] is a seaside resort.	Brighton ist ein Seebad.
sightseeing ['saɪtsi:ɪŋ]	Besichtigungen
Today we're going sightseeing.	Heute schauen wir uns die Sehenswürdigkeiten an.
sightseeing tour [tʊə]	Besichtigungsfahrt; Stadtrundfahrt
guide [gaɪd]	(Fremden- / Reise-)Führer
a guide to London	ein Londonführer (= *Buch*)
our tour guide	unser(e) Reiseleiter(in)
opening hours ['əʊpnɪŋ aʊəz]	Öffnungszeiten
What are the opening hours?	Wann ist geöffnet?
tip [tɪp]	Trinkgeld
How much did you tip him?	Wie viel Trinkgeld hast du ihm gegeben?
the Channel Tunnel [tʃænl 'tʌnl]	der Kanaltunnel
The trip through the Channel Tunnel takes about 20 minutes.	Die Fahrt durch den Kanaltunnel dauert etwa 20 Minuten.
arrival [ə'raɪvl]	Ankunft
the arrivals board [bɔ:d]	die Ankunftstafel / -anzeige
departure [dɪ'pɑ:tʃə]	Abreise; Abfahrt; Abflug
the departures board [bɔ:d]	die Abfahrtstafel / -anzeige
delay [dɪ'leɪ]	Verspätung; Verzögerung
The strike is causing enormous [ɪ'nɔ:məs] delays.	Der Streik führt zu enormen Verspätungen.
customs ['kʌstəmz]	Zoll
At (the) customs, take the green channel if you have nothing to declare [dɪ'kleə].	Gehen Sie am Zoll durch den grünen Ausgang, wenn Sie nichts anzumelden / zu verzollen haben.
customs clearance ['klɪərəns]	Zollabfertigung
(customs) duty ['dju:ti]	Zoll(abgabe)
Do I have to pay duty on this?	Muss ich hierauf Zoll bezahlen?
duty-free [dju:ti'fri:]	zollfrei; zollfreie Ware
I've brought some duty-frees from Heathrow [hi:θ'rəʊ].	Ich habe einige zollfreie Sachen von Heathrow (= Londoner Flughafen) mitgebracht.
consulate (general) ['kɒnsjʊlət]	(General-)Konsulat
You can get your passport renewed [rɪ'nju:d] at the consulate.	Man kann sich seinen Pass auf dem Konsulat verlängern lassen.
embassy ['embəsi]	Botschaft
the German embassy in London	die deutsche Botschaft in London
apply [ə'plaɪ] for a visa ['vi:zə]	ein Visum beantragen
application [æplɪ'keɪʃn] for a visa	Antrag auf ein Visum
passport ['pɑ:spɔ:t]	(Reise-)Pass
My passport has expired [ɪk'spaɪəd].	Mein (Reise-)Pass ist abgelaufen.
go through passport control [kən'trəʊl]	durch die Passkontrolle gehen
visa ['vi:zə]	Visum; Sichtvermerk
issue ['iʃu:] a visa	ein Visum ausstellen
valid ['vælɪd]	gültig
This visa is valid for 90 days.	Dieses Visum ist 90 Tage gültig.
identity [aɪ'dentəti] **card** / **ID card**	Personalausweis

vaccination [væksɪ'neɪʃn]	(Schutz-)Impfung
vaccination against smallpox	Pockenschutzimpfung
certificate [sə'tɪfɪkət] of vaccination	Impfzeugnis
insurance [ɪn'ʃʊərəns]	Versicherung
luggage / baggage insurance	(eine) Gepäckversicherung
change [tʃeɪndʒ]	wechseln; umtauschen
change deutschmarks into sterling ['stɜ:lɪŋ]	Deutsche Mark in britische Pfund umtauschen
bureau de change [bjʊərəʊ də 'ʃɒndʒ]	Wechselstube
exchange [ɪks'tʃeɪndʒ]	(*Geld*) Umtausch
exchange rate / rate of exchange	Wechselkurs
travellers cheque ['trævləz tʃek]	Reisescheck
I'd like to cash a travellers cheque.	Ich möchte einen Reisescheck einlösen.
luggage ['lʌgɪdʒ] / **baggage** ['bægɪdʒ]	Gepäck
(left-)luggage locker ['lɒkə]	Gepäckschließfach
left-luggage office *BE* / *AE* baggage room	Gepäckaufbewahrung
luggage trolley ['trɒli] *BE* / *AE* **baggage cart**	Kofferkuli
bag [bæg]	Tasche
a collapsible [kə'læpsəbl] bag	eine zusammenfaltbare Tasche
Do you want to check your bags?	Möchten Sie Ihr Gepäck aufgeben?
(suit)case [('su:t)keɪs]	Koffer
There's space for four cases ['keɪsɪz].	Es ist Platz für vier Koffer.
holdall ['həʊldɔ:l] *BE* / *AE* **carryall**	Reisetasche

Group travel.

Accommodation
Unterkunft

The great advantage of a hotel is that it's a refuge from home life.
(*George Bernard Shaw, Irish writer, 1856–1950*)

accommodation [əkɒmə'deɪʃn] *BE* / *AE* **accommodations**	Unterkunft; (Nacht-)Quartier
hotel accommodation is expensive	Hotelzimmer sind teuer
hotel [həʊ'tel]	Hotel
stay at / in a hotel	in einem Hotel wohnen
guesthouse ['gesthaʊs]	(Fremden-)Pension
Some guesthouses offer bed and breakfast only.	Manche Pensionen bieten nur Übernachtung und Frühstück.
motel [məʊ'tel]	Motel
inn [ɪn]	Gasthaus
Inns are pubs with accommodation and meals.	Inns sind Pubs, die Unterkunft und Mahlzeiten bieten.
youth hostel ['juːθ hɒstl]	Jugendherberge
licensed ['laɪsnst] *BE*	zum Ausschank alkoholischer Getränke berechtigt
Is this place licensed?	Gibt es hier alkoholische Getränke?
vacancy ['veɪkənsi]	freies Zimmer
I'm afraid we haven't any vacancies at the moment.	Leider haben wir zurzeit keine Zimmer frei.
reservation [rezə'veɪʃn]	(Zimmer-)Reservierung
make a reservation	ein Zimmer bestellen
Reservations, please.	(*Tel.*) Bitte die (Zimmer-)Reservierung.
book [bʊk]	buchen; reservieren
We've booked a room at the Prince Hotel.	Wir haben ein Zimmer im Prince Hotel gebucht / reservieren lassen.
I'm afraid we're fully booked.	Leider sind wir total ausgebucht.
cancel ['kænsl]	stornieren; rückgängig machen
We've cancelled our reservation.	Wir haben unsere Zimmerbestellung rückgängig gemacht.
deposit [dɪ'pɒzɪt]	Anzahlung
Some hotels require a deposit on booking.	Manche Hotels verlangen bei der Zimmerbestellung eine Anzahlung.
supplement ['sʌpləmənt]	Aufschlag; Aufpreis
For seaview rooms, supplements apply [ə'plaɪ].	Für Zimmer mit Seeblick wird ein Aufpreis erhoben.
single ['sɪŋgl]	Einzel-
a single (room) with bath [bɑːθ]	ein Einzelzimmer mit Bad
double ['dʌbl]	Doppel-
Do you want a double (room) or a twin(-bedded room)?	Möchten Sie ein Zimmer mit Doppelbett oder ein Zweibettzimmer?
board [bɔːd]	Kost; Verpflegung
board and lodging ['lɒdʒɪŋ]	Kost und Logis
full board *BE* / *AE* American plan	Vollpension
half board	Halbpension

European [jʊərə'pi:ən] **plan** *AE*	(*Zimmer*) ohne Mahlzeiten
check in [tʃek 'ɪn]	sich (am Empfang) anmelden
What time will you be checking in?	Um welche Zeit werden Sie ankommen?
check out [tʃek 'aʊt]	abreisen
Checkout ['tʃekaʊt] time is 1100 hrs ['aʊəz].	Das Zimmer muss bis 11 Uhr geräumt sein.
reception desk [rɪ'sepʃn desk]	Empfang
There was a message ['mesɪdʒ] for me at reception.	Am (Hotel-)Empfang war eine Nachricht für mich.
hall porter / **concierge** ['kɒnsieəʒ]	(Hotel-)Portier
Leave your keys [ki:z] at the hall porter's desk.	Lassen Sie Ihre Schlüssel beim Portier.
cashier [kæ'ʃɪə]	Kassierer(in)
There was a long queue [kju:] *BE* / *AE* line at the cashier's desk.	An der Kasse war eine lange Schlange.
lounge [laʊndʒ]	(Hotel-)Halle
Drinks are served in the lounge.	Drinks werden in der Halle serviert.
lobby ['lɒbi]	(*Hotel*) Foyer
coffee shop ['kɒfi ʃɒp]	kleines Restaurant; Frühstücksraum
Breakfast is served in the coffee shop.	Frühstück gibt es im Coffee Shop.
breakfast ['brekfəst]	Frühstück
bed and breakfast / B&B	Übernachtung mit Frühstück
We stayed at a bed and breakfast.	Wir wohnten in einem Hotel garni.

English or continental [kɒntɪ'nentl] ***breakfast?***
Das erstere ein „großes" Frühstück mit *orange juice* ['ɒrɪndʒ dʒu:s] (= Orangensaft), *porridge* (= Haferbrei), *cereals* ['sɪərɪəlz] (= Cornflakes, Müsli usw.), *boiled eggs* (= gekochten Eiern), *fried eggs* (= Spiegeleiern) oder *scrambled eggs* (= Rührei) vielleicht in Kombination mit *bacon* ['beɪkən] (= Speck) oder *ham* (= Schinken), aber auch mit *sausage* ['sɒsɪdʒ] (= Wurst), *mushrooms* (= Pilzen) oder *grilled tomatoes* (= gegrillten Tomaten). Dazu dann noch das, was auch zum *continental breakfast* gehört: *fresh breakfast rolls* (= frische Frühstücksbrötchen), *hot croissants* ['kwæsɑ:nts] (= heiße Croissants) und natürlich – hoffentlich jede Menge – *toast* mit *marmalade* ['mɑ:məleɪd] (= Orangen- bzw. Grapefruitmarmelade), *jam* (= Marmelade nicht aus Zitrusfrüchten) und *honey* ['hʌni] (= Honig), vielleicht *lemon* ['lemən] *curd* (= Zitronencreme). In jedem Fall selbstverständlich auch *coffee* (= Kaffee), *tea* (= Tee) oder *milk* (= Milch).

room service ['ru:m sɜ:vɪs]	Zimmerservice
I called Room Service and ordered a sandwich.	Ich rief den Zimmerservice an und bestellte ein Sandwich.
norning call / **wake-up call**	Weckruf
uld you wake us at six, please?	Könnten Sie uns bitte um sechs wecken?
rb [dɪ'stɜ:b]	stören
do not disturb.	Bitte nicht stören.

tion

Shopping
Einkaufen

A good shop needs no sign. (*Proverb*)

Useful phrases **(= nützliche Redensarten)**

I'm looking for …	Ich suche …
Do you have / sell / stock …?	Haben / Führen Sie …?
Where do I find …?	Wo finde ich …?
How much is …?	Was kostet …?
Would you like it gift-wrapped?	Soll ich es als Geschenk einpacken?

shopping ['ʃɒpɪŋ]	Einkaufen
I'm doing my shopping today.	Heute mache ich meine Einkäufe.
I've got my shopping in the car.	Ich habe meine Einkäufe im Auto.
shopping bag – shopping basket [ɑː]	Einkaufstasche – Einkaufskorb
shopping trolley *BE* / *AE* shopping cart	Einkaufswagen
shopping centre *BE* / *AE* shopping mall	Einkaufszentrum
go on a shopping spree [spriː]	einen Einkaufsbummel machen

Shop – store: Im AE bezeichnet *store* auch einen (kleineren) Laden, der im BE als *shop* bezeichnet würde; BE *store* meint in der Regel *department store*, also „Kaufhaus". Entsprechend z.B. BE *bookshop* = AE *bookstore*.

department store [dɪ'pɑːtmənt stɔː]	Kaufhaus; Warenhaus
big stores like Harrods ['hærədz]	große Kaufhäuser wie Harrods
mail-order firm / **company**	Versandhaus
mail-order catalogue ['kætəlɒg]	Versandhauskatalog
buy something by mail order	etwas bei einem Versandhaus kaufen
customer ['kʌstəmə]	Kunde / Kundin
counter ['kaʊntə]	Ladentisch
medicines ['medsənz] that you can buy over the counter	Medikamente, die man rezeptfrei bekommt
assistant [ə'sɪstənt] *BE* / *AE* **sales-person**	Verkäufer(in) (*in Laden, Kaufhaus etc.*)
service ['sɜːvɪs]	(Kunden-)Dienst
For customer service, call …	Unsere Kundenbetreuung erreichen Sie unter der Nummer …
our after-sales service	unser Kundendienst
bargain ['bɑːgən]	günstiges Angebot; Sonderangebot
It was a bargain.	Es war ein Schnäppchen.
save [seɪv]	sparen
You can save up to 40 per cent.	Sie können bis zu 40 Prozent sparen.
off [ɒf]	„runter"
25% off the retail ['riːteɪl] price	25% unter dem Einzelhandelspreis
2 per cent off for cash	2 Prozent Skonto bei Barzahlung
bill *BE* / *AE* **check**	Rechnung
a bill for £150	eine Rechnung über 150 Pfund
deposit [dɪ'pɒzɪt] / **down payment**	Anzahlung
pay a deposit	eine Anzahlung leisten

instalment [ɪn'stɔ:lmənt]	Rate
payment by instalments	Ratenzahlung
We bought it on the installment plan *AE* / *BE* on hire purchase ['pɜ:tʃəs] / HP.	Wir haben es auf Raten gekauft.
sale [seɪl]	Verkauf
clearance (sale) ['klɪərəns]	Räumungsverkauf
There's a sale on at Clark's.	Bei Clark läuft gerade ein Ausverkauf.
get it cheap at the sales	es billig im Ausverkauf bekommen
offer ['ɒfə]	Angebot; anbieten
We have two models on offer.	Wir haben zwei Modelle im Angebot.
special offer	Sonderangebot
brand [brænd]	Marke
What brand of toothpaste ['tu:θpeɪst]?	Was für eine Zahnpasta(marke)?

Kinds of shop (AE statt *shop* oft *store*)
clothes [kləʊðz] *store* (= Konfektionshaus) • *fashion shop* (= Modegeschäft) • *shoe shop* (= Schuhgeschäft) • *antique* [æn'ti:k] *shop* (= Antiquitätengeschäft) • *gift shop* (= Geschenkladen) • *craft* [ɑ:] *shop* (= Kunstgewerbeladen) • *antiquarian* [æntɪ'kweəriən] / *secondhand bookshop* (= Antiquariat) • *music shop* (= Musikalienhandlung / Musikladen) • *toy shop* (= Spielwarengeschäft) • *sports shop* (= Sportgeschäft) • *photographic shop* / *camera store* (= Fotogeschäft) • *electronics* [ɪlek'trɒnɪks] *shop* (= Elektronikgeschäft) • *newsagent* ['nju:zeɪdʒənt] BE / AE *newsdealer* (= Zeitungshändler) • *art dealer* (= Kunsthändler) • *jeweller* ['dʒu:ələ] (= Juwelier) • *hairdresser* (= Friseur)

stationer('s shop) ['steɪʃnə]	Schreibwarenhandlung / -geschäft
florist('s shop) ['flɒrɪst]	Blumengeschäft
grocer('s shop) ['grəʊsə]	Lebensmittelhändler
greengrocer('s shop) *BE*	Obst- und Gemüsehändler

Lebensmittel bekommt man in Amerika außer *at the supermarket* oder *in a grocery* ['grəʊsəri] auch *in a deli* ['deli] (= *delicatessen*). *Delis* bieten auch *sandwiches, hamburgers, salads* und kleine Spezialitätengerichte.

chemist ['kemɪst] *BE* / *AE&BE* **pharmacy** ['fɑ:məsi] / *AE* **drugstore**	Apotheke
You'll get it at any chemist's / pharmacy / drugstore.	Das bekommen Sie in jeder Apotheke.

Apotheken sind in Großbritannien und Amerika in der Regel nicht so ausschließlich medizinisch ausgerichtet wie in den deutschsprachigen Ländern. Manche Filialen der britischen Pharmaziekette *Boots* führen fast alles *from toothpaste to computers*; amerikanische *drugstores* verkaufen nicht nur *drugs* (= Medikamente), sondern auch *toiletries* (= Toilettenartikel), *cosmetics* (= Kosmetikartikel), *stationery* (= Schreibwaren) sowie *sweets* (= Süßigkeiten) und *refreshments* (= Erfrischungen).

Sports
Sport

True sport is always a duel: a duel with nature, with one's own fear, with one's own fatigue, a duel in which body and mind are strengthened.
(*Yevgeny Yevtushenko, Russian poet, born in 1933*)

sport [spɔ:t]	Sport; Sportart
Baseball ['beɪsbɔ:l] is the USA's most popular ['pɒpjələ] sport.	Baseball ist Amerikas beliebtester Sport.
What sports do you go in for / do?	In welchen Sportarten sind Sie aktiv?
Don't you do any sport?	Treibst du denn keinen Sport?
game [geɪm]	Spiel; Partie
Shall we have / play a game of chess?	Wollen wir eine Partie Schach spielen?
match [mætʃ]	(Wett-)Spiel; Partie; (Wett-)Kampf
contest ['kɒntest] / **competition** [kɒmpə'tɪʃn]	Wettbewerb
(track and field) meet [mi:t]	*AE* (Leichtathletik-)Sportfest
tournament ['tʊənəmənt]	Turnier
championship ['tʃæmpiənʃɪp]	Meisterschaft
challenge ['tʃælɪndʒ]	herausfordern; Herausforderung
challenger ['tʃælɪndʒə]	Herausforderer / Herausforderin
win (– won [wʌn] – won)	gewinnen (– gewann – gewonnen)
lose [lu:z] (– lost [lɒst] – lost)	verlieren

Where sporting events take place **(= Orte sportlichen Geschehens)**
venue ['venju:] (= Austragungsort) • *sportsground* (= Sportplatz) • *stadium* ['steɪdiəm] (= Stadion) • *football pitch* (Fußball: = Spielfeld) • *football ground* (= Fußballplatz) • *cricket ground / pitch* (= Kricketfeld) • *handball court* [kɔ:t] (= Handballplatz) • *tennis court* (= Tennisplatz) • *golf course* ['gɒlf kɔ:s] (= Golfplatz) • *ballpark* (= Baseballstadion) • *gym* [dʒɪm] (= Turnhalle)

(world) champion ['tʃæmpiən]	(Welt-)Meister(in)
runner-up [rʌnər 'ʌp]	Zweite(r); Zweitplatzierte(r)
(world) record [wɜ:ld 'rekɔ:d]	(Welt-)Rekord
set / break / hold a record	einen Rekord aufstellen / brechen / halten
favourite ['feɪvrət] – **underdog**	Favorit(in) – sichere(r) Verlierer(in)
British fans want the underdog to win.	Britische Fans wollen, dass der Schwächere / Außenseiter gewinnt.
amateur ['æmətə] – **professional**	Amateur(-) – Profi(-)
sportsman – **sportswoman**	Sportler – Sportlerin
sportsmanlike behaviour [bɪ'heɪvjə]	sportliches / faires Verhalten; Fairness
race [reɪs]	Rennen; (Wett-)Lauf
the 100-metre race / dash / run	der 100-Meter-Lauf
I ran a race with her.	Ich bin mit ihr um die Wette gelaufen.
relay race ['ri:leɪ reɪs]	Staffellauf
racing ['reɪsɪŋ]	Rennen; Rennsport
motor racing *BE* / *AE* auto racing	Autorennsport

racing car – racing driver	Rennwagen – Rennfahrer(in)
track [træk]	(Renn-)Bahn; Rennstrecke; Piste
track / running event [ɪ'vent]	(*Leichtathletik*) Laufwettbewerb
athletics [æθ'letɪks] *BE* / *AE* **track and field**	Leichtathletik
Track and field (athletics) is one of the oldest of sports.	Die Leichtathletik ist eine der ältesten Sportarten.
running – jumping – throwing	Laufen – Springen – Werfen
high / **long jump** [dʒʌmp]	Hoch- / Weitsprung
skating ['skeɪtɪŋ]	Schlittschuh- / Rollschuhlauf(en)
ice-skating	Schlittschuhlauf(en)
roller-skating	Rollschuhlauf(en)
figure ['fɪgə] skating	Eiskunstlauf
skiing ['ski:ɪŋ]	Skilaufen; Skifahren
In winter, we go skiing a lot.	Im Winter gehen wir oft Ski laufen.
yachting ['jɒtɪŋ]	Segeln
yachtsman – yachtswoman	Segler – Seglerin
swimming – **diving** ['daɪvɪŋ]	Schwimmen – Tauchen
boxing ['bɒksɪŋ] – **wrestling** ['reslɪŋ]	Boxen – Ringen

Fußball = soccer** ['sɒkə] / **football** ['fʊtbɔ:l] / **American football
Im BE heißt Fußball *football* oder *soccer* (= *Association* [əsəʊsi'eɪʃn] *football*). Die Amerikaner nennen „unsere" Art von Fußball *soccer*, während *football* dort *American football* ist, bei dem ein eiförmiger Ball getragen oder getreten wird (= *is carried or kicked* [kɪkt]). *American football* ist durch große Härte gekennzeichnet und wird daher mit stark gepolsterter Kleidung (= *heavily padded clothing* ['kləʊðɪŋ]), Helmen (= *helmets*) und Gesichtsschutz (= *masks* [mɑ:sks]) gespielt.

Some soccer terms	**Einige Fußballausdrücke**
striker ['straɪkə]	Stürmer(in)
midfield player / **midfielder**	Mittelfeldspieler(in)
defender [dɪ'fendə] – **defence**	Verteidiger(in) – Verteidigung
The **goalkeeper** ['gəʊlki:pə] made an excellent save.	Der Torwart bot eine Glanzparade.
(team) captain ['kæptən]	(Mannschafts-)Kapitän
substitute ['sʌbstɪtju:t]	Ersatz- / Auswechselspieler(in)
the England **manager** ['mænɪdʒə]	der englische Nationaltrainer
a strong English **side** / **team** / **squad** [skwɒd]	eine starke englische Mannschaft
a **friendly** ['frendli] against Wales	ein Freundschaftsspiel gegen Wales
a home match [həʊm 'mætʃ]	ein Heimspiel
an away victory ['vɪktəri]	ein Auswärtssieg
the World Cup [wɜ:ld 'kʌp]	die Fußballweltmeisterschaft
in the **first** / **second half**	in der ersten / zweiten Halbzeit
a **cross** from the right	eine Flanke von rechts
go into **extra time** (– went – gone [ɒ])	in die Verlängerung gehen
He **crossed** [krɒst] from the left.	Er flankte von links.
His **header** ['hedə] hit the **(cross)bar**.	Sein Kopfball ging an die (Quer-)Latte.

Neal **scored** [skɔːd] the equalizer ['iːkwəlaɪzə].	Neal erzielte den Ausgleichstreffer.
an own goal [əʊn 'gəʊl]	ein Eigentor
penalty ['penlti] **area – penalty kick**	Strafraum – Strafstoß
penalty shootout ['ʃuːtaʊt]	Elfmeterschießen
He was **offside** [ɒf'saɪd].	Er war im Abseits.
They were awarded [ə'wɔːdɪd] a **free kick** [friː 'kɪk].	Sie erhielten einen Freistoß.
He was **sent off** / **shown the red card** for fouling Smith.	Er wurde wegen eines Fouls an Smith vom Platz verwiesen / bekam wegen … die rote Karte.
their first **win** in six **matches**	ihr erster Sieg in sechs Spielen
a goalless draw [drɔː]	ein torloses Unentschieden
Premier League [premiə 'liːg] *BE*	(oberste britische Liga)
the German **league champion**	der deutsche Fußballmeister

Beachten Sie, dass nach Namen von Fußballmannschaften im BE die Pluralform des Verbs steht:
Everton ['evətn] *are at the bottom* ['bɒtəm] *of the Premier League.* (= Everton steht in der Ersten Liga an letzter Stelle.)
Southampton were lucky to win. (= Southampton hat mit Glück gewonnen.)
England have qualified ['kwɒlɪfaɪd] *for the World Cup.* (= England hat sich für die Weltmeisterschaft qualifiziert.)

Some tennis terms	**Etwas Tenniswortschatz**
tennis court ['tenɪs kɔːt]	Tennisplatz
baseline ['beɪslaɪn] – **sideline**	Grundlinie – Seitenlinie
racket ['rækɪt]	(Tennis-)Schläger
play a **singles** / **doubles** / **mixed doubles**	ein Einzel / Doppel / gemischtes Doppel spielen
ace [eɪs]	(Aufschlag-)Ass
He served nine aces in the first set.	Im ersten Satz schlug er neun Asse.
double fault [dʌbl 'fɔːlt]	Doppelfehler
forehand ['fɔːhænd] – **backhand**	Vorhand – Rückhand
fifteen – love [lʌv]	fünfzehn – null
deuce [djuːs] – **advantage** [əd'vɑːntɪdʒ]	Einstand – Vorteil
set point – match point	Satzball – Matchball
The **score** is three – **zero** ['zɪərəʊ] in the **tiebreak** ['taɪbreɪk].	Es steht drei – null im Tiebreak.
a successful **tennis coach** [kəʊtʃ]	ein(e) erfolgreiche(r) Tennistrainer(in)

Achtung, Schiedsrichter – *referee* [refə'riː] **oder *umpire*** ['ʌmpaɪə]**?**
In *basketball, boxing, football, hockey* ['hɒki], *rugby, snooker, squash* [skwɒʃ] und *wrestling* ['reslɪŋ] (= Ringen) ist Schiedsrichter(in) = *referee.*
In *badminton* (= Federball), *baseball* ['beɪsbɔːl], *cricket* ['krɪkɪt], *swimming, tennis* und *volleyball* ['vɒlibɔːl] ist Schiedsrichter(in) = *umpire.*

12
9

Hobbies
Hobbys

None but the wise man can employ leisure well. (*Proverb*)

My **hobbies** include [ɪn'klu:d] …	Zu meinen Hobbys gehört …
Beekeeping is a rewarding [rɪ'wɔ:dɪŋ] hobby.	Die Imkerei ist ein lohnendes / dankbares Hobby.
Gardening is a hobby he's passionate ['pæʃnət] about.	Die Gartenarbeit ist ein Hobby, dem er sich mit Leidenschaft widmet.
pastime ['pɑ:staɪm]	Zeitvertreib; Hobby
my favourite ['feɪvrət] pastime	meine Lieblingsbeschäftigung
interest ['ɪntrəst]	Interesse(ngebiet)
What interests do you have?	Was für Interessen haben Sie?
My chief [tʃi:f] interests are music ['mju:zɪk] and tennis.	Meine Hauptinteressen sind Musik und Tennis.
activity [æk'tɪvəti]	Betätigung; Tätigkeit
What's your favourite activity?	Was ist deine Lieblingsbeschäftigung?
Cooking is a popular leisure ['leʒə] activity.	Kochen ist eine beliebte Freizeitbeschäftigung.
pursuits [pə'sju:ts]	Beschäftigungen; Betätigungen
artistic [ɑ:'tɪstɪk] pursuits	künstlerische Betätigungen
She now devotes [dɪ'vəʊts] most of her time to her literary ['lɪtərəri] pursuits.	Den größten Teil ihrer Zeit widmet sie jetzt ihren literarischen Aktivitäten.

Crafts [krɑ:fts] **(= Handarbeit, Kunsthandwerk, Basteln)**
needlework ['ni:dlwɜ:k] (= Nadel- / Handarbeit) • *sewing* ['səʊɪŋ] (= Nähen) • *knitting* ['nɪtɪŋ] (= Stricken) • *weaving* ['wi:vɪŋ] (= Weben) • *spinning* (= Spinnen) • *embroidery* [ɪm'brɔɪdəri] (= Sticken) • *dressmaking* (= Schneidern) • *flower arranging* [ə'reɪndʒɪŋ] (= Blumenstecken) • *pottery* ['pɒtəri] (= Töpfern) • *basketry* ['bɑ:skɪtri] (= Korbflechten) • *woodworking* (= Holzarbeiten) • *metalwork* ['metlwɜ:k] (= Metallarbeiten)

relaxation [ri:læk'seɪʃn]	Entspannung; Freizeitbeschäftigung
The cinema is her relaxation.	Zur Entspannung geht sie ins Kino.
Painting is his favourite ['feɪvrət] relaxation.	Beim Malen entspannt er sich am liebsten.
recreation [rekri'eɪʃn]	Erholung; Freizeitbeschäftigung
He repairs old clocks for recreation.	Zur Erholung repariert er alte Uhren.
Chess is a wonderful ['wʌndəfl] recreation.	Schach ist eine herrliche Freizeitbeschäftigung.
leisure ['leʒə]	(die) Freizeit; Muße
spare time [speə 'taɪm]	Freizeit
What do you do in your spare time?	Was machst du in deiner Freizeit?
pursue [pə'sju:] a hobby	sich einem Hobby widmen
engage in something [ɪn'geɪdʒ]	sich mit etwas befassen
She engages in all sorts of voluntary ['vɒləntri] work.	Sie widmet sich allen möglichen ehrenamtlichen Aufgaben.

take up a hobby (– took – taken) — sich ein Hobby zulegen
I've taken up photography [fə'tɒgrəfi]. — Ich habe zu fotografieren angefangen.

go in for something (– went – gone [ɒ]) — etwas betreiben
She doesn't go in for sports. — Mit Sport hat sie nichts im Sinn.

What people collect [kə'lekt] **(= Was die Leute so sammeln)**
stamps (= Briefmarken) • *postcards* (= Postkarten) • *phonecards* (= Telefonkarten) • *coins* (= Münzen) • *autographs* ['ɔ:təgrɑ:fs] (= Autogramme) • *antiques* [æn'ti:ks] (= Antiquitäten) • *fine old books* (= schöne alte Bücher) • *matchboxes* (= Streichholzschachteln) • *beer mats* (= Bierdeckel) • *butterflies and moths* [mɒθs] (= Schmetterlinge und Nachtfalter)

enjoy doing something [ɪn'dʒɔɪ] — etwas gern tun
I enjoy listening ['lɪsnɪŋ] to music. — Ich höre gern Musik.
She enjoys doing crossword puzzles. — Sie löst gern Kreuzworträtsel.
do-it-yourself / DIY — Heimwerken
Do-it-yourself is a popular ['pɒpjələ] pastime. — Heimwerken ist ein beliebter Zeitvertreib.
He's a keen **do-it-yourselfer**. — Er ist ein begeisterter Heimwerker.
She does a lot of **reading**. — Sie liest viel.
We spend a lot of time **playing cards**. — Wir verbringen viel Zeit beim Kartenspiel.
fishing ['fɪʃɪŋ] — Angeln; Fischen
He goes fishing for relaxation [ri:læk'seɪʃn]. — Zur Entspannung geht er angeln.

Outdoor activities [æk'tɪvətiz] **(= Aktivitäten im Freien)**
gardening (= Gartenarbeit) • *jogging* (= Joggen) • *hiking* (= Wandern) • *backpacking* (= Rucksackwandern / -reisen) • *mountain climbing* ['maʊntən klaɪmɪŋ] / *mountaineering* [maʊntə'nɪərɪŋ] (= Bergsteigen) • *birdwatching* (= Vogelbeobachtung) • *cycling* ['saɪklɪŋ] (= Radfahren) • *(horse-)riding* (= Reiten) • *hunting* (= Jagd) • *skiing* ['ski:ɪŋ] (= Skilaufen) • *roller-skating* (= Rollschuhlaufen) • *ice-skating* (= Schlittschuhlaufen) • *sailing / yachting* ['jɒtɪŋ] (= Segeln) • *windsurfing* (= Windsurfen) • *water-skiing* (= Wasserskilaufen) • *scuba-diving* ['sku:bə daɪvɪŋ] (= Sport- / Gerättauchen) • *skin-diving* (= Sport- / Schnorcheltauchen) • *parachuting* ['pærəʃu:tɪŋ] / *skydiving* (= Fallschirmspringen) • *hang-gliding* (= Drachenfliegen)

Drinking and smoking
Trinken und Rauchen

→ 7.3 Drug and alcohol abuse

We drink one another's healths and spoil our own. (*Jerome K. Jerome, English writer, 1859–1927*)
The Surgeon General has determined that smoking cigarettes is bad for your health. (*Health warning on cigarette packets*)

drink (– drank – drunk)	trinken
He drinks like a fish.	Er säuft wie ein Loch.
hard / soft [sɒft] drinks	harte / alkoholfreie Getränke
What about a drink?	Wie wär's mit 'nem Drink / Gläschen?
(problem / serious ['sɪərɪəs]) drinker	Trinker(in)
drunk [drʌŋk]	Betrunkene(r); Trinker(in)
alcoholic [ælkə'hɒlɪk]	Alkoholiker(in)
booze [bu:z]	Schnaps; saufen
boozer ['bu:zə]	Säufer(in)
teetotaller [ti:'təʊtlə]	Abstinenzler(in)
have (– had – had)	haben; trinken
have a hangover ['hæŋəʊvə]	einen Kater haben
Have another drink.	Trinken Sie doch noch einen.
Let's have one for the road.	Trinken wir noch einen, bevor wir gehen.
drunk / **intoxicated** [ɪn'tɒksɪkeɪtɪd]	betrunken
(stone-cold) **sober** ['səʊbə]	(stock)nüchtern
beer (on draught [drɑ:ft] / on tap)	Bier (vom Fass)
I prefer [prɪ'fɜ:] draught beer [bɪə].	Ich trinke lieber Bier vom Fass.

Types of beer **(= Biersorten)**
beer (neutraler Ausdruck für Bier) • *bitter* (goldgelb mit starkem Hopfengeschmack, das meistgetrunkene englische Fassbier) • *mild* [aɪ] (rotbraun, schwächer, süßer als *bitter*) • *stout* [aʊ] (kräftiges dunkles Bier) • *pale ale* (schwaches helles Bier) • *lager* (den deutschen hellen Bieren ähnlich)

(white / red) wine [waɪn]	(Weiß- / Rot-)Wein
sparkling wine [spɑ:klɪŋ 'waɪn]	Schaumwein; Sekt
hock [hɒk] *BE*	deutscher Weißwein
moselle [məʊ'zel]	Moselwein
champagne [ʃæm'peɪn]	Champagner; Sekt
vintage ['vɪntɪdʒ]	(*Wein*) Jahrgang
a vintage wine / champagne	ein edler / erlesener Wein / Sekt
liquor ['lɪkə] – **liqueur** [lɪ'kjʊə]	Schnaps – Likör
He can't hold his liquor ['lɪkə].	Der verträgt nichts.
shandy ['ʃændi]	„Radlermaß" / „Alsterwasser"

***How to say* prost! *in English* (= Wie man auf Englisch prost! sagt)**
Cheers! [tʃɪəz] • *Skol!* [skɒl] • *Bottoms* ['bɒtəmz] *up!* • *Here's to you!* • *Your (very) good health* [helθ]. • *Down the hatch!*

pint [paɪnt]	(BE = 0,57 Liter / AE = 0,47 Liter)
A pint of bitter, please.	Bitte ein großes Bitter.
A half [hɑ:f] of bitter, please.	Bitte ein kleines Bitter.
double ['dʌbl]	doppelt
A double Scotch, please.	Bitte einen doppelten Scotch (Whisky).
barmaid ['bɑ:meɪd]	Bardame
barman *BE* / *AE* bartender ['bɑ:tendə]	Barmann

To have a drink (= um einen zu trinken) geht man in England *to a pub* (= in einen Pub), in Amerika *to a bar* (= in eine Bar). *Saloons* [sə'lu:nz] waren im 19. Jahrhundert *in the American West* verbreitet; heute gibt es sie fast nur noch in *westerns. Tavern* ['tævən] ist ebenfalls historisch, überlebt aber in den Namen von *pubs* und *bars* (*Railway Tavern, Trafalgar* [trə'fælgə] *Tavern* etc.).

smoke [sməʊk]	rauchen; Rauch
I don't smoke.	Ich rauche nicht / bin Nichtraucher(in).
have a smoke	eine (Zigarette) rauchen
passive ['pæsɪv] smoking	passives Rauchen
No smoking	Rauchen verboten
(non-)smoking section / area	(Nicht-)Raucherbereich
(non-)smoking compartment	(Nicht-)Raucherabteil
(non-)smoker	(Nicht-)Raucher(in)
smoker's cough [kɒf]	Raucherhusten
chain-smoker ['tʃeɪn sməʊkə]	Kettenraucher(in)
cigarette [sɪgə'ret]	Zigarette
(filter-)tipped [tɪpt] cigarette	Filterzigarette
high- / low-tar [tɑ:] cigarettes	Zigaretten mit hohem / niedrigem Teergehalt
a pack(et) of cigarettes	eine Packung / Schachtel Zigaretten
a carton ['kɑ:tən] of cigarettes	eine Stange Zigaretten
cigarette case [keɪs] / holder	Zigarettenetui / -spitze
cigarette paper *BE* / *AE* rolling paper	Zigarettenpapier
cigarette machine [mə'ʃi:n]	Zigarettenautomat
roll-up *BE* / *AE* **roll-your-own**	selbst gedrehte Zigarette
cigar [sɪ'gɑ:]	Zigarre
a box of cigars	eine Kiste Zigarren
pipe (cleaner) [paɪp]	Pfeife(nreiniger)
As always he was smoking his pipe.	Wie immer rauchte er seine Pfeife.
tobacco [tə'bækəʊ]	Tabak
tobacconist [tə'bækənɪst]	Tabak(waren)laden
nicotine ['nɪkəti:n]	Nikotin
light a cigarette (– lit* – lit*)	(sich) eine Zigarette anzünden
light up [laɪt 'ʌp] (– lit* – lit*)	(sich) eine (Zigarette) anzünden
lighter ['laɪtə] – **ashtray** ['æʃtreɪ]	Feuerzeug – Aschenbecher

The universe
Das Weltall

1 Stars and planets
Sterne und Planeten

2 Space exploration
Raumforschung

Stars and planets
Sterne und Planeten

My own suspicion is that the universe is not only queerer than we suppose, but queerer than we *can* suppose. (*J.B.S. Haldane, British scientist, 1892–1964*)

the origin ['ɒrɪdʒɪn] of the **universe**	die Entstehung der Welt
The universe ['ju:nɪvɜ:s] has neither boundary ['baʊndəri] nor centre.	Das Weltall hat weder Grenze noch Mittelpunkt.
the **cosmos** ['kɒzmɒs]	der Kosmos; das Weltall
(outer) space [speɪs]	der Weltraum; das (Welt-)All
at light speed / **at the speed of light**	mit Lichtgeschwindigkeit
a distance ['dɪstəns] of … **light years**	eine Entfernung von … Lichtjahren
galaxy ['gæləksi]	Galaxis; Galaxie; Milchstraße
the Galaxy / the Milky Way	die Galaxis / Milchstraße
(galactic) **nebula** ['nebjʊlə] *Pl.* nebulas / nebulae ['nebjʊli:]	(galaktischer) Nebel
celestial [sə'lestiəl] **body** / **object**	Himmelskörper
(super)nova ['nəʊvə] *Pl.* novas / novae ['nəʊvi:]	(Super-)Nova
pulsar ['pʌlsɑ:] – **quasar** ['kweɪzɑ:]	Pulsar – Quasar
comet ['kɒmɪt]	Komet
meteor ['mi:tiə]	Meteor
meteorite ['mi:tiəraɪt]	Meteorit
shooting star / **falling star**	Sternschnuppe
planet ['plænɪt]	Planet
(The) Earth [ɜ:θ] is the third planet from the Sun.	Die Erde ist von der Sonne aus der dritte Planet.

***The nine planets in the solar system* (= Die neun Planeten im Sonnensystem)**

Mercury ['mɜ:kjəri] (= Merkur) • *Venus* ['vi:nəs] • *Earth* [ɜ:θ] (= Erde) • *Mars* [mɑ:z] • *Jupiter* ['dʒu:pɪtə] • *Saturn* ['sætɜ:n] • *Uranus* ['jʊərənəs] • *Neptune* ['neptju:n] (= Neptun) • *Pluto* ['plu:təʊ]

orbit ['ɔ:bɪt]	(Umlauf-)Bahn; (um)kreisen
a circular ['sɜ:kjələ] / an elliptical [ɪ'lɪptɪkl] orbit	eine kreisförmige / elliptische Bahn
The earth orbits (a)round the sun.	Die Erde umkreist die Sonne.
rotate [rəʊ'teɪt] on an axis ['æksɪs]	sich um eine Achse drehen
revolve [rɪ'vɒlv] (a)round the sun	sich um die Sonne drehen
satellite ['sætəlaɪt]	Satellit; Trabant
The moon is Earth's / the earth's satellite.	Der Mond ist der Trabant der Erde.
the **sun** – the **moon**	die Sonne – der Mond
waxing ['wæksɪŋ] moon	zunehmender Mond
waning ['weɪnɪŋ] moon	abnehmender Mond
solar eclipse [səʊlər ɪ'klɪps]	Sonnenfinsternis
lunar eclipse [lu:nər ɪ'klɪps]	Mondfinsternis

"Moon" idioms
You're asking for the moon. (= Du verlangst Unmögliches.) • *He promised* ['prɒmɪst] *me the moon.* (= Er hat mir das Blaue vom Himmel herunter versprochen.) • *She writes once in a blue moon.* (= Sie schreibt nur alle Jubeljahre einmal.) • *She was over the moon about it.* (= Sie war überglücklich darüber.)

constellation [kɒnstə'leɪʃn]	Sternbild; Konstellation
The Big Dipper is a well-known constellation.	Der Große Wagen ist ein bekanntes Sternbild.
crater ['kreɪtə]	Krater
atmosphere ['ætməsfɪə]	Atmosphäre
magnetic field [mægnetɪk 'fi:ld]	Magnetfeld
gravity ['grævəti] / **gravitation**	Gravitation; Schwerkraft
Gravity at the equator [ɪ'kweɪtə] is lower than at the poles.	Die Schwerkraft ist am Äquator geringer als an den Polen.
Newton's theory ['θɪəri] of gravitation	Newtons Gravitationstheorie
the earth's **gravitational** pull	die Anziehungskraft der Erde
observatory [əb'zɜ:vətri]	Observatorium; Sternwarte
astronomy [ə'strɒnəmi]	(die) Astronomie
cosmology [kɒz'mɒlədʒi]	(die) Kosmologie
the **creation** [kri'eɪʃn] **accounts** in the Bible ['baɪbl]	die Schöpfungsberichte in der Bibel
the **big bang theory** [bɪg 'bæŋ θɪəri]	die Urknalltheorie
a **black hole** [blæk 'həʊl]	ein schwarzes Loch
Einstein's theory of **relativity** [relə'tɪvəti]	Einsteins Relativitätstheorie

"I wonder why my phone bill is always so high."

Space exploration
Raumforschung

That's one small step for a man, one giant leap for mankind. (*Astronaut Neil Armstrong on stepping on the moon's surface, 20 July 1969*)

(outer) space [(aʊtə) 'speɪs]	(der) (Welt-)Raum; (das) (Welt-)All
the space age ['speɪs eɪdʒ]	das Zeitalter der Raumfahrt
space travel ['speɪs trævl]	(die) (Welt-)Raumfahrt
space programme ['speɪs prəʊgræm]	Raumfahrtprogramm
space mission ['mɪʃn] / spaceflight	(Welt-)Raumflug
spacesuit ['speɪssu:t]	Raumanzug
spacecraft ['speɪskrɑ:ft]	Raumfahrzeug
spaceship ['speɪsʃɪp]	Raumschiff
space capsule ['speɪs kæpsju:l]	Raumkapsel
space shuttle ['speɪs ʃʌtl]	Raumfähre
space probe ['speɪs prəʊb]	Raumsonde
space station ['speɪs steɪʃn]	(Welt-)Raumstation
space junk ['speɪs dʒʌŋk]	Weltraummüll
space medicine ['speɪs medsn]	Raumfahrtmedizin
manned [mænd] – **unmanned**	bemannt – unbemannt
astronaut ['æstrənɔ:t]	Astronaut(in)
cosmonaut ['kɒzmənɔ:t]	Kosmonaut(in)
testing / **proving** [u:] **ground**	Versuchsgelände
launch a rocket [lɔ:ntʃ ə 'rɒkɪt]	eine Rakete starten
launching site ['lɔ:ntʃɪŋ saɪt]	(Raketen-)Abschussbasis
launchpad / launching pad [pæd]	Start- / Abschussrampe
launcher ['lɔ:ntʃə]	Trägerrakete
countdown ['kaʊntdaʊn]	Countdown
liftoff ['lɪftɒff]	(das) Abheben; (der) Start
We have liftoff.	Der Start ist erfolgt.
trajectory [trə'dʒektəri]	Flugbahn
rendezvous *Pl.* -vous ['rɒndɪvu:]	Rendezvous
docking manoeuvre [mə'nu:və]	Kopplungsmanöver
circle (the moon) ['sɜ:kl]	(den Mond) umrunden
fly-by (mission) ['flaɪbaɪ]	Vorbeiflug
lander ['lændə]	Landefahrzeug / -fähre
soft-land / **make a soft** [sɒft] **landing** on the moon	auf dem Mond weich landen
impact area ['ɪmpækt eəriə]	Landezone
lunar (excursion) module ['mɒdju:l] / LEM	Mond(lande)fähre
collect **rock samples** ['sɑ:mplz]	Gesteinsproben aufsammeln
abort [ə'bɔ:t] a mission	einen (Raum-)Flug abbrechen
A thruster ['θrʌstə] failure aborted the flight.	Ein Fehler am Korrekturtriebwerk führte zum Abbruch des Fluges.
The lunar landing had to be aborted / cancelled ['kænsəld].	Die Mondlandung musste abgebrochen / abgesetzt werden.
reentry [ri'entri]	Wiedereintritt (*in die Erdatmosphäre*)
(ground) tracking station	Bodenstation

mission control [mɪʃn kən'trəʊl]	(das) Kontrollzentrum

> Rakete: In der Raumfahrt *rocket* ['rɒkɪt], als militärische Waffe *missile* ['mɪsaɪl].

multistage ['mʌltisteɪdʒ] **rocket**	Mehrstufenrakete
retrorocket ['retrəʊrɒkɪt]	Bremsrakete
booster (rocket) ['bu:stə]	Booster; Startrakete
propulsion system [prə'pʌlʃn sɪstəm]	Antriebssystem
(rocket) engine ['endʒɪn]	(Raketen-)Triebwerk
fuel ['fju:əl]	Treibstoff
hydrogen ['haɪdrədʒən]	Wasserstoff
thrust [θrʌst] / **push** [pʊʃ]	Schub
command module [kə'mɑ:nd mɒdju:l]	Kommandokapsel
service module ['sɜ:vɪs mɒdju:l]	Versorgungsteil
life support [sə'pɔ:t] **system**	„Lebenserhaltungssystem“
payload ['peɪləʊd]	Nutzlast
(artificial) **satellite** ['sætəlaɪt]	(künstlicher) Satellit
communications satellite	Nachrichtensatellit
weather satellite	Wettersatellit
orbit ['ɔ:bɪt]	Umlaufbahn; (um)kreisen
put / place a satellite into orbit	einen Satelliten in eine Umlaufbahn bringen
orbit the earth [ɜ:θ]	die Erde umkreisen
microgravity ['maɪkrəʊgrævəti] / **weightlessness**	Schwerelosigkeit
radiation [reɪdi'eɪʃn]	Strahlung

Space tourism in the year 2050.

14 The earth
Die Erde

14
1 Geology
Geologie

The main activities of geology have been to map and classify the rocks exposed on the earth's surface and those accessible underground, and to explain their origin and distribution. (*J.L.M. Lambert in The Fontana Dictionary of Modern Thought, 1977*)

geology [dʒi'ɒlədʒi]	(die) Geologie
structural ['strʌktʃərəl] geology / tectonics [tek'tɒnɪks]	Geotektonik
engineering [endʒɪ'nɪərɪŋ] geology	Ingenieurgeologie
marine [mə'ri:n] geology	Meeresgeologie
historical [hɪ'stɒrɪkl] geology	historische Geologie
geologic(al) [dʒi:ə'lɒdʒɪk(l)] processes	geologische Vorgänge
geologic(al) formation [fɔ:'meɪʃn]	geologische Formation
geologic(al) map [mæp]	geologische Karte
geological survey ['sɜ:veɪ]	geologische Aufnahme
geologist [dʒi'ɒlədʒɪst]	Geologe / Geologin
geography [dʒi'ɒgrəfi]	Geographie; geographische Beschaffenheit

-*ology* [-ɒlədʒi] und -*alogy* [-ælədʒi] – beachten Sie die Betonung: *geochro'nology* [dʒi:əʊkrə'nɒlədʒi] (= Geochronologie) • *glaci'ology* [gleɪsi'ɒlədʒi] (= Glaziologie) • *mine'ralogy* [mɪnə'rælədʒi] (= Mineralogie) • *paleon'tology* [pæliɒn'tɒlədʒi] (= Versteinerungskunde) • *pe'trology* [pə'trɒlədʒi] (= Petrologie) • *seis'mology* [saɪz'mɒlədʒi] (= Erdbebenkunde) • *volca'nology* [vɒlkə'nɒlədʒi] (= Vulkanologie)

(the) **history** ['hɪstri] **of the earth**	(die) Erdgeschichte
the **evolution** [i:və'lu:ʃn] **of the earth**	die Entwicklung der Erde
the earth's **core** [kɔ:]	der Erdkern
the earth's **interior** [ɪn'tɪəriə]	das Erdinnere
the earth's **crust** [krʌst]	die Erdkruste / Erdrinde
continental shelf [kɒntɪnentl 'ʃelf]	Festland(s)sockel
continental drift [kɒntɪnentl 'drɪft]	Kontinentalverschiebung / -drift
plate tectonics ['pleɪt tektɒnɪks]	Plattentektonik
sea- / ocean-floor ['əʊʃn] **spreading**	Erweiterung der Ozeane
stratum ['strɑ:təm] *Pl.* strata ['strɑ:tə]	Schicht; Stratum
fault [fɔ:lt]	Verwerfung; (Schichten-)Bruch
rock(s) [rɒk(s)]	Gestein(e)
analyse **minerals** [ænəlaɪz 'mɪnərəlz]	Mineralien analysieren
mineral resources [rɪ'zɔ:sɪz]	Bodenschätze
composition [kɒmpə'zɪʃn]	Zusammensetzung
the **formation** of crystals ['krɪstlz]	die Bildung von Kristallen
sedimentation – sediments ['sedɪ-]	Sedimentation – Sedimente

deposit [dɪ'pɒzɪt]	Lagerstätte; Ablagerung
deposits of oil and natural gas [gæs]	Öl- und Erdgasvorkommen
erosion [ɪ'rəʊʒn]	Abtragung; Erosion
weathering ['weðrɪŋ]	Verwitterung
fossil ['fɒsl]	Fossil; Versteinerung
index fossil ['ɪndeks fɒsl]	Leitfossil
fossilize ['fɒsəlaɪz] / become fossilized	versteinern
fossilized remains [fɒsəlaɪzd rɪ'meɪnz]	Versteinerung(en)
petrify ['petrɪfaɪ] **/ become petrified**	versteinern
(age-)dating [(eɪdʒ) 'deɪtɪŋ]	Altersbestimmung
radiocarbon dating [reɪdiəʊkɑ:bn 'deɪtɪŋ]	Radiokarbondatierung
era ['ɪərə]	Ära; (Erd-)Zeitalter
period ['pɪəriəd]	Periode
epoch ['i:pɒk]	Epoche
ice age ['aɪs eɪdʒ]	Eiszeit
glacier ['glæsiə]	Gletscher
meltwater ['meltwɔ:tə]	Schmelzwasser
(terminal / end) **moraine** [mə'reɪn]	(End-)Moräne
(earth)quake [('ɜ:θ)kweɪk]	(Erd-)Beben
the **Richter scale** ['rɪktə skeɪl]	die Richter-Skala
volcano [vɒl'keɪnəʊ] *Pl.* -oes	Vulkan
volcanic activity [æk'tɪvəti]	vulkanische Tätigkeit
(volcanic) eruption [ɪ'rʌpʃn]	(Vulkan-)Ausbruch
topography [tə'pɒgrəfi]	Topographie

"There are no active volcanoes in this part of the world."

Metals and gemstones
Metalle und Schmucksteine

Better have a friend on the road than gold or silver in your purse. (*Proverb*)

a precious **metal** [preʃəs 'metl]	ein Edelmetall
heavy / light metals	Schwer- / Leichtmetalle
gold [gəʊld]	Gold; golden

Beachten Sie den Unterschied zwischen den Adjektiven *gold* und *golden*:

gold = aus Gold:
a gold watch [gəʊld 'wɒtʃ] (= eine goldene Uhr), *a gold necklace* ['nekləs] (= eine goldene Halskette), *a gold medal* ['medl] (= eine Goldmedaille)

golden ['gəʊldən] = golden im übertragenen Sinn:
golden wedding (= goldene Hochzeit), *the golden age* (= das goldene Zeitalter), *a golden rule* (= eine goldene Regel)

silver ['sɪlvə]	Silber; silbern
mercury ['mɜːkjəri]	Quecksilber
iron ['aɪən]	Eisen; eisern
iron ore [aɪən 'ɔː]	Eisenerz
copper ['kɒpə]	Kupfer; kupfern
zinc [zɪŋk] – **tin** [tɪn]	Zink – Zinn
lead [led]	Blei
lead-free [led'friː] – unleaded [ʌn'ledɪd]	bleifrei – unverbleit
aluminium [ælə'mɪniəm] *BE* / *AE* **aluminum** [ə'luːmɪnəm]	Aluminium
alloy ['ælɔɪ]	Legierung; legieren
(stainless) **steel** [(steɪnləs) 'stiːl]	(Edel-)Stahl
bronze [brɒnz]	Bronze; bronzen
the Bronze Age ['brɒnz eɪdʒ]	die Bronzezeit
brass [brɑːs]	Messing

Idioms with gems [dʒemz] ***and metals*** ['metlz]
Be a gem and run me to the station. (= Sei ein Schatz und fahr mich zum Bahnhof.) • *This CD is a real gem.* (= Diese CD ist wirklich Spitze.) • *He's a rough diamond* [rʌf 'daɪəmənd]. (= Er hat eine raue Schale.) • *She had the brass to say that to my face.* (= Sie besaß die Unverfrorenheit, mir das ins Gesicht zu sagen.) • *Let's get down to brass tacks – how much do you want?* (= Kommen wir doch zur Sache – wie viel wollen Sie?) • *As a secretary* ['sekrətri], *she's worth her weight in gold.* (= Als Sekretärin ist sie Gold wert.)

gem(stone) [dʒem]	Schmuckstein; Edelstein
The cutting of gems is an art.	Das Schleifen von Edelsteinen ist eine Kunst.
imitation [ɪmɪ'teɪʃn] gems	unechter Schmuck
synthetic [sɪn'θetɪk] gems / precious stones	künstliche Edelsteine

precious stone [preʃəs 'stəʊn]	Edelstein
semiprecious [semi-] stone	Halbedelstein

This precious stone set in the silver sea ... (= Dies Kleinod, in die Silbersee gefasst ...). So Shakespeare (1564–1616) in seinem Drama (= *play*) *Richard II (Richard the Second)* in einem langen Hymnus über England.

rough [rʌf] / cut **diamond** ['daɪəmənd]	Rohdiamant / geschliffener Diamant
jewel ['dʒu:əl]	Juwel; Edelstein
the British crown jewels	die britischen Kronjuwelen
She had to sell her jewels.	Sie musste ihren Schmuck verkaufen.
emerald ['emərəld]	Smaragd
ruby ['ru:bi]	Rubin
sapphire ['sæfaɪə]	Saphir
pearl [pɜ:l]	Perle
(a string of) pearls / a pearl necklace	eine Perlenkette
amber ['æmbə]	Bernstein

"How do I know they're not fake?"

Geographical divisions
Geographische Einteilungen

Boundary: In political geography, an imaginary line between two nations, separating the imaginary rights of one from the imaginary rights of the other. (*Definition in The Devil's Dictionary, by Ambrose Bierce, 1842–1914?*)

longitude ['lɒndʒɪtjuːd]	(geographische) Länge
5 deg(rees) [dɪ'griːz] east longitude	5 Grad östlicher Länge
latitude ['lætɪtjuːd]	(geographische) Breite
hemisphere ['hemɪsfɪə]	Halbkugel; Hemisphäre
time zone ['taɪm zəʊn]	Zeitzone
the **tropics** ['trɒpɪks]	die Tropen
the tropic of Cancer ['kænsə]	der Wendekreis des Krebses
the **Old / New World** [njuː 'wɜːld]	die Alte / Neue Welt
the **Third World** [θɜːd 'wɜːld]	die Dritte Welt
the **(Ant-)Arctic** [(ænt)'ɑːktɪk]	die (Ant-)Arktis
(at the) **equator** [ɪ'kweɪtə]	(am) Äquator
continent ['kɒntɪnənt]	Kontinent; Erdteil
on the Continent	auf dem Kontinent; in Europa
subcontinent [sʌb'kɒntɪnənt]	Subkontinent
continental [kɒntɪ'nentl]	kontinental
Britain's Continental neighbours	Großbritanniens europäische Nachbarn
Europe ['jʊərəp]	Europa
European [jʊərə'piːən]	europäisch
Western Europe – Western European	Westeuropa – westeuropäisch
America – American [ə'merɪkən]	Amerika – amerikanisch
the Americas [ə'merɪkəz]	Nord-, Süd- und Mittelamerika
North / South America	Nord- / Südamerika
Latin America [lætɪn ə'merɪkə]	Lateinamerika
Australia [ɒ'streɪliə] **– Australian**	Australien – australisch
Africa ['æfrɪkə] **– African** ['æfrɪkən]	Afrika – afrikanisch
Asia ['eɪʃə] **– Asian** ['eɪʃn]	Asien – asiatisch
west [west]	Westen; West-
the Middle West / Midwest	der mittlere Westen (der USA)
western ['westən]	westlich; West-
the Western world [westən 'wɜːld]	die westliche Welt
Midwestern American small towns	Kleinstädte im mittleren Westen der USA

Beachten Sie den Unterschied:
They lived in West Germany (d.h. in der Bundesrepublik Deutschland vor der Wiedervereinigung von 1990).
They live in western Germany (d.h. im westlichen Teil Deutschlands).

east [iːst]	Osten; Ost-
the Middle / Far East	der Nahe / Ferne Osten

The Middle East is the region ['ri:dʒən] where Asia, Africa, and Europe meet.	Der Nahe Osten ist das Gebiet, wo Asien, Afrika und Europa sich berühren.
the east coast [i:st 'kəʊst]	die Ostküste
the East Asian countries	die ostasiatischen Länder
eastern ['i:stən]	östlich; Ost-
the eastern Mediterranean [medɪtə'reɪniən]	das östliche Mittelmeer
Eastern Europe – Eastern European	Osteuropa – osteuropäisch
the Middle Eastern nations	die Staaten im Nahen Osten
north [nɔ:θ]	Norden; Nord-
the North-South divide [dɪ'vaɪd]	das Nord-Süd-Gefälle
the North / South Pole [pəʊl]	der Nord- / Südpol
They have moved [mu:vd] north.	Sie sind nach Norden gezogen.
northern ['nɔ:ðən]	nördlich; Nord-
Northern Ireland [nɔ:ðən 'aɪələnd]	Nordirland
Northern Irish [nɔ:ðən 'aɪrɪʃ]	nordirisch

Im BE heißt *north of Watford* ['wɒtfəd] (= nördlich von Watford) scherzhaft so viel wie „jwd" oder „auf dem Mond". Watford, eine *dormitory* ['dɔ:mətri] *town* (= Schlafstadt) *northwest of London* (= nordwestlich von London) ist Endstation der U-Bahn – *civilization* [sɪvəlaɪ'zeɪʃn] *ends there*! AE-Entsprechungen sind *in the sticks* und *in the boondocks* ['bu:ndɒks].

south [saʊθ]	Süden; Süd-
south of the river ['rɪvə]	südlich des Flusses
southern ['sʌðən]	südlich; Süd-

Beachten Sie den Unterschied:
South Africa (= Südafrika) – *southern Africa* (= das südliche Afrika).

area ['eəriə]	Gebiet; Gegend; Fläche
The Dead Sea area is one of the hottest regions in the world.	Das Gebiet um das Tote Meer ist eine der heißesten Gegenden der Welt.
a mountainous ['maʊntənəs] area	eine bergige / gebirgige Gegend
Belgium ['beldʒəm] has a total area of 30,521 sq km [skweə 'kɪləmi:təz].	Belgien hat eine Gesamtfläche von 30 521 km².
territory ['terətri]	Gebiet; Territorium
the occupied ['ɒkjupaɪd] territories	die besetzten Gebiete
on German territory	auf deutschem Staats- / Hoheitsgebiet
outside **territorial** [terə'tɔ:riəl] waters	außerhalb der Hoheitsgewässer
terrain [tə'reɪn]	Gelände; Terrain
rough terrain [rʌf tə'reɪn]	unebenes Gelände
in mountainous ['maʊntənəs] terrain	in bergigem Gelände / Terrain
the **Midlands** ['mɪdləndz]	Mittelengland

Oceans, lakes, rivers
Meere, Seen, Flüsse

All the rivers flow into the sea, yet the sea never overflows; back to the place from which the rivers flowed they return to flow again. (*From the Book of Ecclesiastes in the Bible*)

the **sea** [siː]	die See; das Meer
the Mediterranean [medɪtə'reɪniən] Sea	das Mittelmeer
the Baltic Sea [bɔːltɪk 'siː]	die Ostsee
inland sea [ɪnlənd 'siː]	Binnenmeer
a holiday at the **seaside**	ein Urlaub an der See
the **seabed / seafloor** ['siːflɔː]	der Meeresboden
ocean ['əʊʃn]	Ozean; Meer
the Atlantic [ət'læntɪk] Ocean	der Atlantische Ozean
the Pacific [pə'sɪfɪk] Ocean	der Pazifische Ozean
strait [streɪt]	Meerenge
the Strait of Gibraltar [dʒɪ'brɔːltə]	die Straße von Gibraltar
gulf [gʌlf]	Golf; Meerbusen
the Persian Gulf [pɜːʃn 'gʌlf]	der Persische Golf
bay [beɪ]	Bucht
the southern portion of Hudson Bay	der südliche Teil der Hudson Bay
cape [keɪp]	Kap
the Cape of Good Hope	das Kap der Guten Hoffnung
the **coast(line)** [kəʊst]	die Küste
situated ['sɪtʃueɪtɪd] on the south coast	an der Südküste gelegen
(on the) **beach** [biːtʃ]	(am) Strand
a **lake** [leɪk]	ein See
Lake Constance ['kɒnstəns]	der Bodensee

Das schottische Wort für *lake* ist *loch* [lɒx]: *on the bonnie, bonnie banks of Loch Lomond* [lɒx 'ləʊmənd] (= „an den schönen, schönen Ufern des Lomond-Sees"). In irischen Namen dagegen *lough* [lɒx]: *Lough Gill* [lɒx 'gɪl] *is one of the prettiest Irish lakes.* (= Der Gill-See ist einer der hübschesten irischen Seen.)

reservoir ['rezəvwɑː]	Stausee
pond – fishpond ['fɪʃpɒnd]	Teich – Fischteich
pool [puːl]	Schwimmbecken; Schwimmbad
river ['rɪvə]	Fluss
the River Rhine *BE* / *AE* Rhine River	der Rhein
The river flows [fləʊz] across a plain.	Der Fluss fließt durch eine Ebene.
riverside ['rɪvəsaɪd]	Flussufer
down by the riverside	unten am Fluss
bank [bæŋk] (of a lake / river)	Ufer (eines Sees / Flusses)
on the banks of the Rhine	an den Ufern des Rheins
the **shore** [ʃɔː]	das Ufer
two miles from / off (the) shore	zwei Meilen vom Ufer entfernt / vor der Küste

on the western shore of Lake Michigan ['mɪʃɪgən]	am Westufer des Michigansees
tributary (river) ['trɪbjətri]	Nebenfluss
The Moselle [məʊ'zel] is a tributary of the Rhine.	Die Mosel ist ein Nebenfluss des Rheins.
mouth [maʊθ] / **estuary** ['estʃuəri]	(*Fluss*) Mündung
the Thames [temz] estuary	die Themsemündung

Als *Estuary English* bezeichnet man mitunter eine in den Städten des Mündungsgebiets der *Thames*, also in der Londoner Gegend, anzutreffende Aussprache des Englischen. Es handelt sich um eine „veredelte" Form des traditionellen Ostlondoner *cockney*-Dialekts, die sich seit den Sechzigerjahren des 20. Jahrhunderts ausbreitet.

channel ['tʃænl]	Fahrrinne; (Fluss-)Bett
the (English) Channel	der (Ärmel-)Kanal
canal [kə'næl]	(*künstlicher*) Kanal
the Panama / Suez ['su:ɪz] Canal	der Panama- / Suezkanal
waterfall ['wɔ:təfɔ:l]	Wasserfall
They went to Niagara [naɪ'ægərə] Falls on their honeymoon.	Sie machten ihre Hochzeitsreise zu den Niagarafällen.
stream [stri:m] / **brook** [brʊk]	Bach
(hot) **spring** [sprɪŋ]	(Thermal-)Quelle
the **current** ['kʌrənt]	die Strömung
swim against the current (– swam – swum)	gegen den Strom schwimmen
the **tides** [taɪdz]	die Gezeiten
low [ləʊ] tide – high tide	Ebbe – Flut
iceberg ['aɪsbɜ:g]	Eisberg
The Titanic [taɪ'tænɪk] struck an iceberg and sank.	Die Titanic rammte einen Eisberg und sank.
island ['aɪlənd]	Insel
Manhattan Island / the island of Manhattan [mæn'hætn]	die Insel Manhattan
Manhattan is a long narrow island.	Manhattan ist eine lange, schmale Insel.
peninsula [pə'nɪnsjʊlə]	Halbinsel

Isle [aɪl] (= Insel / Eiland) heute nur noch in Namen: *the British Isles* (= die Britischen Inseln) • *the Isle of Man* (= die Insel Man) • *the Isle of Wight* (= die Insel Wight).

port [pɔ:t]	Hafen(stadt)
New York is one of the largest ports.	New York ist einer der größten Häfen.
harbour ['hɑ:bə]	Hafen
a ship anchored ['æŋkəd] in the harbour	ein Schiff, das im Hafen vor Anker lag
the **docks** [dɒks]	die Hafenanlagen
Her husband works at the docks.	Ihr Mann arbeitet im Hafen.

The countryside
Die Landschaft

→ 14.6 The farming world, 15.1 Animals, 15.2 Plants

Each blade of grass has its spot on earth whence it draws its life, its strength; and so is man rooted to the land from which he draws his faith together with his life. (*Joseph Conrad, Polish-born British novelist, 1857–1924*)

countryside ['kʌntrisaid]	Land(schaft)
She loves the English countryside.	Sie liebt die englische Landschaft.
live in the country(side)	auf dem Land leben
Walks in the surrounding [sə'raʊndɪŋ] countryside.	Spaziergänge in der Umgebung.
landscape ['lændskeɪp]	Landschaft
a hilly / rolling landscape	eine hügelige / wellige Landschaft
scenic ['si:nɪk] areas	landschaftlich schöne Gegenden
the beautiful **scenery** ['si:nəri] of the Highlands	die landschaftliche Schönheit des schottischen Hochlands
hills and **valleys** ['væliz]	Berge und Täler
mountain ['maʊntən]	(hoher) Berg
in the mountains	im Gebirge
a mountain range [reɪndʒ]	ein Gebirgszug

Mount [maʊnt] heute nur noch in Namen: *Alaska's highest peak* [pi:k] *is Mount McKinley* [mə'kɪnli]. (= Alaskas höchster Berg ist Mount McKinley.)

peak [pi:k] **/ summit** ['sʌmɪt] **/ top**	(Berg-)Gipfel
the **highland(s) / lowland(s)** ['ləʊləndz]	das Hochland / Tiefland
cliff [klɪf]	Felswand (am Meer)
the chalk [tʃɔ:k] cliffs of Dover	die Kreidefelsen von Dover
the **Alps** [ælps]	die Alpen
canyon ['kænjən]	Cañon (= enges, tiefes Flusstal)
ravine [rə'vi:n]	Schlucht
cave [keɪv]	Höhle
plateau ['plætəʊ] *Pl.* -s *od.* -x	Hochebene; Plateau
plain [pleɪn]	Ebene; Flachland
grassland ['grɑ:slænd]	Grasland; Weideland
prairie ['preəri]	(nordamerikanische Wiesenlandschaft)
wasteland ['weɪstlænd]	Ödland
steppe [step]	Steppe
desert ['dezət]	Wüste
the Sahara [sə'hɑ:rə] Desert in northern Africa	die Wüste Sahara in Nordafrika
wetlands ['wetlændz]	Feuchtgebiete
bog [bɒg]	Moor; Sumpf
marsh [mɑ:ʃ] **/ swamp** [swɒmp]	Sumpf

moor [mʊə]	(Hoch-)Moor; Bergheide
More than 50 per cent [pə 'sent] of Scotland is moorland.	Mehr als die Hälfte Schottlands ist Heidemoor.
heath [hi:θ]	Heide
shrubs [ʃrʌbz] / **bushes** ['bʊʃɪz]	Sträucher; Gebüsch
a treeless area covered with low shrubs and heather ['heðə]	eine baumlose Gegend, in der niedrige Sträucher und Heidekraut wachsen
thicket(s) ['θɪkɪt(s)]	Dickicht; Büsche; Gebüsch
a sandy **beach** [bi:tʃ]	ein Sandstrand
(sand) **dunes** [dju:nz]	(Sand-)Dünen
forest ['fɒrɪst]	(größerer) Wald
a thick forest	ein dichter Wald
large forest areas / regions ['ri:dʒənz]	große Waldgebiete
Hansel ['hænsl] and Gretel ['gretl] were abandoned [ə'bændənd] in the forest.	Hänsel und Gretel wurden im Wald ausgesetzt.
the Black Forest [blæk 'fɒrɪst]	der Schwarzwald
rain forest ['reɪn fɒrɪst]	Regenwald
wood(s) [wʊd(z)]	(kleinerer) Wald
We went for a walk in the woods.	Wir gingen im Wald spazieren.
Sometimes you can't see the wood *BE* / *AE auch* forest for the trees.	Manchmal sieht man den Wald vor lauter Bäumen nicht.
backwoods ['bækwʊdz]	unerschlossene Waldgebiete
grove [grəʊv]	Wäldchen
clearing ['klɪərɪŋ]	Lichtung
wilderness ['wɪldənəs]	Wildnis
jungle ['dʒʌŋgl]	Dschungel; Urwald
rural areas [rʊərəl 'eəriəz]	ländliche Gegenden
farmland ['fɑ:mlænd]	Ackerland
field [fi:ld]	Feld; Acker; Weide
the farmers working in the fields	die Bauern, die auf den Feldern arbeiten
garden ['gɑ:dn]	Garten
the front [frʌnt] / back garden *BE* / *AE* yard	der Garten vor / hinter dem Haus
orchard ['ɔ:tʃəd]	Obstgarten
vineyard ['vɪnjəd]	Weinberg
hedge [hedʒ]	Hecke
park [pɑ:k]	Park
national park [næʃnəl 'pɑ:k]	(geschützter) Nationalpark
nature reserve ['neɪtʃə rɪzɜ:v]	Naturschutzgebiet
green belt ['gri:n belt]	Grüngürtel

The farming world
Die Welt der Landwirtschaft

→ 15.1 Animals, 15.2 Plants

There is no gilding of setting sun or glamour of poetry to light up the ferocious and endless toil of the farmers' wives. (*Hamlin Garland, US writer, 1860–1940*)

farm [fɑ:m]	landwirtschaftlicher Betrieb
farmhouse ['fɑ:mhaʊs]	Farmhaus; Bauernhaus; Gutshaus
farm hand / farmworker	Landarbeiter(in)
farm products ['prɒdʌkts] / agricultural produce ['prɒdju:s]	landwirtschaftliche Erzeugnisse
farming ['fɑ:mɪŋ]	(die) Landwirtschaft
dairy farming ['deəri fɑ:mɪŋ]	(die) Milchviehhaltung
fish farming ['fɪʃ fɑ:mɪŋ]	(die) Fischzucht
factory farming ['fæktri fɑ:mɪŋ]	(die) Massentierhaltung
farmer ['fɑ:mə]	Landwirt(in); Bauer / Bäuerin

Peasants ['peznts] waren / sind arme, oft leibeigene Kleinbauern in früheren Zeiten oder in der Dritten Welt.

agriculture ['ægrɪkʌltʃə]	(die) Landwirtschaft
agricultural [ægrɪ'kʌltʃərəl]	landwirtschaftlich; Landwirtschafts-
agricultural / farm machinery [mə'ʃi:nri]	Landmaschinen
ranch [rɑ:ntʃ] *AE*	(auf Viehzucht spezialisierter landwirtschaftlicher Großbetrieb)
plantation [plɑ:n'teɪʃn]	Pflanzung; Plantage
a coffee / sugar ['ʃʊgə] plantation	eine Kaffee- / Zuckerplantage
the **soil** [sɔɪl]	die Erde; der Boden
fertile ['fɜ:taɪl] / poor [pʊə] soils	fruchtbare / karge Böden
(arable ['ærəbl]) **land**	(Acker-)Land
rich farmland ['fɑ:mlænd]	fruchtbares Ackerland
field [fi:ld]	Feld; Acker; Weide; Wiese
a fallow ['fæləʊ] field	ein brachliegendes Feld; eine Brache
pasture ['pɑ:stʃə]	Weide(land)
cattle grazing on green pastures	Rinder, die auf grünen Weiden grasen
irrigate ['ɪrɪgeɪt] – **irrigation**	bewässern – Bewässerung
manure [mə'njʊə]	Mist; Dung; (natürlicher) Dünger
fertilize ['fɜ:təlaɪz] – **fertilization**	düngen – Düngung
(chemical ['kemɪkl] / artificial [ɑ:tɪ'fɪʃl]) fertilizer	(Kunst-)Dünger
pesticide ['pestɪsaɪd]	Pestizid
insecticide [ɪn'sektɪsaɪd]	Insektizid
weed [wi:d] (killer)	Unkraut(vertilgungsmittel)
cultivate ['kʌltɪveɪt]	kultivieren; bestellen; anbauen
Asparagus [ə'spærəgəs] is widely cultivated here.	Hier wird viel Spargel angebaut.

plant [plɑ:nt]	Pflanze; (an- / be)pflanzen
plant a field with rye [raɪ]	auf einem Feld Roggen anbauen / säen
grow [grəʊ] (– grew [gru:] – grown)	wachsen; anbauen; anpflanzen
Rice doesn't grow here.	Reis gedeiht hier nicht.
We mainly grow maize *BE* / *AE* corn.	Wir bauen hauptsächlich Mais an.
raise / grow wheat [wi:t] / vegetables ['vedʒtəblz]	Weizen / Gemüse anbauen
raise / rear [rɪə] chickens / pigs	Hühner / Schweine züchten / aufziehen
seed(s) [si:d(z)]	Samen; Saat(gut)
grain [greɪn] – **grains**	Korn / Getreide – Körner
crop [krɒp]	(das, was angebaut wird) Feldfrucht
Cotton ['kɒtn] is the leading crop.	Es wird hauptsächlich Baumwolle angebaut.
The use of pesticides ['pestɪsaɪdz] has increased crop yields [ji:ldz].	Der Einsatz von Pestiziden hat die Ernteerträge erhöht.
crop rotation [rəʊ'teɪʃn]	Fruchtfolge; Fruchtwechsel
crop dusting ['dʌstɪŋ]	Schädlingsbekämpfung aus der Luft
crop failure(s) ['feɪljə(z)]	Missernte(n)
harvest ['hɑ:vɪst]	Ernte; ernten
Wheat [wi:t] harvest is in June.	Die Weizenernte ist im Juni.
Sugar beets [bi:ts] are harvested 20 to 30 weeks after the seeds are planted.	Zuckerrüben werden 20 bis 30 Wochen nach der Saat geerntet.
livestock ['laɪvstɒk] (*Mit Pluralverb!*)	Vieh; Viehbestand / Viehbestände
(live)stock / cattle breeding	Viehzucht
Many farms raise livestock.	Viele Farmen betreiben Viehzucht.
cattle ['kætl] (*Mit Pluralverb!*)	(Rind-)Vieh; Rinder
Here the cattle are being fattened.	Hier werden die Rinder gemästet.
The cattle were grazing in the fields.	Auf den Wiesen weidete das Vieh.
dairy cattle ['deəri kætl]	Milchvieh
ox [ɒks] *Pl.* oxen ['ɒksn]	Ochse
milk a **cow** [kaʊ]	eine Kuh melken
mad cow disease [mæd 'kaʊ dɪzi:z] / BSE	Rinderwahnsinn
a **herd** [hɜ:d] of cattle	eine Rinderherde
a **flock** [flɒk] of sheep	eine Schafherde
shepherd ['ʃepəd]	Schafhirte / -hirtin; Schäfer(in)
pig [pɪg] / *AE auch* **hog** [hɒg]	Schwein
pigsty ['pɪgstaɪ] *BE* / *AE* pigpen / *AE* hoghouse	Schweinestall
horse [hɔ:s]	Pferd
poultry ['pəʊltri] (farmer)	Geflügel(züchter / -züchterin)
free-range hens [fri: reɪndʒ 'henz]	frei laufende Hühner
free-range eggs	Eier von frei laufenden Hühnern
fodder ['fɒdə] **/ animal feed** [fi:d]	Viehfutter
Corn is used for livestock ['laɪvstɒk] feed. *AE*	Mais wird als Viehfutter verwendet.
hay [heɪ]	Heu
haystack ['heɪstæk]	Heuschober
straw [strɔ:]	Stroh

coop [ku:p] / **henhouse** ['henhaʊs]	Hühnerstall; Geflügelkäfig
barn [bɑ:n]	Scheune; Stall
(equipment [ɪ'kwɪpmənt]) **shed** [ʃed]	(Geräte-)Schuppen
stable ['steɪbl]	(Pferde-)Stall
cowshed ['kaʊʃed]	Kuhstall
manger ['meɪndʒə]	Futtertrog; (*Bibel*) Krippe
greenhouse ['gri:nhaʊs]	Gewächshaus
silo ['saɪləʊ] – **silage** ['saɪlɪdʒ]	Silo – Silage
mow [məʊ] – **mower** ['məʊə]	mähen – Mäher
plough [plaʊ] *BE* / *AE* **plow** [plaʊ]	Pflug
tractor ['træktə]	Traktor
thresh [θreʃ] – **thresher** ['θreʃə]	dreschen – Drescher
combine (harvester) ['kɒmbaɪn ('hɑ:vɪstə)]	Mähdrescher
genetic engineering [dʒənetɪk endʒɪ'nɪərɪŋ]	(die) Gentechnik

"Farming" idioms

The stuff isn't worth [wɜ:θ] *a bean.* (= Das Zeug ist keinen Pfifferling wert.) • *a chicken and egg situation* [sɪtʃu'eɪʃn] (= eine Zwickmühle) • *hit the hay* (= sich in die Falle hauen) • *It's like looking for a needle in a haystack.* (= Es ist, wie wenn man eine Stecknadel im Heuhaufen sucht.) • *eat like a horse* (= wie ein Scheunendrescher essen) • *put the cart before the horse* (= das Pferd beim Schwanz aufzäumen) • *buy a pig in a poke* (= die Katze im Sack kaufen) • *He's the black sheep of the family.* (= Er ist das schwarze Schaf der Familie.) • *lock the stable door after the horse has bolted* ['bəʊltɪd] (= den Brunnen erst zudecken, wenn das Kind hineingefallen ist) • *That was the last straw* [strɔ:]. (= Das brachte das Fass zum Überlaufen.) • *catch at a straw* (= sich an einen Strohhalm klammern)

The black sheep.

The city
Die Stadt

→ 6.1 Communities, 5.1 Flats and houses, 7.1 Housing shortage, 19.6 Traffic

People come to the city to find safety and happiness, to lead the good life. (*Aristotle, Greek philosopher, 384–322 BC*)

city ['sɪti]	(größere) Stadt
the city and its residents ['rezɪdənts]	die Stadt und ihre Bewohner
go / travel to the city	in die Stadt fahren
a provincial [prə'vɪnʃl] city / town	eine Provinzstadt / Stadt in der Provinz
an industrial [ɪn'dʌstriəl] city	eine Industriestadt
satellite ['sætəlaɪt] city / town	Trabantenstadt
my native ['neɪtɪv] city / town	meine Geburtsstadt
the city centre [sɪti 'sentə]	das Stadtzentrum
within the city limits	innerhalb der Stadtgrenze
10 miles beyond the city boundaries ['baʊndəriz]	10 Meilen jenseits der Stadtgrenze
city / town planning	(die) Stadtplanung
the city / town council ['kaʊnsl]	der Rat der Stadt; die Stadtverwaltung

Als Gegensatz zu *city* bezeichnet *town* objektiv eine kleinere Stadt (*a small town* = eine Kleinstadt). Emotional und in bestimmten Wendungen wird *town* aber auch in Bezug auf Großstädte wie London und New York gebraucht: *Are you going into town?* (= Fährst du in die Stadt?) *You're from out of town, aren't you?* (= Sie sind wohl nicht von hier?) *Going up to town* heißt, dass man aus der Provinz nach London fährt, und *So-and-so is in town / out of town* bedeutet, dass der Betreffende gerade oder gerade nicht in London / New York / Chicago ist. Wer *out on the town* ist, der will dort was erleben, einen draufmachen, und in dem Film *On the Town* (1950) singen drei *sailors* (= Matrosen) auf Landurlaub in New York den *song "New York, New York, a wonderful town"*.

city **dweller** ['dwelə]	Stadtbewohner(in); (Groß-)Städter(in)
slum / ghetto ['getəʊ] dweller	Slum- / Gettobewohner(in)
townsman – townswoman	Städter – Städterin
Townspeople are different ['dɪfrənt].	Leute aus der Stadt sind anders.

Garden cities [gɑːdn 'sɪtiz] (erste Gründung in GB war *Letchworth* ['letʃwəθ], 1903) sind auf dem Reißbrett (= *drawing board* ['drɔːɪŋ bɔːd]) entworfene, von Grüngürteln (= *green belts*) umgebene und von Grünflächen (= *green spaces / areas*) durchsetzte Gartenstädte.
Auch bei den seit dem Zweiten Weltkrieg in GB entstandenen ca. 30 *new towns* handelt es sich um *planned* [plænd] *cities*.

downtown [daʊn'taʊn] *AE*	in der / in die Innenstadt
Are you going downtown?	Fährst / Gehst du in die (Innen-)Stadt?
in the downtown ['daʊntaʊn] area	in der Innenstadt / City; im Zentrum
Munich's ['mju:nɪks] downtown area	die Münchner Innenstadt
metropolis [mə'trɒpəlɪs]	Metropole
Vancouver [væn'ku:və] is Canada's third largest metropolis.	Vancouver ist Kanadas drittgrößte Metropole.
the New York **metropolitan** [metrə'pɒlɪtn] area	der Großraum New York
the **central** ['sentrəl] cities	die Innenstädte
a map of central London	eine Karte / ein Plan der Londoner Innenstadt
the **suburbs** ['sʌbɜ:bz]	die Vororte
on the **outskirts** ['aʊtskɜ:ts] of Berlin	am Stadtrand von Berlin
settle on the **periphery** [pə'rɪfəri]	sich an der Peripherie ansiedeln

„Städtisch" im Sinn von „zu einer bestimmten Stadt gehörend" = *municipal* [mju:'nɪsɪpl]; im Sinn von „mit Städten allgemein zusammenhängend" = *urban* ['ɜ:bən]:
the municipal parks / hospitals / theatres (= die städtischen Parks / Krankenhäuser / Theater) • *the municipal government* ['gʌvnmənt] (= die Stadtregierung / -verwaltung) • *municipal elections* (= Kommunalwahlen) *urban life* (= das Leben in der Stadt) • *the urban population* (= die Stadtbevölkerung) • *urban planning* (= Stadtplanung) • *urban development* (= Stadtentwicklung) • *urban renewal* [rɪ'nju:əl] (= Stadterneuerung)

facilities [fə'sɪlətiz]	Einrichtungen
educational / research facilities	Bildungs- / Forschungseinrichtungen
cultural / medical facilities	kulturelle / medizinische Einrichtungen
a **run-down** / **blighted** ['blaɪtɪd] neighbourhood / area	eine heruntergekommene Gegend
demolish [dɪ'mɒlɪʃ] old buildings	alte Häuser / Altbauten abreißen
improve [ɪm'pru:v] (living) **conditions** in the cities	die Lebensbedingungen in den Städten verbessern

Unterschied zwischen *street* und *road*
Streets sind in der Stadt, zwischen Häusern – sie haben Bürgersteige (*pavements* ['peɪvmənts] BE / AE *sidewalks* ['saɪdwɔ:ks]), Geschäfte etc.: *We live in / on Russell* ['rʌsl] *Street.*
Der deutschen Hauptstraße entspricht BE *High Street* (*the shoe shop in the High Street*) und AE *Main Street* (*the shoe store on Main Street*).
Roads sind Verkehrswege, die irgendwo hinführen: *the Dover road* (= die Straße nach Dover). Viele *roads*, die sich ursprünglich zwischen Orten befanden, sind heute durch das Wachsen der Städte mitten in der Stadt. *Edgware* ['edʒweə] *Road* (= die Straße nach Edgware) z.B. ist heute ein Londoner Straßenname: *Her office is in / on Edgware Road.* (Londoner sagen auch: *in / on the Edgware Road*).

The environment
Die Umwelt

The way that some people treat the world, you would think there is somewhere else to go once the earth's resources have been exhausted. (*From a Greenpeace leaflet*)

environment [ɪn'vaɪrənmənt]	Umwelt
You, too, can help protect [prə'tekt] the environment.	Auch Sie können zum Umweltschutz beitragen.
environmental [ɪnvaɪrən'mentl]	Umwelt-
environmental pollution / protection / awareness [ə'weənəs]	Umweltverschmutzung / -schutz / -bewusstsein
environmental problems / disasters	Umweltprobleme / -katastrophen
environmental groups such as Greenpeace	Umweltorganisationen wie etwa Greenpeace
environmentalism [ɪnvaɪrən'mentəlɪzm]	Umweltschutz
environmentalist [ɪnvaɪrən'mentəlɪst]	Umweltschützer(in)
despite protests from environmentalists	trotz der Proteste von Umweltschützern
environmentally friendly / ecofriendly ['i:kəʊfrendli]	umweltfreundlich
ecological [i:kə'lɒdʒɪkl]	ökologisch; Umwelt-
Green [gri:n]	(*BE* zur Green Party gehörig)
The Greens concentrate ['kɒnsəntreɪt] on environmental issues ['ɪʃu:z].	Die Grünen konzentrieren sich auf Umweltthemen.
forest ['fɒrɪst]	Wald
Tropical forests are being destroyed.	Tropenwälder werden vernichtet.
deforestation [di:fɒrɪ'steɪʃn]	Entwaldung
desert ['dezət]	Wüste
Deserts are spreading ['spredɪŋ].	Die Wüsten breiten sich aus.
the ozone layer ['əʊzəʊn leɪə]	die Ozonschicht
CFCs destroy the ozone layer.	FCKW zerstören die Ozonschicht.
the greenhouse effect [ɪ'fekt]	der Treibhauseffekt
pollution [pə'lu:ʃn]	Verschmutzung
air / water / soil pollution	Luft- / Wasser- / Bodenverschmutzung
radiation [reɪdi'eɪʃn] pollution	radioaktive Verseuchung
noise pollution ['nɔɪz pəlu:ʃn]	Lärmbelästigung; Lärmbelastung
pollution control [kən'trəʊl]	Vermeidung von Umweltbelastungen
pollutants [pə'lu:tənts]	Schadstoffe

Müll ist umgangssprachlich *rubbish* ['rʌbɪʃ], AE auch *garbage* ['gɑ:bɪdʒ] oder *trash* [træʃ], in der Behördensprache allgemein *refuse* ['refju:s]. Abfall / Abfälle heißt in theoretischen Zusammenhängen – etwa in der Ökologie – häufig *waste*, wobei die Pluralform *wastes* (= Abfälle / Abfallstoffe) mehr im AE zu finden ist:
Wastes are / Waste is burned at very high temperatures ['temprətʃəz]. (= Abfälle werden / Müll wird bei sehr hohen Temperaturen verbrannt.)

waste disposal [dɪ'spəʊzl] (= Abfallbeseitigung / Abfallentsorgung) • *waste disposal site* (= Mülldeponie) • *household / domestic* [də'mestɪk] *waste(s)* (= Hausmüll) • *industrial* [ɪn'dʌstriəl] *waste(s)* (= Gewerbeabfälle) • *hazardous* ['hæzədəs] / *toxic* ['tɒksɪk] / *nuclear* ['nju:klɪə] *waste(s)* (= Sonder- / Gift- / Atommüll) • *waste / refuse* ['refju:s] / *garbage incineration* [ɪnsɪnə'reɪʃn] (= Müllverbrennung) • *refuse tip* BE / AE *garbage dump / landfill (site)* (= Müllkippe)
Space for landfills is running out. (= Der Platz für Müllkippen wird knapp.)

dump [dʌmp]	abladen; abkippen; Müllkippe; Müllabladeplatz
the dumping of radioactive waste in the ocean	die Versenkung / Verklappung von radioaktivem Müll im Ozean / Meer

NO TIPPING (*BE Schild*) Müllabladen verboten

an oil spill ['ɔɪl spɪl]	eine Ölpest; ausgelaufenes Öl
overfertilization [əʊvəfɜ:təlaɪ'zeɪʃn]	Überdüngung
carbon dioxide [kɑ:bn daɪ'ɒksaɪd]	Kohlendioxid
reduce carbon dioxide emissions	den Kohlendioxidausstoß verringern
changes in (the) climate ['klaɪmət]	Klimaveränderungen
global warming [gləʊbl 'wɔ:mɪŋ]	der Temperaturanstieg auf der Erde
Exhaust fumes [ɪg'zɔ:st fju:mz] contribute [kən'trɪbju:t] to global warming.	Auspuffgase tragen zur Erwärmung der Erdatmosphäre bei.
acid rain [æsɪd 'reɪn]	saurer Regen
sustainable [sə'steɪnəbl] **development**	nachhaltige Entwicklung
natural resources [rɪ'zɔ:sɪz]	natürliche Ressourcen
an endangered species ['spi:ʃi:z]	eine vom Aussterben bedrohte Art
the protection / preservation [prezə'veɪʃn] of endangered species	der Artenschutz
fossil fuels ['fɒsl fju:əlz]	fossile Brennstoffe / Energieträger
recycle [ri:'saɪkl]	wieder verarbeiten; recyceln
A lot of waste can be recycled.	Viele Abfallstoffe lassen sich wieder verwerten.
Recycling reduces the waste of raw materials [mə'tɪəriəlz].	Recycling reduziert die Verschwendung von Rohstoffen.
recycled paper	Recyclingpapier
unleaded petrol [ʌnledɪd 'petrəl] *BE* / *AE* **gas** [gæs]	bleifreies Benzin
returnable bottles [rɪtɜ:nəbl 'bɒtlz]	Mehrwegflaschen
nonreturnable [nɒn-] bottles	Einwegflaschen
packaging ['pækɪdʒɪŋ]	Verpackung
Companies are required [rɪ'kwaɪəd] to take back the packaging.	Die Firmen sind zur Rücknahme der Verpackungen verpflichtet.

Weather and climate
Wetter und Klima

When two Englishmen meet, their first talk is of the weather. (*Samuel Johnson, known as Dr Johnson, British lexicographer, 1709–84*)

What's the **weather** like?	Wie ist denn das Wetter?
fair / foul weather	schönes / scheußliches Wetter
nice / dreadful ['dredfl] weather	schönes / furchtbares Wetter
weather permitting [pə'mɪtɪŋ]	wenn die Witterung es zulässt
a **fine** day	ein schöner Tag
Let's hope the **sun** comes out.	Hoffentlich kommt die Sonne heraus.
sunny periods / intervals / spells	sonnige Abschnitte; Aufheiterungen
sunshine ['sʌnʃaɪn]	Sonnenschein
We had a lot of sunshine.	Wir hatten viel Sonne.
on a **clear** day	bei klarem Wetter
hot – cold	heiß – kalt
heat [hi:t]	Hitze
a heat wave ['hi:t weɪv]	eine Hitzewelle
a **cold / warm front** [frʌnt]	eine Kaltluft- / Warmluftfront
fairly **warm** for the time of year	recht warm für die Jahreszeit
It seems to be getting warmer.	Es scheint wärmer zu werden.
warm and humid ['hju:mɪd]	warm und feucht; feuchtwarm
humidity [hju'mɪdəti]	(Luft-)Feuchtigkeit
muggy ['mʌgi] **/ sultry** ['sʌltri]	schwül
It's rather **close** [kləʊs] today.	Es ist heute ziemlich drückend.
It's turned [tɜ:nd] **cooler**.	Es ist kühler geworden.
The evenings are **nice and cool**.	Die Abende sind angenehm kühl.
It's rather **chilly** ['tʃɪli] today.	Es ist heute recht kühl / frisch.
a chilly day	ein unfreundlicher Tag
It's a bit **nippy** ['nɪpi] this morning.	Es ist heute Morgen recht frisch.
biting / icy ['aɪsi] **cold**	schneidende / eisige Kälte
freeze [fri:z] (– froze – frozen)	frieren
It'll probably freeze.	Es gibt wahrscheinlich Frost.
It's freezing (cold).	Es ist eiskalt.
above [ə'bʌv] / below freezing	über / unter dem Gefrierpunkt
frost [frɒst]	Frost
a **mild** [maɪld] / **severe** [sɪ'vɪə] winter	ein milder / strenger Winter
the **Met Office** ['met ɒfɪs] *BE* / *AE* **weather bureau** ['bjʊərəʊ]	das Wetteramt
the **weather map** ['weðə mæp]	die Wetterkarte
weather report [rɪ'pɔ:t]	Wetterbericht
(tomorrow's) **weather forecast**	(die) Wettervorhersage (für morgen)
the **outlook** for tomorrow [tə'mɒrəʊ]	die Vorhersage für morgen
thermometer [θə'mɒmɪtə]	Thermometer
average **temperatures** ['temprətʃəz]	Durchschnittstemperaturen
above / below **zero** ['zɪərəʊ]	über / unter null
below-zero / subzero temperatures	Temperaturen unter null

Celsius ['selsiəs] – ***Fahrenheit*** ['færənhaɪt]
In GB hat sich bei Temperaturangaben *Celsius* inzwischen weitgehend durchgesetzt; in den USA ist in Wetterberichten noch ausschließlich *Fahrenheit* gebräuchlich. Entsprechungen:

°Fahrenheit	0	10	20	30	40	50	60	70	80	90	100
°Celsius	-18	-12	-7	-1	4	10	16	21	27	32	38

cloud [klaʊd]	Wolke
a cloudless sky [skaɪ]	ein wolkenloser Himmel
It'll cloud over in the afternoon.	Am Nachmittag wird es sich bewölken.
cloudy ['klaʊdi]	bewölkt; bedeckt; wolkig
It'll stay mostly cloudy.	Es bleibt überwiegend bewölkt.
overcast [əʊvə'kɑːst]	bedeckt; bewölkt
dull and **rainy** at first, **clearing up** later	zunächst trübe und regnerisch, später aufheiternd
dry – wet	trocken – nass
We're in for **rain**.	Es wird wohl Regen geben.
light / torrential [tə'renʃl] rain	leichter / wolkenbruchartiger Regen
It's pouring ['pɔːrɪŋ] (with rain).	Es gießt in Strömen.
It was raining heavily ['hevɪli].	Es regnete stark.
rainy weather ['weðə]	regnerisches Wetter / Regenwetter
a rainy day [reɪni 'deɪ]	ein verregneter Tag / Regentag
a **deluge** ['deljuːdʒ] **/ downpour**	ein (Regen-)Guss / Wolkenbruch
(scattered ['skætəd]) **showers**	(vereinzelte) Schauer
drizzle ['drɪzl]	Nieselregen; Sprühregen
snow [snəʊ]	Schnee; schneien
precipitation [prɪsɪpɪ'teɪʃn]	Niederschlag
haze [heɪz] **– hazy** ['heɪzi]	Dunst – diesig
mist [mɪst]	(leichter) Nebel; Dunst
fog [fɒg] **– foggy** ['fɒgi]	Nebel – neb(e)lig
smog [smɒg]	Smog
dew [djuː]	Tau
a light / gentle [dʒentl] / fresh **breeze**	eine leichte / schwache / frische Brise
wind [wɪnd] **– windy** ['wɪndi]	Wind – windig
southerly ['sʌðəli] / easterly wind	Süd- / Ostwind
northerly ['nɔːðəli] / westerly winds	nördliche / westliche Winde
storm [stɔːm]	Unwetter; Gewitter; Sturm
thunderstorm ['θʌndəstɔːm]	Gewitter
a flash of **lightning** ['laɪtnɪŋ].	ein Blitz
There was thunder and lightning.	Es donnerte und blitzte.
gale (warning) ['geɪl (wɔːnɪŋ)]	Sturm(warnung)
climate ['klaɪmət]	Klima
a temperate / moderate climate	ein gemäßigtes Klima
maritime ['mærɪtaɪm] climate	Seeklima; Meeresklima
continental [kɒntɪ'nentl] climate	Kontinental- / Land- / Binnenklima
You could do with a change of climate.	Ein Klimawechsel würde Ihnen gut tun.

Natural disasters
Naturkatastrophen

All the springs of the great deep burst out, the windows of the heavens were opened, and rain fell on the earth for forty days and forty nights. (*From the description of the Flood in the Bible*)

the victims of **natural disasters** [nætʃərəl dɪ'zɑ:stəz]	die Opfer von Naturkatastrophen
disaster area ['eəriə]	Katastrophengebiet
(earth)quake [('ɜ:θ)kweɪk]	(Erd-)Beben
a minor ['maɪnə] / major ['meɪdʒə] earthquake	ein kleineres / größeres Erdbeben
if a quake hits downtown L.A.	wenn es in der Innenstadt von Los Angeles zu einem Erdbeben kommt
The quake caused [kɔ:zd] a landslide.	Das Beben verursachte einen Erdrutsch.
epicentre ['epɪsentə]	Epizentrum
aftershock ['ɑ:ftəʃɒk]	Nachbeben
volcano [vɒl'keɪnəʊ]	Vulkan
a violent **eruption** [ɪ'rʌpʃn] of Mount Vesuvius [və'su:viəs]	ein gewaltiger Ausbruch des Vesuvs
lava ['lɑ:və]	Lava
The city was buried ['berɪd] under a thick layer ['leɪə] of lava and ash.	Die Stadt wurde unter einer dicken Lava- und Ascheschicht begraben.
avalanche ['ævəlɑ:nʃ]	Lawine
whirlwind ['wɜ:lwɪnd]	Wirbelwind; Wirbelsturm
a violent **cyclone** [vaɪələnt 'saɪkləʊn]	ein heftiger Wirbelsturm
tornado [tɔ:'neɪdəʊ] *Pl.* tornadoes	Tornado; Wirbelsturm
hurricane ['hʌrɪkən]	Hurrikan; Orkan
The hurricane claimed 500 lives.	Der Hurrikan forderte 500 Todesopfer.
typhoon [taɪ'fu:n]	Taifun
The typhoon killed [kɪld] 300 people.	Dem Taifun fielen 300 Menschen zum Opfer.
flood [flʌd]	Flut; Überschwemmung
flood warning ['wɔ:nɪŋ]	Hochwasser- / Flutwarnung
flood control [kən'trəʊl]	(der) Hochwasserschutz
flood-prone areas ['eəriəz]	hochwassergefährdete Gebiete
the Flood	die Sintflut
A large area was **flooded** ['flʌdɪd].	Ein großes Gebiet wurde überflutet / überschwemmt.
The river **inundated** ['ɪnʌndeɪtɪd] a vast area.	Der Fluss überflutete ein riesiges Gebiet.
tidal wave [taɪdl 'weɪv]	Flutwelle
Hundreds of people were **drowned** [draʊnd].	Hunderte von Menschen ertranken.
drought [draʊt]	Dürre(periode)
a period of devastating ['devəsteɪtɪŋ] drought	eine verheerende Dürreperiode

fire ['faɪə]	Feuer; Brand
a disastrous [dɪ'zɑ:strəs] fire / a fire disaster	eine Brandkatastrophe
Forest fires are often caused by lightning.	Waldbrände werden oft durch Blitzschlag verursacht.
locust (plague) ['ləʊkəst (pleɪg)]	Heuschrecke(nplage)
devastate ['devəsteɪt]	verwüsten
The city was devastated by an earthquake.	Die Stadt wurde durch ein Erdbeben verwüstet.
The city suffered a **devastating** earthquake.	Die Stadt wurde von einem verheerenden Erdbeben heimgesucht.
cause great **devastation** [devə'steɪʃn]	große Verwüstungen anrichten
the **aftereffects** ['ɑ:ftərɪfekts] of the disaster	die Nachwirkungen der Katastrophe
The city of X was the hardest hit, with 34 **fatalities** [fə'tælətiz].	Die Stadt X war mit 34 Todesopfern am stärksten betroffen.
The **death toll** ['deθ təʊl] has risen to 68.	Die Zahl der Todesopfer hat sich auf 68 erhöht.
An estimated ['estɪmeɪtɪd] 600 people **lost their lives**.	Die Zahl der Todesopfer wird auf 600 geschätzt.
rescue team ['reskju: ti:m]	Rettungsmannschaft; Bergungskommando
The rescue work is still going on.	Die Bergungsarbeiten dauern noch an.
They survived [sə'vaɪvd] the disaster **unscathed** [ʌn'skeɪðd].	Sie überlebten die Katastrophe unversehrt.
The **damage** ['dæmɪdʒ] is estimated at $2 billion.	Der Sachschaden wird auf 2 Milliarden Dollar geschätzt.
the Red Cross [red 'krɒs]	das Rote Kreuz

Living things
Lebewesen

15

1 Animals
Tiere

2 Plants
Pflanzen

3 Simpler life forms
Einfachere Lebewesen

Animals
Tiere

→ 3.1 Foods, 14.6 The farming world

We have enslaved the rest of the animal creation, and have treated our distant cousins in fur and feathers so badly that beyond doubt, if they were able to formulate a religion, they would depict the Devil in human form.
(*William Ralph Inge, British churchman, 1860–1954*)

(tame / wild) **animal** ['ænɪməl]	(zahmes / wildes) Tier
experimental [ɪksperɪ'mentl] animals	Versuchstiere
cruelty ['kru:əlti] to animals	Tierquälerei
society [sə'saɪəti] for the prevention of cruelty to animals	Tierschutzverein
animal welfare / rights	Tierschutz
animal rights activist ['æktɪvɪst]	Tierschützer(in)
the animal kingdom ['kɪŋdəm]	das Tierreich
beast [bi:st]	Tier; Bestie
man and beast	Mensch und Tier
The lion ['laɪən] is called the king of beasts.	Den Löwen nennt man den König der Tiere.
beast of burden ['bɜ:dn]	Lasttier
pet [pet]	(Haus-)Tier
White mice are often kept as pets.	Weiße Mäuse werden oft als Haustiere gehalten.
mammal ['mæml]	Säugetier
fur [fɜ:]	Fell
Many animals are hunted for their fur.	Viele Tiere werden wegen ihres Fells gejagt.

Zur Bezeichnung von Tieren als Jagdwild steht häufig die Singularform. Vergleichen Sie:
I've never shot ***duck***. (= Ich habe noch nie Enten geschossen / gejagt.)
I've never seen ***ducks*** *around here.* (= Ich habe hier noch nie Enten gesehen.)
They're not allowed to shoot ***elephant*** ['elɪfənt] / ***lion*** ['laɪən]. (= Elefanten / Löwen dürfen sie nicht schießen.)
We didn't see any ***elephants*** / ***lions***. (= Elefanten / Löwen sahen wir nicht.)

dog [dɒg]	Hund
hunting dog – watchdog ['wɒtʃdɒg]	Jagdhund – Wachhund
hound [haʊnd] – **the hounds**	Jagdhund – die Meute (bei der Jagd)
bitch [bɪtʃ]	Hündin; Weibchen (= *Füchsin etc.*)
pup(py) ['pʌp(i)]	Welpe; junger Hund
Alsatian [æl'seɪʃn] / **German shepherd** ['ʃepəd]	(deutscher) Schäferhund
mongrel ['mʌŋgrəl]	Bastard; Promenadenmischung
cat [kæt]	Katze
tom(cat)	Kater

kitten ['kɪtn]	(Katzen-)Junges; Kätzchen
donkey ['dɒŋki] **/ ass** [æs]	Esel
I've made an ass of myself.	Ich habe mich blamiert.
(big / small) **game** [geɪm]	(Groß- / Nieder-)Wild
game reserve [rɪ'zɜ:v] / park	Wildreservat
deer [dɪə] *Pl.* deer	Hirsch(e); Reh(e)
fox [fɒks]	Fuchs
wolf [wʊlf] *Pl.* wolves [wʊlvz]	Wolf
monkey ['mʌŋki] **– ape** [eɪp]	Affe – Menschenaffe
Man is descended [dɪ'sendɪd] from the apes.	Der Mensch stammt vom Affen ab.
chimp / chimpanzee [tʃɪmpæn'zi:]	Schimpanse
lion ['laɪən] **– tiger** ['taɪgə]	Löwe – Tiger
(brown / grizzly / polar) **bear** [beə]	(Braun- / Grisli- / Eis-)Bär
mouse [maʊs] *Pl.* mice [maɪs]	Maus
rat [ræt]	Ratte
You rat!	Du Miststück / (gemeiner) Hund!
guinea pig ['gɪni pɪg]	Meerschweinchen; Versuchskaninchen
hamster ['hæmstə]	Hamster
squirrel ['skwɪrəl]	Eichhörnchen
feather ['feðə]	Feder
Owls [aʊlz] have strong legs, sharp claws, and soft feathers.	Eulen haben kräftige Beine, scharfe Krallen und weiche Federn.
Fine feathers make fine birds.	Kleider machen Leute.
bird [bɜ:d]	Vogel
migratory ['maɪgrətri] bird – songbird	Zugvogel – Singvogel
bird of prey [preɪ]	Raubvogel; Greifvogel
bird's nest – birds' nests	Vogelnest – Vogelnester
The early bird catches the worm [ɜ:].	Morgenstund' hat Gold im Mund.
A bird in hand is worth two in the bush [bʊʃ].	Der Spatz in der Hand ist besser als die Taube auf dem Dach.
sparrow ['spærəʊ]	Sperling; Spatz
(blue / great) tit [tɪt]	(Blau- / Kohl-)Meise
swallow ['swɒləʊ] **– thrush** [θrʌʃ]	Schwalbe – Drossel
nightingale ['naɪtɪŋgeɪl]	Nachtigall
woodpecker ['wʊdpekə]	Specht
crow [krəʊ]	Krähe
As the crow flies, it's about two miles.	Luftlinie sind es ungefähr zwei Meilen.
owl [aʊl]	Eule
dove [dʌv]	Taube
duck [dʌk]	Ente
goose [gu:s] *Pl.* geese [gi:s]	Gans
swan [swɒn] – **stork** [stɔ:k]	Schwan – Storch
parrot ['pærət] **– canary** [kə'neəri]	Papagei – Kanarienvogel
budgerigar ['bʌdʒərigɑ:] **/ budgie** ['bʌdʒi]	Wellensittich
penguin ['peŋgwɪn]	Pinguin
fish [fɪʃ] *Pl.* fish / fishes ['fɪʃɪz]	Fisch
Fish are plentiful here.	Fische sind hier reichlich vorhanden.

Some fishes don't have ribs.	Manche Fische (= Fischarten) haben keine Rippen.
goldfish ['gəʊldfɪʃ] *Pl.* goldfish	Goldfisch
shark [ʃɑ:k] – **whale** [weɪl]	Hai(fisch) – Wal(fisch)
dolphin ['dɒlfɪn]	Delphin
seal [si:l]	Seehund
reptile ['reptaɪl]	Reptil; Kriechtier
tortoise ['tɔ:təs] – **turtle** ['tɜ:tl]	Landschildkröte – Wasserschildkröte
crocodile ['krɒkədaɪl]	Krokodil
snake [sneɪk] – **snail** [sneɪl]	Schlange – Schnecke
frog [frɒg] – **toad** [təʊd]	Frosch – Kröte
(tape- / book)worm [wɜ:m]	(Band- / Bücher-)Wurm
spider ['spaɪdə] – **insect** ['ɪnsekt]	Spinne – Insekt
ant [ænt] – **bee** [bi:] – **wasp** [wɒsp]	Ameise – Biene – Wespe
moth [mɒθ]	Nachtfalter; Motte
fly [flaɪ] – **butterfly** ['bʌtəflaɪ]	Fliege – Schmetterling
midge [mɪdʒ] / **gnat** [næt] / **mosquito** [mə'ski:təʊ] *Pl.* -es	Mücke
midge / gnat / mosquito bite	Mückenstich
flea(bite) [fli:]	Floh(biss / -stich)
louse [laʊs] *Pl.* lice [laɪs]	Laus
cockroach ['kɒkrəʊtʃ] / **roach**	(Küchen-)Schabe; Kakerlake
beetle ['bi:tl]	Käfer
Colorado beetle / *AE auch* potato bug	(Kartoffel-)Käfer
ladybird (beetle) / *AE auch* ladybug	Marienkäfer
bug [bʌg]	Wanze; Käfer; Insekt
May bug *BE* / *AE* June bug	Maikäfer
tick [tɪk]	Zecke
parasite ['pærəsaɪt]	Schmarotzer; Parasit
pest [pest] – **pests**	Schädling – Ungeziefer
potato [pə'teɪtəʊ] bugs and other pests	Kartoffelkäfer und andere Schädlinge
vermin ['vɜ:mɪn]	Ungeziefer
vet [vet]	Tierarzt / Tierärztin
zoo [zu:]/ **zoological** [zəʊə'lɒdʒɪkl] **garden**	Zoo / zoologischer Garten
cage [keɪdʒ]	Käfig; (Vogel-)Bauer

Plants
Pflanzen

→ 14.5 The countryside, 14.6 The farming world, 3.1 Foods

Any fine morning a power saw can fell a tree that took a thousand years to grow. (*Edwin Way Teale, US naturalist and writer, 1899–1980*)

plant [plɑ:nt]	Pflanze; (an)pflanzen
garden / cultivated / pot plant	Garten- / Kultur- / Topfpflanze
wild [waɪld] plant / flower	Wildpflanze / -blume
a hardy ['hɑ:di] plant	eine winterharte Pflanze
the plant kingdom ['kɪŋdəm]	das Pflanzenreich
tree [tri:]	Baum
ash (tree) [æʃ]	Esche
beech (tree) [bi:tʃ]	Buche
birch (tree) [bɜ:tʃ]	Birke
(horse) **chestnut** (tree) ['tʃesnʌt]	(Ross-)Kastanie
pull the chestnuts out of the fire	die Kastanien aus dem Feuer holen
lime (tree) *BE* / *AE* **linden** ['lɪndən]	Linde
maple (tree) ['meɪpl]	Ahorn
mulberry (tree) ['mʌlbəri]	Maulbeerbaum
oak (tree) [əʊk] – **acorn** ['eɪkɔ:n]	Eiche – Eichel
palm (tree) [pɑ:m]	Palme
poplar ['pɒplə]	Pappel
(weeping) **willow** [(wi:pɪŋ) 'wɪləʊ]	(Trauer-)Weide
yew (tree) [ju:]	Eibe
pine (tree) [paɪn]	Kiefer
Pines and firs are conifers ['kɒnɪfəz].	Kiefern und Tannen sind Nadelbäume.
(fir) cone [('fɜ:) kəʊn]	(Tannen-)Zapfen
coniferous [kə'nɪfərəs] forest	Nadelwald
deciduous [dɪ'sɪdjuəs] forest / tree	Laubwald / -baum
flower ['flaʊə]	Blume
The roses have just come into flower.	Die Rosen haben gerade zu blühen begonnen.
cut flowers	Schnittblumen
cornflower – sunflower	Kornblume – Sonnenblume
buttercup ['bʌtəkʌp]	Butterblume
daffodil ['dæfədɪl] **/ daff** [dæf]	Osterglocke; (gelbe) Narzisse
daisy ['deɪzi]	Gänseblümchen
look (as) fresh as a daisy	frisch wie der junge Morgen aussehen
an ox-eye daisy / a marguerite [mɑ:gə'ri:t]	eine Margerite
dandelion ['dændɪlaɪən]	Löwenzahn; Pusteblume
lily ['lɪli]	Lilie
lily of the valley ['væli]	Maiglöckchen
thistle ['θɪsl] – **poppy** ['pɒpi]	Distel – Mohn(blume)

On Poppy Day (= 2. Sonntag im November, offiziell: *Remembrance* [rɪ'membrəns] *Day / Remembrance Sunday*) gedenken die Briten ihrer Gefallenen beider Weltkriege. Als Zeichen der Trauer trägt man aus Papier oder Stoff gefertigte (*corn / Flanders*) *poppies* (= rote Mohnblumen), denn diese Blumen wuchsen auf den Schlachtfeldern (= *battlefields*) von *Flanders* ['flɑ:ndəz], wo im Ersten Weltkrieg (= *First World War*) so viele Soldaten verbluteten.

carnation [kɑ:'neɪʃn]	Nelke
tulip (bulb) ['tju:lɪp (bʌlb)]	Tulpe(nzwiebel)
fuchsia ['fju:ʃə]	Fuchsie
rose [rəʊz] – **orchid** ['ɔ:kɪd]	Rose – Orchidee
cactus ['kæktəs] *Pl.* cacti ['kæktaɪ]	Kaktus
grass [grɑ:s] – **grasses**	Gras – Gräser
clover ['kləʊvə] – **moss** [mɒs]	Klee – Moos
herb [hɜ:b]	Kraut; Kräuter-
fern [fɜ:n]	Farn(kraut)
vine [vaɪn]	Wein(rebe); Ranke
weed(s) [wi:d(z)]	Unkraut
I've got to weed the garden.	Ich muss im Garten Unkraut jäten.
fungus ['fʌŋgəs] *Pl.* fungi ['fʌŋgi:]	Pilz
mushroom ['mʌʃrʊm]	(Speise- / essbarer) Pilz; Champignon
toadstool ['təʊdstu:l]	Giftpilz; nicht essbarer Pilz
annual ['ænjuəl]	einjährig(e Pflanze)
biennial [baɪ'eniəl]	zweijährig(e Pflanze)
an **evergreen** ['evəgri:n]	eine immergrüne Pflanze
root [ru:t]	Wurzel
stem [stem]	(*Blume, manchmal Baum*) Stiel
(tree) trunk [trʌŋk]	(Baum-)Stamm
branch [brɑ:ntʃ]	Ast; (dickerer) Zweig
twig [twɪg]	(kleiner / dünner) Zweig
bark [bɑ:k]	Borke; Rinde
leaf [li:f] – **leaves** [li:vz]	Blatt – Blätter / Laub
The trees are shedding their leaves.	Die Bäume werfen ihr Laub ab.
bud [bʌd]	Knospe
The trees are in bud.	Die Bäume schlagen aus.
bloom [blu:m] / **blossom** ['blɒsəm]	Blüte; blühen
The trees are in full bloom / blossom.	Die Bäume stehen in voller Blüte.
The forget-me-not blooms from May to July.	Das Vergissmeinnicht blüht von Mai bis Juli.
yellow / fragrant ['freɪgrənt] blossoms	gelbe / duftende Blüten
when the cherry trees blossom	wenn die Kirschbäume blühen
flora ['flɔ:rə]	Flora
botany ['bɒtəni]	(die) Botanik / Pflanzenkunde
botanic(al) [bə'tænɪk(l)] **garden(s)**	botanischer Garten

Simpler life forms
Einfachere Lebewesen

The Microbe is so very small / You cannot make him out at all. / But many sanguine people hope / To see him through a microscope. (*Hilaire Belloc, British writer, 1870–1953*)

organism ['ɔ:gənɪzm]	Organismus
microorganisms [maɪkrəʊ'ɔ:gənɪzmz]	Mikroorganismen; Kleinstlebewesen
one-celled [wʌn'seld] organism(s)	Einzeller
gene [dʒi:n]	Gen; Erbfaktor
the **genetic code** [dʒənetɪk 'kəʊd]	der genetische Code
hereditary [hə'redətri] **information**	Erbinformation; genetische Information
DNA [di: en 'eɪ]	DNS
protein ['prəʊti:n]	Protein; Eiweiß(körper)
amino acid [əmi:nəʊ 'æsɪd]	Aminosäure
enzyme ['enzaɪm]	Enzym
cell [sel]	Zelle
cell division [dɪ'vɪʒn]	Zellteilung
unicellular [-'seljʊlə] – **multicellular**	einzellig – mehrzellig
protozoans / protozoa [prəʊtə'zəʊə]	Protozoen
yeast [ji:st] – yeasts	Hefe – Hefen
mould [məʊld]	Schimmel(pilz)
mildew ['mɪldju:]	Mehltau(pilz)
lichen ['laɪkən]	Flechte
sponge [spʌndʒ]	Schwamm
microbe ['maɪkrəʊb]	Mikrobe
virus ['vaɪrəs]	Virus
microbiology [maɪkrəʊbaɪ'ɒlədʒi]	Mikrobiologie

Der Plural lateinischer und griechischer Wörter
Nur unregelmäßig: *bacillus* [bə'sɪləs] – *bacilli* [bə'sɪlaɪ] (= Bazillus – Bazillen) • *coccus* ['kɒkəs] – *cocci* ['kɒksaɪ] (= Kokke – Kokken) • *stimulus* ['stɪmjələs] – *stimuli* ['stɪmjəlaɪ] (= Stimulus – Stimuli) • *bacterium* [bæk'tɪəriəm] – *bacteria* [bæk'tɪəriə] (= Bakterie – Bakterien) • *alga* ['ælgə] – *algae* ['ældʒi:] (= Alge – Algen)
Regelmäßig oder unregelmäßig: *amoeba* [ə'mi:bə] – *amoebae* [ə'mi:bi:] / *amoebas* (= Amöbe – Amöben) • *cactus* ['kæktəs] – *cactuses* / *cacti* ['kæktaɪ] (= Kaktus – Kakteen / Kaktusse) • *fungus* ['fʌŋgəs] – *fungi* ['fʌŋgi:] / *funguses* (= Pilz – Pilze) • *syllabus* ['sɪləbəs] – *syllabuses* / *syllabi* ['sɪləbaɪ] (= Lehrplan – Lehrpläne) • *curriculum* [kə'rɪkjələm] – *curricula* [kə'rɪkjələ] / *curriculums* (= Curriculum – Curricula) • *referendum* [refə'rendəm] – *referendums* / *referenda* [-də] (= Referendum – Referenden / Referenda)
Nur regelmäßig: *census* ['sensəs], *chorus* ['kɔ:rəs], *circus* ['sɜ:kəs], *virus* ['vaɪrəs]

Science
Wissenschaft

16

1 Physics
Physik

2 Chemistry
Chemie

3 Medicine
Medizin

4 Mathematics
Mathematik

5 Numbers
Zahlen

6 Measures and weights
Maße und Gewichte

16.1 Physics
Physik

→ 16.2 Chemistry, 17.3 Electricity and electronics

The content of physics is the concern of physicists, its effect the concern of all humanity. (*Friedrich Dürrenmatt, Swiss dramatist, 1921–90*)

physics ['fɪzɪks]	(die) Physik
theoretical [θɪə'retɪkl] physics	(die) theoretische Physik
particle ['pɑːtɪkl] physics	(die) Elementarteilchenphysik
solid-state [sɒlɪd'steɪt] physics	(die) Festkörperphysik
atomic [ə'tɒmɪk] physics	(die) Atomphysik
nuclear ['njuːkliə] physics	(die) Kernphysik
physicist ['fɪzɪsɪst]	Physiker(in)
physical (laws) [fɪzɪkl ('lɔːz)]	physikalisch(e Gesetze)
basic research [beɪsɪk rɪ'sɜːtʃ]	(die) Grundlagenforschung
mechanics [mɪ'kænɪks]	(die) Mechanik
statics [æ] – **dynamics** [daɪ'næmɪks]	(die) Statik – (die) Dynamik
thermodynamics [θɜːməʊdaɪ'næmɪks]	(die) Thermodynamik
optics ['ɒptɪks]	(die) Optik
acoustics [ə'kuːstɪks]	(die) Akustik
Acoustics is a science ['saɪəns].	Die Akustik ist eine Wissenschaft.
The acoustics (= acoustic properties) of this hall are excellent.	Die Akustik (= akustischen Eigenschaften) dieses Saales ist (sind) ausgezeichnet.

> Wissenschaftsnamen auf *-ics* werden als Singular konstruiert (→ S. 83): *Physics / Mechanics / Statics / Thermodynamics / Electronics / Optics is not taught at this college.* (= Physik / Mechanik / Statik / Thermodynamik / Elektronik / Optik wird an dieser Hochschule nicht gelehrt.)

theory ['θɪəri] – **theorist** ['θɪərɪst]	Theorie – Theoretiker(in)
Einstein's theory of relativity	Einsteins Relativitätstheorie
experiment [ɪk'sperɪmənt]	Experiment; Versuch
conduct / do an experiment	einen Versuch durchführen / machen
experimental [ɪksperɪ'mentl]	experimentell; Experimental-
experimental results [rɪ'zʌlts]	Versuchsergebnisse
verify something experimentally	etwas experimentell beweisen
atom ['ætəm] – **atomic** [ə'tɒmɪk]	Atom – Atom-
atomic weight [weɪt]	Atomgewicht
the properties of the atomic nucleus	die Eigenschaften des Atomkerns
matter and energy ['enədʒi]	Materie und Energie
an **electric** [ɪ'lektrɪk] current	ein elektrischer Strom
an electric(al) charge [tʃɑːdʒ]	eine elektrische Ladung
electrically charged [tʃɑːdʒd]	elektrisch geladen
(semi- / super)**conductor** [kən'dʌktə]	(Halb- / Supra-)Leiter
magnetism ['mægnətɪzm]	Magnetismus
a **magnetic** [mæg'netɪk] field	ein Magnetfeld

heat [hiːt]	Wärme
convert [kən'vɜːt] heat into work	Wärme in Arbeit umwandeln
Newton's laws of **motion** ['məʊʃn]	Newtons Bewegungsgesetze
the moment of **inertia** [ɪ'nɜːʃə]	das Trägheitsmoment
acceleration – deceleration	Beschleunigung – Verlangsamung
the **velocity** [və'lɒsəti] of light	die Lichtgeschwindigkeit
an object ['ɒbdʒɪkt] **at rest**	ein ruhender Körper
the **force** acting on an object	die auf einen Körper einwirkende Kraft
centrifugal [sentrɪ'fjuːgl] force	Zentrifugalkraft; Fliehkraft
the **mass** [mæs] of a body / an object	die Masse eines Körpers
solid ['sɒlɪd]	fest; Festkörper / fester Körper
liquid ['lɪkwɪd]	flüssig; Flüssigkeit
a solid / liquid substance ['sʌbstəns]	ein fester / flüssiger Stoff
a **gaseous** ['gæsiəs] substance	eine gasförmige Substanz
convert something to **vapour** ['veɪpə]	etwas in Dampf umwandeln
fluid ['fluːɪd]	fließend; Fluid
fluid mechanics [mɪ'kænɪks]	Strömungslehre
fluid pressure ['preʃə]	hydraulischer Druck
Liquids and gases are fluids.	Flüssigkeiten und Gase sind Fluide.
volume ['vɒljuːm]	Volumen; (Raum-)Inhalt
electron [ɪ'lektrɒn]	Elektron; Elektronen-
the electron structure of an atom	die Elektronenstruktur eines Atoms
electronic [ɪlek'trɒnɪk]	elektronisch; Elektronen-
electronics [ɪlek'trɒnɪks]	(die) Elektronik
proton ['prəʊtɒn] – **neutron** ['njuːtrɒn]	Proton – Neutron
photon ['fəʊtɒn]	Photon
quark [kwɑːk]	Quark (= Elementarteilchen)
qantum ['kwɒntəm] – quanta [-tə]	Quant – Quanten
quantum mechanics / theory	Quantenmechanik / -theorie
quantum jump / leap	Quantensprung
vacuum ['vækjuəm]	Vakuum
wave(length) ['weɪv(leŋθ)]	Welle(nlänge)
frequency ['friːkwənsi]	Frequenz
spectrum ['spektrəm] – spectra [-trə]	Spektrum – Spektren
measure ['meʒə] a current	einen Strom messen
density ['densəti]	Dichte
specific **gravity** [spəsɪfɪk 'grævəti]	spezifisches Gewicht
the centre of gravity	der Schwerpunkt
(un)stable **equilibrium** [iːkwɪ'lɪbriəm]	stabiles / labiles Gleichgewicht

Chemistry
Chemie

→ 16.1 Physics

There's nothing colder than chemistry. (*Anita Loos, US novelist, 1888–1981*)

chemistry ['kemɪstri]	(die) Chemie
organic / inorganic chemistry	(die) organische / anorganische Chemie
analytical [ænə'lɪtɪkl] chemistry	(die) analytische Chemie
physical ['fɪzɪkl] chemistry	(die) physikalische Chemie
biochemistry [baɪəʊ'kemɪstri]	(die) Biochemie
radiochemistry [reɪdiəʊ'kemɪstri]	(die) Radio- / Strahlenchemie
the chemistry of carbon ['kɑːbən]	die chemischen Eigenschaften des Kohlenstoffs
chemist ['kemɪst]	Chemiker(in)
pharmaceutical chemist	Arzneimittelchemiker(in)
the **pharmaceutical** [fɑːmə'suːtɪkl] industry	die pharmazeutische Industrie / Pharmaindustrie
chemical ['kemɪkl]	chemisch; Chemikalie
a chemical reaction [ri'ækʃn]	eine chemische Reaktion
chemical processes ['prəʊsesɪz]	chemische Prozesse / Vorgänge
a chemical laboratory [lə'bɒrətri]	ein chemisches Labor(atorium)
chemical research [rɪ'sɜːtʃ]	(die) chemische Forschung
chemical bond(ing)	chemische Bindung
the chemical industry ['ɪndəstri]	die chemische Industrie
chemical engineering [endʒɪ'nɪərɪŋ]	Chemietechnik; Chemieingenieurwesen
chemical engineer [endʒɪ'nɪə]	Chemieingenieur(in); Chemotechniker(in)
the use [juːs] of toxic chemicals	der Einsatz giftiger Chemikalien
a precise **science** ['saɪəns]	eine exakte Wissenschaft
scientific [saɪən'tɪfɪk] instruments	wissenschaftliche Instrumente
laboratory [lə'bɒrətri] **/ lab** [læb]	Laboratorium / Labor
lab(oratory) assistant [ə'sɪstənt] / technician [tek'nɪʃn]	Laborant(in)
(electron) microscope ['maɪkrəskəʊp]	(Elektronen-)Mikroskop
microscopic [maɪkrə'skɒpɪk]	mikroskopisch (klein)
pipette [pɪ'pet] – **burette** [bju'ret]	Pipette – Bürette
observation [ɒbzə'veɪʃn]	Beobachtung
analysis [ə'næləsɪs] *Pl.* -lyses [-ləsiːz]	Analyse; Untersuchung
analyse ['ænəlaɪz] a sample	eine Probe untersuchen
the **composition** of a substance	die Zusammensetzung eines Stoffes
cancer-causing substances ['sʌbstənsɪz]	krebserzeugende Stoffe
the chemical **properties** of an element ['elɪmənt]	die chemischen Eigenschaften eines Elements

a chemical **compound** ['kɒmpaʊnd]	eine chemische Verbindung
form a compound	eine Verbindung eingehen
mixture ['mɪkstʃə]	Gemenge; Gemisch
solution [sə'lu:ʃn]	Lösung
a dilute [daɪ'lu:t] solution	eine verdünnte Lösung
(water-)**soluble** ['sɒljʊbl]	(wasser)löslich
dissolve [dɪ'zɒlv]	(sich) auflösen; (sich) zersetzen
crystals ['krɪstlz] dissolved in water	in Wasser aufgelöste Kristalle
Acetone ['æsətəʊn] is used as a **solvent** ['sɒlvənt].	Aceton wird als Lösungsmittel verwendet.
component [kəm'pəʊnənt]	Bestandteil
(a hydrocarbon) **derivative** [dɪ'rɪvətɪv]	(ein Kohlenwasserstoff-)Derivat
formula ['fɔ:mjʊlə] *Pl.* -las / -lae [-li:]	Formel
symbol ['sɪmbl]	Symbol
O is the symbol for oxygen ['ɒksɪdʒən].	O ist das Symbol für Sauerstoff.
classification of the elements	Anordnung der Elemente
the **periodic table** [pɪəriɒdɪk 'teɪbl]	das Periodensystem
acid ['æsɪd] – **base** [beɪs]	Säure - Base
acids and bases ['beɪsɪz]	Säuren und Basen
the arrangement of **atoms** ['ætəmz]	die Anordnung der Atome
atomic weight [weɪt]	Atomgewicht
atomic [ə'tɒmɪk] number	Kernladungszahl; Ordnungszahl
molecule ['mɒlɪkju:l]	Molekül
the **molecular** [mə'lekjʊlə] structure	die Molekularstruktur
radioactive **isotopes** ['aɪsətəʊps]	radioaktive Isotope
hydrogen ['haɪdrədʒən]	Wasserstoff
hydrocarbons [haɪdrəʊ'kɑ:bənz]	Kohlenwasserstoffe
carbohydrates [kɑ:bəʊ'haɪdreɪts]	Kohle(n)hydrate
alcohol ['ælkəhɒl]	Alkohol
combustion [kəm'bʌstʃn]	Verbrennung
combustible [kəm'bʌstəbl]	brennbar
corrosion [kə'rəʊʒn] – **corrode** [kə'rəʊd]	Korrosion – korrodieren
oxidation – **reduction** [rɪ'dʌkʃn]	Oxidation – Reduktion
boiling point ['bɔɪlɪŋ pɔɪnt]	Siedepunkt; Kochpunkt
Oxygen boils at –183 degC [dɪgri:z 'selsiəs].	Die Siedetemperatur des Sauerstoffs liegt bei –183°C.
catalyst ['kætəlɪst]	Katalysator
act as a catalyst	als Katalysator wirken
synthesis ['sɪnθəsɪs] *Pl.* -eses [-əsi:z]	Synthese
synthesize ['sɪnθəsaɪz] organic compounds	organische Verbindungen synthetisch herstellen
synthetic fibres [sɪnθetɪk 'faɪbəz]	Chemiefasern
electrolysis [ɪlek'trɒləsɪs] *Pl.* -lyses [-ləsi:z]	Elektrolyse
electrode [ɪ'lektrəʊd]	Elektrode
electron tube [ɪ'lektrɒn tju:b]	Elektronenröhre
anode ['ænəʊd] – **cathode** ['kæθəʊd]	Anode – Kathode
ion ['aɪən]	Ion

Medicine
Medizin

→ 4 Health care, 1.2 Parts of the body

The desire to take medicine is perhaps the greatest feature which distinguishes man from animals. (*Sir William Osler, Canadian physician, 1849–1919*)

internal medicine [ɪntɜ:nl 'medsn]	(die) innere Medizin
the internal organs ['ɔ:gənz]	die inneren Organe
occupational [ɒkju'peɪʃənl] medicine	(die) Arbeitsmedizin
forensic [fə'rensɪk] medicine	(die) Rechtsmedizin
internist ['ɪntɜ:nɪst] *AE*	Facharzt / -ärztin für Allgemeinmedizin
nonmedical practitioner	Heilpraktiker(in)
the healing professions [prə'feʃnz]	die Heilberufe
cardiology [kɑ:di'ɒlədʒi]	(die) Kardiologie
dermatology [dɜ:mə'tɒlədʒi]	(die) Dermatologie
gynaecology [gaɪnə'kɒlədʒi]	(die) Gynäkologie / Frauenheilkunde
neurology [nju'rɒlədʒi]	(die) Neurologie
ophthalmology [ɒfθæl'mɒlədʒi]	(die) Augenheilkunde
pathology [pə'θɒlədʒi]	(die) Pathologie
radiology [reɪdi'ɒlədʒi]	(die) Radiologie / Strahlenkunde
rheumatology [ru:mə'tɒlədʒi]	(die) Rheumatologie
urology [ju'rɒlədʒi]	(die) Urologie

Die vorstehenden *-ologies* werden jeweils auf der *-ol*-Silbe betont: *cardi'ology, neu'rology* etc. – Die Namen der betreffenden Fachärzte (= *specialists*) lauten jeweils auf *-ologist*: *urologist* (= Urologe/in) etc.

obstetrics [əb'stetrɪks]	Geburtshilfe
obstetric ward [wɔ:d]	Entbindungsstation
midwife ['mɪdwaɪf] / obstetric nurse	Hebamme
obstetrician [ɒbstə'trɪʃn]	(ärztl.) Geburtshelfer(in)
paediatrics [pi:di'ætrɪks]	(die) Pädiatrie / Kinderheilkunde
paediatric (ward / surgery)	Kinder(station / -chirurgie)
orthopaedic [ɔ:θə'pi:dɪk] **surgery**	(die) Orthopädie
endoscopy [en'dɒskəpi] – **endoscopic**	Endoskopie – endoskopisch
nursing ['nɜ:sɪŋ]	(die) Krankenpflege
clinic ['klɪnɪk]	(Poli-)Klinik; Klinikum
clinical ['klɪnɪkl]	klinisch
during / in clinical trials ['traɪəlz]	bei / in der klinischen Erprobung
diagnose ['daɪəgnəʊz] an illness	eine Krankheit diagnostizieren
She was diagnosed with breast cancer.	Bei ihr wurde Brustkrebs festgestellt.
diagnosis [daɪəg'nəʊsɪs] *Pl.* -ses [-si:z]	Diagnose
diagnostic [daɪəg'nɒstɪk]	diagnostisch
blood sample ['blʌd sɑ:mpl] **/ test**	Blutprobe / -untersuchung
blood vessel / clot / bank	Blutgefäß / -gerinnsel / -bank
a **CAT scan** ['kæt skæn] / **CT scan**	eine Computertomographie / CT

Malpractice suits [mæl'præktɪs su:ts] sind Prozesse, die – besonders in den USA – wegen ärztlicher Kunstfehler geführt werden und oft zu Schadenersatzzahlungen in Millionenhöhe führen. Diese Entwicklung hatte einen starken Anstieg der *medical costs* [kɒsts] (= Ausgaben für medizinische Leistungen) zur Folge, da die Ärzte ihre Honorare erhöhten (= *increased their fees*) um sich gegen die erhöhten Risiken versichern zu können.

thorax ['θɔ:ræks] *Pl.* thoraxes / thoraces ['θɔ:rəsi:z]	Thorax; Brustkorb / -kasten
gastric ['gæstrɪk]	gastrisch; Magen-
gastric / stomach ['stʌmək] disorders	Magenleiden / -krankheiten
the gastrointestinal tract	der Magen-Darm-Trakt / -Kanal
pancreas ['pæŋkriəs]	Pankreas; Bauchspeicheldrüse
the large / small **intestine** [ɪn'testɪn]	der Dick- / Dünndarm
colon ['kəʊlən] *Pl.* colons / cola	Colon; Grimmdarm
rectum ['rektəm] – **rectal** ['rektl]	Rektum / Mastdarm – rektal
the **urinary** ['jʊərɪnəri] **tract**	die Harnwege
bone marrow ['bəʊn mærəʊ]	Knochenmark
the **spinal column** [spaɪnl 'kɒləm]	die Wirbelsäule
the **central nervous system**	das Zentralnervensystem
the **immune** system [ɪ'mju:n sɪstəm]	das Immunsystem
immunodeficiency / immune deficiency [dɪ'fɪʃnsi]	Immunschwäche
(body) **fluid** ['flu:ɪd] / **tissue** ['tɪʃu:]	(Körper-)Flüssigkeit / Gewebe
gland – glandular ['glændjʊlə]	Drüse – Drüsen-
lymph [lɪmf] node / gland [glænd]	Lymphknoten
rheumatic [ru'mætɪk]	rheumatisch; Rheumakranke(r)
rheumatic fever [rumætɪk 'fi:və]	Gelenkrheumatismus
arthritis [ɑ:'θraɪtɪs]	Arthritis; Gelenkentzündung
asthma ['æsmə]	Asthma
asthmatic [æs'mætɪk]	asthmatisch; Asthmatiker(in)
an **occupational** disease [dɪ'zi:z]	eine Berufskrankheit
pulmonary ['pʌlmənəri] diseases	Lungenkrankheiten
He died of a pulmonary embolism.	Er starb an einer Lungenembolie.
She died of **kidney** failure ['feɪljə].	Sie starb an Nierenversagen.
dialysis [daɪ'æləsɪs] *Pl.* -lyses [-ləsi:z]	Dialyse; Blutwäsche
perform a **transplant** ['trænsplɑ:nt]	eine Transplantation durchführen
organ **donor** ['dəʊnə]	Organspender(in)
organ **recipient** [rɪ'sɪpiənt]	Organempfänger(in)
skin grafting ['skɪn grɑ:ftɪŋ]	Hauttransplantation / -übertragung
radiotherapy / radiation therapy ['θerəpi]	(die) Strahlentherapie
general / plastic **surgery** ['sɜ:dʒəri]	(die) allgemeine / plastische Chirurgie
open-heart surgery [əʊpnhɑ:t 'sɜ:dʒəri]	(die) Offenherzchirurgie
hygiene ['haɪdʒi:n] – **hygienic** [haɪ'dʒi:nɪk]	(die) Hygiene – hygienisch
public-health [pʌblɪk'helθ] officer	Amtsarzt / -ärztin
public-health department [dɪ'pɑ:tmənt]	Gesundheitsamt

16
4
Mathematics
Mathematik

→ 16.5 Numbers, 9.2 Subjects and skills

E = mc² (Energy equals mass times the speed of light squared.)
(*Albert Einstein, German-born US physicist, 1879–1955*)

mathematics [mæθə'mætɪks]	(die) Mathematik
maths [mæθs] *BE* / *AE* math [mæθ]	Mathe(matik)
write a math(s) test (– wrote – written)	eine Mathearbeit schreiben
arithmetic [ə'rɪθmətɪk]	(die) Arithmetik; (das) Rechnen
arithmetic(al) [ærɪθ'metɪk(l)]	arithmetisch
an arithmetical operation [ɒpə'reɪʃn]	eine Rechenoperation
solve an arithmetical problem	eine Rechenaufgabe lösen
geometry [dʒi'ɒmətri]	(die) Geometrie
geometric(al) [dʒi:ə'metrɪk(l)]	geometrisch
a geometric figure ['fɪgə]	eine geometrische Figur
geometric(al) progression [prə'greʃn]	geometrische Progression
trigonometry [trɪgə'nɒmətri]	(die) Trigonometrie
algebra ['ældʒɪbrə]	(die) Algebra
differential / integral **calculus**	Differenzial- / Integralrechnung
probability calculus ['kælkjʊləs]	Wahrscheinlichkeitsrechnung
set theory ['set θɪəri]	(die) Mengenlehre
count [kaʊnt]	zählen
The child can count (up) to eight now.	Das Kind kann jetzt bis acht zählen.
reckon ['rekən] / work out	ausrechnen
reckon up some figures	einige Zahlen zusammenrechnen
sum [sʌm]	Rechenaufgabe
do sums (– did – done)	rechnen
He's good / bad at sums.	Er kann gut / schlecht rechnen.
You got all the sums right.	Du hast alles richtig gerechnet.
do / solve **problems** ['prɒbləmz]	Textaufgaben bearbeiten / lösen
calculate ['kælkjuleɪt]	(be- / er- / aus)rechnen
calculate the area of a square	die Fläche eines Quadrats berechnen
calculate it to two places	es auf zwei Stellen nach dem Komma ausrechnen
calculation [kælkju'leɪʃn]	(Be-)Rechnung
perform [pə'fɔ:m] calculations	(Be-)Rechnungen durchführen
compute [kəm'pju:t]	(be- / er)rechnen
compute / calculate a distance ['dɪstəns]	eine Entfernung berechnen
compute the square root [skweə 'ru:t] of a number	die Quadratwurzel einer Zahl errechnen
the **fundamental operations**	die Grundrechenarten
add [æd] – **subtract** [səb'trækt]	addieren – subtrahieren
add numbers together / up	Zahlen zusammenrechnen / aufaddieren
addition [ə'dɪʃn] – **subtraction**	Addition – Subtraktion
multiply ['mʌltɪplaɪ] – **divide** [dɪ'vaɪd]	multiplizieren – dividieren

multiplication – division [dɪ'vɪʒn]	Multiplikation – Division
memorize the multiplication tables	das Einmaleins auswendig lernen

55 + 44 = 99: *If you add 55 and / to 44, you get 99.*
55 plus [plʌs] *44 is / equals* ['iːkwəlz] *99. / 55 and 44 is / are / make(s) 99.*
99 – 44 = 55: *If you subtract 44 from 99, you get 55.*
99 minus ['maɪnəs] *44 leaves* [liːvz] *55. / 44 from 99 is 55.*
11 × 6 = 66: *If you multiply 11 by 6, you get 66.*
11 multiplied ['mʌltɪplaɪd] *by 6 is 66. / 11 times 6 is 66.*
66 ÷ 11 = 6: *If you divide 66 by 11, you get 6.*
66 divided [dɪ'vaɪdɪd] *by 11 is 6. / 66 over 11 is 6.*

a **function** ['fʌŋkʃn]	eine (mathematische) Funktion
a **quantity** ['kwɒntəti]	eine (mathematische) Größe
finite ['faɪnaɪt] – **infinite** ['ɪnfɪnət]	endlich – unendlich
constant ['kɒnstənt] – **variable** ['væriəbl]	Konstante – Variable
prime number [praɪm 'nʌmbə]	Primzahl
integer ['ɪntɪdʒə] / whole number	ganze Zahl
square [skweə]	Quadrat; quadratisch; Quadrat-
two square metres ['miːtəz]	zwei Quadratmeter
144 is the square of 12	144 ist das Quadrat von 12
12^2 (= 12 squared) is 144	12 hoch 2 ist 144
cube [kjuːb]	dritte Potenz
2^3 (= 2 cubed / the third power of 2)	2 hoch 3 / die 3. Potenz von 2
power ['paʊə]	Potenz
2 to the power of 4 is 16	2 hoch 4 ist 16
logarithm ['lɒgərɪðm] / **log** [lɒg]	Logarithmus
decimal / vulgar **fraction** ['frækʃn]	Dezimal- / gemeiner Bruch
quotient ['kwəʊʃnt]	Quotient
numerator – denominator [-'nɒm-]	Zähler – Nenner
seek a common [ɒ] denominator	einen gemeinsamen Nenner suchen
equal ['iːkwəl]	gleich
equation [ɪ'kweɪʒn]	Gleichung
an equation with two unknowns	eine Gleichung mit zwei Unbekannten

circle ['sɜːkl]	Kreis
the centre of a circle	der Mittelpunkt eines Kreises
circular ['sɜːkjələ]	kreisförmig; Kreis-
diameter [daɪ'æmɪtə]	Durchmesser
circumference [sə'kʌmfrəns]	(Kreis-)Umfang
the ratio ['reɪʃiəʊ] of the circumference to the diameter	das Verhältnis des Umfangs zum Durchmesser
tangent ['tændʒənt]	Tangente; Tangens
rectangle ['rektæŋgl] – **rectangular**	Rechteck – rechteckig
triangle ['traɪæŋgl] – **triangular**	Dreieck – dreieckig
a triangular [traɪ'æŋgjʊlə] pyramid	eine dreiseitige Pyramide
an **angle** ['æŋgl] of 90 degrees	ein Winkel von 90 Grad
the **base** [beɪs] of a pyramid ['pɪrəmɪd]	die Grundfläche einer Pyramide

Numbers
Zahlen

→ 16.4 Mathematics

This is the third time; I hope good luck lies in odd numbers … There is divinity in odd numbers, either in nativity, chance or death. (*William Shakespeare, English dramatist and poet, 1564–1616*)

even ['i:vn] / **odd** [ɒd] numbers — gerade / ungerade Zahlen

Null
4 – 4 = 0: Four minus four is ***zero*** ['zɪərəʊ] / BE auch ***nought*** [nɔ:t].
3.06: three point ***zero*** / BE auch ***nought*** *six*
There are three ***zeros*** / BE auch ***noughts*** *in 1,000.*
The temperature was ten degrees [dɪ'gri:z] *below* ***zero***. (= 10° unter null)
My phone / room / account [ə'kaʊnt] *number is 7030 (= seven* ***oh*** *three* ***oh****).*
zero *growth* [grəʊθ] (= Nullwachstum)
Our chances are practically ***nil / zero***. (= Unsere Chancen sind gleich null.)
Leeds United won 3–0 (= three ***nil****).* (= Leeds hat 3:0 gewonnen.)
The Chicago White Sox won 3–0 (= three ***nothing / zip****).*
(Tennis:) 15–0 (= *fifteen* ***love***), 30–0 (= *thirty* ***love***), 40–0 (= *forty* ***love***).

one book – twenty-one books	ein Buch – einundzwanzig Bücher
two / fifty-two books	zwei / zweiundfünfzig Bücher
(forty-)**three** books	drei(undvierzig) Bücher
four – fourteen – forty	vier – vierzehn – vierzig
five – fifteen – fifty	fünf – fünfzehn – fünfzig
six – sixteen – sixty	sechs – sechzehn – sechzig
seven – seventeen – seventy	sieben – siebzehn – siebzig
eight – eighteen – eighty	acht – achtzehn – achtzig
nine – nineteen – ninety	neun – neunzehn – neunzig
nine hundred (and) four	neunhundertvier

Numbers over 100 **(= Zahlen über 100)**
100 = *one / a hundred* ['hʌndrəd]
144 = *one / a hundred and forty-four*
555 = *five hundred and fifty-five* / AE auch *five hundred fifty-five*
1,000 = *one / a thousand* ['θaʊznd]
1,888 = *one thousand eight hundred and eighty-eight* (AE auch ohne *and*)
3,000 = *three thousand*
100,000 = *one / a hundred thousand*
159,000 = *one hundred and fifty-nine thousand*
1,000,000 = *a / one million* ['mɪljən]
5,000,000 = *five million*
2,000,000,000 = *two billion* ['bɪljən] / BE auch *two thousand million*

Aussprachehinweise
Bei den Zahlen *thirteen* bis *nineteen* muss die *-teen*-Silbe deutlich, in der Regel betont gesprochen werden, da es sonst leicht zu Verwechslungen mit den *-ty*-Zahlen (*thirty, forty* etc.) kommt.
Bei den Ordnungszahlen *twentieth, thirtieth, fortieth* etc. ist das *-tieth* als [-tiəθ] zu sprechen: ['twentiəθ], ['θɜːtiəθ], ['fɔːtiəθ].

the **first** / thirty-first day	der erste / einunddreißigste Tag
the **second** day	der zweite Tag
the **third** / forty-third row [rəʊ]	die dritte / dreiundvierzigste Reihe

Die Ordnungszahlen (= ***ordinal*** ['ɔːdɪnl] ***numbers***) **als Ziffern**

1st [fɜːst]	*4th* [fɔːθ]	*16th*	
2nd / AE auch *2d* ['sekənd]	*5th* [fɪfθ]	*27th*	
3rd / AE auch *3d* [θɜːd]	*6th* [sɪksθ]	*38th*	etc.

the **fourth** row [rəʊ]	die vierte Reihe
the **fifth** anniversary [ænɪ'vɜːsəri]	der fünfte Jahrestag
George VI = George the **Sixth**	Georg VI. = Georg der Sechste
This is the **eighth** [eɪtθ] time.	Dies ist das achte Mal.
in (the) **ninth** [naɪnθ] grade *AE*	in der neunten Klasse
the **thirtieth** ['θɜːtiəθ] of May	der dreißigste Mai
her **seventieth** ['sevntiəθ] birthday	ihr siebzigster Geburtstag

Fractions ['frækʃnz] *(=* **Brüche***)*
$\frac{1}{2}$ = a half / one half • $\frac{3}{2}$ = three halves • 1 $\frac{1}{2}$= one and a half
$\frac{1}{3}$ = a third / one third • $\frac{2}{3}$ = two thirds • 2 $\frac{1}{3}$ = two and a third
$\frac{1}{4}$ = a / one quarter / one fourth • $\frac{3}{4}$ = three quarters / fourths
$\frac{4}{5}$ = four fifths • 3 $\frac{3}{5}$= three and three fifths • $\frac{145}{360}$ = 145 over 360

Decimals ['desɪmlz] **(= Dezimalzahlen)**
Dem deutschen Komma entspricht im Englischen ein Punkt:
2.684 = two point six eight four (dt. = 2,684)
0.259 = (zero) point two five nine / BE auch *nought point two five nine*

once [wʌns]	einmal
Once / One times five is five.	Einmal fünf ist fünf.
twice [twaɪs]	zweimal
Twice / Two times five is ten.	Zwei mal fünf ist zehn.
Three times five is fifteen.	Drei mal fünf ist fünfzehn.
Four times three is twelve.	Vier mal drei ist zwölf.
Six times eight is forty-eight.	Sechs mal acht ist achtundvierzig.

Jahreszahlen
1997 = *nineteen (hundred and) ninety-seven*
1900 = *nineteen hundred*
1905 = *nineteen oh five / nineteen hundred and five*
2005 = *two thousand (and) five / twenty oh five*

Measures and weights
Maße und Gewichte

Give a fool an inch and he'll take a mile. (*Proverb*)

In Großbritannien werden alltägliche Dinge wie Körpergröße, Entfernungen und Körpergewicht meist noch in den traditionellen Maßeinheiten *foot* [fʊt], *inch* [ɪntʃ], *mile* und *stone* angegeben. In Handel, Technik und Wissenschaft dagegen hat sich das metrische System, das die Kinder auch in der Schule lernen, bereits weitgehend durchgesetzt. In den USA werden metrische Maßeinheiten sehr viel seltener benutzt.

1 **inch** is equal to 2.54 centimetres ['sentɪmi:təz].	1 Zoll entspricht 2,54 Zentimetern.
a three-inch file	eine ca. acht Zentimeter dicke Akte
She didn't give / yield [ji:ld] an inch.	Sie gab keinen Fingerbreit nach.
foot [fʊt] *Pl.* feet [fi:t]	Fuß (= 30,48 cm)
One foot is about a third of a metre ['mi:tə].	Ein Fuß ist ungefähr ein Drittelmeter.
The tree has grown [grəʊn] a few feet.	Der Baum ist ein paar Fuß gewachsen.
We're flying ['flaɪɪŋ] at 30,000 feet now.	Wir fliegen jetzt in einer Höhe von 10 000 Metern.
a large room – 25 feet by 15	ein großes Zimmer – 7,60 mal 4,60 m
He's six feet / foot two inches tall.	Er ist 1,88 m groß.
He's 1.88 (= one point eight eight) **metres** tall.	Er ist 1,88 m groß.

***Inch, foot, yard, mile* und ihre metrischen Entsprechungen**

		1 inch / in	=	*2.54 centimetres / cm*
12 inches / in(s)	=	*1 foot / ft*	=	*30.48 centimetres / cm*
3 feet / ft	=	*1 yard / yd*	=	*0.914 metre / m*
1760 yards / yd(s)	=	*1 mile / m*	=	*1.609 kilometres / km*

A **yard** [jɑ:d] is slightly less than a metre.	Ein Yard ist etwas weniger als ein Meter.
a few hundred yards from where I live	ein paar hundert Meter von meiner Wohnung entfernt
One **mile** is 1760 yards.	Eine Meile hat 1760 Yard.
It's ten miles to Hatfield.	Nach Hatfield sind es zehn Meilen.
a four-mile jog	ein Dauerlauf über vier Meilen
an area of ten square miles	ein Gebiet von zehn Quadratmeilen
There's a speed limit of 50 **kilometres** ['kɪləmi:təz] per hour.	Es gilt ein Tempolimit von 50 Stundenkilometern.

Beachten Sie den Gebrauch der Pluralform bei Maßen über 1:
2.54 centimetres (= 2,54 Zentimeter) • *two inches* (= zwei Zoll) • *36 kilos* (= 36 Kilo) • *five litres* (= fünf Liter)
Bei Maßen unter null kann der Singular oder Plural stehen:
0.914 metre(s) (= 0,914 Meter) • *0.454 kilogram(s)* (= 0,454 Kilogramm)
Stone steht in der Regel im Singular; die Pluralform gilt als nicht so korrekt:
I weigh about ten stone / (weniger korrekt:) *stones.*

One **pound** is equal to 0.454 kilogram(s) ['kɪləgræm(z)].	Ein Pfund ist gleich 0,454 Kilogramm.
Half a pound of Cheddar, please.	Bitte ein halbes Pfund Cheddar.
There are 16 **ounces** ['aʊnsɪz] in a pound.	Ein Pfund hat 16 Unzen.
The baby weighs 7 lb(s) [paʊnd(z)] 6 oz ['aʊnsɪz].	Das Baby wiegt 3,4 Kilo.
I weigh about ten **stone**. *BE*	Ich wiege ungefähr 63 Kilo.
I weigh about 139 lbs [paʊndz]. *AE*	Ich wiege ungefähr 63 Kilo.
The police found 1,200 **kilos** ['ki:ləʊz] of cocaine [kəʊ'keɪn].	Die Polizei fand 1200 kg Kokain.

Ounce, pound, stone **und ihre metrischen Entsprechungen**

		1 ounce / oz	=	*28.35 grams / g*
16 ounces / oz(s)	=	*1 pound / lb*	=	*0.454 kilogram / kg*
14 pounds / lb(s)	=	*1 stone / st*	=	*6.356 kilograms / kg*

one **pint** [paɪnt]	(*BE = 0.568 / AE = 0.473 litre*)
a pint of milk / beer	(etwa) ein halber Liter Milch / Bier
I just had a couple of pints.	Ich habe nur ein paar Bier getrunken.
one **gallon** ['gælən]	(*BE = 4.546 / AE = 3.785 litres*)
ten gallons of petrol *BE* / *AE* gas	45 *BE* / *AE* 38 Liter Benzin

Gallon ['gælən] – ***litre*** ['li:tə] **bei Benzin**
In Großbritannien wird Benzin jetzt in *litres* verkauft, in den USA nach wie vor in *gallons*.

Technology
Technik

17
1

Materials, tools, machines
Werkstoffe, Werkzeuge, Maschinen

Technological progress has merely provided us with more efficient means for going backwards. (*Aldous Huxley, English writer, 1894–1963*)

technology [tek'nɒlədʒi]	(die) Technik / Technologie
science ['saɪəns] and technology	Wissenschaft und Technik
the advantages of laser ['leɪzə] technology	die Vorteile der Lasertechnik
materials [mə'tɪəriəlz] technology	(die) Werkstoffkunde
high technology / high tech [haɪ 'tek]	(die) Spitzen- / Hochtechnologie
We have hi(gh)-tech equipment [ɪ'kwɪpmənt].	Wir haben eine High-Tech-Ausstattung.
technological [teknə'lɒdʒɪkl]	technisch; technologisch
technical ['teknɪkl] (innovations)	technisch(e Neuerungen)
engineering [endʒɪ'nɪərɪŋ]	(angewandte) Technik; Ingenieurwesen
engineering progress	technischer Fortschritt
material [mə'tɪərɪəl]	Material; Werkstoff
properties ['prɒpətiz] of materials	Materialeigenschaften
work a material	ein Material bearbeiten
This material is easily machined [mə'ʃi:nd].	Dieses Material lässt sich leicht (maschinell) bearbeiten.
metal ['metl]	Metall(-)
The collapse [kə'læps] of the bridge was due to metal fatigue [fə'ti:g].	Der Einsturz der Brücke war auf Metallermüdung zurückzuführen.
the components [kəm'pəʊnənts] of an **alloy** ['ælɔɪ]	die Bestandteile einer Legierung
(high-speed) **steel** [sti:l]	(Schnellarbeits-)Stahl
a steel sheet [ʃi:t]	ein Stahlblech
wood [wʊd] – **wooden** ['wʊdn]	Holz – Holz- / hölzern
hardwood – softwood ['sɒftwʊd]	Hartholz – Weichholz
plywood ['plaɪwʊd]	Sperrholz
timber *BE* / *AE* **lumber** ['lʌmbə]	(Nutz-)Holz; Bauholz

Nutzholz auf dem Stamm ist auch AE *timber* ['tɪmbə]; nach der Bearbeitung nennt man es AE *lumber*. Beispiel: *timber species* ['spi:ʃi:z] *unsuitable* [ʌn'su:təbl] *for lumber* (= Baumarten, die sich nicht als Bauholz eignen).

chipboard *Keine Pluralform möglich!*	Spanplatte(n)
doors made of chipboard ['tʃɪpbɔ:d]	aus Spanplatten gefertigte Türen
glass [glɑ:s]	Glas(-)
ceramic [sə'ræmɪk]	Keramik(-); keramisch
plastic ['plæstɪk]	Plastik(-); Kunststoff-
rubber ['rʌbə]	Gummi(-); Kautschuk
Rubber is a highly elastic [ɪ'læstɪk] material.	Gummi ist ein äußerst elastisches Material.

made of	(gemacht / hergestellt) aus
It's made of glass / plastic / steel.	Es ist aus Glas / Kunststoff / Stahl.
semiconductor [semikən'dʌktə]	Halbleiter
silicon (chip) ['sɪlɪkən]	Silicium(chip)
elasticity [i:læ'stɪsəti]	Elastizität
strength [streŋθ]	(*z.B. Bruch-*)Festigkeit
ductility [dʌk'tɪləti]	Dehnbarkeit; Duktilität
heat / corrosion **resistance** [rɪ'zɪstəns]	Hitze- / Korrosionsbeständigkeit
conductivity [kɒndʌk'tɪvəti]	Leitfähigkeit / -vermögen
brittle ['brɪtl]	spröde
This material is extremely brittle.	Dieses Material ist äußerst brüchig / spröde.
a **tool** [tu:l] – my **tools**	ein Werkzeug – mein(e) Werkzeug(e)
hammer and chisel ['tʃɪzl]	Hammer und Meißel
nail [neɪl]	Nagel
screw(driver) ['skru:(draɪvə)]	Schraube(nzieher)
thread [θred]	(Schrauben-)Gewinde
nut and bolt [bəʊlt]	Mutter und Bolzen / Schraube
spanner *BE* / *AE* **wrench** [rentʃ]	Schraubenschlüssel
lever ['li:və]	Hebel
file [faɪl]	Feile; feilen
drill [drɪl]	Bohrer; Bohrmaschine; bohren
pneumatic [nju'mætɪk] drill	Pressluftbohrer
vice [vaɪs] *BE* / *AE* **vise** [vaɪs]	Schraubstock
a pair of **scissors** ['sɪzəz] / **pliers** ['plaɪəz]	eine Schere / Zange
Where are my scissors / pliers?	Wo ist meine Schere / Zange?
a pair of **pincers** ['pɪnsəz]	eine Kneif- / Beißzange
Have you got any pincers?	Hast du eine Kneifzange?
saw [sɔ:] (– sawed – sawn*)	sägen
handsaw – hacksaw	Fuchsschwanz – Bügelsäge
circular saw [s3:kjʊlə 'sɔ:]	Kreissäge
plane [pleɪn]	Hobel; hobeln
planing machine / planer	Hobelmaschine
machine [mə'ʃi:n]	Maschine
metalworking machine	Metallbearbeitungsmaschine
woodworking machine	Holzbearbeitungsmaschine
sewing machine ['səʊɪŋ məʃi:n]	Nähmaschine
printing machine ['prɪntɪŋ məʃi:n]	Druckmaschine
grinding machine / grinder ['graɪndə]	Schleifmaschine
machine component [kəm'pəʊnənt]	Maschinenteil
machine tool [mə'ʃi:n tu:l]	Werkzeugmaschine
machinery *Als Singular konstruiert!*	Maschinen
earth-moving machinery [mə'ʃi:nəri]	Erdbewegungsmaschinen
equipment *Als Singular konstruiert!*	Ausrüstung; Geräte; Maschinen
the construction of machinery and equipment [ɪ'kwɪpmənt]	der Bau von Maschinen und Anlagen
device [dɪ'vaɪs]	Vorrichtung; Gerät
The crank is a motion-transmitting device.	Die Kurbel ist eine Vorrichtung zur Bewegungsübertragung.
mechanism ['mekənɪzm]	Mechanismus

lathe [leɪð]	Drehbank / -maschine
(electric) **motor** ['məʊtə]	(Elektro-)Motor
(internal-combustion) **engine** ['endʒɪn]	(Verbrennungs-)Motor
four-stroke engine	Viertaktmotor
steam engine ['sti:m endʒɪn]	Dampfmaschine / -lokomotive
carburettor [kɑ:bə'retə] *BE* / *AE* **carburetor**	Vergaser
cylinder ['sɪlɪndə]	Zylinder
piston ['pɪstən]	Kolben
gear [gɪə] – **gears**	Zahnrad – Getriebe
gearbox ['gɪəbɒks]	Getriebe(gehäuse)
gear-cutting machine	Zahnradfräsmaschine
(drive) **shaft** [ʃɑ:ft]	(Antriebs-)Welle
crankshaft – camshaft	Kurbelwelle – Nockenwelle
connecting rod [kə'nektɪŋ rɒd]	Pleuelstange
flywheel ['flaɪwi:l]	Schwungrad
torque [tɔ:k]	Drehmoment
(ball) **bearing(s)** [(bɔ:l) 'beərɪŋ(z)]	(Kugel-)Lager
spring [sprɪŋ]	Feder
(safety) **valve** [vælv]	(Sicherheits-)Ventil
washer ['wɒʃə]	Unterleg- / Dichtungsscheibe
brake [breɪk]	Bremse; bremsen
apply [ə'plaɪ] / put on the brakes	die Bremse betätigen
I had to brake hard / sharply.	Ich musste scharf bremsen.
clutch (pedal) ['klʌtʃ (pedl)]	Kupplung(spedal)
patent ['pætnt] applied for / pending	(zum) Patent angemeldet

Earth-moving equipment.

Manufacturing
Fabrikproduktion

… the throb and whine of machinery, the clash of metal, the unceasing motion of the assembly lines, the ebb and flow of workers changing shifts, the hiss of airbrakes and the growl of diesel engines from wagons delivering raw materials at one gate, taking away finished goods at the other. (*David Lodge, English novelist, born in 1935*)

manufacture [mænju'fæktʃə]	herstellen; fertigen; Herstellung
manufacture a wide range of products	eine Vielzahl von Produkten herstellen
manufactured goods / products	Industrieerzeugnisse
manufacturing method ['meθəd]	Fabrikationsmethode / -weise
manufacturing / production facilities	Fertigungs- / Produktionsanlagen
plan manufacturing processes	Herstellungsprozesse / -abläufe planen
manufacturing engineer [endʒɪ'nɪə]	Betriebsingenieur(in)
the manufacture of children's clothing	die Fabrikation von Kinderkleidung
manufacturer [mænju'fæktʃərə]	Hersteller
the leading car manufacturers	die führenden Automobilhersteller
send it back to the manufacturers	es an die Herstellerfirma zurückschicken
fabricate ['fæbrɪkeɪt]	herstellen
The wooden parts used to be fabricated piece by piece.	Die Holzteile wurden früher einzeln hergestellt.
the fabrication of consumer goods	die Herstellung von Konsumgütern

Fabricate / fabrication können *manufacture / manufacturing* ersetzen, kommen aber weniger häufig vor. Außerdem haben *fabricate / fabrication* auch eine übertragene Bedeutung, nämlich „fälschen / Fälschung": *fabricate banknotes* (= Banknoten fälschen), *the fabrication of works of art* (= die Fälschung von Kunstwerken).

make (– made – made)	machen; erzeugen; herstellen
We make / manufacture toys.	Wir stellen Spielwaren her.
made in Germany	in Deutschland hergestellt
produce [prə'dju:s]	herstellen; produzieren
steel produced in the USA	in den USA hergestellter Stahl
a mass-produced article ['ɑ:tɪkl]	ein Massenartikel
finished products [fɪnɪʃt 'prɒdʌkts]	Fertigerzeugnisse
production [prə'dʌkʃn]	Produktion; Herstellung; Fertigung
mass production [mæs prə'dʌkʃn]	Massenherstellung / -fertigung
production line [prə'dʌkʃn laɪn]	Fertigungsstraße; Fließband
processing ['prəʊsesɪŋ]	Bearbeitung; Veredelung
a paper-processing plant [plɑ:nt]	ein Papierverarbeitungsbetrieb
assemble [ə'sembl]	montieren
assembly [ə'sembli] (plant)	Montage(werk)
assembly shop [ə'sembli ʃɒp]	Montagehalle
assembly line [ə'sembli laɪn]	Montageband; Fließband
computer-controlled assembly	computergesteuerte Montage

maintenance ['meɪntənəns]	Wartung; Instandhaltung
factory ['fæktri]	Fabrik
factory workers / hands	Fabrikarbeiter(innen)
(manufacturing) **plant** [plɑ:nt]	Werk; Betrieb; Maschinen
Opel's Eisenach plant	das Opel-Werk in Eisenach
outdated [aʊt'deɪtɪd] plants	veraltete Anlagen
manage ['mænɪdʒ] a plant	ein Werk / einen Betrieb leiten
plant / works manager ['mænɪdʒə]	Betriebsleiter(in)
invest [ɪn'vest] millions in plant	Millionen in Maschinen investieren
(a cement [sə'ment]) **works** *Pl.* works	(ein Zement-)Werk
(work)shop [('wɜ:k)ʃɒp]	Werkstatt; Betrieb; Werk
a repair shop [rɪ'peə ʃɒp]	eine Reparaturwerkstatt
an engineering [endʒɪ'nɪərɪŋ] shop	ein Maschinenbaubetrieb
on the shop floor [ʃɒp 'flɔ:]	im Betrieb; in der Produktion
the workers on the shop floor	die einfachen Arbeiter(innen)
the car / automotive **industry**	die Automobilindustrie
the processing industries ['ɪndəstriz]	die verarbeitende Industrie
industrial robot [ɪndʌstriəl 'rəʊbɒt]	Industrieroboter
output ['aʊtpʊt]	(Produktions-)Leistung
output per worker hour	Ausstoß pro Arbeitsstunde
boost [bu:st] output (by) 5 per cent	die Produktionsleistung um 5 Prozent steigern
efficiency [ɪ'fɪʃnsi]	Leistung(sfähigkeit); Wirkungsgrad
thermal ['θɜ:ml] efficiency	Wärmewirkungsgrad
performance [pə'fɔ:məns]	(*Maschine*) Leistung
increased **productivity** [prɒdʌk'tɪvəti]	erhöhte Produktivität
mechanization [mekənaɪ'zeɪʃn]	Mechanisierung
automation [ɔ:tə'meɪʃn]	Automatisierung; Automation
an **automated** production process	ein automatisierter Produktionsablauf
automatic [ɔ:tə'mætɪk] regulation	automatische Regelung / Einstellung
perform [pə'fɔ:m] an operation automatically	einen Arbeitsgang automatisch ausführen
computerize [kəm'pju:təraɪz] a process	einen Arbeitsablauf computerisieren
cost(s) [kɒst(s)]	Kosten
cut labour costs ['leɪbə kɒsts]	die Lohnkosten senken
lower ['ləʊə] the cost per unit ['ju:nɪt]	die Stückkosten senken
conveyor belt [kən'veɪə belt]	Förderband
interchangeable [ɪntə'tʃeɪndʒəbl] **parts**	auswechselbare Teile
mechanic [mɪ'kænɪk]	Mechaniker(in)
fitter ['fɪtə]	Monteur; (Maschinen-)Schlosser
(machine) **operator** ['ɒpəreɪtə]	(Maschinen-)Bediener(in)

Bei der Fertigungssteuerung (= *in production management*) wird heute zunehmend *JIT* (= *just-in-time*) praktiziert: Die Zulieferer (= *suppliers* [sə'plaɪəz]) der Automobilindustrie z.B. liefern die Teile (= *components* [kəm'pəʊnənts]) exakt zu dem Zeitpunkt an (= *supply / deliver*), wo sie für die Montage (= *assembly* [ə'sembli]) benötigt werden.

Electricity and electronics
Elektrizität und Elektronik

→ 16.1 Physics

Why sir, there is every possibility that you will soon be able to tax it!
(*English scientist and electricity pioneer Michael Faraday, 1791–1867, to Prime Minister Gladstone, when asked whether electricity was useful*)

electricity [ɪlek'trɪsəti]	(die) Elektrizität; (elektrischer) Strom
electricity company ['kʌmpəni]	Elektrizitätsgesellschaft
(electricity) meter ['mi:tə]	(Strom-)Zähler
an **electric(al)** [ɪ'lektrɪk(l)] shock	ein elektrischer Schlag / Stromschlag
electrical engineering [endʒɪ'nɪərɪŋ]	Elektrotechnik
electrical engineer [endʒɪ'nɪə]	Elektroingenieur(in)
electrician [ɪlek'trɪʃn]	Elektriker(in)
generate ['dʒenəreɪt] electricity	Elektrizität / Strom erzeugen
generating station	Kraftwerk; Elektrizitätswerk
generator ['dʒenəreɪtə]	Generator; (*Auto AE*) Lichtmaschine
dynamo ['daɪnəməʊ]	Dynamo; (*Auto BE*) Lichtmaschine
battery ['bætəri]	Batterie
accumulator [ə'kju:mjəleɪtə] *BE* / *AE* **storage cell**	Akku(mulator)
capacitor [kə'pæsɪtə] / **condenser**	Kondensator
spark [spɑ:k]	Funke
spark plug / *BE auch* sparking plug	Zündkerze
an electrostatic [ɪlektrə'stætɪk] **charge**	eine elektrostatische Aufladung
put a battery on charge [tʃɑ:dʒ] *BE*	eine Batterie aufladen
(re)charge the battery ['bætəri]	die Batterie (wieder)aufladen
direct current [daɪrekt 'kʌrənt] / **DC**	Gleichstrom
alternating ['ɔ:ltəneɪtɪŋ] **current** / **AC**	Wechselstrom
the current flowing through a device	der Strom, der durch ein Gerät fließt
alternator ['ɔ:ltəneɪtə]	Wechselstromgenerator
220 **volts** [vəʊlts]	220 Volt
voltage ['vəʊltɪdʒ]	(Volt- / Netz-)Spannung
high voltage / high tension ['tenʃn]	Hochspannung
high-voltage / high-tension line	Hochspannungsleitung
a 100-**watt** [wɒt] light bulb	eine 100-Watt-Birne
ampere ['æmpeə] / **amp** [æmp]	Ampere
a 30-amp fuse [fju:z]	eine 30 Ampere-Sicherung
amperage ['æmpərɪdʒ]	Stromstärke
three-phase power ['paʊə]	Dreiphasenstrom; Drehstrom
converter [kən'vɜ:tə]	Umformer
transformer [træns'fɔ:mə]	Transformator
coil [kɔɪl]	Spule
the **peak load** ['pi:k ləʊd]	die Spitzenbelastung
electricity supply / *BE auch* **mains**	Stromnetz
switch the electricity off at the mains	den Strom am Hauptschalter abschalten

cable ['keɪbl]	Kabel; Leitung
flex [fleks] *BE* / *AE* **cord** [kɔ:d]	(Anschluss-)Kabel / Schnur; Litze
extension lead [li:d] *BE* / *AE* **cord**	Verlängerungsschnur
the **live wire** [laɪv 'waɪə]	die stromführende Ader; die Phase
earth [ɜ:θ] *BE* / *AE* **ground** [graʊnd]	Erde; Erdung; Masse
The appliance [ə'plaɪəns] wasn't properly earthed *BE* / *AE* grounded.	Das Gerät war nicht richtig geerdet.
circuit ['sɜ:kɪt]	Stromkreis; Schaltkreis
circuit breaker ['sɜ:kɪt breɪkə]	Leistungsschalter; Unterbrecher
short circuit [ʃɔ:t 'sɜ:kɪt]	Kurzschluss
fuse [fju:z] (box)	Sicherung(skasten)
The fuse has blown [bləʊn].	Die Sicherung ist raus(geflogen).
outlet ['aʊtlet]	Steckdose; (*Strom-*)Verbrauchsstelle
socket ['sɒkɪt] / *BE auch* **power point**	Steckdose
plug [plʌg]	Stecker
plug it in	den Stecker in die Steckdose stecken
Where do you plug in the speakers?	Wo schließt man die Lautsprecher an?
It can't work. It isn't plugged [plʌgd] in.	Es kann nicht funktionieren. Es ist ja nicht angeschlossen / in der Steckdose.
unplug [ʌn'plʌg] the TV	den Stecker des Fernsehers rausziehen
adaptor [ə'dæptə]	Adapter; Zwischenstecker
on – off	(*an elektr. Geräten*) an – aus
switch [swɪtʃ]	Schalter; schalten
flick a switch	einen Schalter an- / ausknipsen
switch / turn the TV on / off	den Fernseher ein- / ausschalten
switch / turn the lights on / off	das Licht an- / ausmachen
turn off the supply [sə'plaɪ] / power	den Strom abschalten
incandescent [ɪnkæn'desnt] **lamp**	Glühlampe
light bulb ['laɪt bʌlb]	Glühbirne
fluorescent [flɔ:'resnt] **lamp / tube**	Leuchtstofflampe / -röhre
insulate – insulation [ɪnsju'leɪʃn]	isolieren – Isolierung
insulating tape ['ɪnsjuleɪtɪŋ teɪp]	Isolierband
He was **electrocuted** [ɪ'lektrəkju:tɪd].	Er erhielt einen tödlichen Stromschlag.

Silicon Valley [sɪlɪkən 'væli] (= „das Silicium-Tal") heißt die *region* ['ri:dʒən] *south of San Francisco*, in der die amerikanische *computer and electronics industry* [ɪlek'trɒnɪks ɪndəstri] konzentriert ist.

electronic data ['deɪtə] processing	elektronische Datenverarbeitung; EDV
electronic devices [ɪlektrɒnɪk dɪ'vaɪsɪz]	elektronische Geräte
microelectronics *Mit Singularverb!*	(die) Mikroelektronik
microchip ['maɪkrəʊtʃɪp]	(Mikro-)Chip
microprocessor ['maɪkrəʊprəʊsesə]	Mikroprozessor
transistor [træn'zɪstə]	Transistor; Transistorradio
amplify ['æmplɪfaɪ] – **amplifier**	verstärken – Verstärker
digital ['dɪdʒɪtl]	digital; Digital-
digitize ['dɪdʒitaɪz] – **digitization**	digitalisieren – Digitalisierung

Containers
Behälter

You can't tell what's in a package by its cover. (*Proverb*)

container [kən'teɪnə]	Behälter; (*genormter*) Container
The box contains spare parts.	Die Kiste / Der Karton / Kasten enthält Ersatzteile.
receptacle [rɪ'septəkl]	Behälter; Gefäß
pack [pæk]	(ein)packen
Have you packed (your bags)?	Hast du (deine Koffer) gepackt?
Aren't you going to pack a sweater?	Willst du keinen Pullover einpacken?
put it in a cardboard box (– put – put)	es in einen Pappkarton tun / packen
a **packet** of biscuits ['bɪskɪts] *BE* / *AE* a **package** of cookies	eine Packung Kekse
packaging ['pækɪdʒɪŋ] (material)	Verpackung(smaterial)
a **carton** ['kɑːtn] of milk	eine Tüte Milch
a carton of yoghurt ['jɒgət]	ein Becher Joghurt
chest [tʃest]	(große Holz-)Kiste; Truhe
a **case** [keɪs] of wine	eine Kiste Wein
a **crate** [kreɪt] of beer	ein Kasten Bier
a **sack** [sæk] of potatoes	ein Sack Kartoffeln
backpack / *BE auch* **rucksack** ['rʌksæk]	Rucksack
handbag *BE* / *AE* **purse** [pɜːs]	Handtasche
carrier bag *BE* / *AE* **shopping bag**	Tragetasche
attaché case [ə'tæʃeɪ keɪs]	Diplomatenkoffer
briefcase ['briːfkeɪs]	Aktentasche
file [faɪl]	Aktenordner
(file) folder ['fəʊldə]	Aktendeckel
file a letter (away)	einen Brief ablegen
envelope ['envələʊp]	(Brief-)Umschlag
(coffee / tea) **pot** [pɒt]	(Kaffee- / Tee-)Kanne
The pot was full to the brim.	Der Topf war randvoll.
Is the US a melting pot ['meltɪŋ pɒt]?	Sind die USA ein Schmelztiegel?
bucket ['bʌkɪt] / *bes. AE auch* **pail**	Eimer
pour [pɔː] water into the bucket	Wasser in den Eimer gießen / schütten
can [kæn]	Kanne; Büchse; Dose
a can / *BE auch* tin of beans [biːnz]	eine Büchse / Dose Bohnen
petrol ['petrəl] can *BE* / *AE* gas can	Benzinkanister
oilcan ['ɔɪlkæn]	Ölkanne
(fuel / petrol / oil) **tank** [tæŋk]	(Treibstoff- / Benzin- / Öl-)Tank
fill up the tank	den Tank voll machen
barrel ['bærəl]	Fass; Tonne
a barrel of beer [bɪə]	ein Fass Bier
Sherry is stored in oak **casks** [kɑːsks].	Sherry wird in Eichenfässern gelagert.
thermos flask / thermos bottle	Thermosflasche
vase [vɑːz]	Vase

Information and communications
Information und Kommunikation

18

1 Reference sources
Nachschlagemöglichkeiten

2 Books and publishing
Bücher und Verlagswesen

3 The press
Die Presse

4 Radio and television
Rundfunk und Fernsehen

5 The postal service
Der Postdienst

6 Telephone and fax
Telefon und Fax

7 Computers
Computer

Reference sources
Nachschlagemöglichkeiten

→ 18.7 Computers

Information networks straddle the world. Nothing remains concealed. But the sheer volume of information dissolves the information. We are unable to take it all in. (*Günter Grass, German writer, born in 1927*)

a **reference** ['refrəns] book / work	ein Nachschlagebuch / -werk
dictionary ['dɪkʃənəri]	Wörterbuch
I'll look it up in the dictionary.	Ich werde es im Wörterbuch nachschlagen.
thesaurus [θɪ'sɔːrəs]	Thesaurus; Wörterbuch sinnverwandter Wörter
encyclopedia [ɪnsaɪklə'piːdiə]	Enzyklopädie; (Konversations-) Lexikon
an entry in an encyclopedia	ein Eintrag in einem Lexikon
supplement ['sʌpləmənt]	(*Lexikon*) Nachtragsband
glossary ['glɒsəri]	Glossar; Wörterverzeichnis
gazetteer [gæzə'tɪə]	alphabetisches Ortsverzeichnis
index ['ɪndeks]	Register; Index
almanac ['ɔːlmənæk]	Almanach
manual ['mænjuəl] **/ handbook**	Handbuch
consult [kən'sʌlt] the manual / handbook	im Handbuch nachsehen
yearbook ['jɪəbʊk]	Jahrbuch
catalogue ['kætəlɒg]	Katalog
atlas ['ætləs]	Atlas
bibliography [bɪbli'ɒgrəfi]	Bibliografie; Schriftenverzeichnis
directory [də'rektəri]	Adressbuch
telephone ['telɪfəʊn] directory	Telefonbuch
library ['laɪbrəri]	Bibliothek; Bücherei
borrow a book from the library	ein Buch aus der Bibliothek entleihen
public library [pʌblɪk 'laɪbrəri]	öffentliche Bibliothek
reference library ['refrəns laɪbrəri]	Präsenzbibliothek
audiovisual [ɔːdiəʊ'vɪʒuəl] library	Mediothek
librarian [laɪ'breəriən]	Bibliothekar(in)
microfilm ['maɪkrəʊfɪlm]	Mikrofilm
microfiche ['maɪkrəʊfiːʃ]	Mikrofiche
photocopy ['fəʊtəʊkɒpi]	Fotokopie; fotokopieren
study the specialist literature ['lɪtrətʃə]	die Fachliteratur studieren
browse [braʊz] through a book	in einem Buch blättern
search [sɜːtʃ] for a particular name	einen bestimmten Namen suchen
scan [skæn] an article	einen Artikel überfliegen
record [rɪ'kɔːd] something	etwas (schriftlich oder auf Datenträger) aufzeichnen / festhalten
information [ɪnfə'məɪʃn] *Kein Plural!*	Information(en)
try to find a piece of information	eine Information suchen
information retrieval [rɪ'triːvl]	Informations- / Datenabruf

a computerized information system	ein computerisiertes Informationssystem
the information (super)highway	die Datenautobahn
cyberspace ['saɪbəspeɪs] / **virtual reality** [vɜːtʃuəl ri'æləti]	virtuelle Realität
online ['ɒnlaɪn] services	Online-Dienste
the **Internet** ['ɪntənet] / the **Web**	das Internet
The Internet is a global computer network.	Das Internet ist ein weltumspannendes Computernetz.
download text from the Internet	Text aus dem Internet kopieren / herunterladen / „downloaden"
E-mail ['iː meɪl] **(= electronic mail)**	elektronische Post
an E-mail message ['mesɪdʒ]	ein elektronischer Brief
CD-ROM [siːdiː'rɒm]	CD-ROM
A 24-volume ['vɒljʊm] encyclopedia fits on a single CD-ROM.	Eine 24-bändige Enzyklopädie passt auf eine einzige CD-ROM.
full-text search [sɜːtʃ]	Volltextsuche
multimedia [mʌlti'miːdiə]	Multimedia
interactive [ɪntər'æktɪv]	interaktiv
transmit **data** [trænzmɪt 'deɪtə]	Daten übertragen
The data are / is interesting ['ɪntrəstɪŋ].	Die Daten sind interessant.
database ['deɪtəbeɪs]	Datenbestand; Datenbank
data bank ['deɪtə bæŋk]	Datenbank

Virtual reality.

Books and publishing
Bücher und Verlagswesen

→ 11.7 Literature

When I get a little money, I buy books; and if any is left, I buy food and clothes. (*Erasmus of Rotterdam, Dutch humanist scholar, 1466–1536*)

book [bʊk]	Buch
nonfiction [nɒn'fɪkʃn] books	Sachbücher
bookseller – bookstall ['bʊkstɔːl]	Buchhändler(in) – Bücherstand
book club ['bʊk klʌb]	Buchklub; Buchgemeinschaft
secondhand / antiquarian books	antiquarische Bücher
secondhand / antiquarian bookshop	Antiquariat

Ein *antiquarian* [æntɪ'kweəriən] *book* ist kostbarer als ein *secondhand book* und ein *antiquarian bookshop* ist teurer als ein *secondhand bookshop*.

the **cover** ['kʌvə] of a book	der Einband eines Buches
a **hardback** *BE* / *AE* **hardcover** (book)	ein Buch mit festem Einband
the hardback / hardcover edition	die gebundene Ausgabe
paperback ['peɪpəbæk]	Taschenbuch(-)
a paperback edition [ɪ'dɪʃn]	eine Taschenbuchausgabe
the **binding** ['baɪndɪŋ]	der Einband
(bound [baʊnd] in) **cloth** [klɒθ]	(in) Leinen (gebunden)
the **(dust) jacket** [('dʌst) dʒækɪt]	der Schutzumschlag
the **blurb** [blɜːb]	der Klappentext / Waschzettel
the **title page** ['taɪtl peɪdʒ]	die Titelseite
foreword / preface ['prefəs]	Vorwort

Ein *preface* stammt vom Autor; ein *foreword* ist von jemand anders verfasst.

introduction [ɪntrə'dʌkʃn]	Einleitung
(table of) **contents** ['kɒntents]	Inhalt(sverzeichnis)
page [peɪdʒ]	(Buch-)Seite
footnote ['fʊtnəʊt]	Fußnote
the lists in the **appendix** [ə'pendɪks]	die Listen im Anhang
author ['ɔːθə] – **reader** ['riːdə]	Autor(in) – Leser(in)
pen name ['pen neɪm]	Schriftstellername; Pseudonym
translate [træns'leɪt]	übersetzen; übertragen
a **translation** [træns'leɪʃn] into Danish	eine Übersetzung ins Dänische
a translation from the Danish ['deɪnɪʃ]	eine Übersetzung aus dem Dänischen
translator [træns'leɪtə]	Übersetzer(in)

ISBN (= International Standard ['stændəd] *Book Number):* International eingeführtes Identifikationsmerkmal für jedes Buch. Zum Beispiel in 3-19-002155-4 steht 3 für Deutschland, 19 für Max Hueber Verlag, 002155 für den Titel *Englische Mindestgrammatik* und 4 als Prüfziffer.

adapt [ə'dæpt] – **adaptation**	bearbeiten – Bearbeitung
the TV adaptation of a novel ['nɒvl]	die Fernsehbearbeitung eines Romans
abridge [ə'brɪdʒ] – **abridgment**	kürzen – Kürzung
an (un)abridged version ['vɜ:ʃn]	eine (un)gekürzte Fassung
copyright ['kɒpiraɪt]	Copyright; Urheberrecht
royalty ['rɔɪəlti]	Autorenhonorar
publish ['pʌblɪʃ]	veröffentlichen; publizieren; verlegen
publishing house / firm / company	Verlag
one of the leading textbook publishers	einer der führenden Lehrbuchverlage
desktop publishing ['pʌblɪʃɪŋ]	Desktop-Publishing

The book came out / was published ['pʌblɪʃt] *last May.* (= Das Buch ist im vergangenen Mai erschienen.) • *bring a book out* (= ein Buch herausbringen) • *launch a book* (= ein Buch auf den Markt bringen)

manuscript ['mænju-] – **typescript**	Manuskript – Typoskript
edit ['edɪt] a manuscript	ein Manuskript lektorieren / redigieren
editor ['edɪtə]	Lektor(in); Redakteur(in)
editorial [edɪ'tɔ:riəl] **department**	Lektorat
edition [ɪ'dɪʃn]	Ausgabe; Auflage
the first edition of a book	die Erstausgabe eines Buches
typeset a book (– typeset – typeset)	ein Buch setzen
typesetter / compositor [kəm'pɒzɪtə]	(Schrift-)Setzer(in)
read the proofs [pru:fs]	Korrektur lesen
the galley proofs / galleys ['gæliz]	die (Druck-)Fahnen
the page proofs ['peɪdʒ pru:fs]	der Umbruch
proofreader ['pru:fri:də]	Korrektor(in)
the **bluelines** ['blu:laɪnz] / **blues**	die Blaupausen
printer's error ['erəz]	Satzfehler
misprint ['mɪsprɪnt]	Druckfehler
print [prɪnt]	drucken; Druck
printed on acid-free ['æsɪd fri:] paper	auf säurefreiem Papier gedruckt
large / clear print	großer / deutlicher Druck
books in print	lieferbare Bücher
The book is out of print.	Das Buch ist vergriffen.
a print run of 5,000 copies	eine (Druck-)Auflage von 5000
the **printer(s)** ['prɪntə(z)]	die Druckerei
The book has gone [ɒ] to the printer(s).	Das Buch ist in Druck gegangen.
pub(lication) date [pʌb(lɪ'keɪʃn)]	Erscheinungstermin
a **copy** ['kɒpi] of the book	ein Exemplar des Buches
advance copy [əd'vɑ:ns kɒpi]	Vorausexemplar
the **Frankfurt Book Fair**	die Frankfurter Buchmesse
bestseller [best'selə]	Bestseller
a best-selling author ['ɔ:θə]	ein(e) Bestseller(autor/in)

Ein sehr spannendes Buch ist *a page turner*, ja es ist *unputdownable*.

The press
Die Presse

How many beautiful trees gave their lives that today's scandal should, without delay, reach a million readers! (*Edwin Way Teale, US naturalist and writer, 1899–1980*)

the (mass) **media** ['mi:diə] are / is …	die (Massen-)Medien sind …
a media event [ɪ'vent]	ein Medienereignis
freedom ['fri:dəm] of the **press**	Pressefreiheit
press censorship ['sensəʃɪp]	(die) Pressezensur
hold a press conference ['kɒnfərəns]	eine Pressekonferenz geben
journalism ['dʒɜ:nəlɪzm] – **journalist**	Journalismus – Journalist(in)
an **item** / a **news item** ['nju:z aɪtəm]	eine Nachricht
news agency ['nju:z eɪdʒənsi]	Nachrichtenagentur

Fleet Street – die Londoner Straße, wo früher die meisten *national newspapers* ihre *headquarters* (= Zentralen) hatten – wird immer noch zur Bezeichnung der britischen Presse verwendet: *a Fleet Street reporter* (= *a reporter working for a British paper*). Seit den 80er Jahren ist das östlich der *Tower Bridge* gelegene *Wapping* ['wɒpɪŋ] das neue *centre of the UK newspaper industry*.

a national **(news)paper** [('nju:s)peɪpə]	eine überregionale Zeitung
a local ['ləʊkl] (news)paper	eine Lokalzeitung
morning / evening paper	Morgen- / Abendzeitung
news(paper)man / -woman	Reporter / Reporterin
newsagent *BE* / *AE* newsdealer	Zeitungshändler(in)
newsvendor ['nju:zvendə] *BE*	Zeitungsverkäufer(in)
newsstand ['nju:zstænd]	Zeitungskiosk; Zeitungsstand
a **daily** ['deɪli] (paper)	eine Tageszeitung
a **weekly** ['wi:kli]	eine Wochenzeitung / -zeitschrift
magazine [mægə'zi:n]	Magazin; Zeitschrift
women's ['wɪmɪnz] magazine	Frauenzeitschrift
newsmagazine ['nju:zmægəzi:n]	Nachrichtenmagazin
periodical [pɪəri'ɒdɪkl]	Zeitschrift
a monthly / satirical periodical	eine Monats- / satirische Zeitschrift
a technical **journal** ['dʒɜ:nl]	eine Fachzeitschrift

Der Boulevardpresse (= *popular press* / *tabloid* ['tæblɔɪd] *press*) steht die seriöse Presse (= *quality* ['kwɒləti] *press / serious press*) gegenüber. Die durchweg kleinformatigen Boulevardzeitungen sind *tabloids*, während man großformatige Qualitätszeitungen wie die britische *Times* und die amerikanische *Washington Post* als *broadsheets* ['brɔ:dʃi:ts] bezeichnet. Die Sensationspresse (= *sensational press*) nennt man abschätzig (= *disparagingly* [dɪ'spærɪdʒɪŋli]) im BE *the gutter press* und im AE *the yellow press*. Hier arbeiten *irresponsible* [ɪrɪ'spɒnsəbl] (= verantwortungslose) *journalists*, die *muckraking* (= „Mistharken", also Sensationsmache) betreiben und für pikante (= *spicy*) Informationen (= *information*) hohe Summen zahlen (*chequebook journalism* = Scheckbuchjournalismus). Skandalblätter (= *scandal* ['skændl] *sheets*) haben riesige Auflagen (= *huge* [hju:dʒ] *circulations*).

story ['stɔ:ri]	Bericht; Meldung; Story
carry a story	eine Meldung bringen
the reporter who wrote the story	der Reporter, der den Artikel schrieb
cover ['kʌvə] a story	über ein Ereignis berichten
report [rɪ'pɔ:t]	berichten; melden; Bericht; Meldung
Heavy fighting is reported from X.	Aus X werden schwere Kämpfe gemeldet.
according [ə'kɔ:dɪŋ] to news reports	Presseberichten zufolge
a report on child prostitution	eine Reportage über Kinderprostitution
a **feature** ['fi:tʃə] on the Mafia ['mæfiə]	ein Dokumentarbericht über die Mafia
bulletin ['bʊlətɪn]	Meldung; Nachricht; Bulletin
announce [ə'naʊns]	bekannt geben; verlautbaren
He announced his resignation.	Er kündigte seinen Rücktritt an.
cover ['kʌvə]	(*Magazin*) Titelseite
cover story / lead [li:d] story	Titelgeschichte
the **front page** [frʌnt 'peɪdʒ]	die Titelseite
The divorce made front-page news.	Die Scheidung machte Schlagzeilen.
sports / business ['bɪznəs] **section**	Sport- / Wirtschaftsteil
Sunday **supplement** ['sʌpləmənt]	Sonntagsbeilage
(international) **edition** [ɪ'dɪʃn]	(internationale) Ausgabe
editor ['editə] (in chief [tʃi:f])	(Chef-)Redakteur(in)
city editor *AE* / *BE* local news editor	Lokalredakteur(in)
City editor *BE* / *AE* financial editor	Wirtschaftsredakteur(in)
letters to the editor	Leserbriefe
editorial [edɪ'tɔ:riəl] **/ leader**	Leitartikel
lead [li:d] with a story (– led – led)	eine Story groß herausstellen
column ['kɒləm]	(*Zeitung*) Spalte, Kolumne
agony ['ægəni] *BE* / *AE* advice column	Ratgeber(spalte)
gossip ['gɒsɪp] column	Klatschspalte
columnist ['kɒləmnɪst]	Kolumnist(in)
a TIME **contributor** [kən'trɪbjʊtə]	ein(e) TIME-Mitarbeiter(in)
correspondent [kɒrə'spɒndənt]	Korrespondent(in)
copy ['kɒpi]	Text(e); Artikel; Stoff
The war [wɔ:] made good copy.	Der Krieg ließ sich gut verkaufen.
heading ['hedɪŋ]	Überschrift
headline ['hedlaɪn]	Schlagzeile
hit the headlines (– hit – hit)	Schlagzeilen machen
the **caption** ['kæpʃn] read …	die Bildunterschrift lautete …
deadline ['dedlaɪn]	(*Manuskriptabgabe*) (letzter) Termin
a **circulation** [sɜ:kju'leɪʃn] of 3 million	eine Auflage von 3 Millionen
subscribe [səb'skraɪb] to a newspaper	eine Zeitung im Abonnement beziehen
subscriber – subscription	Abonnent(in) – Abonnement
take out a subscription to a paper	eine Zeitung abonnieren
spokesman [spəʊks-] **/ -woman**	(Presse-)Sprecher / Sprecherin

Radio and television
Rundfunk und Fernsehen

→ 18.3 The press, 11.5 Theatre and cinema

I find television very educational. Every time someone switches it on I go into another room and read a good book. (*Groucho Marx, US comedian, 1890–1977*)

radio ['reɪdiəʊ]	Rundfunk(-); Radio(-); Hörfunk
listen ['lɪsn] to the radio	Radio hören
I heard [hɜ:d] it on the radio.	Das habe ich im Radio gehört.
radio set ['reɪdiəʊ set]	Rundfunk- / Radiogerät
television ['telɪvɪʒn] **/ TV** [ti:'vi:]	(das) Fernsehen; Fernseh-; Fernseher
What's on (the) television tonight?	Was ist heute Abend im Fernsehen?
watch [wɒtʃ] television / TV	fernsehen
cable ['keɪbl] television	(das) Kabelfernsehen
commercial [kə'mɜ:ʃl] television	(das) Privatfernsehen
broadcast (– broadcast – broadcast)	senden; übertragen; ausstrahlen
broadcast ['brɔ:dkɑ:st] a soccer match	ein Fußballspiel (im Fernsehen / Rundfunk) übertragen
The ceremony was broadcast live [laɪv].	Die Feier wurde direkt übertragen.
live broadcast [laɪv 'brɔ:dkɑ:st]	Direktübertragung; Livesendung
broadcasting corporation [kɔ:pə'reɪʃn]	Rundfunkanstalt
televise / telecast (– telecast – telecast)	im Fernsehen senden / übertragen
the telecast of the concert	die (Fernseh-)Übertragung des Konzerts
network ['netwɜ:k] **/ station**	(*Rundfunk / Fernsehen*) Sender
The show was broadcast on 50 television networks.	Die Show wurde von 50 Fernsehsendern übertragen.
channel ['tʃænl]	(Fernseh-)Kanal
channel-hop *BE* / *AE* channel-surf	zwischen den Programmen hin und her schalten
zap [zæp] – **zapping**	zappen – Zappen (= *channel-hop*)
tune in to a German station	einen deutschen Sender einstellen
go on / off the **air** [eə]	die Sendung(en) beginnen / beenden
The programme (was) aired last Monday.	Das Programm wurde vorigen Montag gesendet / ausgestrahlt.
many hours of **airtime**	viele Stunden Sendezeit

Als *couch potatoes* bezeichnet man Leute, die körperliche Bewegung (= *physical exercise*) meiden bzw. ihre Freizeit (= *leisure* ['leʒə] *time*) überwiegend mit Fernsehen (= *watching television*) verbringen. Für den Fernsehapparat selbst (= *the television set / the TV set / the television / the telly*) gibt es vielsagende (= *telltale*) Bezeichnungen wie *boob tube* ['bu:b tju:b] (= „Dummenröhre") oder *idiot* ['ɪdiət] *box*. Unverzichtbarer (= *indispensable*) Bestandteil der Programmplanung (= *programming*) sind seichte (= *shallow*), sentimentale (= *sentimental*), melodramatische (= *melodramatic*) „Seifenopern" (= *soap operas / soaps*) wie *Dallas* und

Dynasty, die man auch *cotton candy for the mind* (= Zuckerwatte für den Geist) genannt hat.

(radio / TV) **programme** ['prəʊgræm]	(Rundfunk- / Fernseh-)Sendung
news programme *BE* / *AE* newscast	Nachrichtensendung
sports programme *BE* / *AE* sportscast	Sportsendung
documentary [dɒkju'mentri]	Dokumentarfilm
docudrama ['dɒkjudrɑːmə] *AE*	Dokumentarspiel
a **commercial** [kə'mɜːʃl]	ein Werbespot
television play / teleplay	Fernsehspiel
television film / telefilm	Fernsehfilm
a popular TV **series** ['sɪəriːz] *Pl.* series	eine beliebte Fernsehserie
sitcom / situation comedy ['kɒmədi]	(amüsante) Familienserie
quiz show ['kwɪz ʃəʊ]	Quizsendung
chat show *BE* / *AE* talk show	Talkshow
chat / talk show host [həʊst]	Talkmaster(in)
call-in (programme)	Anrufsendung
candid camera [kændɪd 'kæmərə]	versteckte Kamera
edutainment / infotainment	(Unterhaltung, die bildet / informiert)
episode ['epɪsəʊd]	Folge (einer Fernsehserie)
repeat [rɪ'piːt] **/ rerun** ['riːrʌn]	Wiederholung
interview ['ɪntəvjuː] – **interviewer**	Interview – Interviewer(in)
announcer [ə'naʊnsə]	Ansager(in); Sprecher(in)
newscaster / *BE auch* **newsreader**	Nachrichtensprecher(in)
presenter [prɪ'zentə] *BE* / *AE* **anchor** ['æŋkə] **/ anchorman / -woman**	Moderator(in)
a show anchored by Dan Fox	eine von Dan Fox moderierte Sendung
commentator ['kɒmənteɪtə]	Kommentator(in)
sports commentator	Sportreporter(in)
disc jockey ['dɪsk dʒɒki]	Diskjockey
weatherman / -woman / -person	(Person, die das Wetter ansagt)
producer [prə'djuːsə]	Produzent(in)
sponsor ['spɒnsə]	Sponsor(in)
listener ['lɪsnə]	(Rundfunk-)Hörer(in)
Thanks for listening ['lɪsnɪŋ].	Danke fürs Zuhören.
viewer ['vjuːə]	(Fernseh-)Zuschauer(in)
prime time ['praɪm taɪm]	Haupteinschaltzeit
high / low **ratings** ['reɪtɪŋz]	hohe / niedrige Einschaltquoten
The series has done well in the ratings.	Die Serie hat gute Einschaltquoten.
clock radio / radio alarm [ə'lɑːm]	Radiowecker
ghetto blaster / *AE auch* **boom box**	(Lärm erzeugender Radiorekorder)
tape recorder ['teɪp rɪkɔːdə]	Tonbandgerät
cassette recorder [kə'set rɪkɔːdə]	Kassettenrekorder
video ['vɪdiəʊ]	Video(-); *BE* Videorekorder
videocassette [vɪdiəʊkə'set]	Videokassette
video(cassette) recorder / VCR	Videorekorder
microphone ['maɪkrəfəʊn] **/ mike**	Mikrofon
good / poor **reception** [rɪ'sepʃn]	guter / schlechter Empfang

The postal service
Der Postdienst

Britain remains the only country in the world not to be named on its stamps – the monarch's head is considered sufficient national identification.
(*Adapted, from Encyclopedia of Britain, by Bamber Gascoigne, born in 1935*)

post [pəʊst]	Post
take a letter to the post	einen Brief auf die Post bringen
My letter was ten days in the post.	Mein Brief war zehn Tage unterwegs.
We'll send it by post.	Wir schicken es mit der Post.
by the same post	mit gleicher Post
inland post *BE* / *AE* domestic [də'mestɪk] mail	Inlandspost
post *BE* / *AE* mail a letter	einen Brief auf die Post geben
by return [rɪ'tɜːn] (of post)	postwendend
We posted *BE* / *AE* mailed the parcel yesterday.	Wir haben das Paket gestern abgeschickt.
post office ['pəʊst ɒfɪs]	Post(filiale / -amt)
the Post Office	die Post (*als Einrichtung*)
post-office box / POB / PO box	Postfach
the **Postmaster General** ['dʒenrəl]	der / die Postminister(in)
postal rates / charges ['tʃɑːdʒɪz]	Postgebühren
postal worker / employee [ɪm'plɔɪiː]	Postbeschäftigte(r) / -mitarbeiter(in)
postal order ['pəʊstl ɔːdə]	Postanweisung

Für Postzusteller(in) / Briefträger(in) / Postfrau etc. gibt es eine Reihe von Entsprechungen: BE *postman / postwoman*, AE *mailman / mail carrier / letter carrier / postman*.

mail [meɪl]	Post(-)
Has the mail / *BE auch* post come yet?	Ist die Post schon da?
mail train ['meɪl treɪn]	Postzug
surface mail ['sɜːfɪs meɪl]	auf dem Land- / Seeweg beförderte Post
mailing list ['meɪlɪŋ lɪst]	Adressenliste

In den USA versteht man unter *first-class mail* Briefe (= *letters*) und Postkarten (= *postcards / postal cards*); *second-class mail* sind Zeitungen (= *newspapers*) etc.; *third-class mail* sind Bücher (= *books*) etc.; *fourth-class mail* ist Paketpost (= *parcel post*). Im UK bedeutet *first class* bevorzugte Beförderung: *first-class letters* sind normalerweise nur einen Tag unterwegs, *second-class post* bis zu drei Tagen. *Swiftair* gewährleistet bevorzugte Luftpostbeförderung vom UK ins Ausland (= *overseas*); *Express* [ɪk'spres] *Mail*, *Priority* [praɪ'ɒrəti] *Mail* und *Special Handling* bieten bevorzugte Beförderung in den USA.

aerogramme ['eərəʊgræm] / *BE auch* **airletter**	Aerogramm (= Luftpostleichtbrief)

parcel ['pɑ:sl]	Paket
small packet ['pækɪt] *BE* / *AE* **small parcel**	Päckchen
printed matter ['prɪntɪd mætə]	Drucksachen
an item ['aɪtəm] of printed matter	eine Drucksache

Postkarten sind im BE immer *postcards*, im AE entweder *postcards* (= kommerziell hergestellte Post- bzw. Ansichtskarten) oder *postal cards* (= von der Post verkaufte Postkarten mit aufgedruckter Briefmarke).

deliver [dɪ'lɪvə] – **delivery** [dɪ'lɪvəri]	zustellen – Zustellung
millions of pieces ['pi:sɪz] of undelivered mail	Millionen nicht zugestellter Postsendungen
If undelivered, please return [rɪ'tɜ:n] to sender.	Falls unzustellbar, bitte zurück an Absender.
special delivery [speʃl dɪ'lɪvəri]	Eilzustellung
cash *BE* / *AE* collect [kə'lekt] on delivery (COD)	per Nachnahme
send something COD	etwas per Nachnahme schicken
send a letter **recorded delivery** *BE* / *AE* by **certified** ['sɜ:tɪfaɪd] **mail**	einen Brief per Einschreiben (*unversichert*) schicken
by **registered** ['redʒɪstəd] **post** *BE* / *AE* **mail**	per Einschreiben (*versichert*)
by *BE* / *AE* via ['vaɪə] **airmail**	mit / per Luftpost
We'll send it (by / via) airmail.	Wir schicken es per Luftpost.
poste restante [pəʊst 'restɒnt] *BE* / *AE* **general delivery**	postlagernd
Freepost ['fri:pəʊst] *BE*	Werbeantwort; Gebühr zahlt Empfänger
international reply coupon ['ku:pɒn]	internationaler Antwortschein

Ein Briefkasten auf der Straße ist im BE *postbox*, *letterbox* oder (veraltend) *pillar box* ['pɪlə bɒks], im AE *mailbox*. Ein privater Briefkasten ist im BE *letterbox*, im AE *mailbox*.

please **forward** ['fɔ:wəd]	bitte nachsenden
forwarding address ['fɔ:wədɪŋ ədres]	Nachsendeanschrift
date as **postmark** ['pəʊstmɑ:k]	Datum des Poststempels
The letter was postmarked "Leeds".	Der Brief war in Leeds abgestempelt.
postage ['pəʊstɪdʒ]	Porto
What's the postage on this letter?	Was kostet dieser Brief an Porto?
(postage) stamp [stæmp]	Briefmarke
the **postcode** *BE* / *AE* **zip code** ['zɪp kəʊd]	die Postleitzahl

18

6

Telephone and fax
Telefon und Fax

Well, if I called the wrong number, why did you answer the phone?
(*James Thurber, US writer and cartoonist, 1894–1961*)

(tele)phone [('telɪ)fəʊn]	Telefon(-); Fernsprech-
Our phone is out of order.	Unser Telefon ist gestört.
You're wanted on the phone.	Sie werden am Telefon verlangt.
answer ['ɑːnsə] the phone	ans Telefon / an den Apparat gehen
pick up the phone	den Hörer abnehmen
during a (tele)phone conversation	während eines Telefongesprächs
telephone charges ['telɪfəʊn tʃɑːdʒɪz]	Telefongebühren
cordless ['kɔːdləs] phone	schnurloses Telefon
mobile phone / cell(ular) phone	Funk- / Mobiltelefon; Mobilfunk
We (tele)phoned the doctor.	Wir riefen den Arzt an.
We (tele)phoned for a doctor.	Wir telefonierten nach einem Arzt.
call [kɔːl]	anrufen; Anruf; Telefonat
I called her (up) at the office.	Ich habe sie im Büro angerufen.
Can I call you back?	Kann ich Sie zurückrufen?
Thank you / Thanks for calling.	Vielen Dank für Ihren Anruf.
make a phone call (– made – made)	ein Telefongespräch führen
local call [ləʊkl 'kɔːl]	Ortsgespräch
long-distance call / *AE auch* toll call	Ferngespräch
the **caller** ['kɔːlə] / **calling party**	der / die Anrufer(in)
ring (– rang – rung) *BE* / *AE* call	anrufen
I'll ring you tonight.	Ich rufe dich heute Abend an.
I rang her up in London.	Ich habe sie in London angerufen.
Give me a ring sometime.	Rufe mich doch mal an.
ring off *BE* / *AE* hang up	einhängen; auflegen
buzz [bʌz]	summen; Summen
I'll give you a buzz when it comes.	Ich ruf dich an, wenn es kommt.
(tele)phone number ['nʌmbə]	Telefonnummer
You can call me on *BE* / *AE* at this number.	Sie können mich unter dieser Nummer anrufen.
You've got the / a wrong number.	Sie sind falsch verbunden.
toll-free ['təʊl friː] number	(gebührenfrei anrufbare Nummer)
an ex-directory [eksdə'rektəri] *BE* / *AE* unlisted number	eine Nummer, die nicht im Telefonbuch steht

How to say phone numbers **(= Wie man Telefonnummern spricht)**
From Germany, the code for the UK is 0044 (double oh, double four).
Within the UK, the code for central London is 0171 (oh one seven one).
Our phone number is 385 1300 (three eight five, one three double oh).
Our fax number is 734 6117 (seven three four, six one one seven).

phone book / telephone directory	Telefonbuch
Yellow Pages [jeləʊ 'peɪdʒɪz]	Gelbe Seiten; Branchentelefonbuch
directory enquiries [ɪn'kwaɪəriz] *BE* / *AE* **directory assistance** [ə'sɪstəns]	(die) Telefonauskunft

subscriber [səb'skraɪbə]	(Telefon-)Kunde / Kundin
the (dialling *BE* / *AE* area) **code** [kəʊd]	die Vorwahl(nummer)
dial ['daɪəl] a number	eine Nummer wählen
dialling *BE* / *AE* dial tone [təʊn]	Freizeichen; Wählton; Rufton
The number's **engaged** *BE* / *AE* **busy**.	Die Nummer ist besetzt.

Phrases used on the phone **(= Redensarten, die man am Telefon benutzt)**
Who's this? (= Wer ist da?) • *Is that Mrs King?* (= Ist da Frau King?) • *Speaking.* (= Am Apparat.) • *Can I speak to Pat, please?* (= Kann ich bitte Pat sprechen?) • *Hold on, I'll connect you.* (= Moment, ich verbinde Sie.) • *One moment, please.* (= Einen Augenblick bitte.) • *This is Jill Fox (speaking).* (= Hier ist / spricht Jill Fox.) • *Can you speak a bit louder, please?* (= Können Sie bitte ein bisschen lauter sprechen?) • *We've been disconnected.* (= Wir sind getrennt worden.)

a bad **connection** [kə'nekʃn] / **line**	eine schlechte Verbindung / Leitung
tap a telephone **line** [laɪn]	eine Telefonleitung anzapfen
have a new line installed [ɪn'stɔ:ld]	einen Neuanschluss einrichten lassen
Will you please hold the line.	Bleiben Sie bitte am Apparat.
hot line ['hɒt laɪn]	Servicetelefon; tel. Beratungsdienst
the hot line between Washington and Moscow	der heiße Draht zwischen Washington und Moskau
extension [ɪk'stenʃn]	Nebenstelle; Apparat
I'm on extension 244.	Ich habe Apparat 244.
receiver [rɪ'si:və]	(Telefon-)Hörer
replace [rɪ'pleɪs] the receiver	(den Hörer) auflegen
answering machine / *BE auch* **answerphone**	Anrufbeantworter
call box *BE* / **(tele)phone box** *BE* / *AE* **(tele)phone booth** [bu:ð]	Telefonzelle
pay phone / *AE auch* **pay station**	Münz- / Kartentelefon
phonecard ['fəʊnkɑ:d]	Telefonkarte
operator ['ɒpəreɪtə]	Vermittlung
a call through the operator	ein handvermitteltes Gespräch
switchboard ['swɪtʃbɔ:d]	(Telefon-)Zentrale / Vermittlung

Beachten Sie den Unterschied zwischen *hang on* (= warten / dranbleiben) und *hang up* (= einhängen / auflegen): *Hang on a minute.* (= Augenblick bitte.) *He had the cheek to hang up on me.* (= Er besaß die Frechheit, einfach aufzulegen.)

fax [fæks]	(Tele-)Fax; faxen
Didn't you get our fax?	Haben Sie denn unser Fax nicht erhalten?
Could you send it by fax?	Könnten Sie es per Fax schicken?
I'll give you my fax number.	Ich gebe Ihnen meine Faxnummer.
We'll fax you our offer today.	Wir faxen Ihnen heute unser Angebot.
We'll fax it through to you.	Wir faxen es Ihnen durch.
fax machine	(Tele-)Faxgerät

18
7

Computers
Computer

→ 18.1 Reference sources

To err is human but to really foul things up requires a computer.
(*Anonymous, in Farmers' Almanac for 1978*)

computer [kəm'pju:tə]	Computer; Rechner
personal ['pɜ:snəl] computer / PC	Personalcomputer / PC
notebook (computer) ['nəʊtbʊk]	Notizbuch(computer)
stand-alone (computer) ['stændələʊn]	eigenständiger Rechner
computer-aided instruction [ɪn'strʌkʃn]	computergestützter Unterricht
computer game [geɪm]	Computerspiel
computer literacy ['lɪtrəsi]	Computerkenntnisse / -verstand
computer-literate ['lɪtrət] kids	Kinder mit Computerverstand
computer science ['saɪəns]	(die) Informatik
computerese [kəmpju:tə'ri:z]	Computerjargon
use a **word processor** ['prəʊsesə]	eine Textverarbeitung benutzen
a word-processing program	ein Textverarbeitungsprogramm
enter **data** ['deɪtə] into the computer	Daten in den Computer eingeben
data processing (system)	Datenverarbeitung(sanlage)
data exchange [ɪks'tʃeɪndʒ]	Datenaustausch
data transfer ['trænsfɜ:]	Datenübertragung / -transfer
data retrieval [rɪ'tri:vl]	Datenwiedergewinnung
data protection [prə'tekʃn] (act)	Datenschutz(gesetz)
program ['prəʊgræm]	Programm(-); programmieren
programmer ['prəʊgræmə]	Programmierer(in)
programming ['prəʊgræmɪŋ]	Programmieren; Programmierung
software package ['sɒftweə pækɪdʒ]	Softwarepaket; Programmpaket
bundled ['bʌndld] software	Gratissoftware
bug [bʌg]	Programmfehler; Macke
debug [di:'bʌg] a program	ein Programm von Fehlern befreien
correct a **flaw** [flɔ:]	einen Fehler beheben
a **flawed** [flɔ:d] microprocessor	ein fehlerhafter Mikroprozessor
crash [kræʃ]	abstürzen; Absturz
operating system ['sɪstəm] / OS	Betriebssystem / BS

Aussprache ins Deutsche übernommener Computerwörter
configuration [kənfɪgjə'reɪʃn] • *cursor* ['kɜ:sə] • *display* [dɪ'spleɪ] • *excel* [ɪk'sel] • *hypertext* ['haɪpətekst] • *hacker* ['hækə] • *hardware* ['hɑ:dweə] • *icon* ['aɪkɒn] • *interactive* [ɪntər'æktɪv] • *joystick* ['dʒɔɪstɪk] • *laptop* ['læptɒp] • *macro* ['mækrəʊ] • *modem* ['məʊdem] • *monitor* ['mɒnɪtə] • *parameter* [pə'ræmɪtə] • *software* ['sɒftweə]

workstation ['wɜ:ksteɪʃn]	Bildschirmarbeitsplatz
on-line – off-line	angeschlossen – nicht angeschlossen
keyboard ['ki:bɔ:d]	Tastatur
VDU (= visual ['vɪʒuəl] display unit)	Bildschirmgerät

VDU operator ['ɒpəreitə]	Bildschirmarbeiter(in)
VDU [vi:di:'ju:] work	Bildschirmarbeit
(VDU) **screen** [skri:n]	Bildschirm
change the text on screen	den Text am Bildschirm ändern
LCD (= liquid-crystal ['krɪstl] display)	Flüssigkristallanzeige
(ink-jet / laser ['leɪzə]) **printer**	(Tintenstrahl- / Laser-)Drucker
thermal ['θɜ:ml] printer	Thermoprinter
printout ['prɪntaʊt]	Ausdruck
interface ['ɪntəfeɪs]	Schnittstelle
(serial ['sɪəriəl]) **port**	(serieller) Anschluss
drive [draɪv]	Laufwerk
the CD-ROM drive	das CD-ROM-Laufwerk
diskette [dɪ'sket] / **floppy (disk)** / **disk**	Diskette
boot (up) [bu:t] / **start up**	(ur)laden
power up ['paʊə] – **power down**	an- / einschalten – ab- / ausschalten
shut down / off	abschalten
load [ləʊd]	laden; Lade-
download a file from the Net	eine Datei aus dem Netz herunterladen
a download ['daʊnləʊd]	eine heruntergeladene Datei
install [ɪn'stɔ:l]	installieren
installation [ɪnstə'leɪʃn]	Installation
log on [lɒg 'ɒn] – **log off** [lɒg 'ɒf]	sich anmelden – sich abmelden
log-on ['lɒg ɒn]	Anmeldung; Anmelde-
log-off ['lɒg ɒf]	Abmeldung; Abmelde-
I/O (= input ['ɪnpʊt] – output)	Eingabe – Ausgabe
(sub)directory [(sʌb)də'rektəri]	(Unter-)Verzeichnis
file [faɪl]	Datei(-)
create [kri'eɪt] a file	eine Datei anlegen / erstellen
open / close a file	eine Datei öffnen / schließen
file management ['mænɪdʒmənt]	Dateiverwaltung
file compression [kəm'preʃn]	Dateikomprimierung
access ['ækses] to the Net	Zugang zum Internet
access data ['deɪtə]	auf Daten zugreifen
exit ['eksɪt] a program	ein Programm verlassen
format ['fɔ:mæt]	formatieren; Format
scroll [skrəʊl] **up / down**	vor- / zurückrollen
highlight ['haɪlaɪt]	hervorheben; markieren
edit ['edɪt]	editieren; bearbeiten
search and replace [rɪ'pleɪs]	suchen und ersetzen
copy ['kɒpi]	kopieren; Kopie
delete [dɪ'li:t] / **erase** [ɪ'reɪz]	löschen
drag and drop	„ziehen und fallen lassen" (Transport von Text- / Bildteilen mit der Maus)
save [seiv]	sichern; schützen; (ab)speichern
store [stɔ:] – **storage** ['stɔ:rɪdʒ]	speichern – Speicher-
data stored on the hard disk	auf der Festplatte gespeicherte Daten
storage capacity [kə'pæsəti]	Speicherkapazität
memory ['meməri]	(Arbeits-)Speicher
memory expansion [ɪk'spænʃn]	Speichererweiterung

buffer ['bʌfə]	Puffer(speicher); Zwischenablage
backup (copy) ['bækʌp]	Sicherungskopie

Ein Akronym (= aus Anfangsbuchstaben gebildetes Wort) aus der Frühzeit des Computers: *GIGO* ['gaɪgəʊ] (= *garbage* ['gɑ:bɪdʒ] *in, garbage out*) (= Gibt man Unsinn ein, kommt Unsinn raus.)

menu control [kən'trəʊl]	Menüsteuerung
command [kə'mɑ:nd] (line / menu)	Befehl(szeile / -smenü)
pop-up menu ['menju:]	Pop-up-Menü; Balkenmenü
toggle ['tɒgl]	Zweistellungsschalter
tool bar ['tu:l bɑ:]	Symbolleiste
dialog box ['daɪəlɒg bɒks]	Dialogfeld
mode [məʊd]	Modus; Betriebsart
default [dɪ'fɔ:lt] (option / setting)	Standard(einstellung)
click on the Search button	die Schaltfläche Suchen anklicken
double-click on an icon ['aɪkɒn]	auf ein Bildsymbol doppelklicken
shift key ['ʃɪft ki:]	Umschalttaste
function key ['fʌŋkʃn ki:]	Funktionstaste
arrow key ['ærəʊ ki:]	Pfeiltaste; Cursortaste
press / hit the return key [rɪ'tɜ:n ki:]	die Eingabetaste drücken
control [kən'trəʊl] **/ Ctrl**	Steuerung / Strg
press / hit **Enter** ['entə]	Eingabe drücken
execute ['eksɪkju:t]	ausführen
character ['kærəktə]	Zeichen
proportional font [fɒnt] **/ spacing**	Proportionalschrift
hard hyphen ['haɪfn]	geschützter Bindestrich
soft [sɒft] hyphen	bedingter Trennstrich
paragraph ['pærəgrɑ:f] **mark / sign**	Absatzmarke
backslash ['bækslæʃ]	Backslash; negativer Schrägstrich
spell checker ['spel tʃekə]	Rechtschreibehilfe
activate ['æktɪveɪt] the spell checker	die Rechtschreibehilfe aktivieren
message ['mesɪdʒ]	Mitteilung; Meldung; Nachrichten-
machine-readable [mə'ʃi:n ri:dəbl]	maschinenlesbar
OCR (= optical character recognition)	optische Zeichenerkennung
optical ['ɒptɪkl] **scanner**	optischer Abtaster
bar code ['bɑ: kəʊd]	Strichcode; Streifencode; Balkencode
voice recognition [rekəg'nɪʃn]	Spracherkennung
update [ʌp'deɪt]	aktualisieren
an updated version of the software	eine aktualisierte Fassung der Software
upgrade ['ʌpgreɪd]	verbessern; verbesserte Version
technical support [teknɪkl sə'pɔ:t]	technische Unterstützung
user ['ju:zə]	Anwender(in); Benutzer(in)
user interface ['ɪntəfeɪs]	Benutzeroberfläche
user-friendly ['ju:zə frendli]	benutzerfreundlich
telecommuting ['telikəmju:tɪŋ]	Tele(heim)arbeit
telecommuter ['telikəmju:tə]	Tele(heim)arbeiter(in)

Means of transport
Transportmittel

1 Motor vehicles and road traffic
Kraftfahrzeuge und Straßenverkehr

2 Rail transport
Beförderung mit der Eisenbahn

3 Air transport
Beförderung mit dem Flugzeug

4 Water transport
Beförderung auf dem Wasserweg

5 Public transport
Öffentlicher Nahverkehr

19 1

Motor vehicles and road traffic
Kraftfahrzeuge und Straßenverkehr

Take most people, they're crazy about cars. They worry if they get a little scratch on them, and they're always talking about how many miles they get to a gallon, and if they get a brand-new car already they start thinking about trading it in for one that's even newer. (*J.D. Salinger, US writer, born in 1919*)

(motor) vehicle [(məʊtə) 'vi:ɪkl]	(Kraft-)Fahrzeug
an efficient **means of transport** ['trænspɔ:t] *BE* / *AE* **transportation**	ein effizientes Transportmittel / Verkehrsmittel
car / *AE auch* **auto(mobile)** ['ɔ:təʊ]	Auto
I usually ['ju:ʒəli] go by car.	Meistens fahre ich mit dem Wagen.
car rental ['rentl] – rental car	Autovermietung – Mietwagen
limo(usine) ['lɪməʊ / 'lɪməzi:n]	Limousine
stretch limo ['stretʃ lɪməʊ] *AE*	(verlängerte, luxuriöse Limousine)
lorry ['lɒri] *BE* / *AE* **truck** [trʌk]	Lastwagen; Lkw; Laster
lorry driver *BE* / *AE* truckdriver / trucker	Lkw-Fahrer(in); Fernfahrer(in)
van [væn]	(geschlossener) Lieferwagen
removal van *BE* / *AE* moving van	Möbelwagen
fire engine / *AE auch* **fire truck**	Feuerwehrfahrzeug
drive [draɪv] (– drove – driven)	fahren (*d.h. am Steuer sitzen*)
She drives very well.	Sie fährt sehr gut.
It's an hour's drive.	Mit dem Auto ist es eine Stunde.
drive-by shooting ['draɪv baɪ ʃu:tɪŋ] *AE*	Schießen aus dem fahrenden Auto
driver ['draɪvə]	Fahrer(in)
a **driving school** ['draɪvɪŋ sku:l]	eine Fahrschule
run [rʌn] (– ran – run)	(*jemand / ein Fahrzeug*) fahren
Shall I run / drive you home?	Soll ich Sie nach Hause fahren?
cruise [kru:z] at 55 mph (= miles per hour)	mit einer Dauer- / Reisegeschwindigkeit von 90 km/h fahren
motorist ['məʊtərɪst]	Autofahrer(in)
commute [kə'mju:t]	pendeln
I commute to X every day.	Ich fahre jeden Tag nach X zur Arbeit.
a two-hour commute [kə'mju:t]	eine zweistündige Fahrt zur Arbeit
commuter [kə'mju:tə]	Pendler(in)
hitchhike ['hɪtʃhaɪk]	per Anhalter fahren; trampen
hitchhiker ['hɪtʃhaɪkə]	Anhalter(in); Tramper(in)
Can you give me a **lift / ride**?	Können Sie mich mitnehmen?
We had a smooth [smu:ð] **ride**.	Wir hatten eine ruhige Fahrt.

Autobahnen sind im BE *motorways;* im AE heißen autobahnartige Straßen *superhighways, freeways, expressways* oder *interstates.* Auf amerikanischen *thruways* (= Schnellstraßen), *turnpikes* und anderen *toll roads* zahlt man für die Benutzung a *toll* [təʊl] (= eine Gebühr), die *at a tollgate or tollbooth* ['təʊlbu:ð] entrichtet wird. Hauptverkehrsstraßen (= *main roads*) heißen im AE allgemein *highways,* im BE auch *trunk roads* (= Fernstraßen). Deutsche Autobahnen nennt man meist auch englisch so – der Plural lautet *autobahns.*

road [rəʊd]	Straße (als Verkehrsweg)
ship goods by road	Waren auf der Straße befördern
road safety ['seɪfti]	Verkehrssicherheit
road rage ['rəʊd reɪdʒ]	extrem aggressives Verhalten im Straßenverkehr
thoroughfare ['θʌrəfeə]	Durchgangs- / Durchfahrtsstraße
through traffic ['θru: træfɪk]	Durchgangsverkehr
side street ['saɪd stri:t]	Nebenstraße
one-way street [wʌn weɪ 'stri:t]	Einbahnstraße
cul-de-sac ['kʌldəsæk]	Sackgasse
bend / curve [kɜ:v]	Kurve
There's a bend in the road.	Die Straße macht da eine Kurve.

> Idioms mit *bend*: *He must be (a)round the bend.* (= Der muss ja verrückt sein.) • *This noise is driving / sending me (a)round the bend.* (= Dieser Lärm macht mich wahnsinnig.) • *Have you gone* [gɒn] *(a)round the bend?* (= Spinnst du?)

at / on the **corner** ['kɔ:nə]	an der Ecke
stop at a **crossroads** ['krɒsrəʊdz]	an einer Kreuzung (an)halten
junction *BE* / *AE* **intersection**	(Straßen-)Kreuzung
roundabout *BE* / *AE* **traffic circle**	Kreisverkehr
traffic light(s) ['træfɪk laɪt(s)]	Verkehrsampel
stop at a red light	an einer roten Ampel halten
Turn right at the lights.	Biegen Sie an der Ampel rechts ab.
make a **U-turn** (– made – made)	wenden
lane [leɪn] – bus lane	(Fahr-)Spur – Busspur
the best / quickest **route** [ru:t] to X	der beste / schnellste Weg nach X
We came by a roundabout route.	Wir haben einen Umweg gemacht.
make a **detour** ['di:tʊə] (– made – made)	einen Umweg machen
diversion [daɪ'vɜ:ʃn] – **bypass**	Umleitung – Umgehungsstraße
pavement *BE* / *AE* **sidewalk**	Bürgersteig; Gehsteig
(pedestrian [pə'destriən]) **crossing**	(Fußgänger-)Überweg
zebra ['zebrə] crossing *BE* / *AE* crosswalk	Zebrastreifen; Fußgängerüberweg
heavy **traffic** ['træfɪk]	starker Verkehr
an obstruction [əb'strʌkʃn] to traffic	ein Verkehrshindernis
rush-hour ['rʌʃ aʊə] traffic	Berufsverkehr
stop-and-go traffic	stockender Verkehr
get snarled [snɑ:ld] up / stuck in traffic	im Verkehr stecken bleiben
traffic jams during rush hours	Staus während der Hauptverkehrszeiten
congested [kən'dʒestɪd] roads	verstopfte Straßen
increasing traffic **congestion**	immer mehr Staus auf den Straßen
tailbacks on the motorway *BE*	Staus auf der Autobahn
backups on the expressway *AE*	Staus auf der Autobahn
Traffic regularly **backs up** here.	Hier kommt es regelmäßig zu Staus.
bumper to bumper ['bʌmpə]	Stoßstange an Stoßstange
gridlock ['grɪdlɒk] *AE*	Verkehrsinfarkt
service area ['sɜ:vɪs eəriə] *BE*	(Autobahn-)Raststätte

transport café ['kæfeɪ] *BE* / *AE* **truck stop**	Fernfahrerlokal
petrol ['petrəl] *BE* / *AE* gas station	Tankstelle
a **breakdown** ['breɪkdaʊn]	eine Panne
My car's at the **garage** ['gærɑːʒ].	Mein Auto ist in der Werkstatt.
a spare **tyre** ['taɪə] / wheel	ein Ersatzreifen / -rad
check the tyre pressure ['preʃə]	den Reifendruck prüfen
burst tyre / flat tyre / blowout	geplatzter Reifen; Reifenpanne
change [tʃeɪndʒ] a tyre / the oil	einen Reifen / das Öl wechseln
Can you **fix** it?	Können Sie es reparieren?
I've just had my car **serviced** ['sɜːvɪst].	Mein Auto war gerade zur Inspektion.

> Das Schild *TOWAWAY ZONE* ['təʊəweɪ zəʊn] (= Abschleppzone) warnt Sie in den USA, dass Ihr Fahrzeug abgeschleppt wird (= *gets towed* [təʊd] *away*), wenn es falsch geparkt ist (= *illegally* [ɪ'liːgəli] *parked*).

You can't **park** here.	Hier können Sie nicht parken.
a parked [pɑːkt] car	ein parkendes Auto
a no parking sign	ein Parkverbotsschild
find a parking space (– found – found)	eine Parklücke finden
parking meter ['miːtə]	Parkuhr
parking attendant [ə'tendənt]	Parkwächter(in)
parking ticket ['tɪkɪt]	Strafzettel (für Falschparken)
parking fine [faɪn]	Geldbuße für Falschparken
car park *BE* / *AE* **parking lot**	Parkplatz
multi-storey (car park) *BE* / *AE* parking garage	Parkhaus
traffic cop ['træfɪk kɒp] *AE*	Verkehrspolizist(in)
traffic violation [vaɪə'leɪʃn]	Verkehrsverstoß / -delikt
driving licence ['laɪsns] *BE* / *AE* **driver's license**	Führerschein
car / vehicle **documents** ['dɒkjumənts]	Auto- / Fahrzeugpapiere
I was fined for **speeding**.	Ich bekam einen Bußgeldbescheid wegen zu schnellen Fahrens.
He **ran a stop sign** [saɪn]. *AE*	Er überfuhr ein Stoppschild.
reckless driving [rekləs 'draɪvɪŋ]	rücksichtsloses Fahren
drink-driving *BE* / *AE* **drunk driving**	Trunkenheit am Steuer
road / traffic accident ['æksɪdənt]	Verkehrsunfall
road / traffic fatalities [fə'tælətiz]	Verkehrstote

Rail transport
Beförderung mit der Eisenbahn

One broken rail will wreck a train. (*Proverb*)

rail [reɪl]	Schiene(n-); (Eisen-)Bahn(-)
rail strike ['reɪl straɪk]	Eisenbahnerstreik
London's rail terminals ['tɜːmɪnlz]	die Londoner Bahnhöfe
railway *BE* / *AE* **railroad**	Eisenbahn
rail(way *BE* / *AE* -road) line	(Eisen-)Bahnlinie / -strecke
the rail(way) workers	die Eisenbahner
nationalize ['næʃnəlaɪz] the railways	die Eisenbahnen verstaatlichen
privatize ['praɪvətaɪz] the railways	die Eisenbahnen privatisieren
an important railway junction	ein wichtiger Eisenbahnknotenpunkt
The train (was) **derailed** on a curve.	Der Zug entgleiste in einer Kurve.

Amtrak ['æmtræk], die staatlich subventionierte (= *government-subsidized* ['sʌbsɪdaɪzd]) Eisenbahngesellschaft der USA, ist für die Personenbeförderung auf der Schiene (= *by rail*) zuständig: *go by / take Amtrak* (= mit Amtrak / mit der Eisenbahn fahren).

train [treɪn]	Zug
go / travel by train	mit dem Zug / der Bahn fahren
catch a train (– caught [ɔː] – caught)	einen Zug nehmen / schaffen
We missed our train.	Wir haben unsern Zug verpasst.
When's the next train to / for Hull?	Wann geht der nächste Zug nach Hull?
goods train *BE* / *AE* freight [eɪ] train	Güterzug
local (train) ['ləʊkl]	Nahverkehrszug; Regionalbahn
express (train) [ɪk'spres]	Schnellzug
high-speed train [haɪ spiːd 'treɪn]	Hochgeschwindigkeitszug
a through train ['θruː treɪn]	ein durchgehender Zug
train **service** ['sɜːvɪs]	Zugverbindung
a direct ['daɪrekt] service	eine Direktverbindung
intercity services to York	Intercity-Verbindungen nach York
The service for Poole departs [dɪ'pɑːts] from platform 1.	Der Zug nach Poole fährt von Bahnsteig 1 (ab).
No services will operate ['ɒpəreɪt] between A and B.	Zwischen A und B werden keine Züge verkehren.
a **shuttle** (service) ['ʃʌtl]	ein Pendelzug / -service
railway **carriage** ['kærɪdʒ] *BE* / *AE* railroad **car**	Eisenbahnwagen
sleeping car / sleeper	Schlafwagen
dining car / *AE auch* diner / *BE auch* restaurant ['restrɒnt] car	Speisewagen
buffet (car) ['bʊfeɪ]	Büfettwagen; (*Dt. Bahn*) BistroCafé
smoker ['sməʊkə]	Raucher(wagen / -abteil)
engine ['endʒɪn] **/ loco(motive)**	Lokomotive
electric locomotive [ləʊkə'məʊtɪv]	Elektrolok(omotive)
steam / diesel locomotive	Dampf- / Diesellok(omotive)

engine driver *BE* / *AE* **engineer**	Lok(omotiv)führer(in)
(first-class) **compartment** [kəm'pɑːt-]	(Erster-Klasse-)Abteil
reserve [rɪ'zɜːv] a **seat**	einen Platz reservieren
This seat is taken / occupied.	Dieser Platz ist besetzt.
guard [gɑːd] *BE* / *AE* **conductor**	Zugbegleiter(in); Schaffner(in)
station / *AE auch* **depot** ['depəʊ]	Bahnhof
mainline station	Fernbahnhof
call at a station	an einem Bahnhof halten
terminus ['tɜːmɪnəs]	Endstation
platform 3 *BE* / *AE* **track** 3	Bahnsteig 3; Gleis 3
Keep off the tracks.	Betreten der Gleise verboten.
waiting room ['weɪtɪŋ rʊm]	Wartesaal
porter / *AE auch* **redcap** ['redkæp]	Gepäckträger
luggage trolley *BE* / *AE* **baggage cart**	Kofferkuli
Where can I check in my **luggage**?	Wo kann ich mein Gepäck aufgeben?
the left-luggage (office) *BE* / *AE* checkroom	die Gepäckaufbewahrung
the lost-property (office) *BE* / *AE* lost-and-found (office)	das Fundbüro
fare (increase / *AE auch* hike)	Fahrpreis(erhöhung)
ticket (office)	Fahrkarte(nschalter)
return ticket *BE* / *AE* round-trip ticket	Rückfahrkarte
Two first-class singles to Hull, please.	Bitte zweimal erste Klasse einfach nach Hull.
cheap day return [rɪ'tɜːn] *BE*	verbilligte Tagesrückfahrkarte
get on a train / **board** [bɔːd] a train	in einen Zug einsteigen
get off (a train) (– got – got)	(aus einem Zug) aussteigen
a train **journey** / *AE auch* train **ride**	eine Bahnfahrt
outward / return journey ['dʒɜːni]	Hin- / Rückreise
the journey there and back / the round trip	die Hin- und Rückfahrt
journey time / travel time	Fahrzeit
a comfortable ['kʌmftəbl] **ride**	eine bequeme Fahrt
10-ride ticket *AE*	Zehnerkarte
change [tʃeɪndʒ] at Rugby	in Rugby umsteigen
Where do I change for Cologne?	Wo muss ich nach Köln umsteigen?
make / miss a **connection** [kə'nekʃn]	einen Anschluss schaffen / verpassen
a **stopover** in Chicago [ʃɪ'kɑːgəʊ]	ein Zwischenaufenthalt in Chicago
departure [di'pɑːtʃə] – **arrival**	Abfahrt – Ankunft
timetable *BE* / *AE* **schedule**	Fahrplan; Kursbuch
The train was on **schedule** ['ʃedjuːl].	Der Zug war pünktlich.
The train is behind schedule.	Der Zug hat Verspätung.
The train is **scheduled** to arrive at 6.35.	Der Zug soll fahrplanmäßig um 6.35 Uhr ankommen.
The trains usually run **on time**.	Meistens fahren die Züge pünktlich.
Many trains are running **late** today.	Viele Züge haben heute Verspätung.
cut **travel time** in half	die Fahrzeit auf die Hälfte verkürzen
travel **off peak** [ɒf 'piːk]	außerhalb der Stoßzeiten reisen
What time do we **get to** York?	Wann kommen wir in York an?
passenger ['pæsɪndʒə]	Fahrgast; Reisende(r); Passagier

Air transport
Beförderung mit dem Flugzeug

Better to bear the ills we have than fly to others we know not of. (*Proverb*)

fly [flaɪ] (– flew [flu:] – flown [fləʊn])	fliegen
fly economy [ɪ'kɒnəmi] class / *AE* fly coach	in der Touristenklasse fliegen
He's afraid of flying.	Er hat Angst vor dem Fliegen.
ideal [aɪ'dɪəl] flying weather	ideales Flugwetter
The flying / flight time is six hours.	Die Flugzeit beträgt sechs Stunden.
frequent flyer [fri:kwənt 'flaɪə]	jemand, der häufig fliegt
travel / go by **air** / plane	mit dem Flugzeug reisen / fliegen
ship / send goods by air	Waren auf dem Luftweg versenden
the latest increase ['ɪŋkri:s] in air fares	die letzte Erhöhung der Flugpreise
aircraft ['eəkrɑ:ft] *Plural ohne -s!*	Flugzeug(e)
This aircraft is very fast.	Dieses Flugzeug ist sehr schnell.
These aircraft are very fast.	Diese Flugzeuge sind sehr schnell.
a supersonic [su:pə'sɒnɪk] aircraft	ein Überschallflugzeug
plane / **airplane** *AE* / *BE* **aeroplane**	Flugzeug
He died [daɪd] in a plane crash.	Er kam bei einem Flugzeugabsturz ums Leben.
airliner ['eəlaɪnə]	Verkehrsflugzeug
jet [dʒet]	Düsenflugzeug
jet lag ['dʒet læg]	Jetlag
jumbo (jet) ['dʒʌmbəʊ]	(Boeing 747 Großraumflugzeug)
jetliner ['dʒetlaɪnə]	Düsenverkehrsflugzeug
airline ['eəlaɪn]	Fluggesellschaft; (Flug-)Linie
an airline ticket in his name	ein Flugschein auf seinen Namen
airport ['eəpɔ:t]	Flughafen
Shall I meet you at the airport?	Soll ich dich am Flughafen abholen?
The city is served by two airports.	Die Stadt hat zwei Flughäfen.
heliport ['helipɔ:t]	Hubschrauberlandeplatz
terminal ['tɜ:mɪnl]	Abfertigungsgebäude am Flughafen
timetable / flight schedule ['ʃedju:l]	Flugplan
arrival(s) [ə'raɪvl(z)] – **departure(s)**	Ankunft – Abflug
arrival / departure lounge [laʊndʒ]	Ankunfts- / Abflughalle
Scheduled arrival time is 16:05 (sixteen oh five), but the flight will be delayed.	Die fahrplanmäßige Ankunftszeit ist 16.05 Uhr, aber der Flug wird verspätet eintreffen.
cancel ['kænsl]	streichen; stornieren; ausfallen lassen
Flight 452 has been cancelled.	Flug 452 fällt aus.
cancel a reservation [rezə'veɪʃn]	eine Reservierung rückgängig machen
destination [destɪ'neɪʃn]	Zielflughafen; Reiseziel
domestic **flight** [dəmestɪk 'flaɪt]	Inlandflug
direct flight [daɪrekt 'flaɪt]	Direktverbindung mit Zwischenlandung
nonstop flight [nɒnstɒp 'flaɪt]	Flug ohne Zwischenlandung
I want to book a seat on the 9 o'clock flight to Chicago.	Ich möchte einen Platz für den 9-Uhr-Flug nach Chicago buchen.
security [sɪ'kjʊərəti] **search / check**	Sicherheitskontrolle

Da erfahrungsgemäß ein bestimmter Prozentsatz von Fluggästen (= *passengers*) mit bestätigter Reservierung (= *a confirmed reservation*) zum Abflug nicht erscheint (= *don't show up* – man nennt sie deshalb *no-shows*), überbuchen (= *overbook*) die *airlines* routinemäßig (= *routinely* [ru:'ti:nli]) ihre Flüge. Stellen sich alle Fluggäste entgegen der Statistik zum Abflug ein, so ist die *airline* gezwungen überzählige *passengers* zurückzulassen – in der *airline*-Sprache: *to bump them.*

check-in counter ['tʃekin kaʊntə]	(Fluggast-)Abfertigungsschalter
What time do we have to check in?	Um welche Zeit müssen wir am Abfertigungsschalter sein?
upgrade ['ʌpgreɪd]	(Höherstufung, z.B. von *economy class* zur *business* ['bɪznəs] *class*)
Your flight leaves from **gate** 4.	Ihr Flug geht von Flugsteig 4 (ab).
an **unaccompanied minor** ['maɪnə]	ein unbegleitetes Kind
carry-on bag / carry-on baggage	Bordtasche – Kabinengepäck
one piece of hand baggage / luggage	ein Stück Handgepäck
boarding pass / card	Einsteigekarte; Bordkarte
standby ['stændbaɪ] (passenger)	Fluggast / Passagier auf Warteliste
charter ['tʃɑ:tə] flight / plane	Charterflug / -maschine
go charter (– went – gone [gɒn])	einen Charterflug nehmen
charter a helicopter ['helɪkɒptə]	einen Hubschrauber chartern
scheduled ['ʃedju:ld] flight	Linienflug / -maschine
Please fasten ['fɑ:sn] your **seatbelt**.	Bitte schnallen Sie sich an.
oxygen mask ['ɒksɪdʒən mɑ:sk]	Sauerstoffmaske
life jacket ['laɪf dʒækɪt] **/ life vest**	Schwimmweste
overhead ['əʊvəhed] **rack / locker**	über dem Sitz befindliches Gepäckfach
cockpit ['kɒkpɪt]	Cockpit; Pilotenkabine
Captain Fox and his **crew** [kru:]	Flugkapitän Fox und die Besatzung
the ground crew ['graʊnd kru:]	das Bodenpersonal
pilot ['paɪlət]	Pilot(in); Flugzeugführer(in)
runway ['rʌnweɪ]	Start- / Landebahn
shortly after **takeoff** ['teɪkɒf]	kurz nach dem Start
cruising altitude ['kru:zɪŋ æltitju:d]	Reiseflughöhe

Flugbegleiter(innen) (= *flight attendants* ['flaɪt ətəndənts]) heißen auch *stewardesses / stewards* oder (nur weibl.) *(air) hostesses* ['həʊstəsɪz].

The air(-traffic) **controllers** [kən'trəʊləz] are on strike.	Die Fluglotsen streiken.
hijack ['haɪdʒæk] **/ skyjack** a plane	ein Flugzeug entführen
a hijacking / skyjacking	eine Flugzeugentführung
the hijackers / skyjackers	die Flugzeugentführer
air freight ['eə freɪt] **/ air cargo**	Luftfracht
We'll airfreight it (out) to you today.	Wir schicken es Ihnen heute per Luftfracht.

Water transport
Beförderung auf dem Wasserweg

Land was created to provide a place for steamers to visit.
(*Brooks Atkinson, US critic and essayist, 1894–1984*)

go to **sea** (– went – gone [gɒn])	zur See gehen
in heavy seas [hevi 'si:z]	bei schwerer See
in international [ɪntə'næʃnəl] **waters**	in internationalen Gewässern
in Libyan territorial [terə'tɔ:riəl] waters	in den libyschen Hoheitsgewässern
ship [ʃɪp]	Schiff; verschiffen
The captain ['kæptən] goes down with his ship / vessel.	Der Kapitän geht mit seinem Schiff unter.
I had the books shipped over from the US.	Ich ließ mir die Bücher aus den USA schicken.
shipping ['ʃɪpɪŋ]	(die) Schifffahrt; Schiffe
closed [kləʊzd] to shipping	für die Schifffahrt gesperrt
They were **shipwrecked** ['ʃɪprekt].	Sie erlitten Schiffbruch.
shipyard ['ʃɪpjɑ:d] (workers)	Werft(arbeiter)
a 23-**vessel** ['vesl] armada	eine Armada / Flotte von 23 Schiffen
boat [bəʊt]	Boot; Schiff; Fähre
the boat train to Dover ['dəʊvə]	der Zug zur Fähre in Dover
canoe [kə'nu:]	Kanu (fahren); Paddelboot; paddeln
on board the **ferry** ['feri]	an Bord der Fähre

***Kinds of watercraft* (= Arten von Wasserfahrzeugen)**
ocean liner ['əʊʃn laɪnə] (= Ozeandampfer) • *passenger liner* (= Passagierschiff) • *steamship* (= Dampfschiff) • *steamer* (= Dampfer) • *cargo ship / freighter* (= Frachtschiff / Frachter) • *merchant* ['mɜ:tʃənt] *ship* (= Handelsschiff) • *container ship* (= Containerschiff) • *oil tanker* (= Öltanker) • *supertanker* (= Supertanker) • *fishing trawler* ['trɔ:lə] (= Fischkutter) • *whaler* ['weɪlə] (= Walfänger) • *paddle steamer* (= Raddampfer) • *tug (boat)* (= Schlepper) • *lifeboat* (= Rettungsboot) • *motorboat* (= Motorboot) • *yacht* [jɒt] (= Jacht) • *sailing boat* BE / AE *sailboat* (= Segelboot) • *rowing* [əʊ] *boat* BE / AE *rowboat* (= Ruderboot) • *raft* [rɑ:ft] (= Floß)

sail [seɪl]	Segel
They went sailing.	Sie gingen segeln.
Our ship sails tomorrow.	Unser Schiff läuft morgen aus.
sail under a flag of convenience	unter einer Billigflagge fahren
sailing / yachting ['jɒtɪŋ]	Segeln; Segel-
go on a **cruise** [kru:z] (– went – gone)	eine Kreuzfahrt machen
voyage ['vɔɪɪdʒ]	(See-)Reise
the Titanic on its / her maiden voyage	die Titanic auf ihrer Jungfernfahrt

Schiffe sind *it* oder *she*: *The Titanic* [tai'tænɪk] */ It / She sank within three hours, and of its / her 2206 passengers* ['pæsɪndʒəz] *only 703 were saved.*

passage ['pæsɪdʒ]	Überfahrt
book a passage to America	eine Schiffsreise nach Amerika buchen
passengers travelling steerage	Passagiere, die im Zwischendeck reisen
stowaway ['stəʊəweɪ]	blinder Passagier
embark [ɪm'bɑ:k]	sich einschiffen
disembark [dɪsɪm'bɑ:k]	von Bord gehen
aboard [ə'bɔ:d] / **on board** (the) ship	an Bord des Schiffes
go / come **ashore** [ə'ʃɔ:]	an Land gehen / kommen
run **aground** [ə'graʊnd] (– ran – run)	auf Grund laufen; stranden
capsize [kæp'saɪz]	kentern
The ferry capsized and sank.	Die Fähre kenterte und sank.
The Titanic **struck / hit** an iceberg.	Die Titanic stieß gegen / rammte einen Eisberg.
No ship is **unsinkable**.	Kein Schiff ist unsinkbar.
change **course** [tʃeindʒ 'kɔ:s]	den Kurs ändern
on course – off course	auf Kurs – vom Kurs abgekommen
bow [baʊ] – **stern** [stɜ:n]	Bug – Heck
port [pɔ:t] – **starboard** ['stɑ:bəd]	Backbord – Steuerbord
the port where the ship **docked** [dɒkt]	der Hafen, in dem das Schiff anlegte
anchor ['æŋkə]	Anker; (ver)ankern
ride / lie at anchor	vor Anker liegen

***"Nautical" idioms* (= „nautische" Idioms)**
I was between the devil and the deep blue sea. (= Ich war in einer argen Zwickmühle.) • *We're all in the same boat.* (= Wir sitzen doch alle im gleichen Boot.) • *Economically, we've missed the boat.* (= Wirtschaftlich haben wir den Anschluss verpasst.) • *You don't want to rock the boat, do you?* (= Du willst dich doch nicht quer legen, oder?) • *When my ship comes home …* (= Wenn ich mein Glück gemacht habe …) • *She accused* [ə'kju:zd] *me of sailing under false* [fɔ:ls] *colours.* (= Sie warf mir vor, unter falscher Flagge zu segeln.) • *It's time for you to nail your colours* ['kʌləz] *to the mast* [mɑ:st]. (= Es wird Zeit, dass du Farbe bekennst.)

sailor ['seilə]	Seemann; Matrose
I'm afraid I'm not a good sailor.	Leider bin ich nicht seefest.
captain ['kæptən] / **skipper** ['skɪpə]	Kapitän
radio operator ['reɪdiəʊ ɒpəreɪtə]	Funker
crew [kru:]	Mannschaft; Besatzung
All **hands** on deck!	Alle Mann an Deck!
pilot ['paɪlət]	Lotse
shipowner ['ʃɪpəʊnə]	Schiffseigner(in); Reeder
pirate ['paɪrət] – **piracy** ['paɪrəsi]	Pirat – Piraterie
seasick ['si:sɪk] – **seasickness**	seekrank – Seekrankheit
lighthouse ['laɪthaʊs]	Leuchtturm
navigable ['nævɪgəbl] waterways	schiffbare / befahrbare Wasserstraßen
lock [lɒk]	Schleuse

Public transport
Öffentlicher Nahverkehr

Commuter – one who spends his life / In riding to and from his wife; / A man who shaves and takes a train, / And then rides back to shave again.
(*E.B. White, US journalist and writer, 1899–1985*)

the **underground** *BE* / *AE* **subway**	die U-Bahn
underground *BE* / *AE* subway station	U-Bahnhof
ride the subway (– rode – ridden) *AE*	mit der U-Bahn fahren
the **tube** [tju:b]	die U-Bahn (*in London*)
Where's the nearest tube? *BE*	Wo ist der nächste U-Bahnhof?
Buses are slower than tubes. *BE*	Busse sind langsamer als U-Bahnen.
the **metro** ['metrəʊ]	die U-Bahn (*z.B. in Washington, DC*)
a half-hour **journey** [ɜː] *BE* / *AE* **ride**	eine halbstündige Fahrt
The S-Bahn is useful for longer journeys / rides / runs.	Die S-Bahn ist gut für längere Fahrten.
Children age 4 and under ride free. *AE*	Kinder bis zu 4 Jahren fahren frei.
subway **riders** ['sʌbweɪ raɪdəz] *AE*	U-Bahnfahrgäste
the **elevated railroad** / the **el** [el]	die Hochbahn (*z.B. in Chicago*)
a train **bound** for Watford ['wɒtfəd]	ein Zug nach Watford

Dem britischen *public transport* ['trænspɔːt] sowie den überwiegend im AE gebräuchlichen Bezeichnungen *public transportation, public transit* ['trænsɪt], *mass transportation* und *mass transit* entsprechen im Deutschen die Begriffe öffentlicher (Personen-)Nahverkehr bzw. öffentliche Verkehrsmittel.
Entsprechend: *use public transport* BE / AE *ride public transportation* (= öffentliche Verkehrsmittel benutzen), *an efficient* [ɪ'fɪʃnt] *public transport(ation) system / mass transit system* (= ein leistungsfähiges System von öffentlichen Verkehrsmitteln).
Means of transport(ation) kann Einzahl oder Mehrzahl sein: *a means of transport(ation)* (= ein Verkehrsmittel) – *these means of transport(ation)* (= diese Verkehrsmittel).

tram [træm] *BE* / *AE* **streetcar**	Straßenbahn
cable car ['keɪbl kɑː]	(seilgezogene Straßenbahn in San Francisco)
monorail ['mɒnəʊreɪl]	Einschienenbahn
I travel to work by **bus** [bʌs].	Ich fahre mit dem Bus zur Arbeit.
double-decker (bus) [dʌbl'dekə]	Doppeldecker(bus)
The buses run every five minutes.	Die Busse verkehren alle fünf Minuten.
the number 6 bus route ['bʌs ruːt]	die Buslinie 6
bus stop ['bʌs stɒp]	Bushaltestelle
request stop [rɪ'kwest stɒp]	Bedarfshaltestelle
trolley(bus) ['trɒli(bʌs)]	Oberleitungsbus; Obus
minibus ['mɪnibʌs]	Kleinbus
coach [kəʊtʃ] *BE*	Reisebus

Leute, die regelmäßig mit öffentlichen Verkehrsmitteln zur Arbeit fahren (= *who commute* [kə'mju:t] *to work by public transport*), nennt man auch *straphangers* (= Leute, die sich am Halteriemen in Bus oder Bahn festhalten).

hail a **cab** / **taxi** ['tæksi]	ein Taxi heran- / herbeiwinken
a taxi ride ['tæksi raɪd]	eine Taxifahrt
taxi rank *BE* / *AE* taxi stand	Taxistand
turn the **meter** ['mi:tə] on / off	das Taxameter / die Uhr ein- / ausschalten
a $2 **surcharge** ['sɜ:tʃɑ:dʒ]	ein Zuschlag / Aufschlag von 2 Dollar
tip the driver ['draɪvə]	dem Fahrer ein Trinkgeld geben
short-trip / short-distance **ticket**	Kurzstreckenkarte
ticket machine ['tɪkɪt məʃi:n]	Fahrkartenautomat
a **transfer** ['trænsfɜ:] *AE*	ein Umsteigefahrschein
In London, **fares** are graduated ['grædʒueɪtɪd] according to zones.	In London sind die Fahrpreise nach Zonen gestaffelt.
The conductor [kən'dʌktə] collects the fares.	Der Schaffner / Die Schaffnerin kassiert das Fahrgeld.
a flat fare ['flæt feə]	ein Einheits- / Pauschalfahrpreis
a fare increase / *AE auch* fare hike	eine Fahrpreiserhöhung
fare dodging ['dɒdʒɪŋ]	Schwarzfahren
Fare dodgers face a stiff fine.	Schwarzfahrern droht eine hohe Geldstrafe.
One Day **Travelcard** ['trævlkɑ:d]	(verbilligte Tageskarte in London)

Tokens ['təʊkənz] sind in den USA als Fahrausweis dienende Metallmarken, die man an einer *token booth* kauft und beim Betreten des Bahnsteigs (= *platform*) oder des Busses (= *bus*) in ein Drehkreuz (= *turnstile*) steckt.

Some useful expressions **(= Nützliche Redensarten)**

How do I get to X, please?	Wie komme ich bitte nach X?
Which platform for Victoria [vɪk'tɔ:riə]?	Von welchem Bahnsteig geht es nach Victoria?
Follow the signs [saɪnz] for Circle Line.	Folgen Sie den Schildern zur Circle-Linie.
Take the Central Line eastbound ['i:stbaʊnd].	Fahren Sie mit der Central-Linie in Richtung Osten.
Does this train go to …?	Fährt dieser Zug nach …?
The train goes via Charing Cross.	Der Zug fährt über Charing Cross.
Where do I change / transfer for …?	Wo muss ich nach … umsteigen?
What bus / train do I take for …?	Welcher Bus / Zug fährt nach …?
When / Where do I have to get off?	Wann / Wo muss ich aussteigen?
It's six stops to Victoria.	Nach Victoria sind es sechs Stationen.
You can get there on Line 1.	Da kommen Sie mit der Linie 1 hin.
Train terminates ['tɜ:mɪneɪts] here.	(Der) Zug endet hier.
The escalator is out of service.	Die Rolltreppe ist außer Betrieb.
Mind [maɪnd] the gap!	Passen Sie auf den Spalt (zwischen Bahnsteig und Zug) auf!

The economy
Die Wirtschaft

1 Economic theory and policy
Wirtschaftstheorie und -politik

2 Business
Das Geschäftsleben

3 Money and finance
Geld und Finanzwesen

4 Advertising
Werbung

5 Insurance
Versicherung

6 Real estate
Immobilien

7 Occupations and job titles
Berufe und Funktionsbezeichnungen

8 In the office
Im Büro

9 Labour relations
Beziehungen zwischen den Tarifpartnern

20

1

Economic theory and policy
Wirtschaftstheorie und -politik

The truth is, we are all caught in a great economic system which is heartless. (*Woodrow Wilson, US president, 1856–1924*)

economic(ally) [i:kə'nɒmɪk(li)]	wirtschaftlich; ökonomisch
economic system ['sɪstəm]	Wirtschaftssystem
economic performance [pə'fɔ:məns]	(die) Wirtschaftsleistung
economic policy ['pɒləsi]	(die) Wirtschaftspolitik
raise economic growth [grəʊθ]	das Wirtschaftswachstum steigern
a slow economic recovery [rɪ'kʌvəri]	eine langsame Erholung der Wirtschaft
Is it **economically** viable ['vaɪəbl]?	Ist es wirtschaftlich sinnvoll?
economist [ɪ'kɒnəmɪst]	Volkswirt(schaftler)(in); Wirtschaftswissenschaftler(in)
the (national) **economy** [ɪ'kɒnəmi]	die (Volks-)Wirtschaft
command [kə'mɑ:nd] economy	Kommandowirtschaft
(centrally ['sentrəli]) planned economy	(zentrale) Planwirtschaft
(social) market economy	(soziale) Marktwirtschaft

Economic ist „wirtschaftlich = mit der Wirtschaft zusammenhängend"; *economical* ist „wirtschaftlich = sparsam". – *The economy* ist die Wirtschaft (eines Landes); *economy* (ohne Artikel) ist Sparsamkeit / Wirtschaftlichkeit. *Economics* ist (die) Wirtschaftswissenschaft / Volkswirtschaftslehre.

goods and services	Waren und Dienstleistungen
the exchange [ɪks'tʃeɪndʒ] of goods	der Warenaustausch / -verkehr
investment [-'vest-] / capital goods	Investitionsgüter
the **service** sector ['sektə]	der Dienstleistungsbereich / -sektor
supply and demand [dɪ'mɑ:nd]	Angebot und Nachfrage
market forces ['fɔ:sɪz]	(die) Marktkräfte
market share [ʃeə]	Marktanteil
in the global ['gləʊbl] **marketplace**	auf dem Weltmarkt
free / unfair **competition** [kɒmpə'tɪʃn]	freier / unlauterer Wettbewerb
(government) **regulation** [regju'leɪʃn]	(staatliche) Regulierung / Kontrolle
deregulation [di:regju'leɪʃn]	Aufhebung staatlicher Kontrollen
factors of **production** [prə'dʌkʃn]	Produktionsfaktoren
production costs [kɒsts]	(die) Produktionskosten
private property [praɪvət 'prɒpəti]	Privateigentum
private ownership of the means of production	Privateigentum an den Produktionsmitteln
the private sector [praɪvət 'sektə]	die Privatwirtschaft
(state) **enterprise** ['entəpraɪz]	(Staats-)Unternehmen
free enterprise [fri: 'entəpraiz]	freies Unternehmertum
entrepreneur [ɒntrəprə'nɜ:]	Unternehmer(in)
business **profits** [bɪznəs 'prɒfɪts]	(die) Unternehmergewinne
maximize ['mæksɪmaɪz] profits	die Gewinne maximieren
accumulate [ə'kju:mjəleɪt] **capital**	Kapital bilden
prosperity [prɒ'sperəti]	Wohlstand

wealth [welθ]	Reichtum; Vermögen
create [kri'eɪt] wealth	Vermögen bilden
the national wealth	das Volksvermögen
aggregate ['ægrɪgət] (income / cost)	Gesamt(einkommen / -kosten)
gross [grəʊs] **national product / GNP**	Bruttosozialprodukt
balance of trade [bæləns əv 'treɪd]	Handelsbilanz
balance of payments ['peɪmənts]	Zahlungsbilanz
a balanced **budget** ['bʌdʒɪt]	ein ausgeglichener (Staats-)Haushalt
the budget deficit ['defəsɪt]	das Haushaltsdefizit
budget cuts / freeze	Haushaltskürzungen / -stopp
deficit spending [defəsɪt 'spendɪŋ]	Defizitfinanzierung
the national **debt** [det]	die Staatsschuld / -verschuldung
austerity measures [ɔː'sterəti meʒəz]	Sparmaßnahmen
austerity programme ['prəʊgræm]	Sparprogramm
rationing ['ræʃnɪŋ]	Rationierung
cut / reduce **subsidies** ['sʌbsədiz]	Subventionen abbauen
eliminate [ɪ'lɪmɪneɪt] **trade barriers**	Handelsschranken beseitigen
cut **interest rates** ['ɪntrəst reɪts]	die Zinsen senken
push up interest rates	die Zinsen in die Höhe treiben
increase **productivity** [prɒdʌk'tɪvəti]	die Produktivität erhöhen
the **standard of living / living standard** ['stændəd]	der Lebensstandard
the **cost of living** [kɒst əv 'lɪvɪŋ]	die Lebenshaltungskosten
cost increases ['ɪŋkriːsɪz]	Kostensteigerungen
purchasing ['pɜːtʃəsɪŋ] **power / buying power**	(die) Kaufkraft
consumer prices [kən'sjuːmə praisɪz]	(die) Verbraucherpreise
consumption [kən'sʌmpʃn]	(der) Verbrauch / Konsum
(in)stability [(ɪn)stə'bɪləti]	(In-)Stabilität
the ups and downs of the **business cycle** ['bɪznəs saɪkl]	das Auf und Ab der Konjunktur
upturn ['ʌptɜːn]	Aufschwung
a **downturn** in the economy	ein Rückgang der Konjunktur
recession [rɪ'seʃn]	Rezession; Konjunkturrückgang
the (Great) **Depression** [dɪ'preʃn]	die Weltwirtschaftskrise (*ab 1929*)
inflation [ɪn'fleɪʃn] – **deflation**	Inflation – Deflation
the inflation rate	die Inflationsrate
creeping / galloping ['gæləpɪŋ] inflation	schleichende / galoppierende Inflation
double-digit ['dʌbl dɪdʒɪt] inflation	eine zweistellige Inflationsrate

20
2

Business
Das Geschäftsleben

→ 12.7 Shopping, 20.3 Money and finance

The business of America is business. (*Calvin Coolidge, US president, 1872–1933*)

business ['bɪznəs]	(das) Geschäft; Geschäfts-
Business is good / brisk / booming.	Die Geschäfte gehen gut.
Business is bad / slack / quiet.	Die Geschäfte laufen schlecht.
We do a lot of business with them.	Wir haben viel mit ihnen zu tun.
Are you here on business?	Sind Sie geschäftlich hier?
a business appointment [ə'pɔɪntmənt]	ein geschäftlicher Termin
a thriving ['θraɪvɪŋ] export business	ein florierendes Exportunternehmen
She's in the textile ['tekstaɪl] business.	Sie ist in der Textilbranche.
business acumen ['ækjəmən]	Geschäftssinn
businessman / -woman / -people	Geschäftsmann / -frau / -leute
in our **line** of business ['bɪznəs]	in unserer Branche
our spring line	unsere Frühjahrskollektion
a successful [sək'sesfl] line	ein erfolgreicher (Waren-)Artikel
commerce ['kɒmɜ:s]	Handel(sverkehr)
chamber ['tʃeɪmbə] of commerce	(Industrie- und) Handelskammer
Commerce (Department) *AE* / *BE* Board of Trade	Handelsministerium
commercial [kə'mɜ:ʃl]	kaufmännisch; kommerziell; Handels-
commercial English ['ɪŋglɪʃ]	Handelsenglisch
trade [treɪd]	Handel; Gewerbe
the furniture ['fɜ:nɪtʃə] trade	die Möbelbranche
sell to the trade (– sold – sold)	an Wiederverkäufer verkaufen
trade show / trade fair	(Handels-)Messe; Ausstellung
merchant ['mɜ:tʃənt]	Kaufmann / -frau
arms merchant / arms dealer	Waffenhändler(in)
(quality) **merchandise** / goods	(Qualitäts-)Ware
deal in something (– dealt [e] – dealt)	mit etwas handeln
companies ['kʌmpəniz] we've been dealing with for years	Firmen, mit denen wir seit Jahren Geschäfte machen
It's a deal.	Abgemacht.
partnership ['pɑ:tnəʃɪp]	Personen- / Personalgesellschaft
owner / proprietor [prə'praɪətə]	Besitzer(in); Eigentümer(in)
shopkeeper ['ʃɒpki:pə]	Ladenbesitzer(in)
company ['kʌmpəni]	Gesellschaft; Firma; Unternehmen
a troubled ['trʌbld] company	ein in Schwierigkeiten geratenes Unternehmen
multinational (company / corporation)	multinationaler Konzern; Multi
non-profitmaking *BE* / *AE* nonprofit company	gemeinnützige Gesellschaft
(un)limited **liability** [laɪə'bɪləti]	(un)beschränkte Haftung

Die Abkürzung *plc* / *PLC* nach britischen Firmennamen bedeutet, dass es sich um eine *public limited company* handelt, d.h. eine Gesellschaft, die ungefähr einer Aktiengesellschaft entspricht; der Zusatz *Ltd* (= *limited*) deutet auf eine GmbH-ähnliche Gesellschaftsform. – *Inc.* [ɪŋk] (= *incorporated* [ɪn'kɔ:pəreɪtɪd]) nach amerikanischen Namen bezeichnet eine *corporation*, also eine (als juristische Person eingetragene) (Kapital-)Gesellschaft.

General Motors and other **corporate** giants ['dʒaɪənts]	General Motors und andere Riesenkonzerne
their corporate ['kɔ:pərət] culture	ihre Unternehmenskultur
outsourcing ['aʊtsɔ:sɪŋ]	Auslagerung / -gliederung (von Unternehmensaktivitäten)
industrialist [ɪn'dʌstriəlɪst]	Industrielle(r)
shareholder / stockholder	Aktionär(in)
shareholder value ['vælju:]	Wertsteigerung für Aktionäre
director [də'rektə]	Direktor(in)
the **board** [bɔ:d] **of directors**	der Vorstand
chairman of the board	Vorstandsvorsitzende(r); *AE auch* Aufsichtsratsvorsitzende(r)
manager ['mænɪdʒə]	Leiter(in)
data-processing manager	Leiter(in) der EDV-Abteilung
sales manager / *AE auch* vice president of sales	Verkaufs- / Vertriebsdirektor(in)
middle **management** ['mænɪdʒmənt]	mittleres Management
a hands-on management style	ein zupackender Führungsstil
executive [ɪg'zekjətɪv]	leitende(r) Angestellte(r); Manager(in)
several top-flight executives	mehrere Spitzenmanager

Der *president* einer amerikanischen *corporation* (= Kapitalgesellschaft) entspricht etwa einem Vorstandsvorsitzenden oder Generaldirektor; *vice presidents* [vaɪs 'prezɪdənts] sind Vorstandsmitglieder oder Direktor(inn)en, je nach Größe der Gesellschaft aber auch nur Abteilungsleiter(innen). Ein *vice president of marketing* entspricht etwa einem Marketingdirektor, ein *sales vice president* einem Vertriebsleiter und ein *vice president for human resources* ist ein Personaldirektor. *The CEO / chief executive officer* ist im AE Chef(in) / Vorstandsvorsitzende(r) eines Großkonzerns: *He was appointed* [ə'pɔɪntɪd] *CEO.* (= Er wurde zum Vorstandsvorsitzenden berufen.)

sell (– sold – sold)	verkaufen
hard / soft [sɒft] sell	harte / weiche Verkaufsmethoden
a hard-sell campaign [kæm'peɪn]	eine aggressive Werbekampagne
sale [seɪl]	Verkauf; Vertrieb
boost sales [bu:st 'seɪlz]	die Umsätze in die Höhe treiben
the latest sales figures ['seilz fɪgəz]	die neusten Verkaufs- / Absatzzahlen
a drop / fall / decline [dɪ'klaɪn] in sales	ein Umsatzrückgang
a slump [slʌmp] in sales	ein dramatischer Umsatzrückgang
Sales have dropped / fallen / declined.	Die Umsätze sind zurückgegangen.
Sales have plummeted ['plʌmɪtɪd] / slumped.	Die Umsätze sind stark / dramatisch zurückgegangen.
Earnings ['ɜ:nɪŋz] have jumped.	Die Erträge sind sprunghaft angestiegen.

seller – buyer ['baɪə]	Verkäufer(in) – Käufer(in)
This line is a big seller / a winner.	Dieser Artikel ist ein Renner.
salesman – saleswoman	Verkäufer – Verkäuferin
our sales force ['seɪlz fɔ:s]	unser Vertreterstab / Außendienst
salesmanship ['seɪlzmənʃɪp]	die Kunst des Verkaufens
representative [reprɪ'zentətɪv]	Vertreter(in); Repräsentant(in)
sales rep(resentative) ['seilz rep]	(Handels-)Vertreter(in)
travelling salesman	(Handels- / Reise-)Vertreter
a **prospect**(ive customer) ['prɒspekt]	ein(e) potenzielle(r) Kunde / Kundin
a **commission** [kə'mɪʃn] of 25 per cent	eine Provision von 25 Prozent
They paid millions of dollars in **kickbacks**.	Sie haben Schmiergelder / illegale Provisionen in Millionenhöhe gezahlt.
wholesale ['həʊlseɪl] – **retail** ['ri:teɪl]	Großhandel(s-) – Einzelhandel(s-)
wholesaler – retailer ['ri:teɪlə]	Großhändler – Einzelhändler
distribute [dɪ'strɪbju:t] goods	Waren vertreiben / ausliefern
our **distributors** [dɪ'strɪbjʊtəz] abroad	unsere Vertriebspartner im Ausland
sole **distribution** [dɪstrɪ'bju:ʃn]	Alleinvertretung / -vertrieb
distribution agreement [ə'gri:mənt]	Vertriebsvereinbarung
under the terms of the **contract** ['kɒn-]	gemäß den Vertragsbestimmungen
buy [baɪ] (– bought [ɔ:] – bought)	(an- / ein)kaufen
buyout ['baɪaʊt]	Firmenkauf (durch Erwerb einer Mehrheit von Anteilen)
turnover ['tɜ:nəʊvə]	(der) Umsatz
turn over 1.5 billion ['bɪljən]	1,5 Milliarden umsetzen
Volume ['vɒlju:m] is down / up 9 per cent.	Der Umsatz ist um 9 Prozent gesunken / gestiegen.
make a **profit** ['prɒ-] (– made – made)	Gewinn erzielen
high / low profit margins ['mɑ:dʒɪnz]	große / kleine Gewinnspannen
profitable ['prɒfɪtəbl]	gewinnbringend; rentabel
profitability [prɒfɪtə'bɪləti]	Rentabilität
break even ['i:vn] (– broke – broken)	kostendeckend arbeiten
in the black / red	in den schwarzen / roten Zahlen
lose [lu:z] (– lost [lɒst] – lost)	verlieren
loss [lɒs]	Verlust
suffer huge [hju:dʒ] losses	enorme Verluste erleiden
They face big losses.	Es drohen ihnen große Verluste.
haggle ['hægl] over the best **price**	um den besten Preis feilschen
list price ['lɪst praɪs]	Listen- / Katalogpreis
purchase price ['pɜ:tʃəs praɪs]	Einkaufspreis
retail price ['ri:teɪl praɪs]	Einzelhandels- / Ladenpreis
cut prices (– cut – cut)	die Preise senken
slash prices / costs [kɒsts]	die Preise / Kosten drastisch senken
price tag ['praɪs tæg]	Preisschild
The price tag is going up.	Die Kosten steigen.
overpriced ['əʊvəpraɪst] goods	zu teure / überteuerte Ware(n)
They **priced** [praɪst] themselves out of the market.	Sie waren durch überhöhte Preise nicht mehr wettbewerbsfähig.
overcharge [əʊvə'tʃɑ:dʒ] someone	jemand zu viel abverlangen
discount ['dɪskaʊnt]	Discount-; Diskont-
at a discount of 25 per cent [pə 'sent]	mit einem Rabatt von 25 Prozent

a **me-too** product ['prɒdʌkt]	ein der Konkurrenz nachempfundenes Produkt ohne Originalität
fierce [fɪəs] / sharp / keen **competition**	heftige / scharfe Konkurrenz
cut-throat competition [kɒmpə'tɪʃn]	Verdrängungswettbewerb
drive a **competitor** [kəm'petɪtə] out of business	einen Konkurrenten / Mitanbieter vom Markt verdrängen
go into **liquidation** [lɪkwɪ'deɪʃn]	in Liquidation gehen
bid for something (– bid – bid)	ein Angebot für etwas abgeben
takeover (bid) ['teɪkəʊvə]	Übernahme(angebot)
acquisition [ækwɪ'zɪʃn]	Neuerwerbung; Übernahme
merger ['mɜːdʒə]	Fusion
offer ['ɒfə]	Angebot; anbieten
showroom ['ʃəʊruːm]	Ausstellungsraum
We're **in the market for** a couple ['kʌpl] of new PCs.	Wir wollen eine Reihe von neuen PCs kaufen.
place an **order** with a firm	(einen) Auftrag an eine Firma erteilen
fill / fulfil / execute an order	einen Auftrag ausführen
the execution [eksɪ'kjuːʃn] of an order	die Ausführung eines Auftrags
Can you **supply** these items ['aɪtəmz]?	Können Sie diese Artikel liefern?
supplier [sə'plaɪə]	Lieferant
deliver [dɪ'lɪvə] from stock	vom Lager (aus)liefern
the **delivery** [dɪ'lɪvəri] of goods	die Lieferung von Waren
ship / forward / dispatch something	etwas versenden
shipment / consignment [kən'saɪn-]	(Waren-)Sendung / Lieferung
shipping documents ['dɒkjumənts]	Versandpapiere / -dokumente
packing list ['pækɪŋ lɪst]	Packliste
stock [stɒk]	Lager
The model is in stock / out of stock.	Das Modell ist (nicht) vorrätig.
Our stocks are running low.	Unsere Vorräte gehen zur Neige.
while stocks last	solange der Vorrat reicht
warehouse ['weəhaʊs]	Lagerhaus; (Waren-)Lager
inventory ['ɪnvəntri]	Inventar; Lager- / Warenbestand
guarantee [gærən'tiː]	garantieren (für); Garantie(schein)
a two-year guarantee / warranty [ɒ]	eine zweijährige Garantie
It isn't covered by the guarantee.	Das fällt nicht unter die Garantie.
franchise ['fræntʃaɪz]	(eine) Lizenz / Konzession (erteilen)
a chain of franchise restaurants ['restrɒnts]	eine Kette von Restaurants, die in Franchise-Form geführt werden
import ['ɪmpɔːt] – **export** ['ekspɔːt]	Import – Export
import [ɪm'pɔːt] / export something	etwas importieren / exportieren

Spätestens seit Hilmar Kopper, der seinerzeitige Vorstandssprecher (= *chief executive*) der Deutschen Bank, im Zusammenhang mit den durch den Konkurs (= *bankruptcy*) der Schneider-Gruppe entstandenen Riesenverluste (= *huge losses*) von *peanuts* (= einem lächerlichen Betrag) sprach, kennt in Deutschland jeder wirtschaftlich Interessierte das Wort. Statt *peanuts* hätte man auf Englisch auch *chicken feed* oder *small potatoes* sagen können.

Money and finance
Geld und Finanzwesen

→ 6.9 Taxation, 20.2 Business, 20.1 Economic theory and policy

Money is a good servant but a bad master. (*Proverb*)

(make a lot of) **money** ['mʌni]	(viel) Geld (verdienen)
a large / small amount of money	ein großer / kleiner Geldbetrag
Money is tight [taɪt].	Das Geld ist knapp.
I haven't got any **cash** [kæʃ] on me.	Ich habe kein (Bar-)Geld bei mir.
five thousand dollars in cash	5000 Dollar in bar
Are you paying (in) cash?	Zahlen Sie bar?
I'm rather short of cash.	Ich bin ziemlich knapp bei Kasse.
cash payment ['kæʃ peɪmənt]	Barzahlung
cash register ['kæʃ redʒistə]	(Registrier- / Laden-)Kasse
cash machine / *BE auch* **cash dispenser** / *AE auch* **ATM** (= automated-teller machine)	Geldautomat

Beachten Sie die Einzahl- und Mehrzahlformen bei Geldbeträgen
*We've got £60 (= sixty **pounds**) in the bank.* (= Wir haben 60 Pfund auf der Bank.) • *They bid half a million **dollars**.* (= Sie boten eine halbe Million Dollar.) • *That's eleven **marks** thirty.* (= Das macht dann elf Mark dreißig.) • *He had only 20 **cents** in his pocket.* (= Er hatte nur 20 Cent in der Tasche.) • *a 20-**mark** note* BE / AE *bill* (= ein 20-Mark-Schein) • *a 50-**pound** note / 50-**dollar** bill* (= eine 50-Pfund-Note / 50-Dollar-Note).
Genaue Geldbeträge stehen mit Einzahlverb: *50,000 pounds / dollars **is** a lot of money.* (= 50 000 Pfund / Dollar sind viel Geld.) • *Five million dollars **doesn't** mean much to her.* (= Fünf Millionen Dollar bedeuten ihr nicht viel.)
Unbestimmte Summen stehen mit Mehrzahlverb: *There **are** millions of dollars involved.* (= Es geht um Millionen Dollar.)

How much did he **charge** for the job?	Was hat er für die Arbeit berechnet?
You can charge it to my account.	Belasten Sie es meinem Konto.
bank charges ['bæŋk tʃɑːdʒɪz]	Bankspesen / -gebühren
cost [kɒst] (– cost – cost)	kosten
It costs / cost £500.	Es kostet / kostete 500 Pfund.
They cost 60p [sɪksti 'piː] each.	Sie koste(te)n 60 Pence das Stück.
change a 100-mark note	einen Hundertmarkschein wechseln
Have you got change for a pound?	Können Sie mir ein Pfund wechseln?

Names of US coins **(= Namen amerikanischer Münzen)**
1¢ = one cent = a penny
5¢ = five cents = a nickel
10¢ = ten cents = a dime
25¢ = twenty-five cents = a quarter
50¢ = fifty cents = a half dollar

pay [peɪ] (– paid [peɪd] – paid)	(be)zahlen
pay for goods	Waren bezahlen

pay the cabdriver	den Taxifahrer bezahlen
pay a bill	eine Rechnung bezahlen
She's paid (off) all her debts [dets].	Sie hat alle ihre Schulden bezahlt.
pay by cheque / by credit card	mit Scheck / Kreditkarte bezahlen
pay / settle an account [ə'kaʊnt]	ein Konto ausgleichen; eine Rechnung begleichen
payment / settlement of an outstanding invoice	Bezahlung / Ausgleich einer offen stehenden Rechnung
wallet ['wɒlɪt] / *AE auch* **billfold**	Brieftasche
purse [pɜːs] *BE* / *AE* **change purse**	Portmonee; Geldbeutel

Dollars sind umgangssprachlich *bucks*; *pounds* sind *quid*: *I owe her two hundred bucks / quid.* (= Ich schulde ihr zweihundert Dollar / Pfund.)

spend money (on) (– spent – spent)	Geld ausgeben (für)
expenditure(s) [ɪk'spendɪtʃə(z)]	Ausgaben; Aufwendungen
overheads *BE* / *AE* **overhead**	Gemeinkosten
lend money to someone (– lent – lent)	jemand Geld leihen
borrow money from someone	(sich) Geld von jemand borgen
grant [grɑːnt] / repay a **loan**	einen Kredit gewähren / zurückzahlen
lease [liːs] a car	einen Wagen leasen
save money ['mʌni]	Geld sparen
encourage [ɪn'kʌrɪdʒ] saving	die Spartätigkeit fördern
the savings rate ['seɪvɪŋz reɪt]	die Sparquote
invoice ['ɪnvɔɪs]	(Waren-)Rechnung; Faktura
foot [fʊt] the **bill**	die Rechnung bezahlen / begleichen
open an **account** [ə'kaʊnt] with a bank	bei einer Bank ein Konto eröffnen
deposit [dɪ'pɒzɪt] money in an account	Geld auf ein Konto einzahlen
transfer [-'fɜː] money to an account	Geld auf ein Konto überweisen
pay money into an account	Geld auf ein Konto einzahlen
current account *BE* / *AE* checking account	Girokonto
savings account *BE* / *AE* thrift account	Sparkonto
deposit account / *AE auch* time deposit	Festgeldkonto
bank (sorting) code [kəʊd]	Bankleitzahl
bank **deposits** [dɪ'pɒzɪts]	Bankeinlagen
withdraw (– withdrew – withdrawn)	(*Geld*) abheben
make a **withdrawal** [wɪð'drɔːəl]	Geld abheben
I'd like to **take out** £100 (= a / one hundred pounds) in cash.	Ich möchte 100 Pfund in bar abheben.
savings bank ['seɪvɪŋz bæŋk]	Sparkasse
building society *BE* / *AE* **savings and loan association**	Bausparkasse
building loan ['bɪldɪŋ ləʊn]	Baudarleh(e)n

Thrift institutions / thrifts [θrɪfts] ist in den USA eine kollektive Bezeichnung für *savings banks* und *savings and loan associations* [əsəʊsi'eɪʃnz].

the **high street banks** *BE*	die Großbanken
banker – bank manager ['mænɪdʒə]	Bank(i)er – Zweigstellenleiter(in)

the **central bank** [sentrəl 'bæŋk]	die Zentralbank
cut / reduce **key** [ki:] **interest rates**	die Leitzinsen senken
the **Fed(eral Reserve Board)**	der amerikanische Zentralbankrat
treasurer ['treʒərə]	Schatzmeister(in); Leiter(in) der Finanzabteilung; Kassenwart
the city treasurer	der Stadtkämmerer
the **Treasury** ['treʒəri] (Department)	das Finanzministerium
Treasury Secretary ['sekrətri] *AE*	Finanzminister(in)
monetary ['mʌnɪtri] policy	(die) Geld(markt)- / Währungspolitik
the European monetary system	das europäische Währungssystem
monetary union [mʌnɪtri 'ju:niən]	(die) Währungsunion
fiscal policy [fɪskl 'pɒləsi]	(die) Finanzpolitik
the peseta was **devalued** by 5%	die Pesete wurde um 5% abgewertet
a 10% **devaluation** [di:vælju'eɪʃn]	eine zehnprozentige Abwertung
exchange rates [ɪks'tʃeɪndʒ reɪts]	Wechsel- / Devisenkurse
foreign exchange [fɒrən ɪks'tʃeɪndʒ]	Devisen
the foreign-exchange markets	die Devisenbörsen
create a common **currency** ['kʌrənsi]	eine gemeinsame Währung schaffen
invest – investor – investment	investieren – Investor(in) – Investition
invest millions in a project ['prɒdʒekt]	Millionen in ein(em) Projekt investieren
a highly lucrative ['lu:krə-] investment	eine höchst lukrative Geldanlage
our **financial** [faɪ'nænʃl] position	unsere finanzielle Lage
if you can't meet your financial obligations [ɒblɪ'geɪʃnz]	wenn man seinen finanziellen Verpflichtungen nicht nachkommen kann
their financial strength / power	ihre Finanzkraft
the financial markets	die Finanzmärkte
the previous ['pri:viəs] financial year	das vorangegangene Geschäftsjahr
finance [faɪ'næns] a project	ein Projekt finanzieren
become **insolvent** [ɪn'sɒlvənt]	zahlungsunfähig werden
stave off / avert [ə'vɜ:t] **insolvency**	die Zahlungsunfähigkeit abwenden
pay for something by **instalments**	etwas in Raten bezahlen
The first instalment is due in May.	Die erste Rate ist im Mai fällig.
assets and liabilities [laɪə'bɪlətiz]	Aktiva und Passiva
per capita [pə 'kæpɪtə] **income**	Pro-Kopf-Einkommen
disposable [dɪ'spəʊzəbl] income	verfügbares Einkommen
the **stock exchange** ['stɒk ɪkstʃeɪndʒ]	die Börse
commodity [kə'mɒdəti] **exchange**	Warenbörse
stocks [stɒks]	Aktien
bonds [bɒndz]	festverzinsliche Wertpapiere
securities / stocks and bonds	Wertpapiere
unit trust *BE* / *AE* **mutual fund**	Investmentfonds
speculator ['spekjuleɪtə]	Spekulant(in)
bull [ʊ] **market – bear** [eə] **market**	(*Börse*) Hausse – Baisse
dividend ['dɪvɪdend]	Dividende; Gewinnanteil
maximum **returns** [rɪ'tɜ:nz]	maximale Erträge
broker ['brəʊkə]	(*z.B. Börsen-*)Makler(in)
portfolio [pɔ:t'fəʊliəʊ] **manager**	Effektenverwalter(in)
fund [fʌnd] **manager**	Fondsverwalter(in)
stock-market crash [kræʃ]	Zusammenbruch des Aktienmarktes

Advertising
Werbung

Doing business without advertising is like winking at a girl in the dark: you know what you are doing, but nobody else does. (*E.W. Howe, US editor and writer, 1853–1937*)

advertising ['ædvətaɪzɪŋ]	(die) Werbung; Reklame
make advertising more efficient	(die) Werbung wirksamer gestalten
deceptive [dɪ'septɪv] advertising	irreführende Werbung
the advertising industry ['ɪndəstri]	die Werbeindustrie / -branche
advertising agency ['eɪdʒənsi]	Werbeagentur
advertising department [dɪ'pɑ:tmənt]	Werbeabteilung
advertising manager ['mænɪdʒə]	Werbeleiter(in)
advertising concept ['kɒnsept]	Werbekonzeption
advertising campaign [kæm'peɪn] / drive	Werbekampagne / -feldzug
advertising medium ['mi:diəm]	Werbemittel; Werbeträger
advertising rates [reɪts]	Anzeigentarif(e) / -preise
advertising slogan ['sləʊgən]	Werbeslogan
advertise ['ædvətaɪz] a product	für ein Produkt Reklame machen
advertiser ['ædvətaɪzə]	Inserent(in)
They're big advertisers.	Sie haben einen großen Werbeetat.
advertisement [əd'vɜ:tɪsmənt] / **ad** [æd] / *BE auch* **advert** ['ædvɜ:t]	(Werbe-)Anzeige; Werbespot; Reklame
It isn't a good advertisement for us.	Das ist keine gute Reklame für uns.
place ad(vertisement)s	Anzeigen schalten
an ad series ['æd sɪəri:z]	eine Anzeigenserie
classified ad(vertisement) ['klæsɪfaɪd]	Kleinanzeige

Madison Avenue [mædɪsn 'ævənju:]: Straße in New York City, in der viele Werbeagenturen (= *advertising agencies*) ihre Büros (= *offices*) haben – von daher ein Symbol für amerikanische Werbepraktiken (= *advertising practices*) und für Werbung (= *advertising*) schlechthin: *the latest buzzword on Madison Avenue* (= das neuste Schlagwort in der amerikanischen Werbeindustrie).

the **clients** ['klaɪənts] of an agency	die Kunden einer (Werbe-)Agentur
account [ə'kaʊnt]	Kunde(netat) (*einer Werbeagentur*)
account executive [ɪg'zekjʊ-] / manager	Kundenberater(in) / -betreuer(in)
estimate ['estɪmət]	Kosten(vor)anschlag
art director ['ɑ:t dərektə]	künstlerische(r) Leiter(in) einer Werbeagentur
copywriter ['kɒpiraɪtə]	(Werbe-)Texter(in)
copy ['kɒpi]	(ein / der) Werbetext
He writes good copy.	Er schreibt gute Werbetexte.
creative(ly) [kri'eɪtɪv(li)]	kreativ; schöpferisch; gestaltend
marketing ['mɑ:kɪtɪŋ]	Marketing(-)
direct ['daɪrekt] marketing	Direktmarketing; Direktwerbung

telemarketing ['telimɑ:kɪtɪŋ]	(Verkauf / Werbung per Telefon)
market-oriented ['ɔ:rientɪd]	marktorientiert
market research [rɪ'sɜ:tʃ]	(die) Marktforschung
promotion [prə'məʊʃn]	Verkaufsförderung
sales promotion ['seɪlz prəməʊʃn]	Verkaufs- / Absatzförderung
promotional materials [mə'tɪəriəlz]	Werbematerial / -unterlagen
promote [prə'məʊt] a product	für ein Produkt Werbung machen
plug [plʌg] a product	für ein Erzeugnis Schleichwerbung machen
publicity [pʌb'lɪsəti]	Publicity; Werbung
launch [lɔ:ntʃ] a publicity campaign	eine Werbekampagne starten
a publicity tour [pʌb'lɪsəti tʊə]	eine Werbereise / -tour
Public relations [pʌblɪk rɪ'leɪʃnz] is very important.	(Die) Öffentlichkeitsarbeit ist sehr wichtig.
They hired a public relations expert to revamp [ri:'væmp] their image.	Sie holten sich einen PR-Fachmann, der ihr Image aufpolieren sollte.
hype [haɪp]	(Reklame-)Rummel; Publicity
introduce a product with a lot of hype	ein Produkt mit großem Reklamerummel einführen
media hype ['mi:diə haɪp]	Medienrummel
our corporate **identity** [aɪ'dentəti]	die Identity unseres Unternehmens
our corporate **image** ['ɪmɪdʒ]	unser Firmen-Image
logo ['ləʊgəʊ]	(*Firmen-*)Signet / Logo
goodwill [gʊd'wɪl]	Goodwill; ideeller Firmenwert
brand loyalty ['lɔɪəlti] (of consumers)	Markentreue (der Verbraucher)
press kit ['pres kɪt]	Pressemappe (*mit Infomaterial*)
photo opportunity [ɒpə'tju:nəti]	Fototermin
commercials [kə'mɜ:ʃlz]	(*Fernsehen / Radio*) Werbespots
brochure ['brəʊʃə]	Werbeschrift; Prospekt
leaflet ['li:flət]	Werbezettel; Prospekt
flyer ['flaɪə] **/ handbill**	Handzettel
direct mail [dairekt 'meɪl]	Infopost; Postwurfsendungen
junk mail ['dʒʌŋk meɪl]	(*abfällig*) Reklamesendungen
hoarding ['hɔ:dɪŋ] *BE* / *AE* **billboard**	Reklame- / Plakatwand
bus / subway **card** *AE*	Bus- / U-Bahn-Plakat
display [dɪ'spleɪ]	Display
shopwindow display	Schaufensterauslage
distribute **coupons** ['ku:pɒnz]	(Werbe-)Gutscheine verteilen
giveaway ['gɪvəweɪ]	Werbegeschenk
response rate [rɪ'spɒns reɪt]	Rücklauf
positive ['pɒzətɪv] / negative **feedback**	positives / negatives Echo
target group / target audience ['ɔ:diəns]	Zielgruppe
test market ['test mɑ:kɪt]	Testmarkt
age group ['eɪdʒ gru:p]	Altersgruppe

Insurance
Versicherung

I detest life-insurance agents. They always argue that I shall some day die, which is not so. (*Stephen Leacock, Canadian humorist, 1869–1944*)

insurance [ɪn'ʃʊərəns] *Kein Plural!*	Versicherung
take out / buy insurance / an insurance policy	eine Versicherung abschließen
I've got private health insurance.	Ich bin privat krankenversichert.

> *Insurance* wird in der Bedeutung Versicherung nicht mit dem unbestimmten Artikel *a(n)* und nicht im Plural gebraucht! Eine Versicherung ist je nach Bedeutung *an insurance policy / a policy* oder *an insurance company.*

insurance rates [reɪts]	(die) Versicherungstarife
life insurance / *BE auch* life assurance	Lebensversicherung
accident ['æksɪdənt] insurance	Unfallversicherung
disability [dɪsə'bɪləti] insurance	Invaliditätsversicherung
fire insurance ['faɪər ɪnʃʊərəns]	Feuerversicherung
household (contents) insurance	Hausratversicherung
motor / car / automobile insurance	Kraftfahrt- / Autoversicherung
comprehensive insurance	Vollkaskoversicherung
third party, fire and theft *BE*	Teilkasko(versicherung)
third-party insurance / policy *BE*	(*Kfz*) Haftpflichtversicherung
liability [laɪə'bɪləti] insurance	(*allg.*) Haftpflichtversicherung
insurance policy ['pɒləsi]	Versicherung(spolice / -schein)
insurance agent / salesman / -woman	Versicherungsvertreter(in)
insure [ɪn'ʃʊə] against a risk	sich gegen ein Risiko versichern
Are we insured against theft [θeft]?	Sind wir gegen Diebstahl versichert?
the insured (person / party)	die versicherte Person
policyholder ['pɒləsihəʊldə]	Versicherungsnehmer(in)
insurer [ɪn'ʃʊərə] **/ underwriter**	Versicherer
cover ['kʌvə] **/ coverage** ['kʌvərɪdʒ]	Versicherungsschutz
Do we have adequate cover(age)?	Sind wir ausreichend versichert?
provide [prə'vaɪd] cover(age)	Versicherungsschutz gewähren
cover note ['kʌvə nəʊt]	Deckungskarte / -zusage
fill out / *BE auch* fill in / complete a **form**	ein Formular ausfüllen
under the **terms** of the policy	gemäß den Versicherungsbedingungen
annual **premium** ['pri:miəm]	Jahresprämie; jährlicher Beitrag
settle / adjust [ə'dʒʌst] a claim	einen Schaden / Anspruch regulieren
settlement / adjustment of a claim	Regulierung eines Schadens
damage ['dæmɪdʒ] caused by an act of God	durch höhere Gewalt verursachte Schäden
pay **damages** ['dæmɪdʒɪz]	Schadenersatz leisten

20

6

Real estate
Immobilien

→ 5.1 Flats and houses, 7.1 Housing shortage, 11.6 Architecture

This was one of my prayers: for a parcel of land not so very large, which should have a garden and a spring of ever-flowing water near the house, and a bit of woodland as well as these. (*Horace, Roman poet, 65–8 BC*)

property ['prɒpəti] *BE* / *AE* **real estate** ['rɪəl ɪsteɪt] / *AE* **real property**	Immobilien; Grundstücke
invest money in property / real estate	Geld in Immobilien anlegen
He's in property / real estate.	Er ist im Immobiliengeschäft.
the property / real-estate market	der Immobilien- / Grundstücksmarkt
property / real-estate prices	(die) Grundstücks- / Immobilienpreise
property / real-estate speculator	Grundstücksspekulant(in)
property / real-estate management	Grundstücksverwaltung
Private property. Keep off / out.	Privatgrundstück. Betreten verboten.
property owner ['prɒpəti əʊnə]	Grundstückseigentümer(in)
estate agent *BE* / *AE* **real estate agent** / *AE* **realtor** ['rɪəltə]	Immobilien- / Grundstücksmakler(in)
plot / **parcel** of land	Stück Land; Grundstück; Parzelle
This plot (of land) is for sale.	Dieses Grundstück ist zu verkaufen.
a building plot ['bɪldɪŋ plɒt]	ein Baugrundstück
a **piece of land** [pi:s əv 'lænd]	ein Stück Land
a vacant ['veɪkənt] **lot**	ein unbebautes Grundstück
the **site** for the new school	das Gelände für die neue Schule
a developed [dɪ'veləpt] site / property	ein erschlossenes Grundstück
an undeveloped **tract** of land	ein unerschlossenes Gelände
a 40,000-acre ['eɪkə] tract	ein Gebiet von 40 000 Morgen; 40 000 Morgen Land
a **strip of land** [lænd]	ein schmaler Streifen (Land)
land / property register ['redʒɪstə]	Grundbuch
have a property on **leasehold** ['li:s-]	ein Grundstück in Pacht haben
have the **freehold** of a house	(zeitlich unbegrenztes) Eigentumsrecht an einem Haus haben
let *BE* / *AE* **rent** a house to someone	ein Haus an jemand vermieten
rent a house from someone	ein Haus von jemand mieten
house to let	Haus zu vermieten
building regulations *BE* / *AE* **building code**	Bauordnung
planning permission *BE* / *AE* **building permit** ['pɜ:mɪt]	Baugenehmigung
notary (public) ['nəʊtəri ('pʌblɪk)]	Notar(in)
abstract ['æbstrækt] **of title**	Eigentumsnachweis
title deed ['taɪtl di:d]	Eigentumsurkunde
mortgage ['mɔ:gɪdʒ]	Hypothek; Grundschuld
take out a mortgage (– took – taken)	eine Hypothek aufnehmen
high mortgage rates	hohe Hypothekenzinsen
mortgage a house	ein Haus mit einer Hypothek belasten

Occupations and job titles
Berufe und Funktionsbezeichnungen

Hier nicht aufgeführte Berufe sind in den betreffenden Sachkapiteln zu finden.

Work is much more fun than fun. (*Noël Coward, English playwright, 1899–1973*)

vocation [vəʊ'kəɪʃn]	Berufung
His real vocation was composer, not conductor.	Seine eigentliche Berufung war das Komponieren, nicht das Dirigieren.
family, home and **job**	Familie, Haushalt und Beruf

Beruf
What does she do (for a living)? (= Was macht sie beruflich?) • *He's a butcher* ['bʊtʃə] *by trade.* (= Er ist Fleischer von Beruf.) • *Occupation* [ɒkju'peɪʃn]*: Housewife* (= Beruf: Hausfrau)
Professional people sind Angehörige der freien bzw. hochqualifizierter oder besonders hoch angesehener Berufe, also etwa der *legal* ['li:gl], *medical* ['medɪkl], *or teaching professions.* Entsprechend: *She's a lawyer* ['lɔ:jə] *by profession.* (= Von Beruf ist sie Rechtsanwältin.)

work as an **au pair** [əʊ 'peə]	als Au-pair-Mädchen arbeiten
work **freelance** ['fri:lɑ:ns]	freiberuflich tätig sein
freelance(r) ['fri:lɑ:ns(ə)]	Freiberufler(in)
as a freelance writer	als freie(r) Schriftsteller(in)
a **self-employed** photographer [-'tɒg-]	ein(e) selbstständige(r) Fotograf(in)
the self-employed [self ɪm'plɔɪd]	die Selbstständigen
the **boss** [bɒs]	der Chef / die Chefin
foreman ['fɔ:mən] *Pl.* -men	Vorarbeiter; (Werk-)Meister
head [hed] (of a department)	Leiter(in) (einer Abteilung)
head(master / -mistress) *BE / AE* **principal** ['prɪnsəpl]	(*Schule*) Direktor(in) / Leiter(in)
schoolmaster – schoolmistress	Lehrer – Lehrerin

Lehrer(in) kann außer *teacher* auch *instructor* [ɪn'strʌktə] **sein**
driving instructor (= Fahrlehrer/in) • *riding instructor* (= Reitlehrer/in) • *swimming instructor* (= Schwimmlehrer/in) • *ski* [ski:] *instructor* (= Skilehrer/in) • *flight / flying instructor* (= Fluglehrer/in)

chief of police [tʃi:f əv pə'li:s] *AE*	Polizeichef(in) / -präsident(in)
chief administrative [-'mɪnɪs-] officer	Verwaltungschef(in)
the **chair**(man) ['tʃeə(mən)]	der Vorsitzende
the chair(woman) ['tʃeə(wʊmən)]	die Vorsitzende
the chair(person) ['tʃeə(pɜ:sn)]	der / die Vorsitzende
She chairs the committee [kə'mɪti].	Sie ist Vorsitzende des Ausschusses.
She was elected chair(woman).	Sie wurde zur Vorsitzenden gewählt.
labourer ['leɪbərə]	(Hilfs-)Arbeiter(in)
unskilled **worker** [ʌnskɪld 'wɜ:kə]	ungelernte(r) Arbeiter(in)
semiskilled worker [semɪskɪld 'wɜ:kə]	angelernte(r) Arbeiter(in)

skilled worker [skɪld 'wɜ:kə]	Facharbeiter(in)
blue-collar ['kɒlə] worker	Arbeiter(in)
white-collar worker	Angestellte(r)
office worker ['ɒfɪs wɜ:kə]	Büroangestellte(r)
social worker ['səʊʃl wɜ:kə]	Sozialarbeiter(in)
apprentice [ə'prentɪs]	Lehrling; Auszubildende(r)
trainee [treɪ'ni:]	in der Ausbildung Stehende(r)
lecturer *BE* / *AE* **assistant professor**	(*etwa*) Lehrbeauftragte(r)

Artikelgebrauch
Nicht einmalige Berufe / Funktionen stehen mit dem Artikel *a(n)*:
He's a professor of sociology at the University of California. (Die *University of California* hat mehr als einen Lehrstuhl für Soziologie.)
Funktionen, die es nur einmal gibt, stehen ohne Artikel oder mit *the*:
She's professor of sociology at the University of Akron. (Die Universität Akron hat nur einen Lehrstuhl für Soziologie.)
He's the city manager of Hartford, Connecticut. (= Er ist Stadtdirektor von Hartford, Connecticut.)

caretaker *BE* / *AE* **janitor** ['dʒænɪtə]	Hausmeister(in)
miner ['maɪnə] – **miners**	Bergmann – Bergleute
docker *BE* / **longshoreman** *Pl.* -men	Hafen- / Dockarbeiter; Schauermann
fisherman ['fɪʃəmən] *Pl.* -men	Fischer; Angler
hunter / huntsman ['hʌntsmən]	Jäger
forest warden ['wɔ:dn] *BE* / *AE* **forest ranger** ['reɪndʒə]	Förster(in)
craftsman / **artisan** [ɑ:tɪ'zæn] / *AE auch* **tradesman**	Handwerker

Traditionelle Handwerksberufe (deutsch jeweils auch weiblich)
baker (= Bäcker) • *shoemaker* (= Schuhmacher) • *bricklayer* (= Maurer) • *butcher* ['bʊtʃə] (= Fleischer / Metzger) • *cabinetmaker* (= Kunst- / Möbeltischler) • *carpenter* (= Zimmermann / Bautischler) • *chimney sweep* (= Schornsteinfeger) • *clockmaker* / *watchmaker* (= Uhrmacher) • *joiner* (= Tischler / Schreiner) • *decorator* ['dekəreɪtə] (= Maler und Tapezierer) • *dressmaker* (= Damenschneider) • *tailor* (= Herrenschneider) • *plumber* ['plʌmə] (= Klempner / Installateur)

accountant [ə'kaʊntənt] **/ bookkeeper**	Buchhalter(in)
chartered accountant *BE* / *AE* certified ['sɜ:tɪfaɪd] public accountant	Wirtschaftsprüfer(in)
teller / cashier [kæ'ʃɪə]	(*Bank*) Kassierer(in)

Consultant [kən'sʌltənt] **ist Berater(in) für ein spezielles Fachgebiet**
management consultant (= Unternehmensberater/in) • *political consultant* (= politische/r Berater/in) • *technical consultant* (= technische/r Berater/in) • *pension scheme* [ski:m] *consultant* (= Rentenberater/in)

shorthand typist [ʃɔ:thænd 'taɪpɪst]	Stenotypistin
secretary ['sekrətri]	Sekretär(in)
personal assistant [ə'sɪstənt] / **PA** *BE*	(*etwa*) Chefsekretärin / Assistentin
girl / man Friday [gɜ:l 'fraɪdeɪ] *BE*	„Mädchen für alles" (*im Büro*)
telephonist [tə'lefənɪst] *BE* / *AE* **switchboard operator**	Telefonist(in)

Employee [ɪm'plɔɪi:] **= Angestellte(r) / Mitarbeiter(in)**
bank employee (= Bankangestellte/r) • *civil service employee* (= Angestellte/r im öffentlichen Dienst) • *a male employee* (= ein Mitarbeiter) • *a female employee* (= eine Mitarbeiterin) • *a former employee* (= ein früherer Mitarbeiter / eine frühere Mitarbeiterin)

shop assistant ['ʃɒp əsɪstənt] *BE*	Verkäufer(in) (*in Laden, Kaufhaus etc.*)
(street) **vendor** ['vendə]	(Straßen-)Verkäufer(in)
icecream vendor	Eisverkäufer(in)

Clerk* hat oft eine ähnliche Bedeutung wie *employee
bank clerk ['bæŋk klɑ:k] (= Bankangestellte/r) • *booking clerk* BE / AE *reservation and ticketing clerk* (= jemand, der Fahrkarten verkauft oder Reservierungen vornimmt) • *checkout clerk* (= Kassierer/in im Supermarkt) • *desk clerk* (AE = Dame / Herr an der Hotelrezeption) • *filing clerk* (= jemand, der in der Ablage / im Archiv arbeitet) • *office clerk* (= Büroangestellte/r) • *postal clerk* (= Schalterbeamte/r bei der Post) • *salesclerk* (AE = Verkäufer/in) • *supermarket clerk* (= Supermarktangestellte/r)

civil servant [sɪvl 'sɜ:vənt] / *AE auch* **government employee**	(*etwa*) Beamter / Beamtin
civil engineer [sɪvl endʒɪ'nɪə]	Bauingenieur(in)
inventor [ɪn'ventə]	Erfinder(in)
(aircraft) **designer** [dɪ'zaɪnə]	(Flugzeug-)Konstrukteur(in)
fashion designer	Modeschöpfer(in)
model ['mɒdl]	Mannequin; Fotomodell

Attendants [ə'tendənts] **sind Männer oder Frauen, die an öffentlichen Orten aufpassen oder Dienstleistungen erbringen**
swimming-pool attendant (= Bademeister/in) • *car-park attendant* BE / AE *parking attendant* (= Parkwächter/in) • *lavatory* ['lævətri] *attendant* (= Toilettenmann / -frau) • *museum* [mju'zɪəm] *attendant* (= Museumswärter/in)

housewife / *AE auch* **homemaker**	Hausfrau
househusband / *AE auch* **homemaker**	Hausmann
housekeeper ['haʊski:pə]	Haushälterin; Wirtschafterin
cleaner ['kli:nə]	Raumpfleger(in); Reinigungskraft
maid [meɪd]	Dienstmädchen
chambermaid ['tʃeɪmbəmeɪd]	Zimmermädchen (*im Hotel*)
chauffeur ['ʃəʊfə]	Chauffeur(in)
gardener ['gɑ:dnə]	Gärtner(in)

20

8

In the office
Im Büro

(Boss to department head:) How many people work in your office? – (Department head:) About half of them, sir. (*Gyles Brandreth, English author and broadcaster, born in 1948*)

office ['ɒfɪs]	Büro; (*Anwalt*) Kanzlei
open-plan office	Großraumbüro
office manager ['mænɪdʒə]	Bürovorsteher(in) / -leiter(in)
office hours ['aʊəz]	Dienst- / Arbeitsstunden
after office hours	nach Dienstschluss
office block *BE* / *AE* office building	Bürogebäude
superior [su'pɪəriə] / *AE auch* **supervisor** ['su:pəvaɪzə]	Vorgesetzte(r)
my **colleagues** ['kɒli:gz] **/ coworkers**	meine Kolleg(inn)en
her **subordinates** [sə'bɔ:dɪnəts]	ihre Untergebenen / Mitarbeiter(innen)
the **receptionist** [rɪ'sepʃənɪst]	die Dame / der Herr am Empfang
arrange an **appointment** [ə'pɔɪntment]	einen Termin vereinbaren
I've an appointment to see Mr Fox.	Ich habe einen Termin bei Herrn Fox.
A Mr Dole to **see** you.	Ein Herr Dole möchte Sie sprechen.
meet with someone (– met – met)	mit jemand eine Unterredung haben
hold a **meeting** (– held – held)	eine Sitzung / Besprechung abhalten
She's going to a meeting.	Sie ist auf dem Weg zu einer Besprechung.
She's still in **conference** ['kɒnfrəns].	Sie ist noch in einer Besprechung.
conference room	Konferenzzimmer
business card ['bɪznəs kɑ:d]	Visiten- / Geschäftskarte
business lunch ['bɪznəs lʌntʃ]	Arbeitsessen
luncheon voucher ['lʌntʃən vaʊtʃə] *BE*	Essen(s)marke
desk [desk]	Schreibtisch
desk lamp	Schreibtischlampe
a desk job	eine Bürotätigkeit
draft [drɑ:ft] a letter	einen Brief entwerfen
a draft letter	ein Briefentwurf
type [taɪp] a letter	einen Brief auf der Maschine schreiben
a typed [taɪpt] letter	ein maschine(n)geschriebener Brief
Could you type this right away?	Könnten Sie dies direkt schreiben?
You don't need to type it out again.	Sie brauchen es nicht noch einmal zu schreiben.
How long will it take to type out the contract ['kɒntrækt]?	Wie lange wird es dauern, den Vertrag (auf der Maschine) zu schreiben?
type up the minutes of the meeting	das Protokoll der Sitzung (in die Maschine) schreiben
typing error ['erə] **/ typo** ['taɪpəʊ]	Tippfehler
typing paper ['taɪpɪŋ peɪpə]	Schreibmaschinenpapier

typing pool ['taɪpɪŋ pu:l]	Schreibzentrale; zentraler Schreibdienst
typewriter ['taɪpraɪtə]	Schreibmaschine
dictate [dɪk'teɪt] letters to a secretary	einer Sekretärin Briefe diktieren
dictated by X and signed in his / her absence ['æbsəns]	nach Diktat verreist
dictating machine [dɪk'teɪtɪŋ məʃi:n]	Diktiergerät
take **dictation** (– took – taken)	ein Diktat aufnehmen
take something down in **shorthand**	etwas stenografieren
Get me the Smith **file**, please.	Bringen Sie mir bitte die Akte Smith.
These things can be filed (away).	Diese Sachen können in die Ablage.
photocopier / Xerox™ machine	Fotokopierer
photocopy / xerox™ ['zɪərɒks]	Fotokopie; fotokopieren
I have some copying / xeroxing to do.	Ich muss noch einiges fotokopieren.
a xeroxed copy of the document	eine Fotokopie des Dokuments
take on extra work (– took – taken)	zusätzliche Arbeit übernehmen
I'm afraid I'm **busy** ['bɪzi] right now.	Im Moment bin ich leider beschäftigt.
(office) **stationery** ['steɪʃənri]	Büromaterial; (Firmen-)Briefpapier
paper clip ['peɪpə klɪp]	Büroklammer
clipboard ['klɪpbɔ:d]	Klemmbrett; Manuskripthalter
staple ['steɪpl] – **stapler** ['steɪplə]	Heftklammer – Heftmaschine
staple papers together	Papiere zusammenheften
(hole) **punch** [pʌntʃ]	Locher
notepad ['nəʊtpæd] – **notebook**	Notizblock – Notizbuch
ring binder ['rɪŋ baɪndə]	Ringbuch
card index [kɑ:d 'ɪndeks]	Kartei
notice board *BE* / *AE* **bulletin board**	Anschlagtafel; schwarzes Brett
drawing pin *BE* / *AE* **thumbtack**	Reißzwecke; Reißnagel
write [raɪt] (– wrote – written)	schreiben
writing paper ['raɪtɪŋ peɪpə]	Schreibpapier, Briefpapier
pencil ['pensl]	Bleistift
pencil sharpener ['ʃɑ:pnə]	Bleistiftspitzer
ballpoint (pen) / *BE auch* **biro** ['baɪrəʊ]	Kugelschreiber
refill ['ri:fɪl]	(Kugelschreiber- / Bleistift-)Mine
felt tip (pen) / felt pen ['felt pen]	Filzstift; Filzschreiber
marker (pen) ['mɑ:kə]	Markierstift
fountain pen ['faʊntən pen]	Füll(feder)halter; Füller
written in **ink** [ɪŋk]	mit Tinte geschrieben
(ink) **cartridge** ['kɑ:trɪdʒ]	(Tinten-)Patrone
rubber *BE* / *AE* **eraser** [ɪ'reɪzə]	Radiergummi
Sellotape™ *BE* / *AE* **Scotch tape**™	Tesafilm™; Klebefilm

Etwas mit Bleistift / Kugelschreiber / etc. schreiben ist *write something in pencil / ballpoint* / etc. *Pencilled notes* sind mit Bleistift geschriebene Notizen; *pencil something in* heißt etwas nicht endgültig notieren: *We can pencil it in for Monday.* (= Wir können es ja erst mal für Montag vormerken.)

Labour relations
Beziehungen zwischen den Tarifpartnern

→ 6.10 Social security, 7.2 Unemployment

It is one of the characteristics of a free and democratic modern nation that it have free and independent labor unions. (*Franklin D. Roosevelt, US president, 1882–1945*)

labour ['leɪbə]	Arbeit; die Arbeiterschaft
labour unrest [ʌn'rest]	Unruhe in der Arbeit(nehm)erschaft
organized / unionized ['ju:niənaɪzd] labour	gewerkschaftlich organisierte Arbeitnehmer(innen)
the **work force** ['wɜ:k fɔ:s]	die Belegschaft
10% of the industry's ['ɪndəstriz] work force	10% der in dem Industriezweig Beschäftigten

Labour relations bezeichnet die Beziehungen zwischen der Unternehmensleitung (= *management*) und den Mitarbeitern (= *employees* [ɪm'plɔɪi:z]), zwischen Arbeitgebern (= *employers*) und Gewerkschaften (= *unions*): *The company was losing* ['lu:zɪŋ] *money, and labour relations were poor.* (= Das Unternehmen machte Verlust und die Beziehungen zwischen Betriebsleitung und Belegschaft waren schlecht.)

trade union *BE* / *AE* **labor union**	Gewerkschaft
enrol *BE* / *AE* enroll in a union	in eine Gewerkschaft eintreten
belong to a union ['ju:niən]	einer Gewerkschaft angehören; gewerkschaftlich organisiert sein
union member ['ju:niən membə]	Gewerkschaftsmitglied
nonunion workers ['nɒnju:niən wɜ:kəz]	nicht gewerkschaftlich organisierte Arbeiter(innen)
the union leadership ['li:dəʃɪp]	die Gewerkschaftsführung
(trade *BE* / *AE* labor) **unionist**	Gewerkschaft(l)er(in)
federation of trade / labor unions	Gewerkschaftsbund
TUC / Trades Union Congress	(britischer Gewerkschaftsbund)

Häufig in den Schlagzeilen (= *headlines*) der US-Presse war und ist die *Teamsters Union*, die mächtigste Einzelgewerkschaft der USA, die LKW-Fahrer (= *teamsters*) und Arbeiter zahlreicher anderer Industrien repräsentiert. Korruption (= *corruption* [kə'rʌpʃn]) und Verbindungen zu Verbrecherorganisationen (= *organized crime*) gehören bei dieser Gewerkschaft zur Tradition und zahlreiche Funktionäre kamen ins Gefängnis (= *went to prison*), u.a. der berüchtigte (= *notorious*) James R. Hoffa, der die Gewerkschaft vom Gefängnis aus leitete und – nach vorzeitiger Freilassung 1971 unter Präsident Nixon – 1975 unter mysteriösen Umständen verschwand.

strike (– struck – struck)	streiken
striking workers	streikende Arbeiter(innen)
take strike action against a company	eine Firma bestreiken
The miners are on strike.	Die Bergarbeiter streiken.
The strike has paralysed ['pærəlaɪzd] public transport.	Der Streik hat den öffentlichen Nahverkehr lahm gelegt.
There's a strike on at this plant.	Dieser Betrieb wird bestreikt.
a strike-bound company ['kʌmpəni]	ein bestreiktes Unternehmen
a strike in the public sector ['sektə]	ein Streik im öffentlichen Dienst
an unofficial / wildcat strike	ein wilder Streik
a sympathy ['sɪmpəθi] strike	ein Sympathiestreik
stage warning ['wɔːnɪŋ] strikes	Warnstreiks organisieren / durchführen
call a (general ['dʒenrəl]) strike	einen (General-)Streik ausrufen
call off a strike	einen Streik abblasen / beenden
head off a strike	einen Streik abwenden
settle a strike	einen Streik beilegen
strikebreaker ['straɪkbreɪkə]	Streikbrecher(in)
the result of the **ballot** ['bælət]	das Ergebnis der Urabstimmung

Arbeitskämpfe sind allgemein *industrial disputes* [dɪ'spjuːts] oder *labour disputes*. Kommt es zum Streik, so heißt das im BE gern offiziell-beschönigend *industrial action*: *CLOSED DUE TO INDUSTRIAL ACTION* (= Wegen Streiks geschlossen.) Im AE gibt es den Euphemismus (= beschönigenden Ausdruck) *job action*: *a job action among 2,300 workers at a GM plant* (= ein Streik von 2300 Arbeitern in einem Werk von General Motors). In den Streik / Ausstand treten wird auch durch *walk out* ausgedrückt: *Thousands of workers have walked out* (= sind in den Streik / Ausstand getreten). *A fast-spreading walkout* (= ein schnell um sich greifender Streik). Wo (z.B. bei *public employees* = Beschäftigten im öffentlichen Dienst) Streiks verboten sind, hilft man sich mit einem *sickout*, d.h. einem organisierten Fernbleiben von der Arbeit.

work to rule [ruːl]	Dienst nach Vorschrift (machen)
a **go-slow** *BE* / *AE* **slowdown**	ein Bummelstreik
stop work / down tools [tuːlz]	die Arbeit niederlegen
disrupt [dɪs'rʌpt] holiday travel	den Urlaubsreiseverkehr empfindlich stören
lock out [lɒk 'aʊt] – **lockout** ['lɒkaʊt]	aussperren – Aussperrung
lock out thousands of workers	Tausende von Arbeitern aussperren
the workers affected [ə'fektɪd] by the lockout	die von der Aussperrung betroffenen Arbeiter
showdown ['ʃəʊdaʊn]	Auseinandersetzung; Kraftprobe

Picketing nennt man das Aufstellen von Streikposten, *a picketer* ist ein Streikposten und *cross(ing) (the) picket line(s)* heißt, dass man sich als Streikbrecher betätigt.

minimum **wage** [mɪnɪməm 'weɪdʒ]	Mindestlohn
demand [dɪ'mɑːnd] wage increases	Lohnerhöhungen fordern
a higher hourly ['aʊəli] wage	ein höherer Stundenlohn
an increase in **piecework pay**	eine Erhöhung des Akkordlohns
fringe benefits ['frɪndʒ benɪfɪts]	zusätzlich (zu Lohn / Gehalt) gewährte Leistungen
bonus ['bəʊnəs]	Bonus; Zulage; Prämie
a Christmas ['krɪsməs] bonus	eine Weihnachtsgratifikation
a reduction in **working hours**	eine Verkürzung der Arbeitszeit
work **overtime** ['əʊvətaɪm]	Überstunden machen
overtime rates / pay	Überstundentarife / -lohn
paid holidays *BE* / *AE* **vacations**	bezahlter Urlaub
improved **working conditions**	verbesserte Arbeitsbedingungen
job security [sɪ'kjʊərəti]	Sicherung des Arbeitsplatzes
equal opportunity / -ities	Chancengleichheit
promotion [prə'məʊʃn]	Beförderung
employment contract ['kɒntrækt]	Arbeits- / Dienstvertrag
violate ['vaɪəleɪt] rights	Rechte verletzen
industrial tribunal [traɪ'bjuːnl] *BE*	(*etwa*) Arbeitsgericht
workers' **grievances** ['griːvnsɪz]	Beschwerden / Klagen der Arbeiter
a **grievance procedure** [prə'siːdʒə]	ein Schlichtungsverfahren

Kollektive Tarifverhandlungen zwischen Arbeitgeber- und Gewerkschaftsseite nennt man generell *collective bargaining*; im konkreten Einzelfall spricht man auch von *pay / wage negotiations* / AE auch *labor negotiations*. Dem deutschen Tarifvertrag entsprechen Bezeichnungen wie *collective bargaining agreement* oder *pay / wage* / AE auch *labor agreement*.

negotiate [nɪ'gəʊʃieɪt] / **bargain** ['bɑːgən] with the unions	mit den Gewerkschaften verhandeln
negotiate a pay agreement [ə'griːmənt]	einen Tarifvertrag aushandeln
their negotiators [nɪ'gəʊʃieɪtəz]	ihre Verhandlungsführer
mediate ['miːdieɪt] (in) a dispute	in einem Streit vermitteln
mediator ['miːdieɪtə]	Vermittler(in); Schlichter(in)
arbitrate ['ɑːbɪtreɪt] – **arbitrator**	schlichten – Schlichter(in)
arbitration [ɑːbɪ'treɪʃn]	Schlichtung
settle a dispute [dɪ'spjuːt]	einen Streit beilegen
pay / wage **settlement** ['setlmənt]	Tarifabschluss
return [rɪ'tɜːn] to / **go back** to work	die Arbeit wieder aufnehmen
layoffs ['leɪɒfs]	(vorübergehende) Entlassungen
short-time work	Kurzarbeit
They're on short time [ʃɔːt 'taɪm].	Sie machen Kurzarbeit.

Das „Freisetzen", also Entlassen von Arbeitskräften (= *workers*) wird gern beschönigend umschrieben durch Ausdrucksweisen wie *making redundant* [rɪ'dʌndənt] (*She's been made redundant.*) oder *downsizing* ['daʊnsaiziŋ] (= Verschlanken). Direkter wären: *dismiss* [dɪs'mɪs] (= entlassen), *fire* (= feuern), *sack* (= rausschmeißen), *give someone notice* ['nəʊtɪs] (= jemand kündigen). – *Lay off* hieß ursprünglich „vorübergehend entlassen", meint aber heute in der Regel das endgültige Aus. (Vgl. S. 126–127.)

Register

A

Zahlen, Wochentage, Monatsnamen, Personennamen und Ländernamen sowie die nachstehend aufgelisteten Wörter sind im Register im Allgemeinen nicht berücksichtigt – es sei denn, sie sind Teil einer Kollokation oder vom Sprachgebrauch her besonders zu beachten.

a(n)	didn't	into	ourselves	too
about	do	is	out	up
after	does(n't)	it	over	us
again	don't	its	people	US(A)
all	down	itself	she	very
also	England	just	so	was
am	English	man	some	we
American	first	many	somebody	well
and	for	me	someone	were
are	from	more	something	what
as	got	most	such	when
at	had	much	than	where
be	has	must	that	which
because	have	my	the	who
been	he	myself	their	why
before	her	no	them	will
between	here	not	themselves	with
Britain	herself	now	then	without
British	him	of	there	woman
but	himself	on	these	won't
by	his	one	they	would(n't)
can('t)	how	only	this	yes
cannot	I	or	those	you
could(n't)	if	other	through	yourself
did	in	our	to	yourselves

A

B

B

C

C

D

E

F

H

I

K

N

P

P

P

R

S

S

T

U

W

Schreibunterschiede AE – BE

AE *or* / BE *our*
AE *behavior* / BE *behaviour*
AE *color* / BE *colour*
AE *favor* / BE *favour*
AE *favorite* / BE *favourite*
AE *flavor* / BE *flavour*
AE *harbor* / BE *harbour*
AE *honor* / BE *honour*
AE *honorable* / BE *honourable*
AE *labor* / BE *labour*
AE *laborer* / BE *labourer*
AE *misdemeanor* / BE *misdemeanour*
AE *neighbor* / BE *neighbour*
AE *tumor* / BE *tumour*
AE *vapor* / BE *vapour*

AE *er* / BE *re*
AE *center* / BE *centre*
AE *centimeter* / BE *centimetre*
AE *fiber* / BE *fibre*
AE *kilometer* / BE *kilometre*
AE *liter* / BE *litre*
AE *meter* / BE *metre*
AE *theater* / BE *theatre*

AE *l* / BE *ll*
AE *canceled* / BE *cancelled*
AE *canceling* / BE *cancelling*
AE *counselor* / BE *counsellor*
AE *dialed* / BE *dialled*
AE *dialing* / BE *dialling*
AE *disheveled* / BE *dishevelled*
AE *jeweler* / BE *jeweller*
AE *modeled* / BE *modelled*
AE *quarreled* / BE *quarrelled*
AE *teetotaler* / BE *teetotaller*
AE *traveled* / BE *travelled*
AE *traveler* / BE *traveller*
AE *traveling* / BE *travelling*

AE *ll* / BE *l*
AE *enroll* / BE *enrol*
AE *fulfill* / BE *fulfil*
AE *installment* / BE *instalment*

AE *s* / BE *c*
AE *defense* / BE *defence*
AE *license* / BE *licence*[1]
AE *offense* / BE *offence*

AE *log* / BE *logue*
AE *catalog* / BE *catalogue*
AE *dialog* / BE *dialogue*

AE *k* / BE *c*
AE *disk* / BE *disc*
AE *skeptic* / BE *sceptic*
AE *skeptical* / BE *sceptical*
AE *skepticism* / BE *scepticism*

AE *e* / BE *ae*
AE *anesthesia* / BE *anaesthesia*
AE *anesthetic* / BE *anaesthetic*
AE *anesthetist* / BE *anaesthetist*
AE *archeological* / BE *archaeological*
AE *archeologist* / BE *archaeologist*
AE *archeology* / BE *archaeology*
AE *Cesarean* / BE *Caesarean*
AE *feces* / BE *faeces*
AE *gynecologist* / BE *gynaecologist*
AE *gynecology* / BE *gynaecology*
AE *hemorrhoids* / BE *haemorrhoids*
AE *orthopedist* / BE *orthopaedist*
AE *orthopedic* / BE *orthopaedic*
AE *pediatrician* / BE *paediatrician*
AE *pediatric(s)* / BE *paediatric(s)*
AE *toxemia* / BE *toxaemia*

Verschiedene
AE *check* / BE *cheque*[2]
AE *donut* / BE *doughnut*
AE *draft* / BE *draught*
AE *gray* / BE *grey*
AE *maneuver* / BE *manoeuvre*
AE *paralyze* / BE *paralyse*
AE *percent* / BE *per cent*
AE *program* / BE *programme*[3]
AE *story* / BE *storey*
AE *tire* / BE *tyre*

[1] Dieser Schreibunterschied gilt nur beim Substantiv. Das Verb wird in der Regel auch im BE mit *s* geschrieben.

[2] BE *cheque* nur in der Bedeutung *Scheck*.

[3] Im Zusammenhang mit Computerprogrammen ist auch im BE die AE-Schreibung *program* üblich.

Ausspracheunterschiede AE – BE

1. AE mit [r] – BE ohne [r]:

car	AE [kɑ:r]	BE [kɑ:]
word	AE [wɜ:rd]	BE [wɜ:d]

2. AE [æ] – BE [ɑ:]:

chance	AE [tʃæns]	BE [tʃɑ:ns]
half	AE [hæf]	BE [hɑ:f]

3. AE [ɑ:] – BE [ɒ]:

job	AE [dʒɑ:b]	BE [dʒɒb]
not	AE [nɑ:t]	BE [nɒt]

4. AE [u:] – BE [ju:]:

new	AE [nu:]	BE [nju:]
tune	AE [tu:n]	BE [tju:n]

5. AE [d] – BE [t]:

city	AE ['sɪdi]	BE ['sɪti]
matter	AE ['mædər]	BE ['mætə]

Nach *n* verschwindet das *t* im AE mitunter ganz:

twenty	AE ['tweni]	BE ['twenti]
center / centre	AE ['senər]	BE ['sentə]

6. Kein „Verschlucken" schwach betonter Silben im AE:

secretary	AE ['sekrəteri]	BE ['sekrətri]
temporary	AE ['tempəreri]	BE ['temprəri]

7. Einzelfälle abweichender Aussprache:

advertisement	AE [ædvər'taɪzmənt]	BE [əd'vɜ:tɪsmənt]
clerk	AE [klɜ:rk]	BE [klɑ:k]
derby	AE ['dɜ:rbi]	BE ['dɑ:bi]
garage	AE [gə'rɑ:ʒ]	BE ['gærɑ:ʒ]
laboratory	AE ['læbrətɔ:ri]	BE [lə'bɒrətri]
leisure	AE ['li:ʒər]	BE ['leʒə]
lever	AE ['levər]	BE ['li:və]
neither	AE ['ni:ðər]	BE ['naɪðə]
schedule	AE ['skedʒu:l]	BE ['ʃedju:l]
tomato	AE [tə'meɪdoʊ]	BE [tə'mɑ:təʊ]
vacation	AE [veɪ'kəɪʃn]	BE [və'keɪʃn]
vase	AE [veɪs]	BE [vɑ:z]
z	AE [zi:]	BE [zed]